비즈니스 영어 이메일 패턴 사전

비즈니스 영어 이메일 패턴 사전 3RD Edition

저자 | 백선엽
초판 1쇄 발행 | 2011년 7월 12일
개정 3판 1쇄 발행 | 2024년 4월 10일

발행인 | 박효상
편집장 | 김현
기획 · 편집 | 장경희, 이한경
디자인 | 임정현
마케팅 | 이태호, 이전희
관리 | 김태옥

교정 | 이종미
조판 | 김선희

종이 | 월드페이퍼
인쇄 · 제본 | 예림인쇄 · 바인딩

출판등록 | 제10-1835호
발행처 | 사람in
주소 | 121-839 서울시 마포구 양화로11길 14-10(서교동) 3F
전화 | 02) 338-3555(代) 팩스 | 02) 338-3545
E-mail | saramin@netsgo.com
Website | www.saramin.com

● 책값은 뒤표지에 있습니다.
● 파본은 바꾸어 드립니다.

979-11-7101-072-1 13740

BUSINESS
ENGLISH EMAIL
PATTERN
DICTIONARY

비즈니스 영어이메일 패턴사전

백선엽 지음

3RD
EDITION

사람in

Preface

고백하건데 나는 미국에서 경영학이나 경제학을 전공하지 않고 신문학을 전공한 사람이다. 그런데 귀국 이래 누구보다도 많은 비즈니스 관련 이메일을 썼다. 그 이유는 영어를 잘 쓴다는 이유 하나만으로 지인들로부터 비즈니스 이메일을 대신 써달라는 요청을 엄청나게 많이 받았기 때문이다. 리모컨을 해외에 파는 회사에 근무하는 친구에서부터 모피 원단을 수입하여 재가공, 수출하는 업체에서 일하는 후배, 심지어는 국내 굴지의 S전자에서 이사로 근무하는 선배의 영어 이메일까지... 물론, 처음에 부탁을 받았을 때는 조언 정도에 그치던 이메일 쓰기가 결국에는 대필이 되어 버리곤 했다.

한국인들의 영어 이메일 쓰기 습성

이런 저런 부탁으로 비즈니스 관련 영어 이메일을 쓰다 보니 영어로 이메일을 쓸 때 유독 한국 사람들만이 보이는 몇 가지 특성을 발견하게 되었다.

첫째, 귀차니즘에 사로잡혀 있다. 이메일을 쓸 때 이메일 관련서 몇 권을 쌓아두고 짜깁기만 해도 상황에 맞는 그럴듯한 이메일을 쓸 수 있는데 그것마저 귀찮아하는 경우가 많다.

둘째, 속전속결의 특성을 가지고 있다. 짜깁기를 해서 이메일을 썼다고 치더라도 급한 성격 탓에 절대로 이메일 발송 전에 철자, 문법 등을 더블체크하지 않는다. 나와 친한 UCLA 경영학과 교수의 예를 들자면, 그는 미국인 교수임에도 불구하고 내게 이메일을 보낼 때는 항상 다 작성한 이메일을 반드시 더블체크한 후 보내는 습관이 있다. 하물며 외국어로 영어를 배우는 우리는 더블체크가 꼭 필요하지 않겠는가...

셋째, 결론이 산뜻하게 나오지 않는 이메일을 쓴다. 대개 너무 길고 장황하기만 하다. 사실 이메일은 3~4줄로 핵심만 잡아서 아주 간결하게 써야 한다. 그런데 한국 사람들이 영어 이메일 쓴 것을 보면 인사만 3~4줄이 된다. 영어권 사람들 이메일을 보면 인사는 한 줄, 그리고 두괄식으로 가장 중요한 문장을 이메일 첫 부분에 던진다.
하지만 우리는 반대다. 어릴 때부터 미괄식 즉, 결론을 뒤에 넣는 방식에 익숙해져 있다 보니 이메일 앞부분이 길고 장황하며 중요한 말은 뒤에 한다. 비즈니스 이메일은 짧고 간결하게 써야 한다는 것을 명심해야 한다.

정리해 보면, 비즈니스 영어 이메일을 쓸 때는 다음 세 가지만 명심하면 된다.

1 간단명료하게 쓴다.
2 두괄식 형태로 중요한 문장은 앞부분에 쓴다.
3 발송 전에 처음부터 끝까지 읽어 보며 더블체크를 한다.

대한민국 비즈니스맨을 위한 맞춤형 영어 이메일 사전

나는 바쁘게 돌아가는 비즈니스 환경 속에서 성격도 급한 한국 사람들에게 딱 맞는 맞춤형 비즈니스 영어 이메일 책을 출간하리라 결심했다.
그리고 수 개월에 걸쳐 비즈니스 이메일 분석과 정리 작업을 했다. 21세기 바쁜 비즈니스 환경 속에서 살아가는 대한민국 직장인을 위해서 영어 이메일을 가장 많이 쓰는 비즈니스 상황 154개를 선별, 정리하고 각 상황마다 비즈니스 현장에서 real하게 쓰는 779개의 이메일을 미국 현지 답사와 조사를 통해 직접 작성했다. 이제 더 이상 여러 권의 비즈니스 이메일 관련 책을 사서 인사말은 이 책, 내용은 저 책, 이런 식으로 짜깁기를 하지 않아도 단어만 바꾸어 넣으면 이메일이 되는 책을 완성하여 여러분 앞에 내놓는다.

어구만 바꾸어 넣으면 이메일이 되는 〈비즈니스 영어 이메일 패턴 사전〉의 구성을 잠깐 살펴보면 아래와 같다.

sample 1

Dear

My name is Sam Jones. I'm looking for business partners in the Los Angeles area, and Jim Lewis mentioned you. I'm putting together a proposal for a new partnership. So far, I've got several big names on board. I'd love to tell you more about it. Let me know when you're available.

I look forward to talking to you.

Sam

Try It! 다른 단어로 바꿔 써보기

payroll managers 급여 관리자
foreign retail executives 외국 소매 이사
market analysts 시장 분석가
trade experts 무역 전문가
organizational structure experts 조직구조 전문가

제 이름은 Sam Jones입니다. 저는 Los Angeles 지역에서 함께 일할 파트너를 찾고 있는데 Jim Lewis가 당신을 추천해 주셨습니다. 함께 사업을 해보자는 제안을 드리고 싶습니다. 지금까지 몇 분의 중요한 분들이 참여하기로 되어 있습니다. 당신과 더 얘기를 나누고 싶습니다. 가능한 시간에 연락 주시기 바랍니다. 당신과 대화하기를 고대하고 있습니다.

look for ~을 찾다 area 지역 mention 언급하다 put together 작성하다, 종합하다 proposal 제안 several 몇몇의 a big name 거물, 유명인 on board 참여하여, 일하여

위의 예에서 보듯 문장 내에서 하이라이트된 부분에 상황에 맞는 어구만 바꾸어 넣으면 이 이메일 그대로를 실제 상황에서 쓸 수 있다. 154개의 실제 비즈니스 상황을 총망라한 〈비즈니스 영어 이메일 패턴 사전〉은 여러분의 비즈니스 영어 이메일 환경을 아주 편리하게 만들어 줄 것이다.

아무쪼록 〈비즈니스 영어 이메일 패턴 사전〉을 통해 여러분의 영어 이메일 환경에 근본적인 변화가 오기를 기대하며, 목적에 맞는 좋은 영어 이메일 쓰기를 통해 여러분 모두가 각자의 비즈니스 분야에서 꼭 성공하기를 진심으로 기원한다. 마지막으로, 이 책을 집필하는 동안 많은 도움 말씀을 주신 허균영 차장님 외 많은 분들에게 깊은 감사의 마음을 전한다.

백선엽

이 책에 도움 말씀을 주신 분들

허균영 (주) LG전자 MC 사업본부 PM팀 차장
임규남 (주) 제스프리 인터내셔날 코리아 영업총괄 상무
차원민 (주) 삼원금속 해외영업부 팀장
진홍석 Arirang TV 사업단장, 경희대 경영학과 겸임교수
이지윤 비즈니스 영어 전문 강사
이태화 (주) 대명레저산업 해외마케팅 부장
박인욱 (주) 한화 해외사업부 팀장
차상우 (주) CJ 푸드빌 해외마케팅 과장
최윤태 (주) 리모트 솔루션 해외영업부 부장
유승원 고려대학교 경영학과 교수
이상진 (주) CJ E&M 사업총괄본부 팀장
김성헌 (주) NHN 사업본부 해외서비스 담당 매니저

Contents

Part 1 업무편

Contents

Contents

Part 2 업무 외편

▲ 감사 Thanks

▲ 위로 · 격려 Consolation & Encouragement

▲ 축하 Congratulation

▲ 인사 카드 Greeting Cards

▲ 추천 Recommendation

▲ 초대 Invitation

이 책의 구성 미리보기

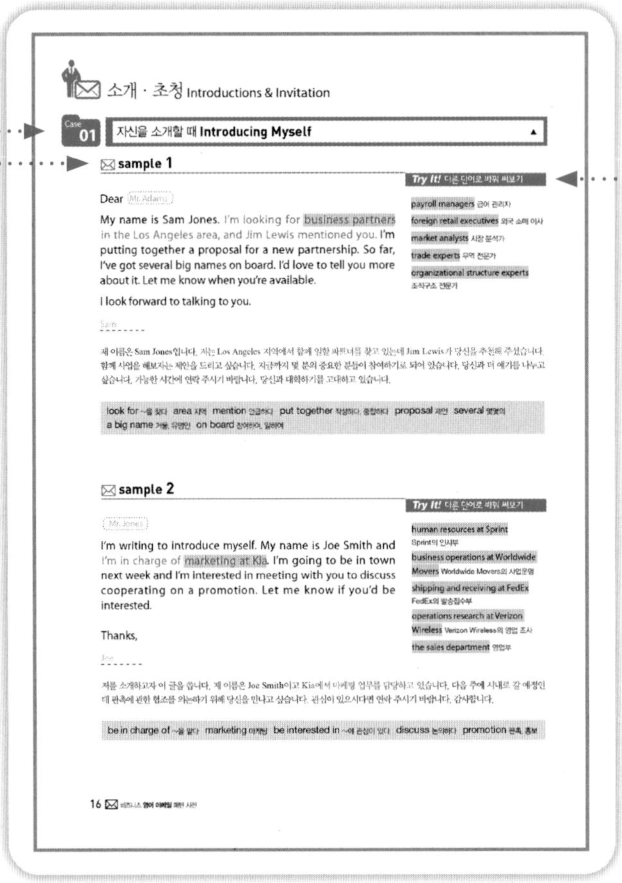

소개 · 초청 Introductions & Invitation

Case 01 자신을 소개할 때 **Introducing Myself**

sample 1

Dear Mr. Adams

My name is Sam Jones. I'm looking for business partners in the Los Angeles area, and Jim Lewis mentioned you. I'm putting together a proposal for a new partnership. So far, I've got several big names on board. I'd love to tell you more about it. Let me know when you're available.

I look forward to talking to you.

Sam

Try It! 다른 단어로 바꿔 써보기

payroll managers 급여 관리자
foreign retail executives 외국 소매 이사
market analysts 시장 분석가
trade experts 무역 전문가
organizational structure experts 조직구조 전문가

제 이름은 Sam Jones입니다. 저는 Los Angeles 지역에서 함께 일할 파트너를 찾고 있는데 Jim Lewis가 당신을 추천해 주셨습니다. 함께 사업을 해보자는 제안을 드리고 싶습니다. 지금까지 몇 분의 중요한 분들이 참여하기로 되어 있습니다. 당신과 더 얘기를 나누고 싶습니다. 가능한 시간에 연락 주시기 바랍니다. 당신과 대화하기를 고대하고 있습니다.

look for ~을 찾다 area 지역 mention 언급하다 put together 작성하다, 종합하다 proposal 제안 several 몇몇의 a big name 거물, 유명인 on board 참여하여, 일하여

sample 2

Mr. Jones

I'm writing to introduce myself. My name is Joe Smith and I'm in charge of marketing at Kia. I'm going to be in town next week and I'm interested in meeting with you to discuss cooperating on a promotion. Let me know if you'd be interested.

Thanks,

Joe

Try It! 다른 단어로 바꿔 써보기

human resources at Sprint Sprint의 인사부
business operations at Worldwide Movers Worldwide Movers의 사업운영
shipping and receiving at FedEx FedEx의 발송접수부
operations research at Verizon Wireless Verizon Wireless의 영업 조사
the sales department 영업부

저를 소개하고자 이 글을 씁니다. 제 이름은 Joe Smith이고 Kia에서 마케팅 업무를 담당하고 있습니다. 다음 주에 시내로 갈 예정인데 판촉에 관한 협조를 의논하기 위해 당신을 만나고 싶습니다. 관심이 있으시다면 연락 주시기 바랍니다. 감사합니다.

be in charge of ~을 맡다 marketing 마케팅 be interested in ~에 관심이 있다 discuss 논의하다 promotion 판촉, 홍보

16 비즈니스 영어 이메일 패턴 사전

Case

영어 이메일을 쓰게 되는 상황을 case별로 정리하여 각 case에 대한 생생한 샘플 이메일을 모아 제시합니다.

Sample 이메일

Case별로 가장 자주 활용될 수 있는 대표 샘플 이메일만 모아서 제시합니다. 샘플 이메일에서 꼭 기억해 두어야 할 상황별 필수 패턴 문장에 색자로 표시가 되어 있습니다.

Try It! 다른 단어로 바꿔 써보기

하이라이트된 부분에 상황에 맞는 어구를 바꾸어 넣어 문장 활용 훈련을 해보세요. 각 문장 당 5개의 교체 어휘가 주어집니다. 상황을 상상하면서 써 보거나 말해 보세요.

이 책의 200% 활용법

Consult 찾아보기 비즈니스 상황을 총망라한 770개 샘플 이메일 속에서 여러분의 필요 상황(case)에 맞는 이메일을 찾아 보세요.

Copy 베껴쓰기 해당 case 속에서 상황에 딱 들어맞는 샘플 이메일을 찾아 패턴 문장 속에서 하이라이트된 부분을 자신의 상황에 맞게 고쳐서 비슷하게 써 보세요.

Practice 훈련하기 이메일 패턴 문장의 하이라이트된 부분에 주어진 교체 어휘들을 하나씩 넣어 말하기 연습을 하거나 직접 써 보세요.

Apply 응용하기 현재 상황에 딱 들어맞는 샘플 이메일이 아니더라도 같은 case 내에 있는 다른 이메일들에 사용된 유용한 문장들을 조합해서 나만의 이메일을 작성해 보세요.

Part 1

업무편

Case 01 자신을 소개할 때 Introducing Myself ▲

sample 1

Dear Mr. Adams

My name is Sam Jones. I'm looking for business partners in the Los Angeles area, and Jim Lewis mentioned you. I'm putting together a proposal for a new partnership. So far, I've got several big names on board. I'd love to tell you more about it. Let me know when you're available.

I look forward to talking to you.

Sam

Try It! 다른 단어로 바꿔 써보기

- payroll managers 급여 관리자
- foreign retail executives 외국 소매 이사
- market analysts 시장 분석가
- trade experts 무역 전문가
- organizational structure experts 조직구조 전문가

제 이름은 Sam Jones입니다. 저는 Los Angeles 지역에서 함께 일할 파트너를 찾고 있는데 Jim Lewis가 당신을 추천해 주셨습니다. 함께 사업을 해보자는 제안을 드리고 싶습니다. 지금까지 몇 분의 중요한 분들이 참여하기로 되어 있습니다. 당신과 더 얘기를 나누고 싶습니다. 가능한 시간에 연락 주시기 바랍니다. 당신과 대화하기를 고대하고 있습니다.

look for ~을 찾다 area 지역 mention 언급하다 put together 작성하다, 종합하다 proposal 제안 several 몇몇의 a big name 거물, 유명인 on board 참여하여, 일하여

sample 2

Mr. Jones

I'm writing to introduce myself. My name is Joe Smith and I'm in charge of marketing at Kia. I'm going to be in town next week and I'm interested in meeting with you to discuss cooperating on a promotion. Let me know if you'd be interested.

Thanks,

Joe

Try It! 다른 단어로 바꿔 써보기

- human resources at Sprint Sprint의 인사부
- business operations at Worldwide Movers Worldwide Movers의 사업운영
- shipping and receiving at FedEx FedEx의 발송접수부
- operations research at Verizon Wireless Verizon Wireless의 영업 조사
- the sales department 영업부

저를 소개하고자 이 글을 씁니다. 제 이름은 Joe Smith이고 Kia에서 마케팅 업무를 담당하고 있습니다. 다음 주에 시내로 갈 예정인데 판촉에 관한 협조를 의논하기 위해 당신을 만나고 싶습니다. 관심이 있으시다면 연락 주시기 바랍니다. 감사합니다.

be in charge of ~을 맡다 marketing 마케팅 be interested in ~에 관심이 있다 discuss 논의하다 promotion 판촉, 홍보

✉ sample 3

Dear [ ]

My name is Robert Paris. Brian Johnson gave me your email address. I'm writing to tell you a little about my operation with a view to doing business together in the future. Let me know if you'd like to hear a little about what we do.

Thanks,

\- - - - - - - -

Try It! 다른 단어로 바꿔 써보기

- company 회사
- work 일
- personnel team 인사팀
- market research skills 시장 조사 능력
- economics expertise 경제학적인 전문지식

제 이름은 Robert Paris입니다. Brian Johnson이 저에게 당신의 이메일 주소를 주셨습니다. 향후 당신과 함께 일하고자 저의 회사에 대해 간략히 말씀드리려고 합니다. 저희가 하는 일을 알고 싶으시다면 연락 주시기 바랍니다. 감사합니다.

email address 이메일 주소 operation 회사, 작업 in the future 미래에 a little about ~에 대해서 조금
with a view to ~할 생각으로

✉ sample 4

Dear [ ]

My name is Bill Wilson. I'm writing to tell you a little about my company and the work we do. We've been in the textile industry for ten years and we have a respectable amount of the market share. I'm interested in discussing a possible partnership with you. Would you be available to meet?

I look forward to hearing from you.

\- - - - - - - -

Try It! 다른 단어로 바꿔 써보기

- personal moving business 개인 운송사업
- small engine repair business 소규모의 엔진 보수사업
- recycled plastics industry 플라스틱 재활용업
- smartphone repair business 스마트폰 수리사업
- dental instrument industry 치과 기구 사업

제 이름은 Bill Wilson입니다. 저는 제 회사와 우리가 하는 일에 대해 말씀드리고자 합니다. 우리는 10년 동안 직물업에 종사해 왔으며 만족할 만한 시장 점유율을 보유하고 있습니다. 당신과 함께 사업을 하고 싶습니다. 저희와 만나 보시겠습니까? 연락 주시길 기대하고 있겠습니다.

textile 직물 industry 산업 respectable 만족할 만한, 괜찮은 amount 양 market share 시장점유율 possible 가능한
available 시간이 있는

sample 5

Dear [   ]

My name is Bill Smith and I'm ❶the president of Smith International. We are a ❷computer hardware distributor. I'd like to talk with you about what we might be able to do for your company. We're building a client base in your region and would like to add you to it. Let me know when a convenient time to speak would be.

Thanks,

- - - - - - - -

Try It! 다른 단어로 바꿔 써보기

❶ the vice president 부사장
the C.E.O. 최고경영자
the chief operating officer 최고 운영 책임자
the vice president of sales 영업 부사장
the owner 소유주

❷ personnel management consulting firm 인사 관리 상담 회사
tax accounting team 세무회계팀
fine silk supplier 고급 실크 공급자
rechargeable battery distributor 재충전 배터리 유통업자
lawn tractor distributor 잔디 깎는 기계 유통업자

제 이름은 Bill Smith이고 Smith International의 대표입니다. 저희는 컴퓨터 하드웨어를 유통하고 있습니다. 귀사를 위해 저희가 무엇을 할 수 있을지에 대해 얘기를 나누어 보고 싶습니다. 저희는 귀사가 있는 지역에서 고객층을 넓히고 있으며 귀사를 포함하고 싶습니다. 말씀 나눌 편한 시간에 연락 주시기 바랍니다. 감사합니다.

president 대표 distributor 유통업자 be able to ~할 수 있다 client base 고객층 region 지역 add 더하다 convenient 편리한

다른 사람들에게 상사를 소개할 때 Introducing My Boss to Others ▲

sample 6

Dear

I'd like to introduce you to Mr. Kim, the CEO of our company. I'm copying him in on this email so that you two can talk directly about the proposal. Mr. Kim is briefed on our progress so far, so you can jump right in. Let me know if you need anything from me.

Thanks,

\- - - - - - - -

Try It! 다른 단어로 바꿔 써보기

- chair of the board 이사회 의장
- chief recruitment officer 채용 전문가
- leading development researcher 주도 개발 연구원
- underwriter (보험사의) 계약 사정인
- investments manager 투자 매니저

저희 회사의 CEO인 미스터 Kim에 대해 소개해 드리려고 합니다. 그 제안에 대해 두 분이 직접 얘기를 나누실 수 있도록 이 메일을 그에게도 참조로 보내겠습니다. 미스터 Kim께서 지금까지의 진행 상황을 보고받으셨기 때문에 당신은 바로 진행하실 수 있을 것입니다. 더 필요하신 것이 있으시면 연락 주십시오. 감사합니다.

introduce 소개하다 copy A in on B A에게 B를 참조로 보내다 proposal 제안 brief ~에 대해 브리핑하다 progress 진행 so far 지금까지 jump right in (기회 등에) 즉시 뛰어 들다

sample 7

Hi,

I'm writing to introduce you to Fred Johnson, vice president of sales for our company. He'll be making the final decisions on the agreement, so I thought I should put you two in touch. I've CC'd him on this email, so feel free to contact him with any concerns you might have.

Take care,

\- - - - - - - -

Try It! 다른 단어로 바꿔 써보기

- new product 새로운 프로젝트
- final price 최종 가격
- deal 거래
- product line 제품라인
- contract 계약

저희 회사의 판매 부사장이신 Fred Johnson을 소개하기 위해 이 편지를 씁니다. 그가 계약에 대해서 마지막 결정을 할 것이므로 두 분을 연결시켜 드려야 할 것 같았거든요. 이 편지를 그에게 참조로 보내 놓았으니 의논하실 일이 있으면 그와 연락해 보시기 바랍니다. 안녕히 계십시오.

sale 판매, 영업부 agreement 합의, 계약 put ~ in touch ~에게 연락처를 주다 CC 참조로 보내다

sample 8

Dear

Now that we've had ❶a couple of meetings, I thought you should contact with my boss, Sue Jones. She manages our ❷foreign accounts office. I reported to her on your account and she likes to have direct contact with our clients. She'll be emailing you later today.

Thanks,

\- - - - - - - -

Try It! 다른 단어로 바꿔 써보기

❶ three 세 개
four 네 개
a few 몇몇의
many 많은
some 몇몇의

❷ organizational structure 조직 구조
customer relations 고객 관계
recruitment and development 신규채용과 개발
negotiations 협상
pollution control 오염통제

몇 번의 회의를 했기 때문에 당신이 저희 상사인 Sue Jones와 연락해 보셔야 할 것 같았습니다. 그분이 해외 거래 사무실을 관리하십니다. 제가 당신의 거래에 대해서 보고를 드렸고 그분은 고객과 직접 연락하는 걸 좋아하십니다. 후에 고객님께 이메일을 보내실 것입니다. 감사합니다.

a couple of 몇몇의 boss 상사 foreign 외국의 report 보고하다 direct 직접적인

sample 9

I'd like to get you in contact with Jerry Lee. He's director of marketing for our Seoul office, and he's overseeing the account. He'll be able to address any concerns you have. His email is jlee@kia.com.

Thanks,

\- - - - - - - -

Try It! 다른 단어로 바꿔 써보기

the main man 중요 인물
a leading consultant 주요 컨설턴트
treasurer 회계담당자
chief compliance officer (금융기관의) 특별 감사 책임장
director of telemarketing 텔레마케팅 책임자

당신을 Jerry Lee와 연결해 드리고 싶습니다. 그는 서울 지사의 마케팅부 이사이며 거래를 감독하고 있습니다. 그분이 당신이 가진 고민을 처리해 주실 것입니다. 그의 이메일은 jlee@kia.com입니다. 감사합니다.

director 이사 oversee 감독하다 account 회계, 거래, 계정 address 다루다, 검토하다 concern 고민거리, 걱정

✉ sample 10

Try It! 다른 단어로 바꿔 써보기

- talk 말하다
- meet 만나다
- email 이메일을 보내다
- communicate 의사소통하다
- ask advice 조언을 구하다

Dear [   ]

Min Hwan Han is the sales director for our office and I'd like to introduce him to you so that you have someone to contact with any larger concerns about products and service. Mr. Han is eager to ensure your satisfaction, so feel free to contact him if you have any issues.

Thanks,

\- - - - - - - -

Min Hwan Han은 저희 회사의 판매 이사로 제가 소개해 드리고 싶은 분입니다. 그는 제품과 서비스에 대한 큰 고민거리에 대해 당신이 연락해 볼 수 있는 분입니다. 그는 당신이 만족하는 것을 열망하고 있으므로 문제가 있으시다면 그에게 연락해 보시기 바랍니다. 감사합니다.

sales director 판매 이사 service 서비스, 용역 be eager to ~하려고 애쓰다 ensure 확신시키다 satisfaction 만족 issue 사건, 문제

회사를 소개할 때 Introducing My Company ▲

sample 11

Dear

I'm writing to tell you a little about my company, Miller and Associates. We are a full-service consulting firm, and we've been operating since 1998. Our client list includes some of the biggest names in a variety of industries. Attached is a brochure outlining our services. I look forward to hearing from you in the future.

Thank you for your time.

\- - - - - - - -

Try It! 다른 단어로 바꿔 써보기

- accounting 회계
- tax 세금
- business law 상법
- human resources 인력
- business streamlining 사업 간소화

제 회사인 Miller and Associates에 대해 소개하기 위해 이 글을 씁니다. 저희는 1998년부터 일을 시작해 왔으며 풀 서비스의 컨설팅 회사입니다. 고객들로는 다양한 업계의 유명인사들이 포함되어 있습니다. 첨부된 것은 당사의 서비스에 대한 개괄 책자입니다. 향후 소식 주시길 고대하고 있겠습니다. 시간 내주셔서 감사합니다.

full-service 풀 서비스의 consulting firm 컨설팅 회사 operate 영업하다 big name 명사, 유명인 since ~이래로 brochure 책자

sample 12

Dear

My name is Joan Smith and I'm writing to tell you a little bit about my company, JS Inc. We supply textiles to both the fashion industry and the furniture industry. We've been in business for twenty years and we have an extensive client list. I'd like to talk with you about doing business together.

I hope to hear from you.

\- - - - - - - -

Try It! 다른 단어로 바꿔 써보기

- printers 프린터
- environmental sustainability items 친환경적 지속 가능 제품
- information storage devices 정보 저장 장치
- wood products 나무제품
- recycled plastics 재활용 플라스틱

제 이름은 Joan Smith이며 저의 회사인 JS Inc에 대해 조금이나마 말씀드려 보고자 합니다. 저희는 패션 업계와 가구 업계 모두에 직물을 공급하고 있습니다. 저희는 20년 동안 사업을 하고 있으며 광범위한 고객 명단을 가지고 있습니다. 저희와 함께 사업을 하는 것에 대해 귀하와 이야기를 나누고 싶습니다. 소식 주시기 바랍니다.

supply 공급하다 textile 직물 furniture 가구 be in business 영업 중이다 extensive 넓은

sample 13

Dear [   ]

My name is Robert Pollard. I'm the president and founder of Pollard Exports. I've been in the ❶export game for over a decade, and I've been quite successful in building relationships with overseas firms. I'm always looking to expand my ❷network of suppliers and I'd love to talk with you about working with us.

I look forward to hearing from you.

Try It! 다른 단어로 바꿔 써보기

❶ import 수입
trade 무역
manufacturing 제조
international marketing 국제 마케팅
international trade 국제 무역

❷ lineup 구성
cooperation 협력
complex 집합체
group 그룹
system 시스템

제 이름은 Robert Pollard입니다. 저는 Pollard Exports의 창립자이자 사장입니다. 저는 십 년이 넘게 수출업을 해오고 있습니다. 그리고 해외의 기업들과 성공적인 관계를 맺고 있습니다. 저는 항상 공급회사 망을 늘리고자 하며 저희와 함께 일하는 것에 대해 당신과 이야기해 보고 싶습니다. 당신으로부터 소식 듣기를 고대하고 있겠습니다.

founder 창시자 export 수출 game 직종, 일 decade 십 년 successful 성공적인 expand 늘리다

sample 14

Dear [   ]

I'm writing to introduce myself and my firm. My name is Jeffery Golden and I'm the marketing director for Design-Tech Software. We've been in the software business for the last 15 years and have carved out a niche in the database management industry. I'd like to get a chance to talk to you about our product line. Feel free to contact me if you are interested.

Sincerely,

Try It! 다른 단어로 바꿔 써보기

company 회사
business 사업체
enterprise 기업
team 팀
office 회사

저 자신과 저의 회사를 소개하기 위해 이 글을 씁니다. 제 이름은 Jeffery Golden이며 저는 Design-Tech Software의 마케팅 이사입니다. 저희는 지난 15년간 소프트웨어 사업을 해왔으며 데이터베이스 관리 산업의 틈새에서 열심히 노력해 오고 있습니다. 저희 제품 라인에 대해 이야기를 나누어 볼 기회가 있으면 좋겠습니다. 관심 있으시다면 언제든지 연락 주시기 바랍니다. 안녕히 계십시오.

carve out ~을 개척하다 niche 틈새 (시장), 꼭 맞는 자리 Sincerely (yours) (편지 끝에서) ~드림

✉ sample 15

Dear [   ]

My name is Joshua Jefferson. I'm sales director at Smith Tech. We are the premier supplier of ❶computer hardware for corporations in North America. Attached is a brochure outlining some of our more successful products and presenting some ❷testimonials from our satisfied customers. Let me know if you'd be available to discuss how we could work together.

Thank you for your time.

Try It! 다른 단어로 바꿔 써보기

❶ external modems 외장 모뎀
email servers 이메일 서버
printers and fax machines 프린터와 팩스기계
recycled computer goods 재활용 컴퓨터 상품
low-energy computer monitors 저에너지 컴퓨터 모니터

❷ quotes 인용
outcomes 결과
quotations 인용구
reviews 비평
evaluations 평가

제 이름은 Joshua Jefferson입니다. 저는 Smith Tech의 판매 이사입니다. 저희는 북미의 기업에 컴퓨터 하드웨어를 공급하는 최고의 회사입니다. 첨부된 것은 성공적인 저희 제품의 개요와 만족한 고객님들의 추천이 담긴 책자입니다. 저희와 함께 일할 수 있는 방안에 대해 의논하실 수 있으면 알려 주시기 바랍니다. 시간 내주셔서 감사합니다.

premier 최고의 corporation 기업 present 소개하다 tesimonial 추천의 글 satisfied 만족한 customer 고객

Case 04

카탈로그를 소개할 때 Introducing a Catalog ▲

✉ sample 16

Try It! 다른 단어로 바꿔 써보기

- new prices 새로운 가격
- new quantities 새로운 양
- new payment methods 새로운 지급방식
- new shipping prices 새로운 선적 가격
- several new items that you may be interested in 당신이 관심있을 만한 몇몇 새 아이템

Dear [ ]

I hope you are doing well. This is our 2016 catalogue. It's got our whole line for the coming year along with the new pricing. If you have any questions, feel free to get in touch with me.

Thanks,

잘 지내고 계시리라 믿습니다. 이것은 저희의 2016년 카탈로그입니다. 새로 가격을 책정한 새해 상품이 모두 담겨 있습니다. 질문이 있으면 연락 주시기 바랍니다. 감사합니다.

whole 전체의 coming year 다가오는 해 along with ~과 함께 pricing 가격책정 get in touch with ~에게 연락하다

✉ sample 17

Try It! 다른 단어로 바꿔 써보기

- color 색
- price and quantity 가격과 양
- quality 질
- product details 제품의 디테일
- design 디자인

Dear [ ]

It's that time of year again! I'm sending out our new catalogue to all of our clients. When you have a second, take some time to look it over and familiarize yourself with the new line of products and the changes in price and availability. Call me if you have any questions.

Thanks,

드디어 때가 돌아왔군요! 모든 고객님들께 저희의 새로운 카탈로그를 보내 드립니다. 시간 있으실 때 한번 살펴보시고 새로운 라인의 상품과 가격 및 이용 변화에 대해 숙지하시기 바랍니다. 질문사항이 있으면 연락 주시기 바랍니다. 감사합니다.

second 잠깐의 시간 look ~ over ~을 대충 훑어보다 familiarize 익숙하게 하다 change 변화
availability 구입가능성, 이용가능성

✉ sample 18

Try It! 다른 단어로 바꿔 써보기

Dear [   ]

Attached is our new textiles catalogue for the fall. We've added several new products that I think you'll be interested. When you get a chance, look over the new additions and let me know what you're interested in.

Thanks,

- - - - - - - -

- what you'd like to purchase 당신이 구매하기 원하는 것
- if anything catches your eye 당신의 눈을 사로잡는 것이 있으면
- what sparks your interest 당신의 흥미를 유발하는 것
- if your company has any interest 당신 회사가 관심이 있으면
- if your company needs any of these things 당신 회사가 이것 중에 필요한 것이 있으면

첨부된 것은 저희의 가을용 새 직물 카탈로그입니다. 관심을 가지실 만한 새로운 상품들을 추가하였습니다. 기회가 되실 때 추가된 신상품들을 훑어 보시고 관심 가는 제품을 알려 주십시오. 감사합니다.

attached 부착된, 첨부된 textile 직물 fall 가을 several 몇몇의 chance 기회 addition 추가된 것

✉ sample 19

Try It! 다른 단어로 바꿔 써보기

Dear [   ]

I'm sending you our catalogue so that you can get a sense of what we offer. You can look it over and see if anything meets your needs. We have an extensive inventory, so I'm quite certain you'll find what you're looking for.

Thanks,

- - - - - - - -

- our goods 우리의 상품
- our inventory 우리의 재고품
- what we have 우리가 가진 것
- our company's quality offerings 우리 회사의 질좋은 제품
- what we can provide 우리가 제공할 수 있는 것

저희 제품을 파악하실 수 있도록 카탈로그를 보냅니다. 마음에 드는 것이 있는지 살펴보시기 바랍니다. 저희는 광범위한 물품을 갖추고 있기 때문에 고객님께서 찾는 것이 분명히 있을 것이라 생각합니다. 감사합니다.

extensive 방대한 inventory 재고 (물품) 목록 certain 확신하는

sample 20

Try It! 다른 단어로 바꿔 써보기

things are 일들이
marketing is 홍보가
your profit margin is 당신의 이익이
work is 일이
the company is 회사가

Hi, ________

I hope business is good at your end. Attached is our 2015-10 product catalogue. I thought you'd like to see what we're offering. Please take a look at it and let me know if you have any questions about what you see.

Thanks,

\- - - - - - - -

당신의 사업이 잘 되기를 기원합니다. 첨부된 것은 2015년 10월의 제품 카탈로그입니다. 저희 제품을 보고 싶어 하시리라 생각했거든요. 한번 보시고 물어볼 것이 있으면 연락 주십시오. 감사합니다.

at your end 그쪽에서 catalogue 카탈로그 offer 제공하다 take a look 한번 보다

Case 05

다른 회사 직원을 한국으로 초청할 때
Inviting Other Company Members over to Korea ▲

sample 21

Hi, [   ]

We're setting up a series of meetings here in Korea with many of our partner companies. We'd like to involve you as well. We think meeting face-to-face and showing you our production facilities will really improve communication. Let me know if you think it will work for your schedule.

I hope to hear from you soon.

\- - - - - - - -

Try It! 다른 단어로 바꿔 써보기

- our production line 우리의 생산 라인
- our entire manufacturing process 우리의 전체 제조과정
- the way we do business 우리가 사업하는 방식
- our methods of manufacturing 우리의 제조 방법
- how we've streamlined our processes 우리가 공정을 효율화시킨 방법

저희는 많은 동업 회사들과 여기 한국에서 일련의 회의를 준비하고 있습니다. 당신도 참여하여 주셨으면 합니다. 직접적으로 대면하는 것과 저희의 생산 시설을 보여드리는 것이 의사소통에 더 효과적일 것이라고 생각합니다. 당신의 일정에 맞는지 확인하시고 연락 주세요. 빠른 답신을 바랍니다.

set up ~을 설치하다 partner 파트너, 사업 동반자 involve 참여시키다 as well 마찬가지로 production 생산 facility 시설 improve 향상시키다 communication 의사소통, 정보교환

sample 22

[   ]

What would you think about coming out to Korea for some meetings? We'd like to get your input on some of the projects we're working on. Let me know if you'd be available next month.

Thanks,

\- - - - - - - -

Try It! 다른 단어로 바꿔 써보기

- our new ideas 우리의 새로운 아이디어
- a few things we are planning 우리가 계획하는 몇 가지 것들
- new prototypes we are working on 우리가 하고 있는 새로운 시제품
- our long-term goals 우리의 장기 목표
- our short-term projects 우리의 단기 프로젝트들

회의를 위해 한국으로 오시는 것에 대해 어떻게 생각하십니까? 저희가 현재 착수하고 있는 프로젝트에 당신의 조언이 필요합니다. 다음달에 시간을 낼 수 있으신지 저희에게 알려 주시기 바랍니다. 감사합니다.

input (의견 등의) 제공 project 프로젝트 work on (작업 등을) 하다

✉ sample 23

Try It! 다른 단어로 바꿔 써보기

I'm writing to extend an invitation. I'd really love to get you over here for a meeting. We'd like to show you our operation and have some meetings about a possible partnership. What does your schedule look like?

Talk to you soon,

- for dinner and a conversation 저녁과 대화를 위해
- to talk numbers 번호를 말씀드리기 위해
- to discuss a great opportunity 훌륭한 기회에 대해 논의하기 위해
- to move forward with what we've discussed 우리가 의논했던 것을 더 진행시키기 위해
- to talk more formally 더 공식적으로 말하기 위해

당신을 초청하고자 이 글을 씁니다. 미팅에 와 주시면 정말 좋을 것입니다. 저희 사업에 대해 보여 드리고 동업에 관해서도 의견을 나누고 싶습니다. 일정이 어떻게 되시는지요? 곧 뵙겠습니다.

extend 전하다 invitation 초대(장) partnership 동업 look like ~하게 보이다

✉ sample 24

Try It! 다른 단어로 바꿔 써보기

I'd like to invite you and your team out to Korea next month. We've had a few teleconferences, but I think it's time that we had a face-to-face meeting. Would you be available to fly out? Let me know and we can begin preparations.

Thank you,

- discussion in person 만나서 하는 토론
- gathering with our executives 이사 모임
- dinner and talk in person 만나서 먹는 저녁과 대화
- formal proposal in person 직접 만나서 하는 공식적인 제안
- meeting between our two groups 두 그룹 간의 모임

다음 달에 당신과 당신 팀을 한국에 모시고자 합니다. 지금까지 몇 번의 원격 회의를 가졌는데 이제는 직접적인 만남이 필요한 시점인 것 같습니다. 한국으로 오는 것이 가능하신지요? 저희가 미리 준비할 수 있도록 연락 주시기 바랍니다. 감사합니다.

invite 초대하다 teleconference (전화 · 비디오로 하는) 원격 회의 face-to-face 직접 만나서 하는 preparation 준비

sample 25

Try It! 다른 단어로 바꿔 써보기

We're going to be having a series of meetings ❶next month, and we'd really like you to be involved. If your schedule permits it, would you like to fly out and meet with us? I think it would be ❷quite productive. Let me know what you think.

Thanks,

\- - - - - - - -

❶ next January 다음 1월
in a few weeks 몇 주 안에
next year 다음 해
starting March 1 3월 1일에 시작하는
early in the summer 초여름에

❷ beneficial to both of us 우리 모두에게 이로운
very useful 매우 유용한
a wonderful partnership 환상적인 파트너십
a smart business move 지혜로운 사업 활동
a good opportunity for us 우리에게 좋은 기회

저희는 다음달에 연속으로 회의를 할 예정이며 당신을 모시고 싶습니다. 스케줄이 괜찮으시다면 항공편으로 오셔서 저희를 만나지 않으시겠습니까? 꽤 생산적인 회의가 되리라 생각합니다. 당신의 생각을 알려 주십시오. 감사합니다.

a series of 연속적인 ~ be involved 관여하다 fly out 비행기로 출발하다 productive 생산적인

Case 06

초청을 수락할 때 Accepting an Invitation

sample 26

Hi ,

My schedule is pretty flexible next month, so I think I can clear out a few days. If you could just send me the schedule with as much detail about the agenda, I'll make my travel arrangements.

I look forward to seeing you.

\- - - - - - - -

Try It! 다른 단어로 바꿔 써보기

fairly open 비교적 열려 있는
clear 명백한
easy to work with 일하기 좋은
open to change 변화할 수 있는
rather open 다소 열려 있는

제 다음달 일정이 꽤 유연해서 며칠 정도는 비울 수 있을 것 같습니다. 일정과 자세한 의제 내용을 보내 주기만 한다면 출장 준비를 하도록 하겠습니다. 뵙는 날만 고대하고 있겠습니다.

pretty 꽤 flexible 유연한 clear out ~을 비우다 as much 많은 양의 detail 세부사항 agenda 의제 travel 여행 arrangement 준비

sample 27

Hi ,

I think coming out to Korea would be a ❶great idea. Let me check my schedule and we can start talking about possible dates. I can also prepare ❷a presentation about some of the new business ventures we're involved in.

I'll contact you soon.

\- - - - - - - -

Try It! 다른 단어로 바꿔 써보기

❶ fantastic thing 환상적인 일
wonderful opportunity 멋진 기회
good starting point 좋은 출발점
wise decision 현명한 결정
smart move 영리한 행동

❷ a slideshow 슬라이드쇼
an agenda 의제
an outline 개요
details 세부사항
costs 비용

한국으로 가는 것은 매우 좋은 생각이라고 봅니다. 제 일정을 확인해 보고 가능한 날짜에 대해서 얘기하도록 합시다. 관련된 일부 새로운 벤처기업에 대한 발표도 제가 준비하도록 하겠습니다. 곧 연락드리겠습니다.

check 확인하다 date 날짜 presentation 발표 venture 벤처사업 contact 연락하다

sample 28

Dear [ ]

I'm happy to accept your invitation. I think it would be beneficial to both of our companies if we get together. Let me know what your schedule is like.

Thank you,

\- - - - - - - -

Try It! 다른 단어로 바꿔 써보기

a smart thing 똑똑한 일

profitable 유익한

a benefit 이익

helpful 도움이 되는

useful 유용한

당신의 초청을 수락하게 되어 기쁩니다. 우리가 함께 한다면 두 회사 모두에게 이익이 될 것이라고 생각합니다. 당신의 일정을 알려주세요. 감사합니다.

accept 받아들이다 beneficial 이익이 되는 both 둘 다 get together 모이다, 뭉치다

sample 29

Dear [ ]

Thank you for your invitation. I think I can fit a trip to Korea into my schedule next month. I'd like to bring ❶a few of my people along so we can all get a sense of your operation there. Would this be acceptable?

I look forward to ❷hearing from you.

\- - - - - - - -

Try It! 다른 단어로 바꿔 써보기

❶ my players 영향력 있는 사람들

some of my assistants 내 조수 중 몇몇

my secretaries 내 비서들

some financial partners 몇몇 재정적 파트너들

my chief operations controller 나의 최고 운영 관리자

❷ your quick reply 당신의 빠른 응답

your response 당신의 응답

your decision 당신의 결정

your return letter 당신의 답장

your answer 당신의 대답

초청에 감사드립니다. 저는 다음 달쯤에 한국에 방문할 수 있을 것 같습니다. 당신의 사업에 대해 제대로 파악할 수 있게 저희 사람들 몇 명을 대동할 생각입니다. 그래도 괜찮겠습니까? 연락 기다리겠습니다.

fit ~ in ~을 ~에 끼워넣다 bring ~ along 같이 데리고 오다 sense 느낌, 분별력

sample 30

Try It! 다른 단어로 바꿔 써보기

- the timeline 시간표
- the agenda 의제
- the dates and times 날짜와 시간
- our schedules 우리의 일정들
- when would be a good time 좋은 시간일 때

Coming to Korea sounds like a great idea. I think seeing your operation in action will help us meet your needs more efficiently. We can work out the details this week.

I look forward to seeing you in Korea!

\- - - - - - - -

한국에 가는 것이 매우 좋은 생각 같습니다. 진행 중인 당신의 사업을 보는 것은 당신이 필요로 하는 것을 더욱 효과적으로 충족해 드릴 수 있는 기회라고 생각합니다. 자세한 것은 이번 주에 진행해 보도록 합시다. 한국에서 뵙는 날만 고대하고 있겠습니다!

sound like ~처럼 들리다 in action 실행 중인 meet one's need ~의 필요를 충족시키다 efficiently 효과적으로 work out 해결하다, 성사시키다

Case 07

초청을 수락할 수 없을 때 Saying That I Can't Accept the Invitation ▲

sample 31

Try It! 다른 단어로 바꿔 써보기

Dear

Thank you so much for the kind invitation. Unfortunately, I can't make it out to Korea next month. This quarter is just too busy for us. I hope we can work out something early next year.

Thanks,

----

decide 결정하다

schedule 스케줄을 짜다

try 시도하다

pencil in (미팅 등을) 잡아놓다

arrange 준비하다, 조정하다

친절한 초대 정말 감사합니다. 하지만 제가 다음 달에 한국에 가는 것은 어려울 것 같습니다. 저희가 이번 분기에는 너무 바쁩니다. 내년 초에 같이 일할 수 있기를 바랍니다. 감사합니다.

quarter 분기 busy 바쁜 work out ~을 고안하다, 원만하게 해결하다 early next year 내년 초

sample 32

Try It! 다른 단어로 바꿔 써보기

Hi,

Unfortunately, my schedule is ❶full for all of next month. We've got a ❷product roll-out we're preparing for so I'm not able to travel. Maybe farther down the line I'll be able to make it.

Thanks for thinking of me.

----

❶ booked 예약된

unavailable 이용할 수 없는

completely filled 완전히 채워진

not flexible 유연하지 않은

entirely full 완전히 꽉 찬

❷ new department opening 새로운 부서 오프닝

new C.E.O. joining our company 새로운 경영자가 우리 회사에 참여하는 것

new prototype 새로운 시제품

full publicity agenda 완전한 홍보 의제

new marketing campaign 새로운 마케팅 캠페인

불행하게도 제 다음 달 일정이 모두 꽉 찼습니다. 저희가 준비하던 신제품이 출시되는 관계로 출장을 갈 수가 없습니다. 아마도 훨씬 나중에야 가능할 것 같습니다. 저를 생각해 주신 점 감사합니다.

unfortunately 불행히도 full 가득 찬 product 제품 roll-out (신제품의) 출시 farther 더 멀리 make it 참석하다, 해내다

sample 33

I'm afraid I can't make it to Korea for at least the next few months. We have too many accounts that need constant attention, so I can't spare any time for travel. I hope my schedule clears up this summer so that we can arrange something.

Thanks,

Try It! 다른 단어로 바꿔 써보기

two weeks 2주
three months 석 달
twenty days 20일
a couple weeks 두어 주
a long amount of time 오랜 시간

저는 다음 몇 달 동안은 한국에 갈 수 없을 것 같습니다. 지속적인 관심을 필요로 하는 일이 너무 많아서 이동할 시간을 낼 수가 없습니다. 우리가 만날 수 있도록 이번 여름에는 제 일정이 모두 정리되기만을 바랍니다. 감사합니다.

at least 최소한 account 계정, 신용 거래, 거래처 constant 계속적인 attention 관심 spare (시간)을 내다, 할애하다 arrange 준비해 놓다, 약속을 잡다, (거래 등을) 맺다

sample 34

Hi ,

Thanks for wanting to involve us in ❶the conference. We'd like to send someone out, but unfortunately we can't spare anyone. We're a little shorthanded at the moment, and everyone we've got is busy ❷on an account. If things change, I'll let you know.

Thanks,

Try It! 다른 단어로 바꿔 써보기

❶ the summit 정상회담
the department get-together 부서 모임
the division assembly 부서 조례
annual conference 연례회의
the committee session 위원회 회의

❷ with various projects 다양한 프로젝트로
working 일하느라
with multiple projects 수많은 프로젝트들로
in two or more departments 두개 이상의 부서에서
with their own happenings 각자의 사정으로

저희를 회의에 초대해 주신 것 감사합니다. 누군가를 보내려고 했지만 아무도 시간이 여유롭지 않습니다. 저희는 지금 약간 일손이 모자란 상황입니다. 그리고 모든 인력이 일을 처리하느라 바쁩니다. 상황이 바뀌면 연락하겠습니다. 감사합니다.

conference 회의 sent out 보내다 shorthanded 일손이 모자란 at the moment 지금

sample 35

Try It! 다른 단어로 바꿔 써보기

Dear [   ]

I think it makes sense for us to come out to Korea, but I'm afraid our office is just too ❶backlogged right now. We've got a lot of products to ship out, and there's ❷no end in sight. Maybe we can work something out down the line.

Thanks for understanding.

- - - - - - - -

❶ full of tasks 업무로 꽉 찬
overwhelmed 압도당하는
shorthanded 일손이 모자란
busy with clients 고객들로 바쁜
backed up with orders 주문으로 늦어지는

❷ no possibility of it ending 끝날 가능성이 없는
no end near 근래에 끝나지 않을
not a chance we'll finish soon 곧 끝날 일말의 가능성도 보이지 않는
no chance we'll be done by next week 다음 주까지 끝낼 수 없는
not a possibility of ending by the end of the month 이번 달 말까지 끝낼 가능성이 없는

저는 한국에 가는 것이 옳다고 생각합니다. 하지만 지금 저희 회사에 밀린 일이 너무 많습니다. 보내야 할 물건들이 너무 많으며 끝이 없어 보입니다. 앞으로 생각해 봐야 할 것 같습니다. 이해해 주셔서 감사합니다.

make sense to ~하는 것이 현명하다 office 회사 backlogged 밀린 일이 많은 product 제품 ship 배송하다 in sight 시야 내에, 보이는 범위 안에 down the line 앞으로, 이후에

문의 · 견적 · 가격 Inquiry, Estimates & Price

Case 01

제품에 관해 일반적인 문의를 할 때 Making General Inquiries About a Product

sample 36

Dear

I'm writing to get some information about item #4689 in your catalogue. I'd like to see some more details concerning what colors and sizes are available. I'd also like to know about availability. If you could please get this information to me ASAP, I would greatly appreciate it.

Thank you for your time.

Try It! 다른 단어로 바꿔 써보기

- quantities 양
- shipping prices 선적 가격
- shapes 모양
- lengths 길이
- weights 무게

귀사의 카탈로그에 있는 4689번 제품에 관한 정보를 얻기 위해 글을 씁니다. 이용 가능한 색과 사이즈에 관한 세부사항과 구입 가능성에 대해 알아보고 싶습니다. 가능한 한 빨리 그 정보를 저에게 주실 수 있으면 매우 감사하겠습니다. 시간 내주셔서 감사합니다.

availability 구입가능성 ASAP 가능한 한 빨리(= as soon as possible) greatly 매우 appreciate 감사하다

sample 37

Dear

Could you send me a description of the T-23 monitor? I see it listed in the catalogue, but I'd like a little more information about performance and compatibility. I'd also like to see some screen captures that demonstrate resolution.

Thanks,

Try It! 다른 단어로 바꿔 써보기

- speed 속도
- overall reviews 전반적인 평
- compatibility with my server 내 서버와의 호환성
- its history 역사
- the panel 패널

저에게 T-23모니터의 설명을 보내 주시겠습니까? 카탈로그에서 모니터 목록을 보았는데 성능과 호환성에 대해 더 자세히 알아보고 싶습니다. 해상도를 나타내는 화면 캡처 사진도 보고 싶습니다. 감사합니다.

description 설명 list 나열하다 performance 성능 compatibility 호환성 demonstrate 나타내다 resolution 해상도

sample 38

Try It! 다른 단어로 바꿔 써보기

- monitor line 모니터라인
- laptop availability 노트북 활용성
- keyboard products 키보드 제품들
- flatscreen monitors 평면 모니터들
- product support 제품 지원

Could I get some information on your new product line? I see that the new catalogue has a few additions, but I can't really tell what new features are offered. So you have a more detailed product description?

Thanks,

새로운 상품에 대한 정보를 받을 수 있습니까? 새로운 카탈로그에 몇 가지가 추가된 것을 보았는데 어떤 특성이 추가된 것인지 잘 구별되지 않습니다. 더 자세한 제품 설명을 갖고 계신가요? 감사합니다.

addition 추가 tell 구별하다 feature 특징

sample 39

Try It! 다른 단어로 바꿔 써보기

- quantities 양
- shipping prices 선적 가격
- dimensions (especially depth) 크기(특히 깊이)
- compatibility 호환성
- quality of the items 제품의 질

My company is in the process of choosing a supplier and we're considering using your operation. Could you give us an overview of your product line, including price and availability? You can email me with the information anytime.

Thanks for your attention.

저희 회사는 공급자를 선택하려고 하는데 지금 당신의 회사를 고려해 보고 있는 중입니다. 가격과 구매 가능성을 포함해 당신의 제품에 대한 개요를 보내 주시겠습니까? 언제든 저에게 이메일을 보내 주십시오. 관심 가져주셔서 감사합니다.

choose 선택하다 supplier 공급자 consider 고려하다 operation 회사 overview 개요 include 포함하다

sample 40

I'd like to get some information from you. We're looking for networking routers for an office situation, and I see that you've got a pretty wide range. Could you give me a rundown on the prices and specifications along with any recommendations you might have?

Thanks,

Try It! 다른 단어로 바꿔 써보기

- new USB ports 새로운 USB 포트
- compatible keyboards 호환되는 키보드
- routers and splitters 라우터와 분할기
- LCD handheld devices LCD 소형 장치
- processors 프로세서

당신에게 정보를 몇 가지 얻고 싶습니다. 저희는 회사 상황에 맞는 네트워킹 라우터를 찾고 있는데 당신께서 꽤 많은 종류를 소유하고 계시더군요. 가격과 사양에 대한 간략한 설명과 추천을 함께 해주시겠습니까? 감사합니다.

situation 상황 range 종류, 범위 rundown 간략한 설명, 개요 specification 사양(서) along with ~와 함께 recommendation 추천

Case 02

가격 문의를 할 때 Inquiring About Price ▲

sample 41

Try It! 다른 단어로 바꿔 써보기

- education 교육
- college 대학
- multiple-line 여러 개의 라인
- large order 대량 주문
- nonprofit 비영리 (단체)

Dear

I'm writing to request pricing information for item #4689 in your catalogue. I'd like to get the current price per unit as well as any bulk discounts you offer. We're trying to make our final decisions on which product to go with, and we'd appreciate a prompt reply.

Thanks,

- - - - - - - -

저는 당신의 카탈로그에 있는 4689번 제품의 가격 정보에 대해 문의하기 위해 글을 씁니다. 대량주문을 할 때 제시되는 할인뿐만 아니라 낱개의 가격도 알고 싶습니다. 저희는 어떤 제품을 선택할지에 대한 최종 결정을 내리려고 하고 있습니다. 빠른 답변 부탁드립니다. 감사합니다.

request 요구하다 current 현재의 per ~당 unit (완성품) 한 개, 단위, 장치 A as well as B B뿐만 아니라 A도 bulk 다량, 뭉치 discount 할인 decision 결정 prompt 신속한 reply 응답

sample 42

Try It! 다른 단어로 바꿔 써보기

- graphics card 그래픽카드
- wireless mouse 무선 마우스
- motherboard 머더보드
- speakers 스피커
- optical disk drive 광 디스크 드라이브

Dear

Could I get the current price for the W-234 network cable? I can't seem to find it listed on your website, and we're trying to prepare a rather large order. If there's a bulk discount, I'd like to get that too.

Thanks,

- - - - - - - -

네트워크 케이블 W-234의 현재 가격에 대해 알 수 있을까요? 당신의 웹사이트에는 나와 있지 않은 것 같습니다. 그리고 대량으로 주문하려고 합니다. 대량구매에 대한 할인이 있다면 그것에 대해서도 알고 싶습니다. 감사합니다.

website 웹사이트 prepare 준비하다 rather 꽤, 상당히 order 주문

✉ sample 43

Dear [ ]

I was wondering if you could help me out. I'm preparing my 2016 budget and I'd like to get the most accurate price information I can. Could you send me the most current prices for your product line? I'd appreciate it greatly.

Thanks,

당신의 도움이 필요합니다. 저는 2016년 예산에 대해 준비하고 있는데 제가 받을 수 있는 가장 정확한 가격 정보를 알고 싶습니다. 당신의 제품 라인에 대한 가장 최근의 가격에 대해 보내 주시면 매우 감사하겠습니다. 고맙습니다.

Try It! 다른 단어로 바꿔 써보기

- most accurate shipping information 가장 정확한 선적 정보
- most up-to-date prices 최신 가격
- clearest price breakdown 정확한 가격 명세서
- most accurate estimate 가장 정확한 견적
- most precise numbers 가장 정확한 수치

wonder 궁금해하다 budget 예산 accurate 정확한

✉ sample 44

Dear [ ]

What is the price for product #662? For some reason it doesn't appear on your current price list. I'm going to be placing an order soon, and I need the exact price in order to get it approved.

Thanks for your prompt attention.

662번 제품의 가격이 어떻게 됩니까? 어떻게 된 건지 현재의 가격 목록에는 나와 있지 않습니다. 곧 주문을 할 예정인데 이를 승인받기 위해서는 정확한 가격이 필요합니다. 빠른 답변 부탁드립니다.

Try It! 다른 단어로 바꿔 써보기

- your help 당신의 도움
- your assistance 당신의 도움
- your timely response 당신의 빠른 답변
- your wisdom 당신의 지혜
- your availability 당신의 시간

reason 이유 appear 나타나다 place an order 주문을 하다 exact 정확한 approve 승인하다 attention 관심

✉ sample 45

Dear [   ]

Could you help me out with some price information? I'm trying to do some comparisons between various suppliers and I don't seem to have current numbers for your product line. I'd love to get that from you if possible.

Thanks,

\- - - - - - - -

Try It! 다른 단어로 바꿔 써보기

inventions 발명

operating system software 운영 시스템 소프트웨어

Blu-ray DVD players 블루 레이 DVD 재생기

Webcams 웹카메라

digital scanners 디지털 스캐너

저에게 가격 정보에 대해 알려 주시겠습니까? 저는 다양한 공급 회사들을 비교하려고 하는데 당신의 제품 라인에 대한 현재의 가격이 없는 것 같습니다. 가능하다면 가격 정보를 받고 싶습니다. 감사합니다.

help ~ out ~을 도와주다 comparison 비교 various 다양한 supplier 공급자 numbers 수치정보

가격 문의에 대해 회신할 때 Responging to Price Inquiries ▲

sample 46

Try It! 다른 단어로 바꿔 써보기

Dear

Thanks for your interest. Attached is the most current price listing for item #4689. It contains both unit price and bulk pricing. Notice that there is a 5% discount for every hundred ordered up to 400. Let me know if you have any questions.

Thanks again,

- over 500, with a maximum discount of 50% 500개가 넘으면 최대 50% 할인
- up to 300 300개까지는
- with a maximum of a 20% discount 최대 20% 할인으로
- 500 and up 500개 이상
- over 100, up to 15% off 100개가 넘으면 최대 15%까지 할인

당신의 관심에 대해 감사드립니다. 첨부된 것은 제품 4689번의 최근 가격에 대한 목록입니다. 낱개 가격과 묶음 가격이 모두 나와 있습니다. 400개까지의 주문에 대해서는 100개당 5%의 할인이 있습니다. 질문사항이 있다면 알려 주시기 바랍니다. 다시 한번 감사드립니다.

interest 관심 contain 포함하다 unit (완성 제품의) 한 개, (가구의) 유닛, 세트 단위 bulk 대량의 pricing 가격 책정 notice 주목하다 discount 할인

sample 47

Try It! 다른 단어로 바꿔 써보기

Dear

Thanks for getting in touch with me. The W-234 currently runs 12.99 per unit. We offer a 5% discount on orders of 50 or more. Let me know when you're ready to order and I can expedite the process for you.

Thanks,

- each 각각의
- per box 박스당
- per dozen 12개당
- per pair 한 짝당
- for 100 100개당

저에게 연락 주신 것 감사드립니다. W-234는 현재 개당 12.99달러를 기록하고 있습니다. 50개 이상의 주문에 관해서는 5%의 할인을 제공하고 있습니다. 주문하실 때 알려 주시면 신속히 처리해 드리겠습니다. 감사합니다.

get in touch with ~와 연락하다 currently 현재 run (수량 · 금액 등이) ~에 이르다 be ready to ~할 준비가 되다 expedite 신속히 처리하다 process 과정

sample 48

Try It! 다른 단어로 바꿔 써보기

Dear

Attached is our ❶current price list. As you can see, we've ❷reduced prices on a number of items. Let me know if you have any questions or if you are ready to place an order.

Thanks,

- - - - - - - -

❶ most recent 가장 최근의
latest 최근의
most up-to-date 가장 최근의
annual 매년의
yearly 매년의

❷ lowered 줄였다
cut 삭감했다
chopped 줄였다
slashed 줄였다
dropped 줄였다

첨부된 것은 현재의 가격 목록입니다. 보시다시피 많은 물품에 대해서 가격을 내렸습니다. 질문사항이 있으시거나 주문하게 되면 알려 주시기 바랍니다. 감사합니다.

as you can see 보다시피 reduce 줄이다 a number of 많은

sample 49

Try It! 다른 단어로 바꿔 써보기

Item #662 currently runs $42.50 per unit. If you have any other questions regarding price, please let me know. Some of our newer offerings haven't yet made it into the catalogue.

Thank you for your interest.

- - - - - - - -

concerns 관심사
requests 요구
queries 문의
problems 문제
inquiries 문의

물품 662번은 현재 개당 42.50달러를 기록하고 있습니다. 가격에 관한 다른 질문 사항이 있으시면 알려 주시기 바랍니다. 몇 가지 새 물품은 아직 카탈로그에 실리지 않았습니다. 관심에 대해 감사드립니다.

regarding ~과 관하여 offering 제공, 매물

✉ sample 50

Thanks for your interest. I'm attaching our current price list. Let me know if there are any questions. We can ❶work with you throughout the order process to ensure that everything goes ❷smoothly.

Thanks again,

\- - - - - - - -

Try It! 다른 단어로 바꿔 써보기

❶ assist you 당신을 돕다
work alongside you 당신과 함께 일하다
be there with you 당신과 함께 있다
support you 당신을 지원하다
answer all your questions 당신의 모든 질문에 답하다

❷ as planned 계획한 대로
perfectly 완벽하게
problem free 문제 없이
ideally 이상적으로
without issues 문제 없이

당신의 관심에 대해 감사드리며 현재 가격 목록을 첨부하겠습니다. 질문사항이 있으시면 연락 주시기 바랍니다. 주문을 처리하는 내내 모든 것이 순조롭게 진행되고 있다는 것을 확신시켜 드리기 위해 고객님과 함께 하겠습니다. 다시 한번 감사드립니다.

work with ~와 함께 일하다 throughout ~동안 내내 process 과정 ensure 확실히 하다 smoothly 순조롭게

Case 04

견적을 의뢰할 때 Requesting Estimates ▲

sample 51

To Whom It May Concern:

I'm writing to request an estimate for your service. We have a job coming up and would like to get some numbers. Attached are the specifics of the job. I would appreciate a rough figure for the work. If you need any further details, feel free to contact me.

Thank you,

Try It! 다른 단어로 바꿔 써보기

your support 당신의 지원
your company's assistance 당신 회사의 도움
your engineering team 당신의 기술팀
a few days' work 며칠 동안의 일
your team's abilities 당신 팀의 능력

관계자 분께, 당신의 서비스에 대해서 견적을 의뢰하기 위해 글을 씁니다. 저희는 곧 해야 할 일이 생기는데 함께 수치 정보가 필요합니다. 첨부된 것은 일에 관한 세부사항입니다. 일에 관한 대략적인 비용을 알려 주시면 감사하겠습니다. 다른 세부사항을 원하시면 저에게 연락 주십시오. 감사합니다.

request 요청하다 estimate 견적(서), 추정(치) number 수치(정보) specifics 세부사항 rough 대략적인 figure 수치, 금액 further 심도 있는

sample 52

Dear ______

I'd like to get an estimate for your consulting service. Let me know what you need to know in order to provide a rough price for us. We'd like to get started as soon as possible.

Thanks,

Try It! 다른 단어로 바꿔 써보기

reference 참조
distribution management 유통 관리
inventory control 물품 관리
college recruitment 대학생 채용
tax 세금

당신의 상담 서비스에 대한 견적을 받고 싶습니다. 저희에게 대략적인 가격을 알려 주기 위해 필요한 것이 있으시면 말씀해 주십시오. 가능한 한 빨리 시작하겠습니다. 감사합니다.

consulting 상담 in order to ~하기 위해 provide 제공하다 get started 시작하다 as soon as possible 가능한 한 빨리

✉ sample 53

Dear [ ]

We are in need of a delivery service for a product we are shipping to the U.S. and attached are the specifics for the job. Could you put together an estimate for us?

Thanks in advance.

\- - - - - - - -

Try It! 다른 단어로 바꿔 써보기

details 세부사항
particulars 명세
numbers 수치
contracts 계약서
facts 사실

저희는 미국으로 보내는 제품에 대한 배달 서비스가 필요합니다. 첨부된 것은 일에 관한 세부사항입니다. 저희에게 견적을 내주시겠습니까? 미리 감사드립니다.

be in need of ~이 필요하다 delivery 배달 ship 운송하다 put together 작성하다, 정리하다 in advance 미리

✉ sample 54

Dear [ ]

I'm writing to get an estimate for your company's services. We used you last year and were quite happy with the results. If you are interested in working with us again, let me know and I'll send you the details.

Thanks,

\- - - - - - - -

Try It! 다른 단어로 바꿔 써보기

pleased 기쁜
very enthused 매우 흥분된
overwhelmed 흥분된
delighted 기쁜
esteemed 호평받은

귀사의 서비스에 대한 견적을 받기 위해 글을 씁니다. 지난해 귀사를 이용했는데 결과에 매우 만족했습니다. 우리와 다시 일하고자 하신다면 알려 주시기 바랍니다. 세부사항을 보내 드리도록 하겠습니다. 감사합니다.

get an estimate 견적을 받다 quite 꽤 result 결과 be interested in ~에 관심이 있다

✉ sample 55

Dear [   ]

I would like to get an estimate for the attached job. The deadline is November 23, so I'd like to get the process started as soon as possible. Let me know if you need any further information in order to put together a figure.

Thank you,

- - - - - - - -

Try It! 다른 단어로 바꿔 써보기

quickly 빠르게

soon 곧

next week 다음 주에

shortly 곧

very soon 이내

첨부된 일에 대한 견적을 알고 싶습니다. 마감일이 11월 23일이기 때문에 가능한 한 빨리 일을 진행했으면 합니다. 비용을 정하기 위해 필요한 정보가 있다면 알려 주시기 바랍니다. 감사합니다.

deadline 마감일 process 과정

Case 05

견적 의뢰에 대해 회신할 때 Responding to an Estimate Request ▲

sample 56

Dear [ ]

Thank you for getting in touch with us. I've looked over the specifications for the job and we've come up with a figure for you. Attached is a breakdown of all of the costs involved. This is a preliminary figure and is subject to change after we've come out to look at the work in person. Let me know if you have any questions.

Thanks,

- - - - - - - -

Try It! 다른 단어로 바꿔 써보기

an early estimate 초기 견적
an estimate 추정치
a rough guess 대략적인 추정
a quick ballpark figure 빠른 대략적인 수치
a rough calculation 대략적인 계산

저희에게 연락 주셔서 감사합니다. 일에 관한 세부사항을 보았고 비용을 정했습니다. 첨부된 것은 관련된 모든 비용에 관한 명세서입니다. 이것은 예비 비용이며 직접 나와 일을 검토하게 됐을 때 변경될 수 있습니다. 질문사항이 있으면 알려 주십시오. 감사합니다.

get in touch with ~에게 연락하다 come up with ~을 생각해내다, 마련하다 figure (특정) 금액 breakdown 명세서 preliminary 예비의 be subject to ~이 될 수 있다 look at ~을 검토하다 in person 직접

sample 57

Dear [ ]

I've received your request for an estimate. Thank you for thinking of us. We'll get the pricing information together for you by the end of the day.

I look forward to working with you.

- - - - - - - -

Try It! 다른 단어로 바꿔 써보기

tomorrow 내일
Friday 금요일
the next business day 다음 영업일
your deadline 귀사 마감일
early evening 이른 저녁

당신의 견적에 관한 요청 잘 받았습니다. 저희를 생각해 주신 점 감사합니다. 오늘 중으로 비용 정보를 보내겠습니다. 당신과 함께 일하기를 고대합니다.

receive 받다 request 요구 pricing 가격 책정 end 끝 day 날

✉ sample 58

Try It! 다른 단어로 바꿔 써보기

numbers 수치
costs 비용
required figures 필수 수치
entire budget 전체 예산
final cost 최종 비용

Attached is an estimate for the job. It's itemized in order to give some context to the total figure. Look it over and let me know if it is acceptable.

Thank you for your interest.

\- - - - - - - -

첨부된 것은 일에 관한 견적입니다. 총 비용에 관한 내용을 드리고자 명세서를 작성하였습니다. 살펴보시고 가능하신지 연락 주시기 바랍니다. 관심 가져 주셔서 감사합니다.

itemize 항목별로 적다, 명세를 쓰다 context 맥락 total 전체의 acceptable 받아들일 수 있는

✉ sample 59

Try It! 다른 단어로 바꿔 써보기

partner 제휴하다
join 함께 하다
associate 어울리다
contract 계약하다
team up 팀을 이루다

Dear

It's great to hear from you. We'd love the chance to work with you again. Just send me the details about the job and we'll put together some numbers for you.

Thanks,

\- - - - - - - -

연락 주셔서 매우 기쁩니다. 당신과 다시 일할 수 있다면 무척 좋을 것입니다. 일에 관한 세부사항을 보내 주시기만 하면 비용을 정리해 알려 드리겠습니다. 감사합니다.

hear from (~로부터 직접) 소식을 듣다 chance 기회

sample 60

Dear [   ]

Thank you for your interest. In order for us to proceed, I'll need to get some specifics from you. I've attached a form asking for the relevant information. If you could fill this out and get it back to us, we'll get the ball rolling.

I look forward to working with you.

Try It! 다른 단어로 바꿔 써보기

a document 서류
an outline 개요
a spreadsheet 스프레드시트
a questionnaire 설문지
a required contract 필요한 계약서

당신의 관심에 대해 감사합니다. 일을 진행하기 위해서는 세부사항이 필요합니다. 관련 정보에 관한 질문서를 첨부했습니다. 이것을 작성하여 저희에게 보내 주시면 일을 시작하겠습니다. 당신과 함께 일하기를 고대합니다.

proceed 계속 진행하다 form 양식, 서식 relevant 관계된 fill ~ out ~을 작성하다 get the ball rolling 일을 잘 시작하다

고객에게 가격 인상을 통보할 때 ① Notifying Clients of a Price Increase ① ▲

sample 61

Dear Valued Clients,

Due to market fluctuations and some changes in the availability of certain raw materials, we are being forced to raise our prices by 4%, effective immediately. We always strive to provide the best products at the lowest possible prices, but small price increases are sometimes unavoidable. As always, we value your patronage.

Thank you,

Try It! 다른 단어로 바꿔 써보기

- uncertainty in the market 시장 불확실성
- competitor pricing 경쟁사의 가격 책정
- the economy 경제
- economic factors 경제적 요인
- the recession 경기후퇴

소중한 고객님께. 물가변동과 특정 원재료의 구입 가능성 변화 때문에 가격을 즉시 4% 인상하게 되었습니다. 저희는 최저가로 최고의 상품을 제공하려고 항상 노력하고 있습니다. 하지만 때로 약간의 가격 인상이 불가피합니다. 늘 그렇듯 저희는 고객님의 후원을 소중히 생각하고 있습니다. 감사합니다.

fluctuation 변동 raw material 원재료 force 강요하다 raise 올리다 effective 시행되는 strive to ~하려고 고군분투하다 increase 인상 unavoidable 피할 수 없는 value 중요하게 여기다 patronage 후원, 애용

sample 62

Dear [   ]

I'm writing to inform you of a small increase in our prices. Periodically it is necessary to adjust our prices to reflect the market. We will continue to offer bulk discounts and repeat customer discounts.

Feel free to call me with any questions.

Try It! 다른 단어로 바꿔 써보기

- long-time customer 오래된 고객
- multiple-line 여러 개의 제품
- multi-year 여러 해
- occasional special 가끔의 특별한
- personalized 개인이 원하는 대로 할 수 있는

당사의 소규모 가격 인상에 대해 알려 드리고자 글을 씁니다. 저희는 물가를 반영하기 위해 주기적으로 가격을 조정하고 있습니다. 대량주문에 대한 할인과 단골 고객 할인은 계속 진행할 것입니다. 질문이 있으시면 언제든지 연락 주시기 바랍니다.

inform 알리다 periodically 주기적으로 it is necessary to ~하는 것이 필요하다 adjust 조정하다 reflect 반영하다 market 시장 continue 계속하다 repeat customer 단골 고객

✉ sample 63

I wanted to let you know that our prices are set to increase next week. The prices on the current price list will be good through Friday. Starting Monday there will be an across-the-board increase of 1.5%.

Let me know if you have any questions.

\- - - - - - - -

Try It! 다른 단어로 바꿔 써보기

go up 올라가다
rise 인상하다
escalate 올라가다
mushroom 급등하다
swell 불어나다

저희의 가격이 다음 주에 인상되는 것에 대해 알려 드리고자 합니다. 현재의 가격표에 따른 가격은 금요일까지에 한합니다. 다음 주 월요일부터는 전반적으로 1.5%의 인상이 있을 것입니다. 질문 사항 있으시면 알려 주시기 바랍니다.

set 정하다 increase 증가하다 price list 가격표 good 유효한 through (기간 등의) 까지
starting Monday 월요일부터 시작하여 across-the-board 전면적인

✉ sample 64

Dear

Attached is our new price list. You may notice that prices on several items have increased ❶slightly. As always, we work to get the best prices for our partners. However, occasional price increases ❷are unavoidable. We will continue to offer discounts on select items.

Thank you for your understanding.

\- - - - - - - -

Try It! 다른 단어로 바꿔 써보기

❶ significantly 상당히
somewhat 다소
a little 약간
over last year's prices 작년 가격보다 높은
a tiny amount 적은 양

❷ have to happen 일어나야 한다
are inevitable 피할 수 없다
must happen 일어나야 한다
occur periodically 주기적으로 일어난다
will always occur 항상 일어날 것이다

첨부된 것은 저희의 새로운 가격표입니다. 눈치채셨겠지만 몇 가지 물품에 관한 가격은 약간 인상되었습니다. 늘 그렇듯이 저희는 협력사들에게 최상의 가격을 제공하기 위해 노력합니다. 그러나 가끔의 가격 인상은 불가피합니다. 몇 가지 엄선된 물품에 대해서는 계속해서 할인을 제공할 것입니다. 이해해 주셔서 감사합니다.

notice 알아차리다 slightly 약간 however 그러나 occasional 어쩌다가 한번씩 select 엄선된

sample 65

The 2016 catalogue is coming out next week! We're really excited about the new product line. I just wanted to give you a heads-up about the prices. We've been forced to raise prices on several of the more popular brands. It shouldn't cut into your bottom line too much.

Let me know if you have any questions.

\- - - - - - - -

Try It! 다른 단어로 바꿔 써보기

items we offer 우리가 제공하는 물품

things we have 우리에게 있는 물건

products we're showcasing 우리가 선보이는 제품

prototypes 시제품

servers we are carrying 우리가 제공하는 서버

2016년 카탈로그가 다음 주에 나옵니다! 저희는 새로운 제품 라인에 대해서 매우 즐거워하고 있습니다. 저는 가격에 대해서 미리 알려 드리기를 원했습니다. 우리는 인기 있는 몇 개의 브랜드에 대한 가격 인상 압박을 받아 왔습니다. 이번 인상으로 귀사의 손익에 큰 영향을 미치지는 않을 것입니다. 질문이 있으시면 알려 주시기 바랍니다.

heads-up 사전 경고, 주의 raise 올리다 popular 인기있는 cut into 지장을 주다 bottom line (최종) 손익

Case 07

고객에게 가격 인상을 통보할 때 ② Notifying Clients of a Price Increase ② ▲

sample 66

Dear

I wanted to give you a heads-up on an upcoming price change. We've been forced to bump the price of the G32 up by 2%. It's not a terribly large increase, but I didn't want it to come as a surprise. Let me know if you have any questions.

Thanks,

\- - - - - - - -

Try It! 다른 단어로 바꿔 써보기

- warn you of 예고하다
- caution you on 고지하다
- tip you off about 제보하다
- forewarn you of 경고하다
- notify you of 통보하다

곧 있게 될 가격 변동에 대해 미리 알려 드리고자 합니다. 저희는 G32의 가격을 2% 인상할 수밖에 없었습니다. 심각하게 큰 인상은 아니지만 놀라게 해드리고 싶지는 않았습니다. 질문이 있으시면 알려 주시기 바랍니다. 감사합니다.

upcoming 다가오는 be forced to ~하도록 강요받다 bump ~ up (가격 · 수량 등을) 갑자기 올리다 by (차이 · 정도를 나타내어) ~만큼, ~의 차이로 terribly 매우

sample 67

Dear

I'm writing to let you know about a price increase on some of our items. The ❶network routers that were previously sold for $43 per unit will now cost $46. This price adjustment has been made because of an increase in ❷manufacturing costs. Feel free to contact me if you have any questions or concerns.

Thank you.

\- - - - - - - -

Try It! 다른 단어로 바꿔 써보기

❶
- cooling towers 냉각탑
- accelerator boards 가속회로판
- expansion buses (컴퓨터의) 확장 버스
- graphics adapters 그래픽 어댑터
- memory sticks 메모리스틱

❷
- production 생산
- construction 공사
- development 개발
- fabrication 제작
- assembly 조립

일부 품목의 가격 인상에 대해 알려 드리기 위해 글을 씁니다. 이전에 개당 43달러로 판매된 네트워크 라우터가 이제는 46달러에 판매됩니다. 이번 가격 조정은 제조 비용의 인상 때문에 이루어졌습니다. 질문이나 관심 사항 있으시면 편하게 연락 주시기 바랍니다. 감사합니다.

previously 이전에 per ~당 because of ~ 때문에 manufacturing 제조 cost 비용

✉ sample 68

Dear [   ]

From time to time it is necessary for us to adjust the prices of our products in order to respond to the pressures of the market. Therefore, I am writing to inform you that we have raised our prices for the 2015 product line. These new prices will be reflected in the upcoming catalogue. Please feel free to get in touch with me if you have any questions.

Thank you.

Try It! 다른 단어로 바꿔 써보기

bring this correspondence
이 서신을 가져오다

put this pen to paper
이 펜을 종이에 놓다

am composing this letter
이 편지를 쓰다

am creating this email
이 이메일을 새로 쓰다

am dropping you this line
이 글을 남기다

때때로 시장의 압력에 대응하기 위해 제품 가격을 조정해야 할 필요가 있습니다. 따라서 2015년 제품의 가격을 올린 것에 대해 알려 드리려고 연락드렸습니다. 이 새 가격은 곧 나올 카탈로그에 반영될 겁니다. 질문사항이 있으시면 언제든지 연락 주세요. 감사합니다.

from time to time 때로 adjust 조정하다 repond to ~에 대응하다 pressure 압력 therefore 그러므로 raise 올리다 reflect 반영하다

✉ sample 69

Dear [   ]

I'm writing to let you know that we've had to make a little price increase to the RX-9. It's a popular item so we've had to make some incentive payments to our manufacturer in order to increase the output. I hope this won't affect your future orders too much. Let me know if you have any questions.

Thanks,

Try It! 다른 단어로 바꿔 써보기

quick 빠른

motivating 의욕을 불어넣는

extra 추가의

additional 추가의

added 더해진

RX-9에 약간의 가격 인상을 해야 했다는 점을 알려 드리기 위해 글을 씁니다. 유명한 제품이어서 생산량을 늘리려면 제조업자에게 인센티브를 지불해야 했습니다. 이것이 당신의 향후 주문에 너무 많은 영향을 끼치지 않기를 바랍니다. 질문이 있으시면 알려 주시기 바랍니다. 감사합니다.

popular 유명한 incentive 장려책 payment 지불(금) manufacture 제조업체 output 생산량 affect 영향을 미치다

✉ sample 70

Dear

I'm writing to inform you that there has been a small price increase on all items. Periodically we have to make such adjustments in order to keep our pricing in line with the market. We continue to be ❶committed to providing our customers with the best deal on the best ❷merchandise. Feel free to contact us with any questions.

Thank you.

\- - - - - - - -

Try It! 다른 단어로 바꿔 써보기

❶ concerned with 관심을 갖는

the best at ~에서 최고

the nation's number one at 국가 제 1의

many business's option at 많은 사업체가 선택하는

unwavering at 흔들림 없는

❷ sports equipment 스포츠용품

paper supplies 종이 납품[공급]

cleaning products 청소 제품

kitchen utensils 부엌용품

space heaters 소형 실내 난방기

저는 모든 품목에서 약간의 가격 인상이 있다는 것에 대해 알려 드리기 위해 글을 씁니다. 저희는 시세와 맞추기 위해 주기적으로 가격 조정을 해야 합니다. 저희는 계속해서 최상의 상품을 최상의 거래로 고객님들께 제공하기 위해 노력하고 있습니다. 질문이 있으시면 언제든지 연락 주시기 바랍니다. 감사합니다.

price increase 가격 인상 item 품목, 물품 periodically 주기적으로 adjustment 조정 pricing 가격책정 in line with ~에 맞추어 be committed to ~에 헌신하다 merchandise 상품

Case 08

가격 인상 통보에 대해 회신할 때 Responding to the Price Increase Notice ▲

sample 71

Hi, [ ]

I just wanted to ask a couple of questions about the price increase. Will the new prices be applied to orders that have already been made? Also, is there any chance of getting one more order in before the increase takes effect? I'd appreciate anything you can do for me.

Thanks,

Try It! 다른 단어로 바꿔 써보기

- contracts 계약
- requests 요구
- agreements 합의
- deals 거래
- transactions 거래

가격 인상에 대해 몇 가지 물어볼 것이 있습니다. 이미 주문된 것에 대해서도 새로운 가격이 적용됩니까? 또 인상이 되기 전에 한 가지 더 주문할 수 있을까요? 어떤 것이든 저희를 위해 애써 주시는 데 감사할 것입니다. 고맙습니다.

a couple of 몇몇의 apply 적용하다 already 이미 get ~ in ~을 제출하다, 보내다 take effect 시행되다

sample 72

Dear [ ]

I'm a little concerned about these new prices. We've been looking around at some other suppliers. Your new prices seem to be a good deal above theirs. Is there any reason for the disparity?

Thanks,

Try It! 다른 단어로 바꿔 써보기

- competitors 경쟁업체
- other companies 다른 회사들
- of your competition 당신의 경쟁자
- other options 다른 선택들
- companies with reasonable price range 가격대가 합리적인 회사

저는 이번 새 가격에 대해 다소 걱정스럽습니다. 저희는 다른 공급업체들을 찾아보고 있습니다. 다른 곳에 비해서 귀사의 새 가격은 꽤 높습니다. 그 차이에 대한 특별한 이유가 있습니까? 감사합니다.

be concern about ~에 대해 걱정하다 a good deal 많이, 상당한 정도로 reason 이유 disparity 차이, 불균등

✉ sample 73

Dear ⌐ ¬

Thanks for letting me know. I'd like to make some orders this week. Just to confirm, they'll be covered under the old price structure, right? We'd like to get some savings.

Thanks,

Try It! 다른 단어로 바꿔 써보기

today 오늘

tomorrow 내일

soon 곧

as quickly as possible 가능한 한 빨리

by the end of the week 이번 주말까지

알려 주셔서 감사합니다. 이번 주에 주문을 좀 하고 싶습니다. 확실히 하기 위해서인데, 이 주문은 예전 가격으로 되는 것이 맞지요? 금액을 좀 절감하고 싶거든요. 감사합니다.

confirm 확인하다 cover 대상으로 하다 price 가격 structure 구조 saving 절약

✉ sample 74

❶Regarding the new prices, will we still be able to get our bulk discount? I'm trying to plan the next ❷quarter's orders and I want accurate numbers. Please let me know how this will affect us.

Thanks,

Try It! 다른 단어로 바꿔 써보기

❶ About ~에 대해서

On the topic of ~ 주제에 관하여

Following up on ~에 대하여

For ~에 대한

In regards to ~에 관해서

❷ year's 해의

month's 달의

week's 주의

trimester's 3개월의

semester's 학기의

새로운 가격에 관해서 말씀드리는데요, 여전히 대량주문 할인을 받을 수 있습니까? 저는 다음 분기의 주문을 계획 중인데 정확한 수치를 알고 싶습니다. 가격 인상이 저희에게 어떤 영향을 미치게 될지 알려 주십시오. 감사합니다.

regarding ~에 관하여 still 여전히 quarter 분기 accurate 정확한 affect 영향을 미치다

sample 75

We've been making monthly orders for the last year. Is there any chance that we could be "grandfathered in" under the old pricing scheme? It would really help us out a lot.

Let me know.

- - - - - - - -

Try It! 다른 단어로 바꿔 써보기

five and a half years 5년 반
three years 3년
several years 몇 년
ten quarters 10분기
decade 십 년

저희는 작년에 월별 주문을 해 왔습니다. 예전 가격으로 주문할 기회가 있을까요? 그렇다면 저희에게 많은 도움이 될 것 같습니다. 저에게 알려 주시기 바랍니다.

monthly 매달 chance 기회, 가능성 grandfather ~에게 기득권을 인정해주다, 새 규칙의 적용을 면제해주다 scheme 계획, 체계
a lot 많이

Case 09

가격 인하를 요청할 때 Asking for a Price Decrease ▲

sample 76

Try It! 다른 단어로 바꿔 써보기

I'm writing to inquire about the flexibility of your current price structure. Is there any chance of getting a slightly lower price per unit? I'd love it if we could get, say 3% off. We're planning on doing a lot of business with you in the future, so any help would be appreciated.

Thanks,

- - - - - - - -

- pricing scheme 가격 계획
- prices 가격
- shipping charges 운송 요금
- price pyramid 가격 피라미드
- pricing factors 가격요인

저는 현재 가격 구조의 유연성에 관해 문의하고자 글을 씁니다. 아주 조금이라도 개당 가격을 낮출 수 있는 가능성은 없습니까? 3% 정도 할인이 되었으면 좋겠습니다. 저희는 미래에도 귀사와 많은 사업을 하려고 계획하고 있습니다. 어떠한 도움이라도 감사할 것입니다.
고맙습니다.

flexibility 유연성 slightly 약간 lower 더 낮은 say 예를 들면, ~정도 off (가격 뒤에 쓰여) 깎아서, 할인하여

sample 77

Try It! 다른 단어로 바꿔 써보기

Dear

I was wondering if we could get a reduction in price on our next order. There'll be more orders over the next several months, and a price break would definitely increase the number of orders we make with you.

Let me know if you can work with us on this.

- - - - - - - -

- lowering 인하
- decrease 감소
- drop 하락
- decline 하락
- cut 삭감

저희는 다음 주문 시 가격 인하를 받을 수 있을지 궁금합니다. 앞으로 몇 달 동안 주문을 몇 번 더 할 것이며 가격 할인이 되면 확실히 주문 수가 늘어날 것입니다. 이 건에 대해 저희와 의견을 같이 하실 수 있는지 알려 주시기 바랍니다.

wonder if ~인지 궁금하다 reduction 줄임, 삭감 definitely 명백하게 increase 늘리다

sample 78

I'm looking at the 2016 catalogue and the prices seem a little steep. Is there any room for negotiation? We'd like to make several orders over the next few months and it would help if we could get, say, a 2% break.

Thanks,

\- - - - - - - -

Try It! 다른 단어로 바꿔 써보기

quite high 꽤 높은
overly priced 가격이 높게 책정된
a little higher than I expected 내가 예상했던 것보다 조금 더 높은
too much 너무 많은
a bit high 약간 높은

저는 2016년 카탈로그를 보고 있는데 가격이 조금 높은 것 같습니다. 가격에 관한 협의가 가능할지요? 앞으로 몇 달 동안 주문을 하고 싶은데 2% 정도의 할인이라면 저희에게 도움이 될 것입니다. 감사합니다.

steep (가격 등이) 너무 높은 room for ~여지, 가능성 negotiation 협상

sample 79

We're going to be ordering 200 of the T-235 network routers. They're listed at $30 each. Is there any chance we could knock a few dollars off of that? It would really help out a lot and encourage us to use you as a supplier in the future.

Let me know what you can do.

\- - - - - - - -

Try It! 다른 단어로 바꿔 써보기

Perhaps 아마
Maybe 아마도
Do you think 생각하시나요?
Do you suppose 생각하시나요?
Is there a way 방법이 있을까요?

T-235 네트워크 라우터를 200개 주문하려고 합니다. 각각 30달러라고 표기되어 있는데 몇 달러 정도 할인받을 수 있을까요? 큰 도움이 될 것이며 향후 당신을 공급자로 선택하는 데 기여할 것입니다. 가능한 일이 있다면 연락 주시기 바랍니다.

each 각각 knock ~ off (가격을) 할인하다 encourage ~에게 용기를 북돋다

sample 80

Try It! 다른 단어로 바꿔 써보기

Dear

I'm writing to see if we could discuss a price break on our next order. We have been regular customers for the last few years, and I would like to see about making ❶a deal to ease the price a bit.

Let me know if there is anything ❷you can do.

----

❶ a contract 계약
a pact 협정
an agreement 협의
a discount 할인
an arrangement 준비

❷ you need to know 당신이 알아야 하는
I can answer 내가 대답할 수 있는
I can provide 내가 제공할 수 있는
I can do to help 내가 돕기 위해 할 수 있는
you can do to assist us
당신이 우리를 돕기 위해 할 수 있는

다음 주문 시 가격 파괴에 대해 의논해 볼 수 있는지 궁금합니다. 저희는 지난 몇 년 동안 정기적인 고객이었습니다. 그리고 저는 가격을 조금 낮추는 것에 대해 알아보고 싶습니다. 저희에게 도움이 될 수 있는 어떤 것이든 알려 주시기 바랍니다.

price break (대량 주문에 대한) 가격 할인 regular customer 단골 손님 would like to ~하고 싶다 ease 경감하다

Case 10

가격 인하 요청에 대해 회신할 때 **Responding to the Price Decrease Request** ▲

sample 81

Try It! 다른 단어로 바꿔 써보기

As usual, thanks for your business. For a special customer such as you, I think we could come down to 2% on orders of 50 or more. Would that be suitable to you? I hope it takes some budget pressure off of you.

Thanks again,

\- - - - - - - -

- a committed 헌신적인
- a valued 귀중한
- an appreciated 인정받는
- a respected 존중받는
- a prized 소중한

언제나처럼 당신의 거래에 대해 감사를 드립니다. 당신과 같은 특별한 고객께는 50개 이상 주문에 대해서는 2% 정도 할인해 드릴 수 있을 것 같습니다. 이 정도면 적절하겠습니까? 이것이 당신의 예산 부담을 덜어주기를 바랍니다. 다시 한번 감사합니다.

as usual 평소처럼 business 거래 such as ~와 같은 come down 가격을 내리다 suitable 적합한 take off ~을 줄이다

sample 82

Try It! 다른 단어로 바꿔 써보기

Dear

Thanks for getting in touch with me. Currently we are unable to make any reductions in price. We value your ❶loyalty and will certainly keep it in mind going forward. Unfortunately, economic realities are forcing us to hold the prices ❷steady.

Thank you for understanding.

\- - - - - - - -

❶
- faithfulness 충실
- devotion 헌신
- allegiance 충성
- reliability 신뢰성
- dependability 믿을 만함

❷
- firm 확고한
- stable 안정적인
- solid 움직이지 않는
- fixed 고정된
- sturdy 견고한

저에게 연락 주셔서 감사합니다. 현재 저희는 어떤 가격 인하도 불가능합니다. 저희는 당신의 충실함을 소중히 여기고 마음 속 깊이 간직할 것입니다. 하지만 불행하게도 현 경제 상황에서는 가격 변동을 할 수 없게 되었습니다. 이해해 주시기 바랍니다.

get in touch with ~에게 연락하다 currently 현재 unable 가능하지 않은 value 중요하게 여기다 loyalty 충성 economic 경제적인 reality 현실 steady 꾸준한, 변함없는

sample 83

I think we can do something for you. While we can't cut as much as 2%, I can manage a 1.5% break. We value our relationship with you and really want to keep you around. Let me know if this helps.

Thanks,

\- - - - - - - -

Try It! 다른 단어로 바꿔 써보기

handle 처리하다
make 만들다
suggest 제안하다
agree to 동의하다
offer 제안하다

당신을 위해 무언가를 해드릴 수 있을 것 같습니다. 저희가 2% 인하는 힘들지만 1.5%까지는 인하해 드릴 수 있습니다. 저희는 당신과의 관계를 소중히 생각하며 정말로 함께 하고 싶습니다. 이것이 도움이 되실지 알려 주십시오. 감사합니다.

while ~하지만 cut 삭감하다 as much as 2% 자그마치 2% manage 감당하다 break 할인 relationship 관계

sample 84

I think we can definitely ❶help you out with the price on an order as large as 200. We can do $28 per unit. We should be able to do that on ❷subsequent orders of over 100 as well. I hope this helps.

Thanks,

\- - - - - - - -

Try It! 다른 단어로 바꿔 써보기

❶ assist you 당신을 돕다
aid you 당신을 돕다
help out 돕다
work 일하다
be flexibile 유연하다

❷ following 따라오는
ensuing 뒤이은
successive 연속적인
later 나중의
future 미래의

200개 정도의 많은 주문이면 확실하게 가격에 도움을 드릴 수 있을 것 같습니다. 저희는 개당 28달러에 해드릴 수 있습니다. 또 연달아 100개가 넘는 주문을 하실 때도 적용할 수 있을 것입니다. 이것이 도움이 되기를 바랍니다. 감사합니다.

help ~ out with ~을 통해 ~을 돕다 as large as ~만큼 많은 subsequent 뒤따라오는 as well 마찬가지로

✉ sample 85

Dear [   ]

We have a rewards program for loyal buyers. Once you reach your 10th order, you get a 5% reduction in price. My records show that you've made 9 orders with us, so after your next, you'll qualify for the break.

As usual, we value your business.

Try It! 다른 단어로 바꿔 써보기

cherish 소중히 여기다
enjoy 즐기다
appreciate 감사히 여기다
respect 존중하다
treasure 소중하게 생각하다

저희는 충실한 고객께 드리는 보상 프로그램이 있습니다. 10번째 주문을 하시면 5% 가격 할인을 받으실 수 있습니다. 저희 기록으로 보아 고객님은 아홉번 주문을 하셨기 때문에 다음 번에는 가격 인하를 받으실 수 있습니다. 언제나처럼 저희는 고객님의 거래를 소중히 여깁니다.

reward 보상 loyal buyer 충실한 구매자 once 한번 ~하면 reach 도달하다, 닿다 record 기록
qualify for ~을 얻을 자격이 있다

Case 01

비즈니스 회의 약속을 잡을 때 Setting Up the Business Meeting ▲

sample 86

Hi, [ ]

I'm just writing to see if we can get together early next week for a meeting. We've got some reports we'd like to go over with you. Let me know if Tuesday afternoon is okay for you.

Thanks,

\- - - - - - - -

Try It! 다른 단어로 바꿔 써보기

- Wednesday morning 수요일 아침
- Monday evening 월요일 저녁
- Thursday around 11:00 목요일 11시 즈음
- late Friday morning 금요일 아침 늦게
- early Tuesday 화요일 아침 일찍

다음 주 초에 회의 약속을 잡을 수 있을지 알아보기 위해 글을 씁니다. 함께 검토하고 싶은 보고서가 있습니다. 화요일 오후가 괜찮으신지 알려 주시기 바랍니다. 감사합니다.

if ~인지 아닌지 get together 모이다, 만나다 meeting 회의 report 보고서 go over 자세히 검토하다

sample 87

[ ]

Would it be possible to schedule a meeting for sometime next week? I'd like to go over some ideas for a promotion. Let me know if you've got an opening.

Thank you,

\- - - - - - - -

Try It! 다른 단어로 바꿔 써보기

- an internship 인턴십
- a new product line 새로운 제품라인
- a future investment opportunity 미래의 투자 기회
- our hiring procedures 우리의 고용 절차
- a new prototype 새로운 시제품

다음 주 중에 회의 일정을 잡아도 될까요? 홍보에 관한 의견을 나눠 보고 싶습니다. 시간이 되시는지 연락 주시기 바랍니다. 감사합니다.

would it be possible to ~하는 것이 가능한가? schedule 일정을 잡다 promotion 판촉, 홍보 opening 틈, 기회

✉ sample 88

Try It! 다른 단어로 바꿔 써보기

I've got a few questions about the ❶distribution of our products. It's really more in depth than we can talk about by phone or email. Would it be possible to meet? Let me know what your ❷calendar looks like.

Thanks,

- - - - - - - -

❶ marketing 마케팅
advertising 광고
promotion 홍보
delivery 배송
shipping 선적

❷ week looks 주가 어떤지
schedule looks 일정이 어떤지
month looks 달이 어떤지
Friday afternoon looks 금요일 오후는 어떤지
Mornings look 아침 시간은 어떤지

저희 상품의 유통에 관해 몇 가지 질문이 있습니다. 전화나 이메일로 대화하기에는 깊은 내용이라고 생각합니다. 만나 뵐 수 있을까요? 일정 확인해 보시고 연락 주시기 바랍니다. 감사합니다.

a few 몇몇의 distribution 유통, 배급 depth 깊이 calendar 일정, 달력

✉ sample 89

Try It! 다른 단어로 바꿔 써보기

Dear

I would like to propose a meeting. We have a few proposals we'd like to make. I think we could really benefit from working together. How would next week be?

I look forward to hearing from you.

- - - - - - - -

profit 이익을 얻다
do well 잘하다
gain 얻다
earn well 잘 벌다
move forward 앞으로 나아가다

회의를 했으면 합니다. 하고 싶은 제안이 몇 가지 있습니다. 우리가 함께 일한다면 우리에게 분명 이익이 있을 것이라고 생각합니다. 다음 주 어떠세요? 소식 기다리고 있겠습니다.

propose 제안하다 proposal 제안 benefit 이익을 얻다 together 함께 look forward to ~을 고대하다
hear from ~에게서 (소식을) 직접 듣다

✉ sample 90

Try It! 다른 단어로 바꿔 써보기

contract 계약서
covenant 계약서, 약정서
pact 협정
settlement 합의
deal 거래

I need to talk to you about some changes we'd like to make in our partnership agreement. Is there a day that's good for you next week? I'm traveling for the rest of this week, but my schedule is pretty clear after that.

Thanks,

\- - - - - - - -

동업자 계약에 관한 몇 가지 변경 사항에 대해 얘기를 나눠 보고자 합니다. 다음 주에 괜찮은 날 있으세요? 제가 이번 주에는 출장을 가지만 그 후에는 다른 일정이 없거든요. 감사합니다.

change 변경사항 partnership 동업, (협력) 관계 agreement 계약, 협의 travel 출장가다 rest 나머지 clear 스케줄이 비어 있는

Case 02

비즈니스 회의 날짜를 변경할 때 Changing the Business Meeting Date ▲

sample 91

Try It! 다른 단어로 바꿔 써보기

unavailable 시간을 낼 수 없는
booked solid 전부 예약되어 있는
completely scheduled 완전히 예약된
preoccupied 온 정신이 팔린
busy 바쁜

How flexible is the 15th for that meeting? It turns out I'm booked that day. Would the 14th or the 16th work for you? Let me know when you're available.

Sorry for the inconvenience.

\- - - - - - - -

15일 모임을 다른 날로 바꿔도 될까요? 그날은 제가 이미 약속이 다 차 있네요. 14일이나 16일은 괜찮으세요? 가능한 시간이 언제인지 알려 주시기 바랍니다. 불편을 드려 죄송합니다.

flexible 융통성 있는 it turns out (that) 알고 보니 ~이다 booked 예약된 work (일시 · 상황 등이) 문제 없다, 좋다 available 시간이 나는 inconvenience 불편함

sample 92

Try It! 다른 단어로 바꿔 써보기

get-together 모임
reunion 재회 모임
appointment 약속
engagement 약속
discussion 토론

I'm afraid I'm going to have to reschedule our meeting next week. Would Thursday work for you instead of Wednesday? If not, I may have to put it off until next week. Sorry if this disrupts your schedule too much.

Thanks,

\- - - - - - - -

죄송하지만 다음 주에 만나기로 한 약속을 조정해야 할 것 같습니다. 수요일 대신에 목요일 괜찮으신가요? 안 되신다면 다음 주로 미루어야 할 것 같습니다. 당신의 일정에 지장을 많이 준다면 죄송합니다. 감사합니다.

reschedule 일정을 재조정하다 instead of ~ 대신에 if not 그렇지 않다면 put ~ off ~을 미루다 disrupt 지장을 주다, 방해하다

✉ sample 93

Try It! 다른 단어로 바꿔 써보기

Dear [   ]

Would it inconvenience you too much if we change the date of next month's meeting from the 23rd to the 25th? I have ❶a client who will only be in town on the 23rd, so I'm trying to ❷accommodate him. Let me know if that will work for you.

Thanks,

----

❶ a partner 파트너
a boss 상사
a teammate 팀원
an old friend 오래된 친구
a fellow researcher 동료 연구원

❷ make time for 시간을 내다
assist 도와주다
be of service to 도움이 되다
find time for 시간을 내다
reschedule 재조정하다

다음 달의 모임 날짜를 23일에서 25일로 변경한다면 너무 불편하실까요? 23일에만 시내에 머물 고객이 있어서 그분께 맞추려고 합니다. 괜찮으신지 연락 주시기 바랍니다. 감사합니다.

inconvenience 불편을 끼치다 date 날짜 client 고객 accommodate 편의를 도모하다

✉ sample 94

Try It! 다른 단어로 바꿔 써보기

[   ]

I was wondering if we could change the date of our meeting next week from Tuesday to Wednesday. I've got a conflict that I didn't foresee, so I'll be out of the office visiting with a client on Tuesday. Let me know if Wednesday will work for you.

Thanks,

----

a previous meeting 바로 전의 회의
an unscheduled appointment 미리 계획되지 않은 약속
a legal issue 법적 사안
a court requirement 법적 필요사항
a research and development breakthrough 연구개발의 대발견

다음 주의 약속을 화요일에서 수요일로 바꿀 수 있을지 궁금합니다. 제가 시간 충돌을 생각하지 못했습니다. 그래서 화요일엔 고객과 상담하느라 사무실에 있지 않을 예정입니다. 수요일이 괜찮으신지 알려 주시기 바랍니다.

wonder if ~인지 어떤지 궁금해하다 conflict 충돌 foresee 예견하다 be out of office 사무실에 없다
visit with ~와 이야기를 나누다

sample 95

Try It! 다른 단어로 바꿔 써보기

that works for you 당신에게 잘 맞는

that inconveniences you 당신을 불편하게 하는

that works 효과가 있는

you're okay with that 당신에게 괜찮은

that's no problem 문제가 없는

If it isn't too much of an inconvenience, I'd like to push our meeting forward a day to Thursday. My Friday has turned out to be a little overbooked. Let me know if that's okay and what time would work for you.

Thanks,

\- - - - - - - -

너무 불편하지 않으시면 우리 모임을 목요일로 하루 앞당기고 싶습니다. 금요일은 일정이 꽉 차게 되었습니다. 그렇게 해도 괜찮으신지 알려 주시고 시간은 언제가 좋을지 알려 주시기 바랍니다. 감사합니다.

push forward 앞으로 나아가다 overbooked 예약이 초과된

Case 03

비즈니스 회의 약속을 확인할 때 Confirming the Business Meeting ▲

sample 96

Hi,

I'm just writing to confirm the 16th at 2:30 for our meeting. I'll be bringing a couple of people from our office along to introduce to you. Let me know if there are any changes in the schedule.

Looking forward to seeing you,

Try It! 다른 단어로 바꿔 써보기

- agenda 의제
- meeting 회의
- time 시간
- date and time 날짜와 시간
- plans 계획

회의 시간이 16일 2시 30분인지 확인하기 위해 연락드립니다. 당신께 소개할 직원 몇 명을 같이 데려가겠습니다. 일정에 변경사항이 없는지 알려 주시기 바랍니다. 뵙기를 고대하고 있겠습니다.

confirm 확인하다 bring ~ along ~을 같이 데려오다 a couple of 몇몇의

sample 97

Hi,

I just wanted to confirm that we're on for the 20th at 10:30. I'm excited about sharing some new ideas. If you have any data you want me to bring, just let me know.

Thanks,

Try It! 다른 단어로 바꿔 써보기

- prototypes 시제품
- inventions 발명품
- goals 목표
- projects 프로젝트
- proposals 제안

약속이 20일 10시 30분이 맞는지 확인하려고 합니다. 새로운 아이디어를 나누는 데 대해 매우 기대가 됩니다. 제가 가져가기 원하는 자료가 있으면 말씀해 주십시오. 감사합니다.

on ~에 참여하여 be excited 흥분하다 share 공유하다 data 자료

sample 98

Try It! 다른 단어로 바꿔 써보기

- advertising 광고
- promotion 판촉
- sales 판매
- public display 진열
- commercial (TV · 라디오) 광고

I'm writing to confirm our meeting on the 17th at 4:30. I'm looking forward to going over some marketing ideas. By the way, could you bring some samples of the advertising graphics you were telling me about?

Thanks,

약속이 17일 4시 30분이 맞는지 확인하기 위해 연락드립니다. 마케팅 아이디어 검토에 대해 기대가 큽니다. 그런데 혹시 전에 말씀하셨던 광고 그래픽 샘플을 가져오실 수 있습니까? 감사합니다.

look forward to ~를 고대하다 go over ~을 검토하다 by the way 그런데 sample 견본 advertising 광고 graphic 그래픽, 화상

sample 99

Try It! 다른 단어로 바꿔 써보기

❶ fellow investors 동료 투자자
- partners 협력자
- boss 상사
- colleague 동료
- ally 조력자

❷ international sales 해외 판매
- design 디자인
- general affairs 총무
- real estate 부동산
- internet relations 인터넷 관련

Dear

I have you down for a meeting on the 25th at 1:30. Is this still good for you? I'll be bringing my ❶companion from the ❷finance team along to share a few ideas. Let me know if there's any problem with the schedule.

Thanks,

저희 약속 시간이 25일 1시 30분인 걸로 알고 있습니다. 여전히 시간 되시는지요? 아이디어를 공유하기 위해 자금팀의 동료를 데려가겠습니다. 일정에 문제가 있으시다면 연락 주시기 바랍니다. 감사합니다.

down for (이름이) ~을 위한 명단에 올라, (사람이) ~하기로 예정되어 still 여전히 companion 동료 finance 자금 조달, 재무

sample 100

Hi,

Are we still on for the 16th at 2:30? I'm looking forward to meeting with you. Let me know if you need to reschedule.

Thanks,

\- - - - - - - -

Try It! 다른 단어로 바꿔 써보기

anticipating meeting 만남을 기대하다
eager to be meeting 만남을 열망하다
expecting to meet 만나길 기대하다
hopeful to be meeting 만남을 희망하다
awaiting to meet 만나길 기다리다

약속이 16일 2시 30분 맞지요? 당신을 뵙기를 고대하고 있습니다. 일정을 다시 조정하셔야 한다면 알려 주시기 바랍니다. 감사합니다.

be on for ~할 마음이 있다 reschedule 일정을 재조정하다

Case 04

비즈니스 회의를 취소할 때 Canceling the Business Meeting ▲

sample 101

I'm terribly sorry, but I'm afraid I'm going to have to cancel the meeting. We've had a bit of a crisis here at the office and everybody is scrambling to take care of it. I'll contact you next week about rescheduling.

Sorry for the inconvenience.

정말 죄송합니다만 회의를 취소해야 할 것 같습니다. 저희 회사에 위기가 닥쳐서 모두가 그것을 해결하느라 정신이 없습니다. 다음 주에 일정 조절을 위해 다시 연락드리겠습니다. 불편을 드려 죄송합니다.

Try It! 다른 단어로 바꿔 써보기

- an emergency 응급상황
- a catastrophe 재앙
- a predicament 곤경
- a disaster 재앙
- an unforeseen circumstance 예견하지 못한 상황

terribly 매우 cancel 취소하다 a bit of 약간의 ~ crisis 위기 scramble to ~하려고 급히 서두르다
take care of ~을 처리하다

sample 102

Unfortunately, I will not be able to attend the meeting we had arranged for the 20th of July. Certain business concerns make it unwise for us to enter into any new partnerships. If circumstances change, I will contact you to schedule a new meeting.

Thank you.

안타깝게도 7월 20일에 잡았던 회의에 참석하지 못할 것 같습니다. 특정 사업에 대한 걱정 때문에 새로 동업관계를 시작하는 것은 현명하지 못한 것 같습니다. 상황이 바뀌면 새로운 약속을 잡기 위해 연락드리겠습니다. 감사합니다.

Try It! 다른 단어로 바꿔 써보기

- new issues 새로운 일
- financial problems 재정적 문제
- economic factors 경제적 요인
- partnerships with other corporations 다른 회사와의 동업
- expenses 비용

unfortunately 안타깝게도 attend 참석하다 arrange 준비하다 concern 걱정 unwise 현명하지 않은, 어리석은
enter into (활동 등에) 착수하다 partnership 동업, (협력) 관계

✉ sample 103

Try It! 다른 단어로 바꿔 써보기

promise 약속
pledge 서약
assurance 확신
vow 맹세
contract 약정

I hate to do this to you, but I'm going to have to cancel that June 16th meeting. We aren't going to have our products ready for shipment by that date, so we won't be able to make any kind of commitment. I hope this doesn't cause you too much trouble.

Sorry for the confusion.

이렇게 하긴 정말 싫지만 6월 16일의 모임을 취소해야 할 것 같습니다. 그 날짜까지 제품을 수송할 수 없을 것 같습니다. 그래서 어떤 약속도 드릴 수가 없습니다. 이 일로 너무 곤란한 상황이 발생하지 않길 바랍니다. 혼란을 드려 죄송합니다.

hate 싫어하다 have ~ ready ~을 준비해 놓다 shipment 선적, 운송 commitment 약속 cause 유발하다 trouble 문제 confusion 혼란

✉ sample 104

Try It! 다른 단어로 바꿔 써보기

assistance 도움
tolerance 인내
persistence 끈기
understanding 이해
acceptance 수용

Due to unforeseen circumstances, I'm afraid that I will not be able to make the meeting we scheduled for the 16th of June. Please accept my apologies. I will let you know if I am able to reschedule.

Thank you for your patience.

미리 예측하지 못한 상황 때문에 6월 16일의 회의에 갈 수 없을 것 같습니다. 정중히 사과드립니다. 다시 일정 조절을 할 수 있는지 알아보고 연락드리겠습니다. 인내해 주셔서 감사합니다.

due to ~ 때문에 unforseen 예견 못한 make a meeting 회의에 갈 수 있다 accept 받아들이다 apology 사과 patience 인내

sample 105

Try It! 다른 단어로 바꿔 써보기

new products 새로운 제품
samples 견본
product line 제품 라인
production process 생산 과정
trial products 시제품

I apologize for doing this, but I'm afraid I'll have to cancel next Friday's meeting. We've got some last-minute changes to make to our new items before we're ready to show it our potential buyers. I'll let you know when we can reschedule.

Sorry for the inconvenience.

- - - - - - - -

죄송하지만 다음 주 금요일의 약속을 취소해야 하는 점 사과드립니다. 잠재적 구매자들께 보여 드릴 준비가 되기 직전에 저희가 새 제품을 바꾸게 되었습니다. 언제 다시 일정 조절이 가능한지 후에 알려 드리겠습니다. 불편을 드려 죄송합니다.

apologize 사과하다 last-minute 마지막 순간의 potential 장래의, 잠재적인 buyer 구매자

Case 05

비즈니스 회의를 연기할 때 Putting Off the Business Meeting ▲

sample 106

If it won't be too much of an inconvenience, I'd like to postpone our meeting. I'm going to be out of town on business until the 16th and I feel like I need a little more time to recover and prepare before we get together.

Let me know if this will work for you.

\- - - - - - - -

Try It! 다른 단어로 바꿔 써보기

- put off 미루다
- delay 연기시키다
- push back 미루다
- rearrange 재조정하다
- reschedule 재조정하다

큰 불편이 아니라면 약속을 미루고 싶습니다. 제가 사업상 16일까지는 이곳에 없을 겁니다. 그리고 우리가 만나기 전까지 보충하고 준비할 시간이 필요할 것 같습니다. 괜찮으신지 연락 주시기 바랍니다.

inconvenience 불편 postpone 연기하다 on business 사업상, 업무차 until ~때까지 feel like ~같은 기분이 들다 recover 회복하다

sample 107

I'm afraid I'm going to need to put off our meeting. Thursday turns out to be a problem for me. Would the following Thursday be okay? Let me know.

Thanks,

\- - - - - - - -

Try It! 다른 단어로 바꿔 써보기

- an issue 문제
- a setback 차질
- a glitch 사소한 문제점
- a dilemma 딜레마
- a troublesome day 잘 풀리지 않는 날

미안하지만 모임을 미뤄야 할 것 같습니다. 목요일에 사정이 생겼습니다. 그 다음 주 목요일은 어떠세요? 알려 주시기 바랍니다. 감사합니다.

turn out ~로 드러나다 following 다음의

✉ sample 108

Due to ❶unexpected circumstances I will not be able to keep our Tuesday appointment. Would it be possible to reschedule it for later in the week? I'm really looking forward to meeting with you. Let me know what your schedule will allow.

Sorry for ❷the inconvenience.

\- - - - - - - -

Try It! 다른 단어로 바꿔 써보기

❶ a death in the family 가족상

a glitch in our system 시스템의 결함

needed repairs to our production line 우리 생산라인에 필요한 수리

family concerns 가족문제

jury duty 배심원 의무

❷ this 이것

any problems this causes 이것으로 인한 모든 문제

this misunderstanding 오해

all of this 이것 모두

any confusion 모든 혼란

예상치 못한 상황 때문에 화요일 약속을 지키지 못할 것 같습니다. 이번 주 후반으로 재조정할 수 있을까요? 당신을 만나 뵙기를 정말 고대하고 있습니다. 일정이 허락하는지 연락 주시기 바랍니다. 불편을 드려 죄송합니다.

unexpected 예상하지 못한 keep an appointment 약속 시간을 지키다 later in the week 이번 주 후반부에 allow 허락하다

✉ sample 109

I'm afraid I'm going to have to postpone that meeting on the 16th. We're waiting for some market analysis to come back to us so that we'll be able to show you the numbers you asked for. How would the 20th work for you? I hope this doesn't disrupt your schedule too much.

Thanks for understanding,

\- - - - - - - -

Try It! 다른 단어로 바꿔 써보기

disturb 혼란스럽게 하다

upset 당황하게 하다

interrupt 방해하다

mess up 망치다

affect 영향을 주다

죄송하지만 16일의 회의를 연기해야 할 것 같습니다. 요청하셨던 수치를 보여 드리기 위한 시장 분석이 도착하기를 기다리고 있습니다. 20일은 어떠신가요? 당신의 일정에 큰 방해가 되지 않기를 바랍니다. 이해해 주셔서 감사합니다.

anaylsis 분석 ask for ~을 요청하다 disrupt 방해하다

sample 110

I regret that I'm going to have to rearrange our meeting. Events beyond my control have made it necessary for me to be in the office all day on Monday. Would Tuesday or Wednesday work for you? I hope that this doesn't cause you too much trouble.

Thanks for understanding.

\- - - - - - - -

Try It! 다른 단어로 바꿔 써보기

- any headaches 어떤 두통
- scheduling conflicts 일정 충돌
- any problems 어떤 문제
- major concerns 주요 문제
- to miss anything 어떤 것을 놓치는

안타깝지만 저희의 약속을 재조정해야 할 것 같습니다. 제 능력 밖의 일 때문에 월요일에는 하루 종일 사무실에 있어야 합니다. 화요일이나 수요일 괜찮겠습니까? 이로 인해 너무 곤란해지지 않기를 바랍니다. 이해해 주셔서 감사합니다.

regret (that) ~을 유감으로 생각하다 rearrange 재조정하다 beyond ~를 넘어 control 통제하다
make it necessary for A to A가 ~해야 하게 되다 cause 야기하다

Case 06 아이디어 회의를 하자고 할 때 Setting Up the Idea Meeting ▲

sample 111

Dear ☐

I'm writing to propose a preliminary meeting. I'd like to get together with you for some brainstorming. I think that our two organizations could really benefit from doing business together. Would you be interested in discussing some possibilities?

I look forward to hearing from you.

Try It! 다른 단어로 바꿔 써보기

groups 단체
institutions 협회
entities 독립적 존재
corporations 기업
teams 팀

예비 회의를 제안하고자 연락드립니다. 아이디어 구상을 위해 만나 뵈었으면 합니다. 저희 두 기관이 함께 사업을 하면 큰 이익이 있을 것이라고 생각합니다. 그런 가능성에 대해 의논하는 데 관심 있으십니까? 소식 듣기를 고대하겠습니다.

propose 제안하다 preliminary 예비의, 사전의 brainstorming 브레인스토밍 organization 조직
benefit from ~에서 이익을 얻다 possibility 가능성

sample 112

Dear ☐

Would you be interested in meeting next week in order to start generating some ideas? We're very interested in working with you and I think the first step would be to start brainstorming. Let me know if this sounds good to you.

Thanks,

Try It! 다른 단어로 바꿔 써보기

projects 프로젝트
outcomes 결과
tentative plans 잠정적 계획
thoughts 생각
goals 목표

아이디어 구상을 위해 다음 주에 회의하는 것에 관심 있으십니까? 저희는 당신과 함께 일하는 것에 대해 매우 흥미롭게 생각하며 그 첫 단계가 브레인스토밍이라고 생각합니다. 이 제안이 괜찮으시다면 연락 주시기 바랍니다. 감사합니다.

in order to ~하기 위해 generate 창출하다 step 단계 sound ~처럼 들리다

✉ sample 113

Try It! 다른 단어로 바꿔 써보기

initiate 시작하다
quicken 빠르게 하다
start 시작하다
begin 시작하다
kick off 개시하다

I think that in order to jumpstart this project, we should get together and try to come up with some new ideas. I propose we meet next week and throw out some ideas just to see what sounds good. What do you think?

Let me know.

이 프로젝트를 활성화하려면 모여서 새로운 아이디어를 구상해야 한다고 생각합니다. 다음 주에 만나 몇 가지 아이디어를 제시하고 어떤 것이 좋을지 의논할 것을 제안합니다. 어떻게 생각하십니까? 연락 주시기 바랍니다.

jumpstart 활성화하다, 진전시키다 come up with ~을 생각해내다 throw out ~을 제안하다

✉ sample 114

Try It! 다른 단어로 바꿔 써보기

meeting 회의
get-together 모임
summit 정상 회담
discussion 토의
seminar 세미나

I'd like to schedule a brainstorming session with you sometime in the near future. It doesn't need to be too formal; just a way for us to see what kind of projects we might collaborate on. Does this sound good to you?

I look forward to hearing from you.

가까운 시일에 당신과 아이디어 회의 일정을 잡고 싶습니다. 너무 격식을 갖출 필요는 없습니다. 저희가 하게 될 프로젝트가 어떤 종류인지 알아보고 싶을 뿐입니다. 괜찮은 생각 같은가요? 소식을 기다리고 있겠습니다.

session 회의 sometime 언젠가 near 가까운 formal 격식을 차린 way 방법 collaborate on ~에 대해 협력하다

✉ sample 115

I'm making a proposal of an informal meeting designed to help us generate some business ideas. We like what we've seen of your operation, and I think that we can benefit each other greatly. Why don't we get together next week and talk about some possibilities?

I look forward to hearing from you.

\- - - - - - - -

Try It! 다른 단어로 바꿔 써보기

procedure 절차
company 회사
business 사업
enterprise 기업
process 공정

사업 아이디어 구상을 돕기 위한 비공식 회의를 제안합니다. 저희는 당신의 활동을 보고 마음에 들었고 서로에게 큰 이익을 줄 수 있을 것이라고 생각합니다. 다음 주에 모여서 이러한 가능성에 대해 얘기 나눠 보는 것이 어떻겠습니까? 소식 듣기를 기다리고 있겠습니다.

make a proposal 제안하다 informal 비공식적인 designed to ~하기로 되어 있는 help A **동사원형** A가 ~하는 것을 돕다 operation 작업, 운영, 활동 why don't we ~? ~하면 어때요?

Case 07

비즈니스 회의를 제안할 때 Suggesting the Business Meeting ▲

sample 116

Try It! 다른 단어로 바꿔 써보기

ideas 생각
goals 목표
suggestions 제안
offers 제안
propositions 제안

Dear [ ]

We've got some business ideas we'd like to run past you. I think there are some ways that could be mutually beneficial. Would you like to meet sometime next week to discuss a couple of proposals?

I look forward to hearing from you.

\- - - - - - - -

당신께 보여 주고 싶은 사업 아이디어가 있습니다. 서로에게 이익이 되는 방법이 있을 것이라고 생각합니다. 다음 주 중에 만나서 몇몇 제안에 대해 의논해 보시겠습니까? 소식 듣기를 기다리고 있겠습니다.

business 사업 past ~을 거쳐서 way 방법 mutually 상호간에 beneficial 이익이 되는 discuss 토론하다 proposal 제안

sample 117

Try It! 다른 단어로 바꿔 써보기

alliance 동맹
joint venture 합작투자
association 관계
working relationship 사업 관계
collaboration 협력

Dear [ ]

We've been following your performance for some time and we like what we've seen. I'd like to propose that we meet to discuss a possible partnership. I think we could both profit each other by doing business together. Let me know if you are open to meeting.

Thanks,

\- - - - - - - -

저희는 당신의 행적을 따라 왔고 저희가 본 것에 대해 만족합니다. 동업을 하는 데 대해 의논해 보고자 만날 것을 제안하고 싶습니다. 사업을 함께 함으로써 우리 모두 이익을 볼 수 있을 것이라고 생각합니다. 회의에 참여하고자 하신다면 알려 주시기 바랍니다. 감사합니다.

follow 따라가다 performance 수행, 성과 each other 서로 open to (새로운 생각 · 제안 등을) 받아들일 준비가 된

sample 118

Try It! 다른 단어로 바꿔 써보기

- charts 표
- numbers 수치
- data 자료
- statistics 통계
- information 정보

I think we could both benefit from a face-to-face meeting. I have some figures I'd like to show you that I think you'll find quite interesting. There are going to be a lot of opportunities opening up soon and I'd like to get you involved.

I look forward to hearing from you.

\- - - - - - - -

저는 우리 둘 다 직접적인 만남으로 이익을 볼 수 있을 것이라고 생각합니다. 제 생각에 당신이 매우 흥미로워할 수치를 보여 드리고 싶습니다. 곧 많은 기회가 주어질 것이며 저는 당신이 참여하기를 바랍니다. 소식 주시기를 고대하겠습니다.

face-to-face 얼굴을 맞대고 figure 수치 quite 꽤 opportunity 기회 involved 관련된

sample 119

Try It! 다른 단어로 바꿔 써보기

❶ sales projections 예상 매출
- marketing outcomes 마케팅 결과
- target profits 목표 수익
- net income 순이익
- revenue streams 수입흐름

❷ work 일
- operation 작업
- workload 작업량
- functions 직무
- job 일

Dear

I'd like to suggest that we meet next week to discuss the latest ❶sales figures. I think I have some ideas about how to improve your ❷performance. Would you be interested in meeting?

Thanks,

\- - - - - - - -

다음 주에 최근의 판매수치에 대해 당신과 의논하는 것을 제안하고 싶습니다. 제가 당신의 실적을 개선할 몇 가지 아이디어를 가지고 있습니다. 만나실 의향이 있으신지요? 감사합니다.

suggest 제안하다 latest 최신의 figure 수치 performance 실적, 성과

✉ sample 120

Dear [   ]

My company has put together a new product line and we are looking for overseas distribution partners. I'd like to get together with you in order to show you what we're offering and see if your operation would make a good fit with ours. Let me know if you would be amenable to such a meeting.

Thanks,

Try It! 다른 단어로 바꿔 써보기

marketing outlets 마케팅 수단
suppliers 공급자
outlets 직판점
markets 시장
collaborators 협력자

저희 회사는 새로운 제품 라인을 만들었고 해외의 유통 협력사를 찾고 있습니다. 저희가 제공하는 것을 보여 주고 귀사가 저희와 잘 맞는지 알아보기 위해 한번 모였으면 합니다. 이러한 회의에 참석 가능하시다면 알려 주시기 바랍니다. 감사합니다.

put together 조립하다 product line 제품 라인 overseas 해외의 distribution 유통, 배급 offer 제공하다 operation 회사 fit 잘 맞음, 부합 amenable 잘 받아들이는, 대응 가능한

sample 121

Hi,

It was great to talk to you yesterday. Attached are the minutes from the meeting. I think we made some real progress. If you have time, look over the document and let me know what you think the next step should be.

Thanks,

\- - - - - - - -

Try It! 다른 단어로 바꿔 써보기

attachment 첨부내용
text 텍스트
file 파일
record 기록
details 세부사항

어제 한 얘기는 매우 좋았습니다. 첨부된 것은 회의록입니다. 제 생각에는 저희가 커다란 발전을 한 것 같습니다. 시간이 있으시다면 문서를 검토하시고 다음 단계가 무엇이 되어야 하는지 알려 주시기 바랍니다. 감사합니다.

attached 첨부된 minutes 회의록 progress 진전, 진행상황 look over ~을 검토하다 document 문서 step 단계

sample 122

Dear

I thought the meeting went really well the other day. I just wanted to make sure we're on the same page with regard to the marketing plan. Below I've outlined what I see as the major decisions we reached. Let me know if I've understood everything correctly.

Thanks,

\- - - - - - - -

Try It! 다른 단어로 바꿔 써보기

great 훌륭한
fantastic 환상적인
very positively 매우 긍정적으로
perfectly 완벽하게
very smoothly 매우 부드럽게

며칠 전에 회의가 아주 잘 진행이 되었다고 생각합니다. 저는 마케팅 계획에 대해서 우리가 같은 생각을 가지고 있다는 것을 확신하고 싶습니다. 아래는 저희가 도달했던 주요 결정을 정리한 것입니다. 제가 확실하게 이해하였는지 보고 알려 주시기 바랍니다. 감사합니다.

make sure 확실히 하다 on the same page (같은 목표를 위해) 서로 협력하는 with regard to ~와 관련하여
outline 윤곽을 짜다 major 주요한 reach a decision 결정을 내리다 correctly 올바르게

✉ sample 123

Try It! 다른 단어로 바꿔 써보기

Dear [   ]

Thanks for putting so much effort into this morning's meeting. I'm attaching the minutes I typed up, including the sales figures from my presentation. Let me know if you have any questions or anything you'd like to add.

Thanks,

- PowerPoint 파워포인트
- my lecture 강의
- the seminar 세미나
- the meeting 회의
- the agenda 의제

오늘 아침의 회의에 대해 매우 큰 노력해 주신 점 감사합니다. 제 발표의 판매 수치를 포함하여 제가 정리한 회의록을 첨부합니다. 더 할 것이 있거나 질문 있으시면 알려 주시기 바랍니다. 감사합니다.

put effort into ~에 노력을 기울이다　attach 첨부하다　type up (보고서 등을) 입력해 놓다　include 포함하다　add 더하다

✉ sample 124

Try It! 다른 단어로 바꿔 써보기

Hi, [   ]

Great meeting last week. The project is really starting to shape up. I've had my secretary type up a report on the progress we made at the meeting and I'm attaching it for your perusal. Let me know if you have any inquiries.

Thanks,

- decisions 결정
- choices 선택
- annual projections 연례 전망
- goals 목표
- promotion ideas 홍보 아이디어

지난주의 미팅은 훌륭했습니다. 프로젝트가 진짜 진행되고 있군요. 회의에서 결정했던 사항들을 비서에게 타이핑하라고 했으며 읽어 보시라고 첨부합니다. 질문이 있으면 알려 주시기 바랍니다. 감사합니다.

shape up (일이) 진행되다, 전개되다　secretary 비서　make progress 진전하다　perusal 정독

sample 125

Try It! 다른 단어로 바꿔 써보기

- beneficial 이익이 있는
- productive 생산적인
- useful 유용한
- positive 긍정적인
- valuable 가치 있는

Dear [   ]

Thank you for meeting with me last week. It seems the meeting was quite profitable. I've typed up a summary of where I think we stand now and I'm sending it along for you to look over. I look forward to meeting with you again soon.

Thanks,

\- - - - - - - -

지난주 만나 주셔서 감사합니다. 회의는 아주 유익했던 것 같습니다. 우리가 처한 상황에 대해 적었으며 살펴보시라고 첨부합니다. 곧 다시 뵙기를 고대하고 있겠습니다. 감사합니다.

quite 꽤 profitable 이익이 되는 summary 요약 stand 서있다 soon 곧

Case 09

회의 내용에 대해 비밀을 지켜달라고 할 때
Requesting Confidentiality for Business Meeting Contents ▲

sample 126

I thought the meeting was quite useful. I just wanted to ask that you keep the meeting confidential for now. We're still not sure which direction we're going to go, so we don't want word to get out yet.

Thanks for understanding.

Try It! 다른 단어로 바꿔 써보기

- private 사적인
- hush-hush 쉬쉬하는
- classified 기밀의
- off-the-record 비공개의
- secret 비밀의

회의가 꽤 유용했다고 생각합니다. 회의 내용을 비밀로 해주셨으면 합니다. 우리가 어떤 방향으로 갈지 아직 확실하지 않기 때문에 단 한마디도 새어나가지 않기를 원합니다. 이해해 주셔서 감사합니다.

confidential 기밀의, 비밀의 for now 당분간은, 우선은 direction 방향 word 말 get out (정보 등이) 새어나가다

sample 127

Yesterday's meeting was a real ❶step forward. Thanks for all of your hard work. Just a quick note: We aren't quite ready to announce the ❷partnership, so I'd appreciate it if you could keep our talks under wraps for the time being. Let me know if you have any questions.

Thanks,

Try It! 다른 단어로 바꿔 써보기

❶ positive one 긍정적인 것
- great experience 굉장한 경험
- good step 좋은 단계
- nice time 좋은 시간
- useful time 유용한 시간

❷ details 세부사항
- cooperation 협력
- work together 함께 일하는 것
- outcomes 결과
- goals 목표

어제 회의는 매우 발전적이었습니다. 당신의 모든 노고에 대해 감사합니다. 한 가지만 말씀드리겠습니다. 동반자임을 발표하기엔 아직 준비가 되어 있지 않습니다. 그러므로 어느 기간 동안은 우리가 했던 대화를 비밀리에 부쳐주셨으면 감사하겠습니다. 질문이 있으면 알려 주시기 바랍니다. 감사합니다.

forward 앞으로의 note (짧은) 편지 keep ~under wraps ~을 비밀로 하다 for the time being (상황이 변할 때까지) 당분간은

✉ sample 128

Try It! 다른 단어로 바꿔 써보기

Dear [ ]

It was good to see you yesterday. I'm feeling quite ❶confident about the direction things are going. However, I wanted to remind you that the contents of the meeting should stay confidential for now. Until we're ready to send out ❷a press release, it's our policy to keep our deals quiet.

Thanks a lot, and I look forward to meeting with you again soon.

----

❶ good 좋은
sure 확실히 아는
positive 긍정적인
certain 확신하는
secure 안전한

❷ a public note 공공 발표
a company-wide notice 회사 차원의 통보
an announcement 발표
an official notice 공식적인 발표
a proclamation 성명

어제 봐서 반가웠습니다. 사업 방향에 대해서 저는 꽤 확신하고 있습니다. 하지만 회의의 내용이 현재로선 비밀에 부쳐지기를 원합니다. 저희가 언론에 보도할 준비가 되기 이전에는 우리의 거래에 대해 발설하지 않는 것이 저희 방침입니다. 대단히 감사하며 곧 다시 만나 뵙기를 고대하고 있겠습니다.

confident 자신있는 remind 일깨워주다 content 내용 send out (여러 곳으로) ~을 발송하다
press release (공식적인) 대 언론 발표 policy 정책

✉ sample 129

Try It! 다른 단어로 바꿔 써보기

Dear [ ]

I wasn't sure if I mentioned this at the meeting yesterday, but I would appreciate it if you could keep our talk confidential. We have other partners who need to be told about our agreement before it's made public.

Thanks for understanding.

----

deal 계약
contract 계약
transaction 거래
trade 거래
arrangement 약속

어제 회의에서 이 말씀을 드렸는지 확실하지 않지만 우리가 나눈 대화를 비밀로 해주신다면 감사하겠습니다. 대중에게 알려지기 전에 우리의 합의에 대해 알아야 할 다른 동업자들이 있습니다. 이해해 주셔서 감사합니다.

mention 언급하다 make ~ public (비밀 등을) 공개하다

✉ sample 130

Hi, [ ]

I just wanted to send you a quick note to remind you to keep the contents of yesterday's meeting to yourself for now. We don't really want our competitors to get wind of the deal before we're ready to announce.

Thanks,

Try It! 다른 단어로 바꿔 써보기

- rivals 경쟁자
- challengers 도전자
- opposing businesses 상대 기업
- adversaries 적수
- enemies 적

어제 회의 내용을 혼자서만 간직하고 계시라고 상기시켜 드리기 위해 짧은 메모를 보냅니다. 저희 경쟁사들이 우리가 발표할 준비가 되기 전에 거래에 대해 낌새를 채는 것을 원하지 않습니다. 감사합니다.

to oneself 혼자만 competitor 경쟁자 get wind of (비밀 등의) 낌새를 채다

Case 01 조퇴를 할 때 Leaving Work Early ▲

sample 131

Try It! 다른 단어로 바꿔 써보기

- meetings 회의
- agenda items 의제
- work 일
- items 항목
- phone calls 전화

Dear ________

I wanted to let you know that I am leaving work early today. My daughter is very ill and it is imperative that I am at the hospital with her. I will be in touch about missed appointments.

오늘 일찍 퇴근한다는 것을 말씀드리려고 합니다. 딸이 매우 아파서 제가 아이를 데리고 꼭 병원을 가봐야 합니다. 지키지 못한 약속에 대해서는 나중에 연락드리겠습니다.

leave work 퇴근하다 early 빨리 ill 아픈 imperative 필수적인 in touch 연락하는 miss 하지 못하다 appointment 약속

sample 132

Try It! 다른 단어로 바꿔 써보기

❶
- afternoon 오후
- evening hours 저녁 시간
- late morning 늦은 오전
- scheduled department meeting 예정된 부서 미팅
- three o'clock hour 3시

❷
- a problem 문제
- a major concern 중요한 일
- a trouble 어려움
- a predicament 곤경
- a difficulty 문제

Dear ________

I have not been feeling well all week. Today it has reached its worst. I will be leaving the office during the ❶lunch hour. If there is ❷an issue please let me know.

제가 이번 주 내내 컨디션이 안 좋아서요. 오늘이 최악입니다. 점심 시간 중에 조퇴를 하려고 합니다. 무슨 일이 있으면 제게 알려 주세요.

not feel well 컨디션이 안좋다 reach 이르다 worst 최악 leave ~에서 나가다 during ~사이에 lunch hour 점심시간 issue 문제

sample 133

Dear

As I told you last week, I have family commitments this afternoon. I will not be attending any meetings after two o'clock. I will return in the morning.

Try It! 다른 단어로 바꿔 써보기

personal 개인적인
religious 종교적인
academic 학업관련
private 사적인
medical 의료적인

제가 지난주에 말씀드렸다시피 오늘 오후에 가족 관련 일이 있어서요. 2시 이후로는 미팅에 참여할 수 없습니다. 내일 아침에 돌아오겠습니다.

commitment 약속 attend 참석하다 return 돌아오다

sample 134

Dear

I am very sick today. Because of that, I am leaving the building immediately. I do not want to infect others with this cold. I apologize for any inconveniences.

Try It! 다른 단어로 바꿔 써보기

bug (병원균에 의한) 가벼운 질병
flu 독감
influenza 인플루엔자
illness 병
chicken pox 수두

오늘 몸이 너무 아프네요. 이것 때문에 지금 바로 사무실을 나가려고 합니다. 감기가 다른 사람에게 전염되는 것을 원치 않습니다. 불편을 끼쳐 드려 죄송합니다.

immediately 즉시 infect 전염시키다 apologize for ~에 대해 용서를 구하다 inconvenience 불편

✉ sample 135

Dear [   ]

My wife is unable to pick up our children from child care, so I must leave the office a few hours early. Will I be missing anything important? I plan to catch up on missed work this evening.

Try It! 다른 단어로 바꿔 써보기

urgent 시급한
required 필요한
of major concern 중요한 문제의
significant 중요한
critical 결정적인

- - - - - - - -

아내가 오늘 아이들을 픽업할 수가 없어서 제가 몇 시간 일찍 조퇴를 해야 합니다. 혹시 중요한 사항을 놓치게 되는 건지요? 조퇴로 인해 못하는 일은 오늘 저녁에 하겠습니다.

unable to ~할 수 없는 pick up (차로) 데려오다 child care 어린이집, 보육기관 important 중요한
catch up on (못한 업무 등을) 처리하다

Case 02

동료에게 회의 스케줄을 알릴 때
Notifying Coworkers of the Scheduled Meeting ▲

sample 136

Dear

I wanted to let you know about next week's meetings. We will be meeting ❶every afternoon for about three hours. I hope you are able to attend. Your input is ❷extremely valuable.

- - - - - - - -

Try It! 다른 단어로 바꿔 써보기

❶ each 매
almost every 거의 모든
every other 격일의
Tuesday 화요일
late 늦은

❷ highly 매우
tremendously 대단히
awfully 엄청
really 정말로
particularly 특히

다음 주 미팅에 대해서 알려 주고 싶었습니다. 매일 오후에 3시간 정도 미팅할 예정입니다. 참석할 수 있기를 바랍니다. 당신의 아이디어가 아주 중요합니다.

be able to ~할 수 있다 attend 참석하다 input (노력 등의) 투입, 제공 extremely 매우 valuable 유용한

sample 137

Dear

It should come as no surprise that we have a meeting next week. The company bosses have determined that we really need to hurry up this production of new cables. I look forward to seeing you there.

- - - - - - - -

Try It! 다른 단어로 바꿔 써보기

anticipate seeing 뵙기를 고대하다
expect to see 뵙기를 기대하다
will wait to see 뵙기를 기다리다
look ahead to seeing 뵙기를 예상하다
am sure to see 뵐 것을 확신하다

다음 주에 미팅이 있다는 사실은 놀랄 일이 아닙니다. 윗분들이 새로운 케이블 생산을 좀 더 서두르라고 결정을 했습니다. 미팅에서 뵙겠습니다.

come as no surprise 놀라운 일이 아니다 boss 상사 determine 결정하다 hurry up ~을 서두르다 production 생산

sample 138

Try It! 다른 단어로 바꿔 써보기

Dear [   ]

As you know, the company has a new meeting ❶schedule. Rather than meeting daily, we plan to meet only once a week for an entire day. This should allow for better ❷brainstorming.

- - - - - - - -

❶ timeline 일정
arranged 준비된
arrangement 합의사항
list 리스트
plan 계획

❷ development 발전
teamwork 팀워크
problem solving 문제 해결
suggestions 제안
innovations 혁신

알다시피 회사에 새 미팅 계획이 생겼습니다. 회의를 매일 하기보다는 일주일에 하루를 잡아서 종일 할 계획입니다. 이렇게 함으로써 우리가 좀 더 아이디어를 내고 공유할 수 있을 것입니다.

schedule 예정, 계획 rather than ~라기보다는 entire 전부의 allow for ~을 가능하게 하다
brainstorming 브레인스토밍(각자가 아이디어를 내놓아 최선책을 결정하는 방법)

sample 139

Try It! 다른 단어로 바꿔 써보기

Dear [   ]

Once again, we will be having a company-wide meeting at four o'clock. Does this fit into your schedule? My superiors tell me we all are required to be there.

- - - - - - - -

work with 맞다
mesh with 꼭 맞다
agree with 부합하다
match 조화되다
go with 맞다

다시 한번 말씀드리는데 4시에 회사 전체 회의를 할 예정입니다. 스케줄이 괜찮은지요? 위에서 말씀하시기를 다들 미팅에 참여해야 한답니다.

fit into ~에 잘 들어맞다 superior 윗사람, 상관 be required to ~을 해야 한다

sample 140

Try It! 다른 단어로 바꿔 써보기

speech 연설
lecture 강연
oration (공식적인) 연설
discourse 담화
talk 대화

Dear [   ]

Our president wants everyone to attend his semi-annual state-of-the-company address. He plans to tell us where our profits are and what we can do to improve our revenue. I can't wait to see you there.

- - - - - - - -

사장님께서 중간 연도의 회사 상황에 대한 연설에 다들 참석하기를 원하십니다. 사장님께서는 우리의 이익이 어느 정도이고 어떻게 수익을 개선할 수 있는가에 대해서 말씀하실 계획을 가지고 계십니다. 거기서 뵙겠습니다.

president 사장 semi-annual 중간 연도 address 연설, 강연 profit 이익 improve 증진하다 revenue 수익
can't wait to 어서 ~하고 싶다

Case 03

회의 내용에 대해 얘기할 때 Commenting After a Business Meeting ▲

sample 141

Dear [   ]

The meeting this afternoon went very ❶smoothly. It only lasted an hour and we completely finished the outline for the new product ❷roll-out. I'll get you copies of the PowerPoint later.

Try It! 다른 단어로 바꿔 써보기

❶ well 잘
effortlessly 힘들이지 않고
efficiently 효율적으로
nicely 잘
easily 쉽게

❷ advertising 광고
marketing strategy 마케팅 전략
development 개발
packaging 포장
shipping options 운송 옵션

오늘 오후 미팅은 아주 진행이 부드러웠습니다. 한 시간 동안만 했고 새 상품을 어떻게 출시할 것에 대한 아우트라인을 완전히 끝냈습니다. 나중에 파워포인트를 복사해 드리겠습니다.

smoothly 원활하게 last 계속되다 completely 완전히 finish 끝내다 outline 윤곽, 개요 roll-out (신제품의) 출시, 공개 copy 사본

sample 142

Dear [   ]

Can you tell me about the meeting we had today? I had to miss it because of illness. But I'd really like a summary of everything that we went over.

Try It! 다른 단어로 바꿔 써보기

the major points 주요 사항
the strategies 전략
the details 세부 사항
the whole 전부
all 모두

오늘 한 미팅에 대해 얘기를 좀 해줄 수 있나요? 제가 아파서 미팅에 참석할 수 없었거든요. 하지만 검토한 모든 사항에 대한 요약을 알고 싶습니다.

illness 병 summary 요약 go over ~을 검토하다

✉ sample 143

Dear [   ]

The meeting today was very long and not too ❶productive. We had ❷an outside agency discuss hiring procedures, but it was nothing we didn't know already. I can tell you more about it over lunch.

Try It! 다른 단어로 바꿔 써보기

❶ creative 창조적인
inspiring 고무적인
fruitful 성과있는
dynamic 역동적인
helpful 도움이 되는

❷ an external 외부의
a hired 고용한
a partnering 제휴한
a human resources 인력
a management 관리

오늘 미팅은 아주 길었고 그다지 생산적이지도 못했습니다. 외부 담당자와 채용 절차에 대해 얘기를 나눴는데 별게 없었습니다. 제가 점심 먹으면서 그것에 대해 좀 더 말씀드릴 수 있습니다.

productive 생산적인 agency 대리점, 대행사 hiring procedures 채용절차

✉ sample 144

Dear [   ]

Are you aware that you missed today's meeting? We discussed globalization of the new cell phone line. My department chair will give you the specifics.

Try It! 다른 단어로 바꿔 써보기

promotion 판매 촉진
international tracking 국제 추적
endorsement (TV 등에서의) 추천의 말
validation 인가
testing 시험

오늘 미팅에 빠진 것 알고 있나요? 새로운 핸드폰 라인의 글로벌화에 대해 얘기를 나눴어요. 우리 부서 대표가 당신에게 구체적인 사항을 알려 줄 겁니다.

aware 알고 있는 discuss 논의하다 globalization 세계화 chair 의장, 위원장 specifics 세부사항

sample 145

Try It! 다른 단어로 바꿔 써보기

Dear

This morning's meeting went quickly. Bill was able to summarize his research in just a few minutes. It looks like we'll be coming in under budget. That's great news!

- - - - - - - -

right at 딱 맞게
way below 훨씬 적게
with a positive 많은
on ~에 따라
with a minimal 최소한의

오늘 아침 미팅은 아주 빨리 진행되었어요. Bill이 조사한 내용을 몇 분내로 요약 정리할 수 있었거든요. 예산 잡은 것보다 적게 쓸 수 있을 것 같아 보입니다. 좋은 일이죠!

quickly 빠르게 summarize 요약하다 research 조사 a few 약간의 look like ~인 것 같다 come in (계획 등에) 참여하다 budget 예산

Case 04

직원에게 업무를 지시할 때 **Directing Employees** ▲

sample 146

Try It! 다른 단어로 바꿔 써보기

Dear

As your boss, it is my responsibility to provide you with daily schedules. Today I need you to finish all your reports from last week. If there is a problem, please let me know. I look forward to seeing them.

- task lists 업무 리스트
- agendas 안건
- to-do lists 작업 목록
- productivity goals 생산성 목표
- objectives 목표

상사로서 매일 일과 스케줄을 주는 것이 내 의무예요. 오늘은 지난주의 보고서를 전부 끝내세요. 문제가 있으면 알려 주세요. 기대할게요.

responsibility 책임,의무 provide A with B A에게 B를 주다, 제공하다

sample 147

Try It! 다른 단어로 바꿔 써보기

Dear

Please confirm all your ❶appointments today with me. When you're done with each of them, I want you to summarize them for me. It's important that I stay ❷on top of everything that is going on.

❶
- phone calls 전화
- meetings 회의
- agenda items 안건 사항
- engagements 약속
- prior arrangements 사전 준비

❷
- focused on 집중하는
- informed of 통보받는
- in charge of 책임지는
- up-to-date on 최신 사항을 알고 있는
- in the loop with 정보를 지닌

오늘 당신의 모든 약속을 나한테 확인받으세요. 약속을 다 끝내고 나면 요약해서 보고하세요. 진행 중인 건 내가 모두 다 파악을 하고 있는 게 중요해요.

confirm 확인하다 appointment 약속 on top of ~을 완벽히 통제하는

sample 148

Dear [ ]

With all the ❶changes going on, I need you to continue with ❷quality control today. Our new product line is not very consistent. Any suggestions you have are welcome.

Try It! 다른 단어로 바꿔 써보기

❶ updates 업데이트
transformations 변경
modifications 수정
conversions 변환
variations 변화

❷ shipping verifications 선적 확인
personnel oversight 직원 감독
product checking 제품 확인
quality assurance 품질 보장
safety checks 안전 확인

모든 게 바뀌는 상황에서 오늘 여러분은 품질 관리를 꾸준히 해야 합니다. 우리의 새로운 제품 라인이 아주 일관되지 않습니다. 여러분이 가지고 있는 어떤 제안이라도 환영합니다.

continue 계속하다 quality control 품질 관리 consistent 일관된, 견고한 suggestion 제안

sample 149

Dear [ ]

Please finish all of your telephone interviews today. After that, I'd like your entire department to work on the program reports. We need them done by next week.

Try It! 다른 단어로 바꿔 써보기

billing statements 청구서
inventory lists 재고 목록
supply chain records 공급망 실적
file cabinets 서류 캐비닛
payroll breakdown 급여 명세서

오늘 모든 전화 인터뷰를 끝내세요. 그러고나서 전체 부서는 프로그램 보고서를 작성하시기 바랍니다. 다음 주까지 그것들을 끝냈으면 합니다.

entire 전체의 department 부 work on ~에 대한 작업을 하다 need A done by ~까지 A를 끝내야 하다

✉ sample 150

Dear [   ]

Are you aware of your to-do list today? If not, please finish preparing for tomorrow's meeting. I need all PowerPoints looking fantastic. Also, please make copies of the agenda for all those meeting.

Try It! 다른 단어로 바꿔 써보기

- incredible 대단한
- unbelievable 훌륭한
- awesome 최고의
- great 대단한
- top-of-the-line 최고급의

- - - - - - - -

오늘 해야 할 일을 알고 있나요? 모른다면 내일 미팅 준비를 끝내 놓으세요. 모든 파워포인트 자료는 완벽해야 해요. 또 모든 미팅에 대한 의제를 복사해서 준비해 주세요.

be aware of ~에 대해 알고 있다 to-do list 해야 할 일 목록 fantastic 굉장한 make a copy of ~ 사본을 만들다 agenda 의제

Case 01 자사 제품을 소개할 때 Introducing the Company's Product

sample 151

Dear

I'm writing to tell you about our latest product, the RX-9. Our product line has always been on the cutting edge of the industry, and this newest addition to our offerings is no exception. I've attached a few images and a detailed description of the RX-9. I think you'll like what you see. Let me know if you have any questions.

Thank you for your time.

- - - - - - - -

Try It! 다른 단어로 바꿔 써보기

progressive side 진보적인 부분
revolutionary side 혁명적인 부분
forward-looking edge 미래를 내다보는 부분
advanced side 발전된 면
radical edge 급진적인 면

이번 저희의 최신 상품에 대해 알려 드리기 위해 글을 씁니다. 저희의 상품 라인은 업계에서 늘 최첨단을 달리고 있으며 이번의 새로운 추가 품목 또한 예외가 아닙니다. RX-9에 대한 이미지와 상세한 설명을 첨부했습니다. 마음에 드실 겁니다. 질문이 있으시면 알려 주시기 바랍니다. 시간 내주셔서 감사합니다.

latest 최신의 on the cutting edge 최첨단을 걷는 addition 추가된 것 offering 제품 exception 예외

sample 152

Dear

This email is to let you know about our new RX line of networking hardware. We've worked for the past two years to source the best parts and develop the best designs, and the result is the strongest family of networking gear available today. Attached are some images as well as performance specifications. Let me know if you'd like to discuss these top-of-the-line products further.

Thank you.

- - - - - - - -

Try It! 다른 단어로 바꿔 써보기

lowest cost items 가장 낮은 비용의 물품
most environmentally friendly materials 가장 환경친화적인 물질
cheapest options 가장 싼 선택
longest-lasting parts 가장 오래 지속되는 부품
best options 최고의 옵션

이 이메일은 이번에 새로 나온 RX 라인 네트워킹 하드웨어에 대해 알려 드리기 위한 것입니다. 저희는 지난 2년 동안 최고의 부품을 조달하고 최상의 디자인을 개발하기 위해 노력해 왔습니다. 그 결과 오늘날 이용 가능한 가장 강력한 네트워킹 장비가 생겼습니다. 첨부된 것은 성능 사양과 일부의 이미지입니다. 이 최고급 상품에 대해 더 의논해 보고 싶으시다면 연락 주시기 바랍니다. 감사합니다.

source 조달하다 family 계열, 시리즈 gear 장비, 기어 specification 사양 top-of-the-line 최고급의

✉ sample 153

Dear [ ]

I'd like to tell you a little about our newest product, the Smith Tech Portable Photocopier. This innovative new product combines the power and functionality of a copier with the portability necessary with today's traveling businessperson. I've attached a few images and a detailed description of the functions. Let me know if you have any questions.

I look forward to hearing from you.

Try It! 다른 단어로 바꿔 써보기

- with the work-from-home business associate 집에서 일하는 사람에게
- with the on-the-go person 끊임없이 활동하는 사람에게
- with the traveling requirements 여행 필수품에
- in today's economic situation 오늘날의 경제 상황에서
- in today's work environments 오늘날의 작업 환경에서

저희의 새로운 상품인 Smith Tech Portable Photocopier에 대해 약간 말씀드리고자 합니다. 이 혁신적인 신상품은 복사기 기능에 오늘날 이동을 많이 하는 사업자에게 필요한 이동성을 같이 갖추었습니다. 몇 가지 이미지와 기능에 대한 상세 설명을 첨부하였습니다. 질문이 있으시면 알려 주시기 바랍니다. 당신으로부터 소식을 듣기를 고대하고 있겠습니다.

combine A with B A와 B를 결합하다 functionality 기능(성) portability 이동성

✉ sample 154

Dear [ ]

I'm writing to give you a brief description of our newest product, the X-23 flat screen monitor. The X-23 offers the highest resolution for its price range. It also boasts an extraordinarily rugged construction. We think this product is a real game changer and we're looking for partners for overseas distribution. Please take a moment to look over the attached product description and let me know if you'd be interested.

Thank you for your time.

Try It! 다른 단어로 바꿔 써보기

- extremely 지극히
- very 매우
- unusually 이례적으로
- surprisingly 놀라울 정도로
- amazingly 놀랍게도

저희의 새로운 상품인 X-23 평면스크린 모니터에 관한 간략한 설명을 드리기 위해 글을 씁니다. X-23은 가격폭 대비 최상의 해상도를 제공합니다. 이것은 또한 매우 튼튼한 구성을 자랑합니다. 저희는 이 제품이 판도를 바꾸는 제품이라고 생각하며 해외 유통에 관한 협력사를 찾고 있습니다. 첨부된 제품 설명을 살펴보시고 관심 있으시다면 알려 주시기 바랍니다. 시간 내주셔서 감사합니다.

for one's price range 그 가격대로는 extraordinarily 예외적으로, 매우 rugged 견고한 construction 구성

✉ sample 155

Dear [   ]

I'm happy to give you an advanced look at our new product, the Smith Tech G32. This item will be reaching stores here in Korea by the end of the year. The attached images will make it clear that we've put a lot of effort into an ❶innovative design, and the ❷performance numbers below show how efficiently the G32 runs. Let me know if you'd like to discuss working with us on distributing the G32 in your country.

Thank you.

- - - - - - - -

Try It! 다른 단어로 바꿔 써보기

❶ ground-breaking 혁신적인
pioneering 선구적인
inventive 참신한
original 참신한
new 새로운

❷ product reviews 제품 리뷰
product performance tests 제품 성능 테스트
details of third-party testing 제3자 테스트의 세부사항
speed charts 속도표
quality control outcomes 품질관리 결과

새 제품인 Smith Tech G32의 향상된 모습을 보여 드릴 수 있어 기쁩니다. 이 물품은 올해 말에 한국 상점에 출시될 예정입니다. 첨부된 이미지는 혁신적인 디자인에 저희가 얼마나 많은 노력을 했는지 보여 주며 아래의 성능 수치는 G32가 얼마나 효율적으로 작동되는지 보여 줍니다. 당신의 나라에 G32를 유통시키는 것에 대해 의논하고 싶으시다면 연락 주시기 바랍니다. 감사합니다.

advanced (기술적으로) 진전된　make it clear that ~임을 분명히 하다　efficiently 효율적으로

Case 02

제품을 마케팅할 때 Marketing the Product ▲

sample 156

Hi,

I'd like to discuss our marketing plan for the new product. I have a plan I think will reach a wide ❶customer base in a short amount of time. I'd like to hear some of your ❷ideas as well.

Talk to you soon,

Try It! 다른 단어로 바꿔 써보기

❶ number of people 많은 사람
audience 고객층
target group 목표 집단
viewership 시청자 수
number of potential buyers 많은 잠재적 구매자들

❷ brainstorming outcomes 브레인스토밍 결과
thoughts 생각
opinions 의견
feelings 느낌
views 견해

새로운 상품에 관한 마케팅 계획에 대해서 당신과 의논해 보고 싶습니다. 짧은 시간 안에 폭넓은 고객층에 닿을 수 있는 계획을 가지고 있습니다. 당신의 의견도 들어보고 싶습니다. 곧 만나 얘기해 봅시다.

wide 폭넓은, 다양한 customer base 고객층 amount 양

sample 157

Dear

We're ready to start planning our marketing campaign for the RX-9. I think we should focus on getting reviews placed in print and Internet publications. I'd also like to discuss holding some events and demonstrations. Let me know what you think.

Thanks,

Try It! 다른 단어로 바꿔 써보기

surveys 조사
details 세부사항
assessments 평가
appraisals 평가
evaluations 평가

RX-9에 대한 마케팅 캠페인을 계획할 준비가 되었습니다. 저는 우리가 인쇄물과 인터넷 발행물에 실린 리뷰에 초점을 맞추어야 한다고 생각합니다. 저는 몇몇의 이벤트와 시연에 대해서도 의논해 보고 싶습니다. 어떻게 생각하시는지 알려 주시기 바랍니다. 감사합니다.

focus on ~에 집중하다 review 비평, 리뷰 publication 발행, 간행물 demonstration 시연, 시범 설명

sample 158

I'd like to work on the marketing plan. There are a number of avenues we could pursue, but I think building word of mouth among early adopters is key. To that end, I'd like to plan a few presentations at local computer stores. What do you think?

Thanks,

\- - - - - - - -

Try It! 다른 단어로 바꿔 써보기

- customers 고객
- purchasers 구매자
- clients 고객
- buyers 구매자
- patrons 후원자

마케팅 계획을 진행하고 싶습니다. 저희가 추구할 방법이 많이 있지만 초기 사용자들의 말을 이용하는 것이 중요하다고 생각합니다. 그렇게 하기 위해선 지역 컴퓨터 시장에서 발표를 하는 것을 계획하고 싶습니다. 어떻게 생각하시는지요? 감사합니다.

work on ~에 대한 작업을 진행하다 avenue 수단, 방법 early adopter 초기 사용자(제품이 출시되면 가장 먼저 구매하는 소비자) key 중요한 to that end 그 목표를 위해 local 지역의

sample 159

The marketing of the G32 has gone well so far. I think we are ready for the next phase. Now that the name is out there, we should start focusing on getting the message out about the low price. Any ideas on how to go about that?

Let me know what you think.

\- - - - - - - -

Try It! 다른 단어로 바꿔 써보기

- stage 단계
- chapter 단원
- segment 부분
- point 지점
- period 단계

G32의 마케팅은 지금까지 잘 되어 왔습니다. 저는 다음 단계로 나아갈 준비가 되었다고 생각합니다. 이름은 이미 유명세를 탔기 때문에 우리는 이제 낮은 가격에 관한 메시지를 알리는 데 집중해야 한다고 생각합니다. 이것을 어떻게 할지에 관한 아이디어가 있나요? 어떻게 생각하시는지 알려 주세요.

phase 단계 now that ~ 때문에 get out (정보 등이) 새어나가다 go about ~을 시작하다, 착수하다

✉ sample 160

Dear

How are things going on the marketing end? I saw the ads you placed in *The New Yorker*. Have you had much response from them? I think if they've been successful, we should consider expanding the campaign to other publications. Let me know what you think.

Thanks,

\- - - - - - - -

Try It! 다른 단어로 바꿔 써보기

reply 응답
feedback 피드백
reaction 반응
income 수입
comment 논평

마케팅쪽 일이 어떻게 되고 있는지요? The New Yorker지에 실린 광고는 봤습니다. 반응이 많이 들어왔습니까? 제 생각에는 성공적이었다면 다른 매체에도 이 캠페인을 확대하는 것을 고려해야 할 것 같습니다. 어떻게 생각하시는지 알려 주세요. 감사합니다.

end 목표, 부문 response 응답 expand 확장하다 publication 간행물

Case 03 제품 광고에 관해 문의할 때 Inquiring About Product Advertisement ▲

sample 161

Dear [ ]

I'd like to place an ad in the next issue of *The New Yorker*. I want to get my product in front of an audience that perfectly matches your demographic. Please send me pricing information for all ad sizes.

Thank you.

\- - - - - - - -

Try It! 다른 단어로 바꿔 써보기

- businesses 업체
- an executive 이사
- a business leader 기업 지도자
- a decision-maker 의사 결정자
- a mind 인물

The New Yorker 다음 호에 광고를 싣고 싶습니다. 저희 제품이 구매력이 있는 독자들 앞에 광고되었으면 합니다. 모든 광고 사이즈에 대한 가격 정보를 보내 주시기 바랍니다. 감사합니다.

place an ad 광고를 내다 issue (잡지 등의) 호 in front of ~앞에 audience 독자(층) perfectly 완벽히 match 일치하다 demographic (상품) 구매층, 고객층 pricing 가격책정

sample 162

Dear [ ]

I'm writing to ❶inquire about ad pricing on your ❷radio station. I would like the full range of lengths, schedules, and frequency. I'd also like to see any demographic information you have for your various programs.

Thanks,

\- - - - - - - -

Try It! 다른 단어로 바꿔 써보기

❶
- question 질문하다
- ask 물어보다
- query 문의하다
- request information 정보를 요청하다
- see if you can tell me 나에게 알려줄 수 있는지 알아보다

❷
- television station 텔레비전 방송국
- webpage 웹페이지
- newspaper 신문
- AM radio channel AM 라디오 채널
- satellite radio station 위성 라디오 방송국

당신의 라디오 방송국에 싣는 광고 가격에 대해 문의하고자 글을 씁니다. 저는 모든 종류의 길이, 일정, 주파수에 대해 알고 싶습니다. 또한 다양한 프로그램의 청취자 수 정보도 알고 싶습니다. 감사합니다.

radio station 라디오 방송국 a full range of 온갖 종류의 ~ length 길이 frequency 주파수 various 다양한

✉ sample 163

Dear [   ]

I would like to discuss the possibility of advertising in your publication. Could you put together a package with the relevant information regarding price and format? I'd like to be able to place an ad by the end of the month.

I look forward to hearing from you.

\- - - - - - - -

Try It! 다른 단어로 바꿔 써보기

a file 파일
a report 보고서
a profile 프로필
a summary 요약
details 세부사항

당신의 간행물에 광고할 수 있는지에 대해 의논하고 싶습니다. 가격과 형식에 관한 관련된 정보를 종합해 보내 주시겠습니까? 이번 달 말에 광고를 낼 수 있었으면 합니다. 소식 듣기를 고대하고 있겠습니다.

advertise 광고하다 publication 간행물 package (안 · 대책 등을) 종합한 것 relevant 관련된 regarding ~에 관하여 format 형식

✉ sample 164

Dear [   ]

I'm trying to plan my advertising budget for the next ❶quarter and I need updated information from all of my ❷sources. Could I get the full range of your ad rates? This would really help me plan my ad buying.

Thank you.

\- - - - - - - -

Try It! 다른 단어로 바꿔 써보기

❶ month 달
year 해
half year 반 년
season 시즌
few months 몇 달

❷ informants 정보원
suppliers 공급자
marketers 판매원
connections 단골 거래처
followers 따르는 사람

저는 다음 분기에 광고할 예산을 계획 중이며 모든 소스의 최신 정보가 필요합니다. 귀사의 모든 광고 단가를 알 수 있을까요? 그러면 저의 광고 구매에 정말 도움이 될 것입니다. 감사합니다.

budget 예산 quarter 분기 update 업데이트하다 source 정보원, 공급원, 출처 ad rate 광고료, 광고단가

sample 165

Try It! 다른 단어로 바꿔 써보기

operations 사업
things 일
methods 방법
ventures 벤처사업
undertakings 사업

Dear ________

I'm writing to get some information from you about placing some ads. I'm looking for ads in a variety of media and I know your company specializes in organizing such campaigns. Perhaps we can meet next week so that you can give me a rundown on the possibilities.

Thanks,

\- - - - - - - -

저는 광고를 하는 데 관한 정보를 얻기 위해 글을 씁니다. 저는 다양한 매체에 실릴 광고를 찾고 있으며 귀사가 그러한 활동을 조직하는 데 전문적이라고 알고 있습니다. 저희에게 가능한지 설명하실 수 있게 다음 주에 만나는 것도 괜찮을 것 같습니다. 감사합니다.

a variety of 다양한 media 매체 specialize in ~을 전문으로 하다 organize 조직하다 campaign 캠페인, 조직적 활동 rundown 개요, 간략한 보고

Case 04

제품 품질을 보증할 때 Guaranteeing Product Quality ▲

sample 166

Try It! 다른 단어로 바꿔 써보기

better 더 나은
greater 더 좋은
higher quality 더 질이 우수한
more advanced 더 발전된
high-class 고급의

I just wanted to write and tell you that I can personally vouch for the quality of this product. It really is remarkable. I am sure that you won't find a superior product on the market today. If you decide to go with us, you're getting the top of the line.

Talk to you soon,

이 제품의 품질에 관해 제가 개인적으로 보장할 수 있다는 점을 말씀드리고자 합니다. 이것은 정말로 놀랍습니다. 저는 당신이 이 제품보다 뛰어난 것을 현재 시장에서는 찾으실 수 없을 것이라고 확신합니다. 저희를 선택하기로 결정하신다면 당신은 최고의 제품을 가지시는 겁니다. 곧 뵙도록 하겠습니다.

vouch for ~을 보장하다 remarkable 눈에 띄는, 놀랄 만한 be sure 확신하다 superior 우수한 go with ~을 선택하다

sample 167

Try It! 다른 단어로 바꿔 써보기

characteristics 특성
value 가치
worth 가치
excellence 뛰어남
details 세부사항

As you're making your final decisions about which supplier to go with, I'd like you to keep in mind that we stand behind the quality of our products one hundred percent. I can guarantee that you won't have any of the reliability issues that often plague other companies' products.

Let me know if you have any questions.

당신이 어떤 공급자를 선택할지 마지막 결정을 내리시는 데 있어서 저희는 제품의 질에 대해서 100퍼센트 보장한다는 사실을 알려 드리고 싶습니다. 다른 회사의 제품에 만연해 있는 신용 문제는 전혀 없다는 것을 보장할 수 있습니다. 질문이 있으시면 알려 주십시오.

keep in mind ~을 명심하다 stand behind ~을 후원하다 realiability issues 신뢰성 문제 pllague 괴롭히다

sample 168

Regarding your questions about the quality of the Smith Tech 75 monitor, I can tell you that there isn't another model on the market that has a better track record. If you look at the number of returns we've received, you'll see that our customers are satisfied. If you need any other assurances, how about this: I'm using a ST-75 right now!

Thanks,

Try It! 다른 단어로 바꿔 써보기

history 역사
account 거래
set of reviews 비평
customer satisfaction rate 소비자 만족도
approval rating 지지율

Smith Tech 75모니터의 품질에 관한 당신의 질문에 대해 저는 이 상품보다 실적이 더 나은 다른 모델은 현재 시장에 없을 거라고 말할 수 있습니다. 저희의 수익 수치를 보시면 저희의 고객들께서 만족하신다는 것을 알 수 있을 것입니다. 다른 확신이 필요하시다면 이건 어떠신지요. 저는 현재 ST-75모델을 사용하고 있습니다! 감사합니다.

regarding ~에 관하여 track record 실적 return 수익 satisfied 만족한 assurance 확신

sample 169

Dear

Global Electronics Tech stands behind each and every item we produce. I can guarantee that you will not have any complaints about the quality of the products you choose to purchase from us. Look around online and you'll find countless five-star reviews of our appliances. You can buy with confidence.

Let me know if you have any questions.

Try It! 다른 단어로 바꿔 써보기

completely promise 완전히 약속하다
without-a-doubt say 의심의 여지 없이 말하다
pledge 맹세하다
with no hesitation swear 망설임 없이 보증하다
give my word 약속하다

Global Electronics Tech는 저희가 생산하는 모든 제품을 후원하고 있습니다. 당신께서 저희에게서 구매하기로 선택한 물건의 품질에 대해서는 어떤 불평도 없으실 것이라고 보장할 수 있습니다. 온라인으로 찾아보시면 저희의 가전제품이 셀 수 없이 많은 최고 후기를 받았다는 것을 발견하실 것입니다. 자신감을 가지고 구매해 주시기 바랍니다. 질문이 있으시면 알려 주시기 바랍니다.

complaint 불평 countless 셀 수 없는 five-star 별 다섯개 짜리 appliance 가전제품

✉ sample 170

Try It! 다른 단어로 바꿔 써보기

precise 정확한
demanding 까다로운
challenging 어렵지만 흥미로운
rigorous 엄격한
thorough 철저한

Dear [   ]

Every MC Soft product is manufactured to our exacting specifications, and then thoroughly tested before bearing the MC Soft logo. We take quality assurance very seriously, so you can rest assured that our products are reliable and durable.

Let me know if you would like more information.

\- - - - - - - -

모든 MC Soft 제품은 저희의 까다로운 사양에 맞게 제작되고 그런 다음 MC Soft 로고를 붙이기 전에 철저히 조사합니다. 우리는 품질보증을 매우 진지하게 여깁니다. 그렇기 때문에 당신께서는 저희의 제품이 믿을 수 있고 내구성이 있다는 점을 믿고 안심하셔도 됩니다. 정보를 더 원하시면 알려 주세요.

manufacture 제조하다 exacting 까다로운 thoroughly 철저히 bear 지니다, 가지다 quality assurance 품질 보증 seriously 진지하게 reliable 믿을 수 있는 durable 내구성있는

Case 05

제품 보증에 대해 설명할 때 Explaining a Product's Warranty ▲

sample 171

Attached is a document detailing the RX-9. Regarding the warranty, I'd like to add a few things. The warranty covers all repairs for two years. ❶Damages caused by the owner and factory defects are both covered ❷equally. I don't think you can get a better deal than that. Let me know if you have any questions.

Thanks,

\- - - - - - - -

Try It! 다른 단어로 바꿔 써보기

❶ Harm 손해
Scratches 손상
Destruction 파괴
Impairments 손상
Dings and dents 움푹 패인 부분

❷ by us 우리에 의해
uniformly 동일하게
evenly 평등하게
similarly 비슷하게
in the same way 같은 방식으로

첨부된 것은 RX-9에 관한 세부 문서입니다. 보증에 관해 몇 가지를 첨가하고 싶습니다. 2년 동안의 모든 수리를 보증합니다. 소유자에 의한 손상과 공장 결함 모두 동등하게 보상됩니다. 이것보다 더한 보증을 받으실 수는 없을 것이라 생각합니다. 질문이 있으시면 알려 주시기 바랍니다. 감사합니다.

detail 상술하다 warranty 보증서 cover ~에 적용되다, ~을 대상으로 하다 repair 수리 damage 손상 owner 소유자 factory 공장 defect 결함 equally 동등하게

sample 172

I just wanted to let you know that the printer's extended warranty covers two years or 500,000 printouts. That means you can breathe easily and not have to worry about repair costs. We're confident that you won't have any problems.

Thanks,

\- - - - - - - -

Try It! 다른 단어로 바꿔 써보기

relax 편안히 쉬다
calm down 안정하다, 진정하다
loosen up 긴장을 풀다
reduce your stress 스트레스를 줄이다
not worry 걱정하지 않다

연장된 프린터의 보증은 2년간 또는 50만장의 인쇄에 해당되는 것을 알려 드리고자 합니다. 이 말은 즉, 마음 놓고 수리 비용에 대해서는 걱정하지 않으셔도 된다는 의미입니다. 고객님께 아무 문제가 없을 것이라고 자부합니다. 감사합니다.

extended 연장된 printout (컴퓨터의) 출력물, 인쇄물 breathe 숨쉬다 easily 편히 cost 비용 confident 자신있는

sample 173

Try It! 다른 단어로 바꿔 써보기

In regard to your questions about the warranty, the G23 does indeed carry a lifetime warranty. If you have any problems (not including those caused by the user) we offer full-service repairs. I hope this sets aside any fears you have about buying the G23.

Thanks,

- the full gamut of 전체의
- an array of 다양한
- all possible types of 모든 가능한 종류의
- any imaginable 상상할 수 있는 모든
- all 모든

- - - - - - - -

보증에 관한 귀하의 질문과 관련하여 G23은 평생 동안 보증해 드립니다. 어떤 문제가 있으시다면 (사용자에 의한 손상은 포함되지 않습니다) 저희는 모든 수리 서비스를 제공할 것입니다. 이것이 G23을 구매하시는 데 대한 망설임을 물리칠 수 있기를 바랍니다. 감사합니다.

in regard to ~에 관하여 indeed 실제로 lifetime 평생 set aside 제쳐두다, 신경쓰지 않다 fear 두려움

sample 174

Try It! 다른 단어로 바꿔 써보기

The product warranty covers any problems you may have for five years. Usually, a product of this kind carries a three-year warranty, so I hope you can see the level of confidence we have in the product.

Thanks,

- shields you from ~로부터 보호하다
- deals with 다루다
- takes care of 처리하다
- insures 보증하다
- will fix 고치다
- will pay for ~에 대한 대가를 치르다

- - - - - - - -

우리 제품은 5년 동안 생길 수 있는 어떠한 문제도 보증해 드립니다. 보통 이런 종류의 제품은 3년 동안 보증이 되는데 그러니까 저희가 제품에 대해 가지고 있는 자신감이 어느 정도인지 알아 주셨으면 합니다. 감사합니다.

carry (보증 등을) 수반하다, 소지하다 confidence 자신감 level 정도

✉ sample 175

I just wanted to remind you that the warranty for the Smith Tech 3023 is quite robust. We offer full repairs on any damage incurred in the first two years, and after that we offer a deeply discounted service. Let me know if you have any questions.

Thanks,

Try It! 다른 단어로 바꿔 써보기

heavily 많이
greatly 매우
seriously 엄청나게
profoundly 대단히
much 많이

Smith Tech 3023에 관한 보증은 꽤 탄탄하다는 것을 상기시켜 드리고 싶습니다. 저희는 처음 2년 동안에는 어떠한 손상이라도 완벽한 수리를 제공합니다. 그리고 그 후에는 대폭 할인된 수리 비용을 제공합니다. 질문이 있으시다면 연락 주시기 바랍니다. 감사합니다.

remind 상기시키다 robust 탄탄한 incurred 초래된 deeply 매우 discounted 할인된

Case 01 프레젠테이션 날짜를 잡을 때 Setting Up the Presentation Date ▲

sample 176

Dear

When we spoke at the conference last week about our 2016 product line, you indicated that you might be interested. Could we pick a date for us to do a quick presentation to ❶preview the ❷line? Let me know when works for you.

Thanks,

- - - - - - - -

Try It! 다른 단어로 바꿔 써보기

❶ showcase 선보이다
sketch 간략하게 설명하다
give you an impression of 인상을 주다
provide details about 세부사항을 제공하다
answer any questions you may have about 당신이 가지고 있을 질문에 답하다

❷ production 생산
pieces 제품
inventory 모든 상품
range of goods 물품 종류
equipment 장비

저희의 2016 제품 라인에 대해 저번 주 회의 때 얘기를 나누었을 때 흥미가 있을 것 같다고 하셨지요. 그 라인에 대해 미리 간단히 소개할 수 있는 날을 잡아도 될까요? 언제 괜찮으신지 알려 주시기 바랍니다. 감사합니다.

conference 회의 product line 제품군 pick 선택하다 quick 간단한 preview 사전에 보다, 시연을 보다

sample 177

Dear

We'd like to come and present our services to you. How does your calendar look next month? If you could find an afternoon one day, we could do a presentation for you and your staff.

Thank you for your attention.

- - - - - - - -

Try It! 다른 단어로 바꿔 써보기

quick overview 빠른 개관
general summary 일반적인 요약
catalog synopsis 카탈로그 요약
personal outline 개인적 개요
brief PowerPoint presentation 간단한 파워포인트 발표

당신께 가서 저희의 서비스에 대해 소개해 드리고 싶습니다. 다음 달 일정이 어떻게 되십니까? 하루쯤 오후에 시간이 되신다면 당신과 직원들을 위해 프레젠테이션을 하려고 합니다. 이 글을 읽어주셔서 감사합니다.

present 소개하다 find 시간을 내다 do a presentaion 프레젠테이션을 하다 staff 직원

✉ sample 178

Try It! 다른 단어로 바꿔 써보기

Dear

I'm writing to see about a date for our presentation. When we spoke last, you indicated that you'd be interested in learning more about our product line. What day would be good for us to come and show you a little bit about what we do?

I hope to hear from you.

- product family 제품군
- line of home painting kits 홈 페인팅 세트
- complete array of camping needs 완벽한 캠핑 필수용품
- office computing solutions 회사 컴퓨터 조작 솔루션
- catalog of goods 상품 카탈로그

프레젠테이션 날짜에 관해 알아보려고 글을 씁니다. 지난번에 얘기했을 때 당신은 저희의 제품라인에 대해 더 알아보고 싶다고 말씀하셨습니다. 저희가 가서 우리 일에 대해 다소 보여드릴 날이 언제가 괜찮겠습니까? 소식 듣기를 희망합니다.

indicate (의견 등을) 밝히다 learn 알다 a little bit 약간

✉ sample 179

Try It! 다른 단어로 바꿔 써보기

Dear

You mentioned the other day that you were interested in seeing our presentation. What date would be good for you? We have quite a bit of flexibility, so why don't you check your calendar and let us know what date works for you.

Thank you,

- open time 결정되지 않은 시간
- free space in our calendar 달력에 빈 자리
- options for scheduling 일정을 잡을 수 있는 선택사항
- flux with our presentation times 발표 시간의 유동성
- options 선택할 수 있는 것

요전날 저희의 프레젠테이션을 보는 것에 관심이 있다고 언급하셨습니다. 날짜가 언제가 좋으십니까? 저희는 언제든지 괜찮습니다. 그러니 어떤 날이 괜찮은지 일정을 확인하고 연락 주십시오. 감사합니다.

mention 언급하다 quite a bit of 꽤 많은 flexibility 유연성 why don't you ~? ~하는 게 어때요?

✉ sample 180

Dear [   ]

I'm writing to schedule ❶a date for us to come and give you a presentation of our product. We'd like to ask for a couple of hours of your time to take you through the details and show you what we have ❷to offer. You won't be disappointed. Let me know what your calendar looks like.

I look forward to hearing from you.

Try It! 다른 단어로 바꿔 써보기

❶ a moment 때
an opportunity 기회
a small window of time 잠깐
a chance 기회
a place, date, and time 장소, 날짜, 시간

❷ that may spark your interest 당신의 흥미를 유발할
that could be of great benefit to you 당신에게 매우 이익이 되는
that is right up your alley 당신에게 딱 맞는
that could change your business forever 당신의 사업을 영원히 바꿀 수 있는
that fits your needs 당신의 요구에 맞는

저희가 가서 제품 프레젠테이션을 할 날짜를 잡고자 합니다. 저희가 제공하는 것을 보여드리고 세부사항을 알려 드리기 위해 괜찮은 시간대를 몇 개 말씀해 주십시오. 실망하지 않으실 것입니다. 일정이 어떻게 되는지 보시고 알려 주시기 바랍니다. 소식 주시기를 고대하고 있겠습니다.

schedule ~을 일정표에 써넣다 date 날짜 a couple of 몇몇의 be disappointed 실망하다

Case 02

프레젠테이션에 관해 통보할 때 Giving a Notice About the Presentation ▲

sample 181

Dear

I just wanted to let you know that we'll be giving a presentation of our new product line on the 25th of September. I hope you can be there. We have some really exciting new items to present. Please RSVP by the 15th so we know to expect you.

Thanks,

Try It! 다른 단어로 바꿔 써보기

thrilling 두근두근하게 하는
stimulating 흥미를 불러 일으키는
electrifying 전율케 하는
stirring 흥분시키는
exhilarating 짜릿하게 하는

저희가 9월 25일에 새로운 상품에 관한 프레젠테이션을 한다는 것을 알려 드리려고 합니다. 당신께서 와주시길 바랍니다. 저희는 소개할 매우 흥미로운 신상품이 많습니다. 저희가 미리 예상할 수 있도록 15일 전까지는 참석 여부를 알려 주시기 바랍니다. 감사합니다.

exciting 흥미로운 RSVP 참석 여부를 회답하다

sample 182

Dear

It was good seeing you at the ❶conference last week. I just wanted to tell you about a presentation we'll be giving at the end of the month. It's an overview of some ❷innovative new services we'll be offering. I've attached an invitation. I hope you can make it!

Thanks,

Try It! 다른 단어로 바꿔 써보기

❶ event 이벤트
symposium 학술토론회
colloquium 학회
company-wide picnic 회사 야유회
working lunch 일하면서 먹는 점심

❷ groundbreaking 혁신적인
original 독창적인
stunning 놀라운
dazzling 눈부신
striking 놀라운

지난 주에 당신을 회의에서 봐서 좋았습니다. 이번 달 말에 예정된 프레젠테이션에 대해 말씀을 드리고 싶었습니다. 그것은 저희가 제공할 새로운 혁신적인 서비스의 개관입니다. 초대장을 첨부하겠습니다. 꼭 참석하실 수 있기를 바랍니다! 감사합니다.

conference 회의 giva a presentation 발표를 하다 overview 개요 innovative 혁신적인 invitation 초대장 make it 참석하다

✉ sample 183

Try It! 다른 단어로 바꿔 써보기

new 새로운
budding 싹트기 시작하는
potential 잠재적인
latent 잠재하는
impending 곧 다가올

Dear [   ]

We are excited to announce that we'll be giving a presentation next week at the Sheraton Inn in New York. We'll be demonstrating a number of new products. Afterwards there will be a chance to meet and discuss partnership opportunities.

I hope to see you there.

다음 주에 New York의 Sheraton Inn에서 개최할 프레젠테이션을 알려 드리게 되어 매우 기쁩니다. 새로운 제품들이 많이 전시될 것입니다. 프레젠테이션 후에는 만나서 동업 기회에 대해 의논할 기회가 있을 것입니다. 거기서 뵙기를 기원합니다.

demonstrate 보여주며 설명하다 a number of 많은 afterward 나중에 partnership 동업 opportunity 기회

✉ sample 184

Try It! 다른 단어로 바꿔 써보기

delineate 자세히 묘사하다
sketch out 간략하게 묘사하다
run through 간략하게 설명하다
draft 초안을 짜다
summarize 요약하다

Dear [   ]

I hope everything is going well with you. Next week we're giving a presentation in which we will outline some exciting new projects we're working on. It'll be a great chance to learn about some new business opportunities. Let me know if you can make it.

Thanks,

당신의 모든 상황이 순조롭기를 바랍니다. 다음 주에 저희가 프레젠테이션을 할 예정인데 거기에서는 저희가 착수하고 있는 흥미로운 새 프로젝트에 관한 개요를 보여드릴 예정입니다. 새로운 사업 기회에 대해 알 수 있는 좋은 기회가 될 것입니다. 올 수 있으신지 알려 주시기 바랍니다. 감사합니다.

outline 개요를 짜다 work on ~을 착수하다

sample 185

Try It! 다른 단어로 바꿔 써보기

Dear [   ]

We've been working on a new service that we're really excited about. We'll be unveiling it at a presentation on the 26th. I hope you can come out and hear a little about what we've been doing. Drop me an email if you can make it.

Thanks,

\- - - - - - - -

- promoting 홍보하는
- first previewing 처음으로 선보이는
- introducing 소개하는
- publicizing 알리는
- marketing it for the first time 처음으로 홍보하는

저희는 매우 흥미진진한 새 서비스를 착수 중입니다. 그것을 26일 프레젠테이션을 통해 밝힐 예정입니다. 오셔서 저희가 하고 있는 일에 관해 들어주셨으면 합니다. 참석할 수 있으신지 이메일을 보내 주세요. 감사합니다.

unveil 공개하다 drop 남기다 email 이메일

Case 03

프레젠테이션 날짜를 변경할 때 Changing the Presentation Date ▲

sample 186

Dear [ ]

I have you down to attend our presentation, originally scheduled for the 25th. Unfortunately, one of our presenters had a minor ❶medical emergency, and so won't be able to do the presentation until the 30th. Let me know if you can make it. I'm sorry if this causes you ❷too much inconvenience.

Thank you for your understanding.

Try It! 다른 단어로 바꿔 써보기

❶ home 집
family 가족
children 아이
legal 법적인
pet 애완동물

❷ too great 매우 큰
an excess 과도한
overwhelming 넘는
overly much 과도한
unneeded 불필요한

원래 25일로 예정된 프레젠테이션에 당신의 참석 명단을 올려놓았습니다. 안타깝게도 저희 발표자 중 한 명이 의료적으로 경미한 응급상황이 생겼습니다. 그래서 30일까지는 발표를 할 수 없을 것 같습니다. 참석할 수 있으신지 알려 주시기 바랍니다. 이것이 너무 큰 불편이 되신다면 정말 죄송합니다. 이해해 주셔서 감사합니다.

down to ~하도록 되어 있어 originally 원래 scheduled 일정이 잡힌 medical 의학의 emergency 응급사태 cause 유발하다

sample 187

[ ]

We've had a bit of a scheduling snafu, so I'm afraid we're going to have to change the date of the presentation from the 15th to the 16th. I hope you are still able to make it. Let me know if it's going to be a problem.

Thanks,

Try It! 다른 단어로 바꿔 써보기

issue 문제
problem 문제
barrier 방해
snag 뜻밖의 문제
setback 좌절

저희가 지금 일정에 혼선이 생겨서 죄송하지만 프레젠테이션 날짜를 15일에서 16일로 바꾸어야 할 것 같습니다. 그때에도 여전히 시간이 되시기를 바랍니다. 일정 변경이 문제가 되신다면 알려 주시기 바랍니다. 감사합니다.

a bit of 약간의 snafu 혼란 be able to ~ 할 수 있다

sample 188

Due to unforeseen circumstances, we've been forced to change the date of the presentation from the 25th to the 26th. I hope this doesn't inconvenience you too much. We look forward to seeing you there.

Thank you for your patience.

Try It! 다른 단어로 바꿔 써보기

- great attitude 훌륭한 태도
- working relationship 일하는 관계
- openness 개방성
- welcoming personality 환호하는 성격
- company's attention 회사의 관심

- - - - - - - -

미리 예측하지 못했던 상황 때문에 프레젠테이션 날짜를 25일에서 26일로 바꾸게 되었습니다. 이것이 당신에게 큰 불편이 되지 않기를 바랍니다. 그때 뵙기를 고대하고 있겠습니다. 인내해 주셔서 감사합니다.

due to ~때문에 unforeseen 예견하지 못한 circumstance 상황 force 강요하다 inconvenience 불편을 끼치다

sample 189

Dear

I'm looking forward to seeing you at next month's presentation. Unfortunately, due to a last-minute scheduling problem, we are going to have to change the date. The original date of the 17th was not going to work for several of the attendees. Instead, we'll be moving the presentation to the 18th. I hope it is still possible for you to attend.

Thank you for your understanding.

Try It! 다른 단어로 바꿔 써보기

- needing to alter 바꾸는 게 필요한
- going to look for a change to 바꿀까 예정하는
- going to have to be flexible with 융통성을 띠어야 하는
- no longer available for 더이상 유효하지 않은
- not able to keep 지킬 수 없는

- - - - - - - -

저는 당신을 다음 달의 프레젠테이션에서 뵙기를 고대하고 있습니다. 하지만 불행하게도 마지막 순간에 일정 조정 문제로 날짜를 변경하게 되었습니다. 원래 날짜인 17일은 몇몇 참석자들에게 맞지 않았습니다. 대신에 18일로 변경할 예정입니다. 일정이 바뀌어도 여전히 참석하실 수 있기를 바랍니다. 이해해주셔서 감사합니다.

last-minute 마지막 시간의 attendee 참석자

sample 190

Try It! 다른 단어로 바꿔 써보기

We're really excited about the presentation next week. Unfortunately, we're going to have to move the date back a day. Instead of the 10th, it'll now be held on the 11th. I hope this doesn't ❶prevent you from ❷participating. If you have any problems, give me a call.

Sorry for the inconvenience.

\- - - - - - - -

❶ preclude 막다
forbid 금지하다
stop 중지시키다
withhold 보류하다
keep 못하게 하다

❷ attending 참석하는
partaking 참여하는
joining us in this venture 이 벤처사업에 동참하는
involving yourself 당신을 포함한
sharing 함께 하는

저희는 다음 주의 발표에 대해 매우 기대하고 있습니다. 하지만 불행하게도 저희는 날짜를 하루 뒤로 미루게 되었습니다. 10일 대신에 11일에 열릴 것입니다. 이것이 참석하시는 데 방해가 되지 않기를 바랍니다. 문제가 있으시다면 전화 주시기 바랍니다. 불편을 드려 죄송합니다.

unfortunately 불행히도 move the date back 날짜를 뒤로 미루다 instead of ~대신에 hold 개최하다
prevent A from A가 ~하는 것을 방해하다 participate 참여하다

Case 04

프레젠테이션 시간을 변경할 때 Changing the Presentation Time ▲

sample 191

Dear

I hope this isn't too much of an issue, but would it be possible to change the presentation time from 1:00 to 2:00? It turns out I've got a meeting scheduled for noon and I'm not sure how long it's going to ❶run. Let me know if that ❷works for you.

Thanks,

Try It! 다른 단어로 바꿔 써보기

❶ last 지속하다
carry on 계속하다
endure 지속하다
keep going 계속하다
take 걸리다

❷ is acceptable 허용가능하다
is alright for you 당신에게 괜찮다
is satisfactory 만족스럽다
is up to par 기대에 부응하다
is tolerable 견딜 만하다

이것이 너무 큰 문제이지 않기를 바라지만 프레젠테이션 시간을 1시에서 2시로 바꾸는 것이 가능하시겠습니까? 제가 정오에 회의가 잡혔는데 얼마나 오래 진행될지 확실하지가 않습니다. 이것이 당신께 괜찮으신지 알려 주시기 바랍니다. 감사합니다.

issue 문제 turn out ~임이 드러나다 scheduled for ~로 예정된 noon 정오 run 진행되다

sample 192

Dear

We've had a slight schedule change, so the presentation on Monday will be starting at 10:30 instead of 11:00. That also means that we'll be done by 11:30 instead of 12:00. I hope this doesn't cause you any problems.

Thanks,

Try It! 다른 단어로 바꿔 써보기

minor 소량의
small 약간의
little 약간의
tiny 적은
trivial 사소한

저희 일정에 약간의 변화가 생겼습니다. 그래서 월요일의 프레젠테이션은 11시가 아니라 10시 30분에 시작할 것입니다. 즉 12시가 아닌 11시 30분에 종료될 것입니다. 이것이 당신께 어떤 문제도 초래하지 않기를 바랍니다. 감사합니다.

slight 약간의 instead of ~ 대신에 cause 유발하다

✉ sample 193

Dear [ ]

I have a ❶quick request. Could we move Monday's presentation from 9:00 to 10:00? I have a conflict in my schedule that I'm trying to ❷resolve. It would help a lot if I could bump the presentation forward an hour.

Let me know if that works for you.

Try It! 다른 단어로 바꿔 써보기

❶ rapid 빠른
speedy 신속한
short 짧은
brief 간결한
concise 간명한

❷ figure out 알아내다
determine what to do about 무엇을 해야 하는지 결정하다
settle 해결하다
make go away 사라지게 하다
work out 해결하다

다급한 요청이 있습니다. 월요일의 프레젠테이션을 9시에서 10시로 변경할 수 있을까요? 일정에 충돌이 생겨서 해결해보려 하고 있습니다. 프레젠테이션을 한 시간 미룬다면 저에게 아주 큰 도움이 될 것입니다. 이것이 당신께 괜찮은지 알려 주시기 바랍니다.

quick 빠른 request 요청 move 옮기다 conflict 충돌 resolve 해결하다 bump 이동시키다 forward 앞으로

✉ sample 194

Dear [ ]

There has been a small change in the schedule of the presentation. We will be beginning an hour later than planned due to a conflict in the availability of the conference room. This means that we will be starting at 4:00 instead of 3:00. Please adjust your schedule accordingly.

Thank you for your understanding.

Try It! 다른 단어로 바꿔 써보기

a disagreement 불일치
an argument 언쟁
a clash 충돌
a variance 차이
a dispute 논쟁

저희 프레젠테이션 일정에 약간의 변화가 생겼습니다. 회의실 이용에 충돌이 생겨서 예정시간보다 1시간 뒤에 시작할 것입니다. 즉 3시가 아니라 4시에 시작하게 되었습니다. 이것에 맞추어 당신의 일정을 조정해 주시기 바랍니다. 이해해 주셔서 감사합니다.

due to ~때문에 availability 이용 가능성 adjust 조정하다 accordingly 따라서

sample 195

Try It! 다른 단어로 바꿔 써보기

- issues with your boss 당신 상사와 문제
- quandaries with your company 당신 회사에 문제
- dilemmas 딜레마
- binds 귀찮은 상황
- predicaments with scheduling 일정에서의 곤경

We're going to have to move the presentation back an hour. Unfortunately, there was a mix-up with the hotel conference center so the room won't be available until 3:00. I hope that doesn't cause you any problems.

Thanks,

- - - - - - - -

프레젠테이션을 한 시간 미룰 예정입니다. 불행하게도 호텔 회의장에 혼선이 생겨 3시 전에는 회의실 이용이 불가합니다. 이것이 당신께 어떤 문제도 일으키지 않기를 바랍니다. 감사합니다.

move ~ back ~을 뒤로 미루다 mix-up 혼란 available 이용 가능한 not ~ unitl (시간) 전엔 ~이 안 되는

Case 05

프레젠테이션을 취소할 때 Canceling the Presentation ▲

sample 196

I'm afraid we're going to have to cancel next week's presentation. It turns out one of our sales reps is going to be traveling and won't be available. We'll try to reschedule somewhere down the line. I hope this doesn't cause you too much trouble.

Sorry for the inconvenience.

Try It! 다른 단어로 바꿔 써보기

- call off 취소하다
- put off 연기하다
- stop 멈추다
- terminate planning of 계획을 끝내다
- not hold 개최하지 않다

죄송하지만 다음 주의 발표를 취소해야 할 것 같습니다. 저희 영업 담당자 중 한 명이 출장을 가게 되어 발표를 할 수 없게 되었습니다. 저희는 추후에 일정을 재조정하려고 노력할 것입니다. 이것이 당신께 큰 문제가 되지 않기를 바랍니다. 불편을 드려 죄송합니다.

cancel 취소하다 turn out ~임이 드러나다 sales rep 영업 사원 travel 출장가다 reschedule 재조정하다 down the line 이후에

sample 197

Dear

Due to some unexpected problems, I'm sorry to inform you that the presentation scheduled for March 23rd has been cancelled. Thank you for your interest in our products. We will let you know as soon as we are able to reschedule.

Thank you.

Try It! 다른 단어로 바꿔 써보기

- Because of ~ 때문에
- Since there were ~이 있었기 때문에
- As there are ~이 있으므로
- For the reason of ~ 이유로
- In response to ~에 대응하여

예상하지 못한 문제 때문에 죄송하지만 3월 23일로 예정되어 있던 프레젠테이션이 취소되었음을 알려 드립니다. 저희 제품에 대한 관심 감사드립니다. 일정이 재조정되는 대로 알려 드리겠습니다. 감사합니다.

unexpected 예상하지 못한 inform ~ that ~에게 ~을 통보하다 scheduled for ~로 예정된 interest 관심 as soon as ~하는 대로 곧

✉ sample 198

Try It! 다른 단어로 바꿔 써보기

foolish 바보 같은
not recommendable 추천할 만한
unwise 현명하지 않은
imprudent 경솔한
silly 바보 같은

Dear [   ]

The presentation we had planned for next Thursday has been canceled. Certain issues came up which make it inadvisable for us to take on any new partners at the present time. We hope to be able to invite you to a presentation further down the line.

Thank you for your understanding.

다음 주 목요일로 계획했던 프레젠테이션이 취소되었습니다. 특정 문제가 생겨 지금은 어떤 동업자라도 새로 선택하는 것이 현명하지 않은 것 같습니다. 추후 프레젠테이션에 초대할 수 있기를 바랍니다. 이해해 주셔서 감사합니다.

certain 특정한 issue 일, 문제 come up 발생하다 inadvisable 현명하지 못한 take on ~을 고용하다, 뽑다
at the present time 현재

✉ sample 199

Try It! 다른 단어로 바꿔 써보기

high-end equipment 최고급 장비
small working team 소규모 작업팀
line of products 제품 생산 라인
services 서비스
products 제품

Dear [   ]

Thanks for your interest in our company. Unfortunately, the presentation scheduled for next week has been called off. There were several scheduling conflicts that we were not able to work around. We will try to find a date further down the line and reschedule.

Thank you very much for your understanding.

저희 회사에 대한 관심 감사드립니다. 불행히도 다음 주에 예정되어 있던 프레젠테이션이 취소되었습니다. 저희가 해결하지 못한 일정 충돌이 다소 있었습니다. 이후에 날짜를 잡아 재조정할 것입니다. 이해해 주셔서 대단히 감사합니다.

call off ~을 취소하다 conflict 충돌 work around (곤란한 문제에) 어떻게든 대처하다

✉ sample 200

Dear [   ]

I'm afraid we need to call off next week's presentation. We've had to make some last-minute changes in our product line, so we won't be ready to unveil it until later in the quarter. I'll get in touch with you soon to explain in more detail.

Sorry for any inconveniences.

\- - - - - - - -

Try It! 다른 단어로 바꿔 써보기

introduce 알리다
show 보여주다
reveal 밝히다
disclose 드러내다
tell you about 당신에게 말하다

유감스럽게도 다음 주의 프레젠테이션을 취소해야겠습니다. 제품 라인을 마지막 순간에 변경하게 되어서 이번 분기 후반부가 되기 전에는 발표하지 못할 것 같습니다. 자세한 세부사항을 설명해 드리기 위해 곧 연락드리겠습니다. 불편을 드려 죄송합니다.

unveil 공개하다 quarter 분기 get in touch 연락하다

Case 06

프레젠테이션 시설 준비를 요청할 때
Asking for Preparing for the Presentation Facilities ▲

sample 201

Hi, ( )

I'm just writing to discuss next week's presentation. We're going to need a conference room with a seating capacity of 20, an overhead projector, and access to a WiFi network. Let me know if any of this will be a problem.

I appreciate all of your help.

- - - - - - - -

Try It! 다른 단어로 바꿔 써보기

- presentation room 발표실
- waiting room 대기실
- meeting room 회의실
- board room 이사회실
- large rectangular room 큰 사각형의 방

저는 다음 주의 프레젠테이션에 대해 의논하기 위해 글을 씁니다. 저희는 20석 정도의 자리, 영사기, 그리고 WiFi 네트워크 접근이 가능한 회의실이 필요합니다. 이것 중에 하나라도 문제가 있으면 알려 주시기 바랍니다. 당신의 모든 도움에 감사합니다.

conference room 회의실 seating 좌석 capacity 수용능력 overhead projector 오버헤드 프로젝터 access 접근 WiFi 무선 데이터 전송 시스템

sample 202

( )

For next week's presentation, we'll need a ❶good-sized meeting room, say a seating capacity of 20+. Also, could you check to see that we have enough electrical outlets? I know it sounds ❷crazy, but at our last presentation, we couldn't plug in our laptop!

Thanks for the help.

- - - - - - - -

Try It! 다른 단어로 바꿔 써보기

❶
- decently-sized 어지간한 크기의
- modestly-sized 작은 크기의
- respectably-sized 괜찮은 크기의
- fairly large 비교적 큰
- regular 일반적인

❷
- odd 이상한
- bizarre 별난
- unwise 현명하지 못한
- senseless 분별 없는
- outlandish 기이한

다음 주의 프레젠테이션을 위해 저희는 예를 들면 스무 명이 넘는 인원을 수용할 수 있는 대형 회의실이 필요합니다. 또한 충분한 콘센트가 있는지도 확인해 주시겠습니까? 이상하게 들리시겠지만 저번 프레젠테이션에서 저희는 노트북을 전원에 꽂을 수 없었습니다! 도움을 주셔서 감사합니다.

good-sized 대형의 enough 충분한 electrical outlet 콘센트 plug in ~을 꽂다 laptop 노트북

✉ sample 203

Try It! 다른 단어로 바꿔 써보기

- grounds (큰 건물의) 부지
- amenities 편의시설
- services 서비스
- conveniences 편의시설
- meeting room 회의실

Dear [ ]

I'm excited about the presentation next month. I just wanted to confirm with you that the facilities will be ready for us. We'll need a room big enough for the number of people we're expecting to attend. We also need access to the Internet for a portion of the presentation.

Please let me know if any of this will be a problem.

- - - - - - - -

저는 다음 달의 발표가 매우 기대됩니다. 우리를 위한 시설이 준비될지 확인하고 싶었습니다. 참석이 예상되는 사람들의 수를 수용할 수 있는 크기의 회의실이 필요합니다. 또한 프레젠테이션의 일부로 인터넷을 사용할 수 있어야 합니다. 이 중 하나라도 문제가 있다면 알려 주시기 바랍니다.

facility 시설 ready 준비된 big enough for ~에 충분한 크기의 the number of ~수 portion 부분

✉ sample 204

Try It! 다른 단어로 바꿔 써보기

- prepared 준비된
- cleaned and ready 깨끗하고 준비된
- in top-notch condition 최고급 조건인
- available and supplied 이용 가능하고 공급된
- equipped 장비가 갖추어진

Dear [ ]

I'm looking forward to the presentation. Could you check and make sure that the room is ready for us? I need a whiteboard in addition to a projector. If you have any trouble getting those things together, let me know.

Thanks,

- - - - - - - -

저는 프레젠테이션에 대해서 매우 고대하고 있습니다. 발표실이 준비가 되었는지 점검 확인해 주시겠습니까? 화이트보드와 영사기가 필요합니다. 이것들을 준비하는 데 문제가 있으시다면 알려 주세요. 감사합니다.

check 점검하다 make sure 확실히 하다 whiteboard 흰 칠판 in addition to ~에 추가하여 projector 영사기
trouble 문제

✉ sample 205

Try It! 다른 단어로 바꿔 써보기

clientele 의뢰인들
potential customers 잠재 고객
paying participants 유료 참가자
members 구성원
donors and partakers 기부자와 관계자

Dear [   ]

I'm writing to check on the facilities for our presentation next Wednesday. Could you confirm that we will have the use of one of your larger conference rooms for the entire morning? We will be arriving early, so I'd like to be able to set up before the attendees arrive.

Thank you for your help.

- - - - - - - -

저는 다음 주 수요일에 있을 프레젠테이션을 위한 시설을 점검하고자 글을 씁니다. 우리가 아침 시간 내내 당신의 대회의실 한 곳을 사용할 수 있는지 확인해 주시겠습니까? 저희는 참석자들이 도착하기 전에 준비할 수 있도록 일찍 도착할 것입니다. 도와주셔서 감사합니다.

check on ~ 상태를 확인하다 larger 더 큰 entire 전체의 set up 설치하다, 준비하다 attendee 참석자

Case 01

금액을 제시할 때 Making an Offer

sample 206

Dear [   ]

We've looked over your proposal and run some numbers on future profitability. We're ready to make you an offer of $5,000 per unit. This is our bottom-line offer, so I hope it's acceptable to you. Get in touch with me after you've had a chance to discuss it with your people.

I look forward to hearing from you.

\- - - - - - - -

Try It! 다른 단어로 바꿔 써보기

- Return via certified mail a response
  배달증명 우편을 통해 응답해 달라
- Please let me know your decision
  당신의 결정을 알려 달라
- We can talk more about this
  이것에 대해 우리는 더 얘기할 수 있다
- There will be more to discuss
  논의할 것이 더 많다
- I will await your response
  당신의 응답을 기다리겠다

저희는 당신의 제안을 살펴 보았고 미래의 수익률에 대해 생각했습니다. 저희는 당신께 개당 5,000달러에 제공할 준비가 되어 있습니다. 이것은 현실적인 제안이며 받아들여주셨으면 합니다. 직원들과 의논해 보시고 연락 주시기 바랍니다. 소식 듣기를 고대하고 있겠습니다.

look over ~을 훑어보다 proposal 제안 profitability 수익성 make you an offer of 당신에게 (금액을) 제시하다
bottom-line 현실적인, 결산상의 acceptable 받아들일 수 있는 get in touch with ~에게 연락하다

sample 207

[   ]

Attached is a preliminary offer. This isn't a hard number. We're willing to negotiate, but I think it's a good starting place. Let me know how your people feel about it.

Thanks,

\- - - - - - - -

Try It! 다른 단어로 바꿔 써보기

- an initial 시작하는
- a starting 시작하는
- an introductory 소개용의
- a pilot 시험적인
- our first 우리의 첫 번째

첨부된 것은 미리 드리는 제안입니다. 이 비용은 그렇게 힘든 것은 아닐 겁니다. 저희는 기꺼이 협상하겠지만 그 금액이 순조로운 출발점이라고 생각합니다. 관계자 분들께서 어떻게 생각하는지 알려 주시기 바랍니다. 감사합니다.

preliminary 예비의 offer 제안, 제시액 be willing to 기꺼이 ~하다 negotiate 협상하다 starting place 출발점

sample 208

Dear

We've got an offer ready for you. I'm attaching the ❶details. I think it's a ❷reasonable price, and I hope you find it so too. Let me know what you think.

Thanks,

Try It! 다른 단어로 바꿔 써보기

❶ facts 사실
numbers 수치
account summary 회계 요약
summarization 요약
basics 기본적인 것들

❷ just 공정한
rational 이성적인
non-discriminatory 차별적이지 않은
fair 공정한
flexible 유연한

당신께 드릴 액수를 정했습니다. 세부사항은 첨부하였습니다. 이 정도면 공정한 가격이라고 생각하며 당신도 그렇게 여기길 바랍니다. 어떻게 생각하는지 알려 주십시오. 감사합니다.

get ~ ready ~을 준비하다 details 세부사항 reasonable 합리적인

sample 209

Dear

Here is our final offer. I think for the services you'd be providing, it's fair. Take some time to think it over and let us know if you want to go forward.

Thanks,

Try It! 다른 단어로 바꿔 써보기

lowest possible 가능한 한 가장 낮은
concluding 결론짓는
definitive 최종적인
irrevocable 바꿀 수 없는
absolute best 절대 최상의

저희의 최종 제시액은 이렇습니다. 당신께서 제공하려는 서비스에는 그 금액이 공정하다고 생각합니다. 시간을 두고 생각해보시고 일을 더 진행하고 싶으시다면 알려 주세요. 감사합니다.

final 최종의 take time 시간을 갖다 think ~ over ~을 숙고하다 go forward 앞으로 나아가다

✉ sample 210

Dear

We've come to a decision on our offer. I don't think your asking price is unreasonable, but in the current economic climate, we think we can get a better deal elsewhere, so we're offering 10% less. Let me know if this is acceptable to you.

I look forward to working with you.

Try It! 다른 단어로 바꿔 써보기

first offer 처음 제안
bottom line 최저 희망금액
request 요구
offer price 제안한 가격
bid 입찰가

저희의 제시액에 대한 결정을 내렸습니다. 당신이 요구한 가격이 합리적이라고 생각합니다만 현재의 경제 상황에서 다른 곳에서 좀 더 나은 거래를 할 수 있을 것 같습니다. 그래서 저희는 10% 더 적은 금액을 제안합니다. 납득하실 수 있는지 알려 주시기 바랍니다. 당신과 함께 일하기를 고대하고 있겠습니다.

come to a decision 결정을 내리다 unreasonable 비이성적인 current 현재의 climate 상황 deal 거래 elsewhere 다른 데서 less 더 적은 acceptable 받아들일 수 있는

Case 02

계약 조건을 제시할 때 Offering a Contract Condition ▲

sample 211

Dear [ ]

I'd like to add a ❶condition to the contract. It's something the main office is insisting on. The addendum is attached, so take a look at it and see if it would be acceptable ❷on your end.

Thanks,

\- - - - - - - -

Try It! 다른 단어로 바꿔 써보기

❶ stipulation 규정
provision 조항
proviso 조건
term 조건
rider 추가 조항

❷ with your people 당신의 사람들과
to you 당신에게
to your superiors 당신의 상사에게
with those around you 당신을 둘러싼 사람들에게
within your research team 당신의 조사팀에게

계약에 한 가지 조건을 더하고자 합니다. 이것은 본사가 고집하고 있는 것입니다. 수정본을 첨부하였으니 한번 살펴보시고 납득하실 수 있는지 알아봐 주십시오. 감사합니다.

main office 본사 insist on 주장하다, 고집하다 addendum 부록, 추가 수정본 on your end 그쪽에서

sample 212

[ ]

Attached is a condition we'd like to put in the contract. It's a fairly standard clause, but we feel like it needs to be there to protect us from any trouble further down the road. Let me know if you object.

Thanks,

\- - - - - - - -

Try It! 다른 단어로 바꿔 써보기

fine print (계약서 등의) 세목
agreement 협정
bargain 거래
written mutual understanding 상호간의 이해문서
company-wide treaty 회사 전반의 계약

첨부된 것은 계약서에 넣고 싶은 조건입니다. 이것은 꽤 표준적인 내용이지만 장래에 어떤 문제로부터 저희를 보호하는 데 필요한 항목입니다. 반대하시는지 알려 주시기 바랍니다. 감사합니다.

fairly 꽤 clause 조항, 절 protect A from B A를 B로부터 보호하다 down the road 추후에 object 반대하다

✉ sample 213

Dear

If it's not too late in the game, I'd like to add one last condition to the contract. I don't think it's a deal breaker. I've attached the wording. Look it over and tell me if it's going to be a problem.

Thanks,

- - - - - - - -

Try It! 다른 단어로 바꿔 써보기

beyond the point of no-return 되돌아 올 수 없는 단계를 넘은

overly late 매우 늦은

behind schedule 일정에 늦은

too delayed 너무 지연된

too overdue 너무 기한이 오래된

너무 늦지 않았다면 계약서에 마지막 한 가지 조건을 추가하고 싶습니다. 저는 이것이 계약 파기가 되는 것이라고 생각하지 않습니다. 그 항목은 첨부하였습니다. 살펴보시고 이것이 문제가 된다면 말씀해 주세요. 감사합니다.

game (사업) 분야 deal breaker 거래 파기자 wording (문서 등의) 문구, 표현

✉ sample 214

Dear

We have a condition we'd like to put in the contract. It basically states that we won't be held liable for damages incurred during shipment. We don't want to bear ❶the responsibility for the shipping company's ❷errors. Let me know if you think that's fair.

Thanks,

- - - - - - - -

Try It! 다른 단어로 바꿔 써보기

❶ all blame 모든 비난

the entire brunt 모든 공격

complete liability 완전한 책임

total accountability 모든 책임

whole guilt 모든 죄

❷ slip-ups (부주의로 인한) 실수

blunders 과실

miscalculations 계산착오

boo-boos 어리석은 실수

faults 잘못

계약서에 넣고 싶은 조건이 있습니다. 선적 도중에 발생하는 손상에 대해서는 저희가 책임지지 않는다는 기본적인 내용입니다. 선적 회사의 실수를 저희가 책임지고 싶지 않습니다. 이것이 공정하다고 생각하시는지 알려 주시기 바랍니다. 감사합니다.

basically 기본적으로 state 명시하다 hold liable for ~에 책임을 지다 damage 손상 incur 초래하다 bear the responsibility 책임을 지다 error 오류

✉ sample 215

Dear [   ]

In order to keep the contract fair to both of our sides, I'd like to add one condition. It simply states that if either party fails to meet the terms within a reasonable time, the contract is null and void. Let me know if you're okay with that.

Thanks,

\- - - - - - - - -

Try It! 다른 단어로 바꿔 써보기

evenhanded 공평한

balanced 균형이 맞는

impartial 편파적이지 않은

stable 안정적인

not biased 공평한

양쪽 모두에게 계약이 공평해지도록 한 가지 조건을 추가하고 싶습니다. 어느 한 쪽이든 적절한 시간 내에 조건을 충족시키는 데 실패한다면 계약은 효력이 없다는 간단한 내용입니다. 이 점 괜찮으신지 알려 주시기 바랍니다. 감사합니다.

in order to ~하기 위해 side 측 simply 간단하게 state 진술하다 party 당사자 meet the terms 조건을 충족시키다 reasonable 합리적인, 적정한 null 아무 가치 없는 void 공허한

Case 03

계약 내용을 변경하고자 할 때 Changing the Contract Terms ▲

sample 216

I know it's a little late in the game, but we'd like to make a couple of changes to the contract ❶terms. They're ❷minor changes, so they shouldn't throw a wrench in what we've agreed to so far. Let me know if we can do it.

Thanks,

\- - - - - - - -

Try It! 다른 단어로 바꿔 써보기

❶ details 세부사항
vocabulary 어휘
terminology 용어
expressions 표현
language 언어

❷ tiny 작은
not big 크지 않은
petty 사소한
minor-league 중요성이 덜한
inconsequential 하찮은

좀 늦은 줄은 알지만 계약 조건에 대해 몇 가지 변경하고 싶은 것이 있습니다. 사소한 변경이기 때문에 우리가 지금까지 동의한 것에서 크게 벗어나지 않을 것입니다. 이렇게 해도 괜찮은지 알려 주시기 바랍니다. 감사합니다.

a couple of 몇몇의 term 조건, 용어 minor 소소한 throw a wrench 망쳐놓다, 방해하다 agreed 동의하다 so far 여태까지

sample 217

I'm working on getting my bosses to sign off on this contract, and there's one final change they'd like to make. I don't think it's too major of an issue. I've attached a new version with slightly different terms. Take a look at it and let me know what you think.

Thanks,

\- - - - - - - -

Try It! 다른 단어로 바꿔 써보기

lawyers 변호사
financiers 금융업자
backers 후원자
analysts 분석가
legal team 법률팀

저는 윗분들에게 이 계약서에 대해 승인을 받기 위해 일하고 있습니다. 그런데 한 가지 최종적으로 그분들이 변경하시고 싶어 하는 부분이 있습니다. 이것이 중대한 문제라고는 생각하지 않습니다. 살짝 다른 내용이 있는 새로운 버전을 첨부했습니다. 한번 살펴보시고 어떻게 생각하시는지 알려 주시기 바랍니다. 감사합니다.

work on ~에 관해 작업하다 get A to A가 ~하도록 하다 boss 상사 sign off 서명하다 major 주요한 slightly 약간의

sample 218

Dear [   ]

I hope everything is going well. I wanted to run a change in the terms of the contract with you. We would like to extend the deadline for delivery by one month. This would give us a little more flexibility. Let me know if you'd be okay with that.

Thanks,

- - - - - - - -

Try It! 다른 단어로 바꿔 써보기

propose 제안하다
put forward 앞당기다
hint at 넌지시 비치다
advise 조언하다
offer 제안하다

모든 것이 순조롭게 진행되기를 바랍니다. 저는 당신과 계약서의 조건을 약간 변경하고 싶습니다. 저희는 납품 마감일을 한 달 연장하고 싶습니다. 이렇게 되면 저희가 좀 더 융통성 있게 일할 수 있습니다. 이 내용 변경이 괜찮으신지 알려 주시기 바랍니다. 감사합니다.

run a change 변화를 주다 extend 연장하다 deadline 마감일 delivery 배송, 납품 flexibility 유연성

sample 219

Dear [   ]

I've been looking over the contract, and there's a ❶change I'd like to make to the terms. I'm a little uncomfortable with the liability waiver. I've attached ❷a new version of the contract. Let me know if the change is acceptable to you.

Thanks,

- - - - - - - -

Try It! 다른 단어로 바꿔 써보기

❶ modification 수정
small adjustment 작은 조정
tiny amendment 작은 수정
slight variation 약간의 변화
minor alteration 가벼운 변경

❷ a revised edition 새로운 판
a completed version 완성된 버전
an updated file 최신 파일
a restructured version 재구성 버전
a fixed edition 수정판

계약서를 살펴보았는데 변경하고 싶은 조건이 있습니다. 저는 법적 책임 포기에 관한 것이 조금 불편합니다. 새로운 형태의 계약서를 첨부하였습니다. 변경사항을 수용하실 수 있는지 알려 주십시오. 감사합니다.

look over ~을 검토하다 uncomfortable 편안하지 않은 liability 법적 책임 waiver 포기 acceptable 수용할 수 있는

sample 220

We have a little problem with the contract. We've done some calculations, and I don't think the percentage that the contract guarantees is quite high enough to meet our production costs. I've attached an amended version with a different number. Let me know if you'd be amenable to the change.

Thanks,

Try It! 다른 단어로 바꿔 써보기

- marketing costs 마케팅 비용
- spending 지출(액)
- marginal costs 한계 원가
- profit goals 수익 목표
- anticipated expenditures 예상되는 경비

계약서에 약간의 문제가 생겼습니다. 저희가 계산을 해 보았는데 계약서에서 보장하는 비율이 저희 생산비용을 충족할 만큼 높지 않다고 생각합니다. 다른 수치가 담긴 수정된 계약서를 첨부하였습니다. 바뀌어도 괜찮은지 알려 주시기 바랍니다. 감사합니다.

calculation 계산 percentage 퍼센트 guarantee 보장하다 production cost 생산 비용 amended 수정된 amenable 잘 받아들이는

Case 04

협상을 시작할 때 Starting the Negotiation ▲

sample 221

Dear [　　　]

I'd like to open negotiation on the deal. I'm attaching some ❶numbers we think are fair. Have your ❷people take a look at them and let me know what you think. I look forward to reaching an agreement with you soon.

Thanks,

- - - - - - - -

Try It! 다른 단어로 바꿔 써보기

❶ values 값
estimates 추정치
guesses 추측
proposals 제안
figures 수치

❷ support crew 지원팀
investors 투자자
shareholders 주주
depositors 예금주
entire staff 전직원

그 거래에 관한 협상을 시작하고 싶습니다. 우리가 적합하다고 생각하는 비용을 첨부하겠습니다. 직원들에게 살펴보게 하신 뒤 당신의 생각을 알려 주시기 바랍니다. 곧 의견이 일치하기를 고대합니다. 감사합니다.

open negotiation 협상을 시작하다 have A take a look A에게 한번 보라고 시키다
reach an agreement 의견 일치에 이르다, 합의에 도달하다

sample 222

Dear [　　　]

I'm excited about moving forward toward an agreement. I've put together some terms that represent our starting position. In the attached document, you'll find both a dollar amount and a time frame. Take some time to look it over, and let me know what you think.

I look forward to hearing from you.

- - - - - - - -

Try It! 다른 단어로 바꿔 써보기

a valuable position 중요한 위치
a joint agreement 공동의 합의
a new contract 새로운 계약
a new beginning 새로운 시작
this wonderful prospect 이 멋진 가능성

당신과의 의견 합일에 한 걸음 나아가고 있다는 것이 매우 기쁩니다. 우리의 출발점을 나타내는 조건을 정리해보았습니다. 첨부된 문서에는 비용과 시간을 적었습니다. 시간을 내 한번 살펴보시고 어떻게 생각하시는지 알려 주시기 바랍니다. 소식 듣기를 고대하겠습니다.

put together ~을 정리하다 represent 나타내다 position 입장, 위치 both A and B A와 B 모두 time frame 예정 기한

✉ sample 223

Dear [   ]

I'm happy to be working with you on this deal. Hopefully we can get through the negotiation process quickly and painlessly. Would you like to put together some numbers for us to start from? I've attached all of the product documentation so that you'll have the information you need to make an offer.

I look forward to hearing from you.

Try It! 다른 단어로 바꿔 써보기

- effortlessly 힘을 들이지 않고
- smoothly 부드럽게
- fluently 유연하게
- with ease 쉽게
- naturally 자연스럽게

이 일과 관련하여 당신과 함께 일하게 된 것이 매우 기쁩니다. 협상과정을 빠르고 쉽게 진행할 수 있었으면 합니다. 비용을 정리해 보는 걸로 시작해 볼까요? 당신이 금액을 제시하는 데 필요한 정보를 가지고 있도록 모든 제품 문서를 첨부하였습니다. 소식 주시기를 고대하고 있습니다.

hopefully 바라건대　get through ~을 통과하다, 견뎌내다　process 과정　painlessly 고통 없이

✉ sample 224

Dear [   ]

We are ready to begin negotiations on the price for the products. I've put together an offer that I think is fair, and I'd like to put it out there to get the ball rolling. I think $10 per unit is well within the range of what the market will bear. Let me know your thoughts on this.

Thanks,

Try It! 다른 단어로 바꿔 써보기

- a bid 입찰
- a bargain 흥정
- our deal 우리의 거래
- a good proposition 좋은 제의
- a nice starting position 괜찮은 출발점

저희는 제품의 가격에 관한 협상을 할 준비가 되어 있습니다. 공정하다고 생각하는 제시액을 정리했으며 일을 시작하기 위해 당신께 드리고자 합니다. 제 생각엔 개당 10달러면 시장에 내놓을 만한 가격대에 속하는 것 같습니다. 이것에 관한 당신의 생각을 알려 주시기 바랍니다. 감사합니다.

put ~ out 내놓다, 발표하다　get the ball rolling 일을 잘 시작하다　per ~당　unit 한 개, 단위　range 범위　bear 견디다

✉ sample 225

Dear [   ]

I'm looking forward to coming to an agreement with you. I would like to open the negotiation by outlining what we can provide. Attached is a summary of the number of units we have available and the earliest date we can deliver them by. Let me know what you think.

Thank you.

\- - - - - - - -

Try It! 다른 단어로 바꿔 써보기

a synopsis 줄거리

a précis 요약문

a rundown 간단한 설명

an abridged version 요약본

a summation 요약문

당신과 합의에 이를 것을 고대하고 있습니다. 저희가 제공할 수 있는 것을 개략적으로 말씀드림으로써 협상을 시작하고 싶습니다. 첨부된 것은 구매 가능한 저희의 물품 개수와 이것들을 납품할 수 있는 가장 빠른 날짜를 요약한 것입니다. 어떻게 생각하시는지 알려주시기 바랍니다. 감사합니다.

came to an agreement 합의에 이르다 would like to ~하고 싶다 outline 개요를 말하다 the number of ~의 수 earliest 가장 빠른

Case 05

협상 내용을 재확인할 때 Double-checking the Negotiation Content ▲

sample 226

Hi, [   ]

I just wanted to double-check that this is your ❶current offer. We like the look of it, but I want to make sure I have the right numbers. If you could just write me back to confirm, I think we're ready to ❷move forward.

Thanks,

Try It! 다른 단어로 바꿔 써보기

❶ present 현재의
existing 존재하는
up-to-date 최신의
most recent 가장 최근의
in-progress 진행 중인

❷ advance 나아가다
move ahead 앞으로 나아가다
go forward 앞으로 가다
run with this 실행에 옮기다
push onward 앞으로 나아가다

이것이 당신이 현재 제안한 액수인지 재확인하고 싶습니다. 당신의 제안이 마음에 들지만 제가 제대로 된 수치를 가지고 있는 것이 맞는지 확인하고 싶습니다. 확인 답변을 해주실 수 있다면 저희는 일을 진행할 준비가 되었다고 생각합니다. 감사합니다.

double-check 재확인하다 current 현재의 make sure 확실히 하다 confirm 확인하다 move forward 앞으로 나아가다

sample 227

Dear [   ]

I have a quick question. I understand that $15 per unit is your current request. Is that correct? We're trying to determine if we can move forward with this, but I wanted to confirm that number first. Let me know when you get a chance.

Thanks,

Try It! 다른 단어로 바꿔 써보기

settle on 결정하다
ascertain 확실히 알아내다
clarify 명확하게 하다
establish 입증하다
maker certain 확실하게 하다

간단한 질문 드리겠습니다. 개당 15달러가 현재 당신의 요구인 것이 맞습니까? 우리는 일을 진행시킬 수 있는지를 결정하려고 노력 중입니다. 하지만 먼저 비용을 확인하고 싶습니다. 기회가 되시면 알려 주시기 바랍니다. 감사합니다.

request 요구 correct 옳은 first 먼저 when you get a chance 기회가 될 때

sample 228

Dear ⬚

Could I confirm with you that the number below is your ❶final offer? We're ready to make our final decision, and I want to be sure we're both on the same page. Once I hear from you, we'll be ready to tell you our ❷answer.

Thanks,

\- - - - - - - -

Try It! 다른 단어로 바꿔 써보기

❶ terminal 마지막의
closing 끝부분의
ending 끝의
best and last 최고이며 마지막인
absolute 절대적인

❷ decision 결정
verdict 평결
conclusion 결론
resolution 해답
pronouncement 공식 선언

아래의 수치가 당신의 최종 제시액인 것을 확인 받을 수 있겠습니까? 저희는 최종 결정을 할 준비가 되어 있습니다. 그리고 우리가 같은 생각인지 확실히 하고 싶습니다. 연락을 주시면 저희 쪽 답변을 보내 드릴 수 있습니다. 감사합니다.

below 아래의 on the same page (같은 목표를 위해) 서로 협력하여, 하나가 되어 answer 대답

sample 229

Dear ⬚

I'd like to double-check that you've agreed to raise your offer by 5%. We're happy with that number, but I wasn't sure if you'd fully agreed to it yet. Let me know if we're on the same page.

Thank you.

\- - - - - - - -

Try It! 다른 단어로 바꿔 써보기

verify 확인하다
bear out 증명하다
make sure 확실히 하다
corroborate 입증하다
prove 증명하다

당신의 제시액을 5% 올리는 것에 동의하신 것인지 재확인하려고 합니다. 저희는 그 수치에 만족하지만 당신이 완전히 동의한 것인지 확실치 않습니다. 같은 생각이신지 알려 주시기 바랍니다. 감사합니다.

raise 올리다 fully 완전히 yet 아직

✉ sample 230

Dear [   ]

After our last meeting, I wasn't certain if I had a firm offer from you. Was $10 per unit acceptable to you? If so, we're ready to move forward with the deal. Let me know as soon as you can.

Thanks,

Try It! 다른 단어로 바꿔 써보기

a concrete bid 구체적인 입찰가

a definitive proposal 확정적인 제안

an unchangeable agreement 바뀔 수 없는 동의

a fixed deal 확고한 거래

a certain compromise 확실한 타협안

지난 회의 후에 당신으로부터 확실한 금액을 제시 받았는지 확실치 않아서요. 개당 10달러가 괜찮습니까? 그러시다면 거래를 진행시킬 준비가 되어 있습니다. 가능한 한 빨리 알려 주시기 바랍니다. 감사합니다.

not certain if ~인지 확실치 않은 firm 확고한 acceptable 수용 가능한 as soon as you can 가능한 한 빨리

Case 06

타사의 금액 제안을 거절할 때 Rejecting the Other Company's Offer of Money ▲

sample 231

I'm afraid we aren't going to be able to ❶accept your offer. We just can't go quite that low. I hope we can do business together ❷in the future.

Thanks,

- - - - - - - -

Try It! 다른 단어로 바꿔 써보기

❶ receive 받다
take on 받아들이다
consent to 동의하다
say yes to 찬성하다
work with 작업하다

❷ in the years to come 앞으로 수년 내에
in the days and months ahead 미래의 날들에
within the year 올해 안에
shortly 곧
someday soon 언젠가 곧

죄송하지만 당신이 제시하는 금액을 받아들일 수 없습니다. 그렇게 낮은 가격으로는 할 수가 없습니다. 미래에 함께 사업을 할 수 있기를 바랍니다. 감사합니다.

accept 받아들이다 offer 제안, 제시액 quite 꽤 that low 그 정도로 낮은 do business 사업을 하다 in the future 미래에

sample 232

Dear

I received your offer and talked it over with my partners. I'm afraid we can't agree to your terms. The market price for our product is simply higher than what you're willing to pay. I hope you understand.

Thank you.

- - - - - - - -

Try It! 다른 단어로 바꿔 써보기

current price 현재의 가격
demand 수요
price per share 주당 가격
economic value 경제적인 가치
market value 시장 가치

저는 당신의 제안을 받았고 파트너와 함께 이야기를 나누어 보았습니다. 하지만 저희는 당신의 조건에 동의할 수 없군요. 시장에서 저희 제품은 당신이 지불하시려는 가격보다 높습니다. 이해해 주시길 바랍니다. 감사합니다.

talk ~ over ~을 상의하다 market price 시장 가격 simply 단순히, (발언을 강조하여) 완전히 higher 더 높은 be willing to 기꺼이 ~하다

✉ sample 233

Dear [   ]

I think we've done everything we can to reach an agreement, but I'm afraid we won't be able to accept your offer. The ❶economic conditions are such that it just wouldn't be ❷feasible for us to go that low. I hope you understand.

I look forward to doing business with you again.

- - - - - - - -

Try It! 다른 단어로 바꿔 써보기

❶ market 시장
financial 재정적인
fiscal 회계의
trade and industry 무역과 산업
national monetary 국가 화폐의

❷ possible 가능한
practical 실용적인
viable 실행 가능한
wise 현명한
prudent 신중한

합의를 위해 저희는 할 수 있는 모든 것을 했다고 생각합니다. 하지만 죄송하게도 당신의 제시액을 받아들일 수는 없습니다. 경제 상황 때문에 그렇게 낮은 가격으로는 실행이 불가능합니다. 이해해 주시길 바랍니다. 당신과 다시 함께 일할 수 있기를 고대합니다.

economic 경제의 condition 상황 such that (정도가 대단해서) ~할 정도의 것 feasible 실행 가능한

✉ sample 234

Dear [   ]

Unfortunately, we just can't agree to the terms of your offer. I understand your position, but we can't go quite that low. If you reconsider down the road, let me know and we'll work something out.

Sorry it didn't work out this time.

- - - - - - - -

Try It! 다른 단어로 바꿔 써보기

numbers 수치
language 언어
lowball values 낮은 가치
impractical condition 실행불가능한 조건
overly ambitious details 과도하게 야심있는 사항

불행하게도 저희는 당신이 제안한 조건에 대해 동의할 수 없습니다. 저는 당신의 처지를 이해합니다. 하지만 그렇게 낮은 가격에는 할 수 없습니다. 차후에 다시 고려해 알려 주신다면 그때는 일을 진행할 수 있을 것입니다. 이번에 일이 잘 해결되지 못한 점 죄송합니다.

agree to ~에 동의하다 position 입장 reconsider 재고하다 down the road 이후에 work out 원만하게 해결하다

✉ sample 235

Dear [   ]

I've looked over your offer, and I'm afraid I'm going to have to pass. The numbers just don't work out for us in the long run. I hope we're able to do business in the future, but this deal doesn't seem meant to be.

Thanks,

- - - - - - - -

Try It! 다른 단어로 바꿔 써보기

say no 안된다고 말하다

move on to our next vendor 다음 판매업자로 옮기다

withhold from going with you 당신과 함께 하는 것을 보류하다

stop our negotiations 우리의 협상을 그만하다

refuse this contract 이 계약을 거절하다

당신의 제안을 잘 보았습니다만 승인할 수 없습니다. 결국엔 비용이 저희에게 적합하지 않습니다. 향후 사업을 함께 할 수 있기를 바랍니다. 하지만 이번 거래는 어려울 것 같습니다. 감사합니다.

pass 승인하다 in the long run 결국 meant to be ~하기로 되어 있는, ~해야 하는

Case 07

협상을 마무리할 때 Wrapping Up the Negotiation ▲

sample 236

I think that covers just about everything. We're ready ❶to sign! I'll have a ❷courier bring over the final contracts and we can wrap this up. It's been a pleasure doing business with you.

Thanks,

\- - - - - - - -

Try It! 다른 단어로 바꿔 써보기

❶ to give you our signature 우리의 서명을 줄
to commit 헌신할
and willing to become partners 그리고 기꺼이 파트너가 될
to go first into this deal 처음으로 이 거래를 할
to give this our all 여기에 우리 모든 것을 줄

❷ bike messenger 자전거 배달부
delivery service 배달 서비스
carrier 배달부
secretary 비서
dispatch rider 오토바이 퀵 서비스

제 생각에는 다 끝난 것 같습니다. 저희는 서명할 준비가 되었습니다! 최종 계약서를 전달할 사람을 보내겠습니다. 그리고 마무리하면 됩니다. 당신과 일하는 동안 즐거웠습니다. 감사합니다.

courier 배달원, 택배회사 wrap ~ up ~을 마무리하다 It's been a pleasure ~ing ~해서 기뻤다

sample 237

We're happy with the terms you're offering and we're ready to sign off on those last minor changes. This has been a great experience. Not all trades go down this smoothly.

Thanks,

\- - - - - - - -

Try It! 다른 단어로 바꿔 써보기

transactions 거래
exchanges 교역
partnerships 동업
business discussions 사업 토론
one-on-one negotiations 1대1 협상

당신이 제시한 조건에 만족합니다. 그리고 마지막의 간단한 변경사항도 서명할 준비가 되어 있습니다. 매우 뜻 깊은 경험이었습니다. 거래가 이렇게 원활하게 진행되기도 쉽지 않은데 말입니다. 감사합니다.

sign off on (서명 등으로) ~을 승인하다 minor 사소한 experience 경험

✉ sample 238

Dear [   ]

Your latest offer looks ❶acceptable to us. I'm happy to say that we're ready to move forward. We've signed the contract and we're sending it over to you for countersign. Thanks for ❷a smooth negotiation.

Talk to you soon.

Try It! 다른 단어로 바꿔 써보기

❶ suitable 적합한
good enough 충분히 좋은
up to par 기대에 부응하는
better than before 이전보다 나은
wonderful 멋진

❷ an effortless 쉽게 하는
an easy 쉬운
a time-saving 시간을 절약하는
a cost-effective 비용이 효과적인
a perfectly acceptable 완벽하게 수용할 수 있는

당신의 최근 제안이 저희가 수용할 만한 것으로 보입니다. 저희가 한 발 더 나아갈 준비가 된 것 같아 기쁩니다. 저희는 계약서에 서명하였고 부서를 위해 당신께 보냅니다. 원활한 협상에 감사드립니다. 곧 뵙겠습니다.

latest 최근의 countersign 부서, 확인 서명 smooth 부드러운, 원활한

✉ sample 239

Dear [   ]

We've gone over all of the fine print, and I think that wraps it up. We can meet tomorrow and sign the contracts. Thank you for your hard work on this deal.

I look forward to seeing you.

Try It! 다른 단어로 바꿔 써보기

details 세부사항
minutiae 상세한 내용
finer points 미세한 점들
contract details and numbers 계약 세부사항과 수치
particular speed bumps 특정한 장애물

저희는 세밀한 조항까지 모두 확인했고 이제 마무리를 하면 될 것 같습니다. 내일 만나서 계약서에 서명하도록 합시다. 이 거래에 힘써 주신 것 감사합니다. 뵙기를 고대하겠습니다.

go over ~를 자세히 살펴보다 fine print (계약서 등의) 세목, 불리한 조건 hard work 노고

sample 240

Dear

I think we've got ourselves a deal. We think your offer is fair, and we're ready to move ahead. I think we're both going to advance from this agreement.

Thanks for all of your hard work.

Try It! 다른 단어로 바꿔 써보기

get great feedback 훌륭한 피드백을 받다

get promoted 승진되다

enjoy the fruits of labor 노동의 결실을 즐기다

get praise 찬사를 받다

benefit 이익을 얻다

- - - - - - - -

거래가 성사된 것 같습니다. 저희는 당신의 제안이 공정하다고 생각하며 일을 진행시킬 준비가 되어 있습니다. 양쪽 모두 이 합의로 발전할 수 있을 것이라고 생각합니다. 모든 노고에 감사드립니다.

get oneself a deal 거래를 성사시키다 advance 전진하다

sample 241

Dear

Attached is the signed contract. I think that's the last thing you need from me, so I hope we can expect delivery of the product by the 18th. Let me know if there are any problems.

Thanks,

Try It! 다른 단어로 바꿔 써보기

- final paper 최종 서류
- most important thing 가장 중요한 일
- only paperwork 유일한 서류작업
- authorization 인가
- formal approval 공식 승인

첨부된 것은 서명된 계약서입니다. 이것이 저에게서 마지막으로 받기를 원하셨던 것이라고 생각하는데요. 그러니까 18일까지 제품이 배송되기를 기대하고 있겠습니다. 문제가 있다면 알려 주시기 바랍니다. 감사합니다.

signed 서명된 contract 계약서 expect 예상하다, 기대하다 delivery 배달

sample 242

Dear

I've signed the contract for the purchase of 200 multi-function printers. Attached is a scan of the contract. The hard copy is in the mail and should reach you within 48 hours. After you receive the contract, let's begin discussing delivery.

I look forward to hearing from you.

Try It! 다른 단어로 바꿔 써보기

- delivery options 배달 옵션
- receiving our goods 우리의 상품을 받는 것
- shipment 운송
- shipping preferance 운송 선호
- sending the printers 프린터를 보내는 것

다기능 프린터 200개 구매에 대한 계약서에 서명하였습니다. 첨부된 것은 계약서를 스캔한 것입니다. 출력물은 우편으로 보냈으며 48시간 이내에 도착할 것입니다. 계약서를 받으시면 배송 의논을 시작해 봅시다. 당신으로부터 소식 듣기를 고대하겠습니다.

purchase 구매 multi-function 다기능의 hard copy 종이 in the mail 우송되어 reach 도착하다

✉ sample 243

Dear [   ]

Now that we've ❶agreed on everything, it looks like the only thing left is to sign on the dotted line, and I've done that! The contract has been ❷signed and I sent it to you this afternoon. You should receive it in the next couple of days. Let me know if you don't get it.

Thanks,

Try It! 다른 단어로 바꿔 써보기

❶ finalized 완결했다
settled 해결했다
approved 승인했다
arranged 준비했다
established 입증했다

❷ given signatures 서명이 주어진
validated 검증된
marked 표시된
notarized 공증된
settled 합의된

모든 것에 동의했으니까 이제 서명란에 서명하는 것만 남은 것으로 보이며 그렇게 했습니다! 계약서는 서명되었고 오늘 오후에 당신께 보냈습니다. 며칠 안으로 받으실 수 있을 것입니다. 받지 못하신다면 알려 주시기 바랍니다. 감사합니다.

now that ~이기 때문에 agree on ~에 관해 동의하다 look like ~같아 보이다 left 남은
sign on the dotted line 계약서에 서명하다 receive 받다 couple of 몇몇의

✉ sample 244

Dear [   ]

I've received the signed contract from you and I've countersigned it. It will go out with today's mail and you should get a copy within a couple of days. Once that's squared away, we can proceed with the transaction.

Thanks,

Try It! 다른 단어로 바꿔 써보기

conclude 결론짓다
initiate 시작하다
make 만들다
get going with 시작하다
press forward with 앞으로 나아가다

서명된 계약서를 받았으며 저도 부서하였습니다. 오늘 우편으로 보낼 것이며 며칠 안에 받으실 겁니다. 일단 정리가 되면 거래를 진행시키도록 합시다. 감사합니다.

countersign 부서하다, 확인 서명하다 copy (책 등의) 한 부 square away (문제 등을) 해결해내다, 처리해내다
proceed with ~을 계속 진행하다 transaction 거래

sample 245

Try It! 다른 단어로 바꿔 써보기

- official papers 공식 서류
- forms (서류) 양식
- formalities 공식 절차
- signings 서명
- signatures and fine print 서명과 세목

Dear [ ]

Attached is the contract for the purchase of the furniture. You can print it out and sign it and then send me a hard copy by mail. When we've got the paperwork out of the way, we'll begin delivery of your order.

Thanks,

- - - - - - - -

첨부된 것은 가구의 구매에 관한 계약서입니다. 그것을 출력해서 서명한 뒤 저에게 우편으로 보내 주시기 바랍니다. 서류작업이 끝나면 당신의 주문에 대한 배송을 시작할 것입니다. 감사합니다.

fabric 천 print ~ out ~을 출력하다 get ~ out of the way (어려운 일 등을) 처리하다, 끝내놓다 paperwork 문서 (작업)

제품 주문 Product Order

Case 01 신상품에 대해 문의할 때 Inquiring About New Products ▲

sample 246

Dear

I'm writing to request some information on your new product, the RX-9. I think it may meet my company's needs, but I need some more details on price and warranty. Could you send me a rundown of all the specifications?

Thanks,

Try It! 다른 단어로 바꿔 써보기

data 데이터
particulars 자세한 사항
facts 사실
reviews 리뷰
detailed itemization 세부 항목별 기재

당신의 신상품인 RX-9에 대한 정보를 얻고자 글을 씁니다. 저는 그것이 저희 회사의 요구에 적합하다고 생각하지만 가격과 보증에 관한 세부사항이 더 필요합니다. 사양에 대한 모든 설명을 보내 주시겠습니까? 감사합니다.

request 요청하다 meet one's needs ~의 요구를 충족시키다 warranty 보증서 rundown 개요, 간략한 설명 specifications 사양(仕樣)

sample 247

Dear

Could I get some information on your new laptop? I'm interested in making a bulk purchase in the future, and I think your product may be right for my company. I'd like to know a little about the performance of the processor.

Thanks for your time.

Try It! 다른 단어로 바꿔 써보기

portable storage devices 휴대용 저장장치
tablet PC 태블릿 PC
smartphone 스마트폰
MP3 player MP3 재생기
DVD burner DVD 굽는기계

당신의 새로운 노트북에 대한 정보를 좀 얻을 수 있을까요? 저는 후에 대량 주문을 할 생각이 있습니다. 그리고 당신의 제품이 저희 회사에 적합한 것 같습니다. 중앙연산처리장치의 성능에 대해 조금 더 알고 싶습니다. 시간 내주셔서 감사합니다.

laptop 노트북 bulk purchase 대량 구매 performance 성능 processor (컴퓨터의) CPU

✉ sample 248

Try It! 다른 단어로 바꿔 써보기

- instructions 사용설명서
- features 특징
- listings 기재사항
- information 정보
- documents 문서

Dear [   ]

I'm writing to ask about the G23. Could you send me a general description of its functions and dimensions? My office is in need of new printers, and I think the G23 could be the one for us. Any materials would be appreciated.

Thank you for your help.

- - - - - - - -

G23에 대해 여쭤 보고자 글을 씁니다. 그것의 기능과 크기에 관한 일반적인 설명을 보내 주시겠습니까? 제 회사는 새로운 프린터가 필요한데 G23이 적합하다고 생각합니다. 어떤 자료든 감사하겠습니다. 도움을 주셔서 감사합니다.

general 일반적인 description 설명, 묘사 dimension 크기 in need of ~이 필요한 the one 가장 적합한 것

✉ sample 249

Try It! 다른 단어로 바꿔 써보기

- I will be very appreciative 매우 감사할 것입니다
- It would be very helpful 매우 도움이 될 것입니다
- It would be beneficial 매우 유익할 것입니다
- I would be thankful 매우 감사할 것입니다
- It would of great help 큰 도움이 될 것입니다

Dear [   ]

Could I get some information about the new monitor? I'd like to know about screen dimensions and resolution. Also, if you could send me some images, I'd appreciate it.

Thanks,

- - - - - - - -

새로운 모니터에 대한 정보를 얻을 수 있을까요? 화면 크기와 해상도에 대해 알고 싶습니다. 또한 사진을 보내 주실 수 있다면 감사하겠습니다. 감사합니다.

monitor 모니터 screen 스크린, 화면 resolution 해상도 image 이미지, 그림

sample 250

Dear

I'd like to get some information about your new ❶product. Could you please send me a ❷brochure with a rundown on its functionality and speed? I'd also like to see some images if possible.

Thank you,

\- - - - - - - -

Try It! 다른 단어로 바꿔 써보기

❶ item 물품
piece 부품
line of processors 처리장치
merchandise 상품
offering 제품

❷ booklet 소책자
catalog 카탈로그
listing 목록
leaflet 전단지
pamphlet 팸플릿

당신의 새로운 물품에 관한 정보를 얻고 싶습니다. 그것의 기능과 속도에 관한 설명이 있는 책자를 보내 주시겠습니까? 가능하다면 사진도 보고 싶습니다. 감사합니다.

brochure 책자 functionality 기능성 speed 속도

샘플을 요청할 때 Requesting the Sample ▲

sample 251

Dear

We're looking at your T-23 model monitor as a possible purchase. We're currently building an inventory of hardware and we're making purchases from a number of sources. If you could send us a sample of the T-23, we will be able to decide whether or not it meets our needs. If we like what we see, you can count on a fairly big order

Thanks,

Try It! 다른 단어로 바꿔 써보기

- a small pile 소규모
- a roomful 한 방 가득채운 것
- various types 여러 종류
- all types 모든 종류
- numerous kinds 수많은 종류

저희는 당신의 T-23모델의 모니터를 구매 후보 중 하나로 보고 있습니다. 저희는 현재 하드웨어 제품을 만들고 있으며 여러 곳에서 구매를 하고 있습니다. T-23의 샘플을 보내 주실 수 있다면 그것이 저희의 요구를 충족시키는지 아닌지 알 수 있을 것입니다. 저희가 본 것이 마음에 든다면 당신께서는 꽤 큰 주문을 기대해도 될 것입니다. 감사합니다.

inventory (상점의) 재고, 상품 전체 source 공급원 meet one's needs ~의 요구를 충족시키다 count on ~을 기대하다

sample 252

Dear

I'm writing to request a sample of fabric #2365. We are currently making our purchases for fall 2016, and I'm trying to get a large number of samples for us to choose from. If you can get the sample to us within the week, we will consider it for purchase.

Thank you.

Try It! 다른 단어로 바꿔 써보기

- an example 예시
- a mock-up 실물 모형
- a swatch 견본
- a small piece 작은 조각
- a square 정사각형 모양

직물 2365번의 샘플을 요청하기 위해 글을 씁니다. 저희는 현재 2016년 가을용으로 구매를 진행할 생각입니다. 그리고 저는 우리가 선택할 수 있는 샘플을 많이 얻으려고 노력 중입니다. 이번 주 안에 샘플을 보내 주실 수 있다면 구매를 고려해 보도록 하겠습니다. 감사합니다.

fabric 직물 a large number of 많은 수의 consider 고려하다

sample 253

Dear

Would it be possible to send us a sample of the G32? We need to ❶get our hands on it before we decide whether or not we want to ❷distribute it. It certainly looks good on paper. If it meets our expectations, we plan on ordering a good number of units.

Thanks,

Try It! 다른 단어로 바꿔 써보기

❶ feel its intricacies 복잡한 것을 느끼다
play around with it 그것으로 이리저리 시도해 보다
truly know its details 그것의 세부사항을 확실히 알다
fully analyze it 완전히 분석하다
completely understand it 완전히 이해하다

❷ supply 공급하다
disseminate 보급하다
provide 제공하다
list 목록에 싣다
deliver 배달하다

G32의 샘플을 보내 주시는 것이 가능하겠습니까? 그것을 유통시킬지를 정하기 전에 직접 살펴볼 필요가 있습니다. 사진으로는 확실히 좋아 보입니다. 이 제품이 저희의 기대를 충족시킨다면 많은 양의 물품을 주문할 계획입니다. 감사합니다.

get one's hands on ~을 손에 넣다 whether or not ~인지 아닌지 a good number of 많은 ~

sample 254

Dear

I would like to request that a sample network router be shipped to our offices in New York. We are interested in becoming a distributor of the router. In order to make our final decision, we need to get a good look at the actual product. Let me know if this is possible and I will provide you with a shipping address.

Thank you for your time.

Try It! 다른 단어로 바꿔 써보기

can be accomplished 성취될 수 있다
would even work 효과가 있을 것이다
is promising 가능성이 있다
is likely 가능할 것 같다
is doable 할 수 있다

New York에 있는 저희 회사에 네트워크 라우터 샘플을 보내 주시기를 요청합니다. 그 라우터를 유통시키는 데 관심이 있습니다. 저희가 최종 결정을 내리려면 실물을 살펴봐야 합니다. 가능한지 알려 주시면 운송 주소를 알려 드리겠습니다. 시간 내주셔서 감사합니다.

router 라우터 distributor 유통업자 actual 실제의 shipping address 운송 주소

✉ sample 255

Dear [   ]

I'm writing to request a sample of the T-III. My ❶company is interested in making a sizable order, but we need to get our hands on the product before ❷committing to a purchase. Below is the address to ship it to.

Thanks,

- - - - - - - -

Try It! 다른 단어로 바꿔 써보기

❶ advertising agency 광고 회사
home-shopping network 홈쇼핑 네트워크
sales associate team 판매 관련팀
college 대학
municipality 지방자치단체

❷ obligating to 속박하기
binding ourselves to 우리 자신을 묶기
requiring we go with you for 우리가 당신과 함께 가는 것을 요구하기
insisting on 주장하기
knowing we need this for 우리가 이것이 필요하다는 것을 알기

저는 T-III의 샘플을 요청하기 위해 글을 씁니다. 제 회사는 대량 주문을 하는 것에 관심이 있습니다. 하지만 구매를 결정하기 전에 제품을 직접 살펴볼 필요가 있습니다. 아래는 보내 주실 주소입니다. 감사합니다.

sizable 꽤 많은, 꽤 큰 commit to ~을 다짐하다

Case 03

구매 의사를 밝힐 때 Informing of the Intent to Purchase ▲

sample 256

Dear

I'd like to go ahead and purchase the product. If you could send me an invoice, I'll arrange for payment. Let me know if you need any other information from me.

Thanks,

Try It! 다른 단어로 바꿔 써보기

- a bill 청구서
- a statement 명세서
- a proof of purchase 구매 증거
- a bill of lading 선화증권
- an account summary 신용거래 요약

저는 상품을 구매하고 싶습니다. 청구서를 보내 주시면 지불해 드리겠습니다. 저에게서 다른 정보가 필요하시면 알려 주시기 바랍니다. 감사합니다.

go ahead (계획대로) 추진하다 purchase 구매하다 invoice 청구서, 송장 arrange 준비하다 payment 지불

sample 257

Dear

Thank you for your patience in answering all of my questions about the G32 monitor. ❶I'm convinced it's the ❷right product for my company, so I'd like to go ahead and make a purchase. I'd like to order 450 at the price we discussed.

Thanks again for all of your help.

Try It! 다른 단어로 바꿔 써보기

❶
- Undoubtedly, 확실히
- It's clear to me that 내게 확실하다
- I believe ~라고 생각한다
- Without question, 의심할 여지없이
- You have proven 당신은 입증했다

❷
- proper 적절한
- correct 올바른
- precise 정확한
- exact 정확한
- just-right 딱 맞은

G32모니터에 관한 저의 모든 질문에 인내심을 갖고 답변해 주셔서 감사합니다. 이것이 저희 회사에 적합한 바로 그 제품이라는 확신이 들어서 구매를 하려고 합니다. 우리가 의논했던 가격으로 450개를 주문하겠습니다. 당신의 도움에 대해 다시 한번 감사드립니다.

patience 인내 be convinced 확신이 들다 right 적합한 at the price 그 가격으로

✉ sample 258

Dear [   ]

We've compared your prices and the quality of your product with other suppliers in the market and we've decided you offer the best deal. We're ready to go forward with the purchase. I'd like to arrange for 300 units to be shipped to our warehouses in New York. I believe we agreed on $450 per unit?

I look forward to completing this transaction with you.

\- - - - - - - -

Try It! 다른 단어로 바꿔 써보기

around the country 나라 주변에서
in our city 우리 도시에서
in the state 이 주에서
around the globe 세계에서
we know 우리가 아는

저희는 귀사의 상품 가격과 품질을 시장의 다른 공급업체와 비교해 보았는데 귀사가 최고의 거래를 제안했다고 결정했습니다. 저희는 구매를 진행할 준비가 되었습니다. New York에 있는 저희 할인점들로 300개를 보내고 싶습니다. 개당 450달러에 동의했다고 생각하는데요? 귀사와 이 거래를 마무리 짓기를 고대합니다.

compare A with B A를 B와 비교하다 suppliers 공급자 warehouse 창고, (창고형) 대형 할인점 complete 완료하다 transaction 거래

✉ sample 259

Dear [   ]

I'd like to go ahead and make an initial order of 20 units of product #1205. Please send me an invoice for the total amount including shipping and insurance. I'll arrange for payment as soon as the delivery has been finished.

Thank you.

\- - - - - - - -

Try It! 다른 단어로 바꿔 써보기

including freight and handling 화물 운송료를 포함해
in duplicate 두 통으로
by email 이메일로
as soon as possible 최대한 빨리
and send a copy to my secretary 그리고 비서에게 한 부를 보내라

저는 제품 1205번을 20개 먼저 주문하고 싶습니다. 운송과 보험료를 포함해 총 비용에 대한 청구서를 보내 주시기 바랍니다. 배송이 끝나는 대로 지불할 준비를 하도록 하겠습니다. 감사합니다.

initial 시작의 total amount 전체 비용 insurance 보험

sample 260

Dear [   ]

I'm writing to let you know that we've decided to purchase the iPhone cases we discussed (model #1532). We'd like to start with an order of 500 units. I can arrange payment once you've provided me with an invoice.

Thank you.

- - - - - - - - - - - - -

Try It! 다른 단어로 바꿔 써보기

talked about 이야기했다
argued over 논쟁했다
conversed about 대화했다
thrashed out 철저히 논의했다
conferred on 상의했다

저희가 논의했던 iPhone 케이스(모델 1532번)를 구매하기로 결정하였다는 것을 알려 드리기 위해 글을 씁니다. 먼저 500개를 주문하겠습니다. 일단 청구서를 주시면 지불하도록 하겠습니다. 감사합니다.

purchase 구입하다 provide A with B A에게 B를 제공하다

sample 261

Dear [ ]

I'd like to place an order for 50 of the RX-9s. We'll be paying by credit card. The account number and expiration date are below. We'd like the express shipping option, which should get the order to us by the 14th. Let me know if there are any problems.

Thanks,

\- - - - - - - -

Try It! 다른 단어로 바꿔 써보기

- cheapest 가장 싼
- fastest 가장 빠른
- overnight 익일 배달의
- certified 증명이 되는
- courier 택배회사

RX-9를 50개 주문하고 싶습니다. 저희는 신용카드로 지불할 것입니다. 계좌번호와 만기일은 아래 나와 있습니다. 14일까지 받아야 하기 때문에 특급운송으로 신청하겠습니다. 문제가 있다면 알려 주시기 바랍니다. 감사합니다.

place an order 주문하다 credit card 신용카드 account number 계좌번호 expiration date 만기일 express 급행의, 신속한 option 선택사항

sample 262

Dear [ ]

We're ready to make an order. We want 150 units of the X51. We'll make payment as soon as you confirm the order. Let me know what I need to do to expedite the shipping process.

Thanks,

\- - - - - - - -

Try It! 다른 단어로 바꿔 써보기

- authenticate 입증하다
- substantiate 입증하다
- double-check 다시 한번 확인하다
- verify 증명하다
- endorse 승인하다

저희는 주문을 할 준비가 되었습니다. 저희는 X51 150개를 원합니다. 주문을 확인해 주시는 즉시 비용을 지불하겠습니다. 운송과정을 신속히 처리하는 데 있어서 제가 해야 하는 것이 있으면 알려 주시기 바랍니다. 감사합니다.

make an order 주문하다 unit (완성품) 한 개, 단위 make payment 지불하다 expedite 더 신속히 처리하다

sample 263

Try It! 다른 단어로 바꿔 써보기

organize 구성하다

stop by for ~를 위해 들르다

send a courier for ~를 위해 배달원을 보내다

discuss 논의하다

talk about 얘기하다

Dear

I'd like to place an order for 200 bolts of fabric #2342. Ideally, we would like to receive the order by the 18th of this month. Let me know if that would be possible. We will arrange payment once you have confirmed the order.

Thank you,

\- - - - - - - -

직물 2342번을 200묶음 주문하고 싶습니다. 이번 달 18일까지 주문상품을 받았으면 제일 좋겠습니다. 이것이 가능한지 알아봐 주십시오. 주문을 확인해 주시는 즉시 비용을 지불하겠습니다. 감사합니다.

bolt (옷감 등의) 한 필 ideally 이상적으로 arrange payment 지불 준비를 하다

sample 264

Try It! 다른 단어로 바꿔 써보기

discount 할인

markdown 가격인하

lowering of the total price 총액의 할인

free shipping option 무료운송 옵션

reduced shipping fee 줄어든 운송비

Dear

I'm writing to place an order. We would like 400 units of item #523. What is the earliest we can expect shipment? Also, let me know if there is a price break for this bulk order.

Thanks,

\- - - - - - - -

주문을 하려고 이 글을 씁니다. 저희는 523번의 물품을 400개 주문하고 싶습니다. 가장 빨리 배송을 받을 수 있는 날짜가 언제인가요? 또한 이런 대량 주문에 대한 할인이 있다면 알려 주시기 바랍니다. 감사합니다.

would like ~을 원하다 earliest 가장 빠른 때 expect 예상하다 shipment 선적, 운송 price break (대량 주문에 대한) 가격 할인 bulk order 대량 주문

✉ sample 265

Dear ⬚

Could we get 100 of the G32 monitors? We'd like the express delivery option on those. That means we can expect delivery within two weeks, right? Let me know if you need any more information.

Thanks,

Try It! 다른 단어로 바꿔 써보기

- specifications 사양
- specific data 구체적인 자료
- personal data 개인 자료
- shipping information 선적 정보
- payment information 지불 정보

G32모니터를 100개 주문할 수 있을까요? 저희는 특급배달로 받고 싶습니다. 그러면 2주 안에 배송되는 것 맞죠? 또 다른 정보가 필요하시다면 알려 주시기 바랍니다. 감사합니다.

option 옵션, 선택사항 within ~안에

Case 05

제품을 받지 못했음을 알릴 때 Informing of Unreceived Product ▲

✉ sample 266

Dear [ ]

I'm writing to let you know that I haven't received the product I ordered last Monday. We were expecting delivery within three days. Could you look into this for me?

Thanks,

Try It! 다른 단어로 바꿔 써보기

- gotten 받았다
- taken delivery of 인도받았다
- collected 회수했다
- heard about 들었다
- been delivered 배달받았다

제가 지난주 월요일에 주문한 제품을 받지 못해서 알려 드리려고 글을 씁니다. 저희는 3일 안에 배달이 되기를 예상하고 있었습니다. 이것을 좀 확인해 주시겠습니까? 감사합니다.

delivery 배달, 배송 look into ~을 자세히 알아보다

✉ sample 267

Dear [ ]

I'm writing because I have yet to receive the order I placed two weeks ago. Is it possible that it was lost in transit? Please check your ❶records and find out if it was sent out. It's ❷urgent that I receive the product by the end of the week.

Thank you for your prompt attention.

Try It! 다른 단어로 바꿔 써보기

❶
- files 파일
- reports 보고서
- papers 서류
- folders 폴더
- accounts 계정 (번호)

❷
- vital 중요한
- pressing 긴급한
- imperative 반드시 해야 하는
- critical 중요한
- crucial 중요한

2주 전에 했던 주문 상품을 아직 받지 못해서 글을 씁니다. 운송 중에 분실되었을 가능성이 있나요? 기록을 확인해 보시고 발송이 되었는지 알아봐 주시기 바랍니다. 이번 주말까지 제품을 받아야 하기 때문에 급합니다. 신속히 응답해 주시면 감사하겠습니다.

have yet to do 아직 ~하지 못하다 order 주문 (상품) in transit 운송 중에 find out ~을 알아내다 urgent 긴급한
by the end of the week 주말까지

✉ sample 268

Try It! 다른 단어로 바꿔 써보기

indication 징조
suggestion 암시
hint 낌새
signal 신호
clue 단서

Dear [   ]

The product I ordered last week (order #23465) was supposed to have been shipped by Friday. It is Thursday and I still have seen no sign of delivery. Do you have a tracking number? If so, please send it to me.

Thank you for your attention in this matter.

- - - - - - - -

지난주에 제가 주문했던 주문번호 23465번의 상품이 금요일에 운송이 되어야 했습니다. 오늘은 목요일인데 아직도 배송에 관한 연락을 받지 못했습니다. 추적 번호를 가지고 계십니까? 그러시다면 저에게 보내 주시기 바랍니다. 이 문제에 관심 부탁드립니다.

be supposed to ~하기로 예정되다 sign 조짐 tracking number 추적번호 matter 문제

✉ sample 269

Try It! 다른 단어로 바꿔 써보기

location 장소
position 위치
situation 상황
progress 진행
placement 배치

Dear [   ]

I'm writing to inquire as to the whereabouts of the order I placed last week. I expected it to arrive on Tuesday, but it still isn't here. Could you please find out what the hold-up is and get back to me as soon as possible?

Thank you.

- - - - - - - -

제가 지난주에 했던 주문의 행방에 대해 문의하고자 글을 씁니다. 저는 화요일에 도착할 것이라고 예상했는데 아직도 도착하지 않았습니다. 무엇 때문에 도착하지 않는지 알아봐 주시고 가능한 한 빨리 연락 주시겠습니까? 감사합니다.

as to ~에 관해 whereabouts 소재, 행방 arrive 도착하다 hold-up 지체, 정체 get back to ~에게 다시 연락하다
as soon as possible 가능한 한 빨리

✉ sample 270

Dear [ ]

I'm writing regarding delivery of my order (#143554). I had understood that the express shipping option would be used in getting it to me, but if that were the case, it should have arrived days ago. Could you please ascertain what has happened to the shipment and get back to me?

Thank you for your attention.

- - - - - - - -

Try It! 다른 단어로 바꿔 써보기

check 확인하다

determine 결정하다

establish 입증하다

learn 인지하다

discover 알아내다

제 주문(143554번)의 배송에 관하여 글을 씁니다. 저는 제가 속달 운송을 선택했다는 것으로 이해하고 있었는데 만약 그렇다면 물건이 며칠 전에 도착했어야 합니다. 선적에 무슨 문제가 있는지 알아봐주시고 저에게 알려 주시겠습니까? 관심 가져주셔서 감사합니다.

regarding ~에 관하여 express shipping 속달 운송 option 옵션 case 경우 ascertain 확실히 알아내다 shipment 운송

sample 271

I'm afraid I'm going to have to cancel our order. We simply can't have such ❶unreliable shipping. In a ❷fast-paced business such as ours, fast turnaround time is essential.

Thanks.

- - - - - - - -

Try It! 다른 단어로 바꿔 써보기

❶ unpredictable 예상하지 못한
erratic 불규칙한
fly-by-night 믿지 못할
undependable 의지할 수 없는
untrustworthy 믿을 수 없는

❷ speedy 빠른
constantly moving 끊임없이 움직이는
expedited 신속히 처리되는
quick 빠른
hurried 서두르는

죄송하지만 주문을 취소해야 할 것 같습니다. 저희는 그렇게 신뢰할 수 없는 운송을 이용할 수 없습니다. 우리처럼 빨리 진행되는 사업에서는 빠른 일 처리가 매우 중요합니다. 감사합니다.

cancel 취소하다 unreliable 믿을 수 없는 fast-paced 빨리 진행되는 such as ~와 같은 turnaround time 소요시간, 총처리시간

sample 272

Dear

Unfortunately, we are going to have to cancel our order. It turns out that we will not need the 200 units. I hope this isn't too much of an inconvenience. Please credit our account for the full amount.

Thank you for your understanding.

- - - - - - - -

Try It! 다른 단어로 바꿔 써보기

refill our account with 우리 계좌를 다시 채우다
pay back 되돌려주다
repay 재지불하다
refund 반환하다
reimburse 배상하다

불행하게도 우리 주문을 취소해야 할 것 같습니다. 저희는 200개의 제품이 필요하지 않게 되었습니다. 이것이 너무 큰 불편을 끼쳐 드리지 않기를 바랍니다. 모든 비용을 저희 계좌로 입금해 주시기 바랍니다. 이해해 주셔서 감사합니다.

turn out ~임이 드러나다 inconvenience 불편 credit ~에 입금하다 account 계좌 full amount (비용) 전액

✉ sample 273

Dear [   ]

Due to unforeseen circumstances, I'm afraid we must cancel our order at this time. We may be able to reorder down the line if our situation changes. I'm sorry for any inconvenience this may cause you.

Thank you for your attention in this matter.

\- - - - - - - -

Try It! 다른 단어로 바꿔 써보기

- I'm sorry that 죄송하게도
- sadly 죄송하게도
- unfortunately 불행히도
- regrettably 애석하게도
- we are sorry to say 죄송한 말이지만

미리 예측하지 못한 상황 때문에 죄송하지만 이번 주문을 취소해야 할 것 같습니다. 상황이 바뀌면 차후에 다시 주문을 할 수 있을 것입니다. 이로 인해 불편을 드려 죄송합니다. 이 문제에 관심 써주신 것 감사합니다.

unforeseen 예측하지 못한 circumstance 상황 reorder 재주문하다 situation 상황 change 변하다 attention 관심 matter 문제

✉ sample 274

Dear [   ]

I'm writing to cancel our order (#2355). To be honest, we were able to find another supplier offering a much better deal. I hope we can work with you again in the future, but for now business realities have forced us to go in another direction.

Thank you.

\- - - - - - - -

Try It! 다른 단어로 바꿔 써보기

- expectations 예상
- actualities 실상
- truths 사실
- markets 시황
- happenings 일

저희는 2355번 제품의 주문을 취소하기 위해 글을 씁니다. 솔직히 말하자면 저희는 더 나은 조건을 제시하는 공급업체를 찾았습니다. 당신과 미래에 다시 함께 일할 수 있기를 바랍니다. 하지만 지금으로선 사업 현실이 저희를 다른 방향으로 가도록 압박하고 있습니다. 감사합니다.

to be honest 솔직히 supplier 공급자 deal 거래, 처우 for now 당분간은 reality 현실 force 강요하다 direction 방향

sample 275

This email is to notify you that we are canceling order #22333. Our inventory needs have changed, so we no longer need the product we ordered. Since this is within 24 hours of placing the order, I assume that this will not be a problem. Let me know if you have any questions.

Thank you.

- - - - - - - -

Try It! 다른 단어로 바꿔 써보기

an issue 일
a concern 걱정
an alarm 놀람
a distress 고통
an anxiety 걱정거리

이 이메일은 22333번 제품을 취소한다는 것을 알려 드리기 위한 것입니다. 재고 필요성이 바뀌어서 저희가 주문했던 상품이 더 이상 필요하지 않게 되었습니다. 주문을 한 지 24시간이 지나지 않았기 때문에 문제가 될 것이라고 생각하지 않습니다. 질문이 있으시면 알려주시기 바랍니다. 감사합니다.

notify 통보하다 inventory 물품 목록, 재고 (관리) need 필요한 것, 필요성 no longer 더 이상 ~하지 않는
assume 추정하다, 간주하다

Case 07

주문을 취소할 때 ② Canceling the Order ② ▲

sample 276

Hi,

I'm afraid I'm going to have to cancel the order. My boss has decided to go with another product, but he failed to let me know! I hope we can do business in the future. Sorry for wasting your time.

Thanks,

Try It! 다른 단어로 바꿔 써보기

try 시험삼아 써보다
invest in 투자하다
order 주문하다
purchase 구입하다
choose 선택하다

- - - - - - - -

죄송하지만 주문을 취소해야 할 것 같습니다. 사장님이 다른 제품을 선택하기로 결정하셨는데 저에게 알려 주지 않으셨어요. 향후에 우리가 함께 사업을 할 수 있기를 바랍니다. 시간을 낭비하게 한 점 사과 드립니다. 감사합니다.

cancel 취소하다 boss 사장 go with ~을 선택하다 fail to ~하지 못하다 do business 사업을 하다 waste 낭비하다

sample 277

Dear

I'm writing to inform you that I am canceling my order (#62346). Our current needs have unexpectedly changed, so we will no longer be in need of your product. I apologize for any inconvenience this causes. Please credit our account for the full amount of the order.

Thank you.

Try It! 다른 단어로 바꿔 써보기

need 필요하다
want 원하다
desire 원하다
have a use for 필요하다
require 필요하다

- - - - - - - -

저는 62346번의 주문을 취소한다는 점을 통보드리려고 글을 씁니다. 저희가 현재 필요한 사항이 예상치 못하게 바뀌었기 때문에 당신의 제품이 더 이상 필요하지 않게 되었습니다. 이것이 야기하는 불편에 대해 사과 드립니다. 주문 비용 전액을 저희 계좌로 입금해 주시기 바랍니다. 감사합니다.

inform ~ that ~에게 ~을 알리다 current 현재의 unexpectedly 예상치 못하게 no longer 더 이상 ~하지 않는
in need of ~이 필요한 credit 입금하다 account 계좌 full amount 전액

sample 278

Try It! 다른 단어로 바꿔 써보기

a counting 계산
a clerical 사무상의
a minor 사소한
a major 주요한
a supply 공급

Dear ____

Unfortunately, I'm going to have to cancel the order I made yesterday. After I had made the order, I realized that I had made an inventory mistake, and that we do not currently need to replenish our supply. I'm sorry for inconveniencing you. If you could please cancel the order and credit our account, I would greatly appreciate it.

Thank you.

안타깝게도 제가 어제 했던 주문을 취소해야 합니다. 주문을 하고 나서 제가 재고 조사에서 실수를 했으며 저희는 현재 공급이 필요하지 않은 상황인 것을 깨달았습니다. 불편을 드려 죄송합니다. 부디 주문을 취소하고 저희 계좌에 입금을 해주신다면 대단히 감사하겠습니다. 감사합니다.

realize 깨닫다 inventory 재고품, 재고 정리 currently 현재 replenish 보충하다 supply 공급(량), 재고량 inconvenience 불편을 끼치다 greatly 매우

sample 279

Try It! 다른 단어로 바꿔 써보기

advertised 광고했다
vended 판매했다
traded 거래했다
retailed 소매로 팔았다
wholesaled 도매로 팔았다

Dear ____

It looks like I'm not going to need that last order after all. I thought that my retail partners had sold a much larger volume than they had. I'm sorry to back out on you, but I'm going to have to cancel the order.

Thanks for understanding.

결국 마지막에 했던 주문이 필요하지 않을 것 같습니다. 제가 소매 동업자가 보유한 물량보다 훨씬 더 많이 판매했다고 생각했습니다. 약속을 깨서 죄송하지만 제 주문을 취소해야겠습니다. 이해해 주셔서 감사합니다.

after all 결국 retail 소매상 much 훨씬 volume 양 back out 취소하다, (약속을) 파기하다

sample 280

Try It! 다른 단어로 바꿔 써보기

grace period 유예 기간
return frame 반환 기간
boundary 한계
cutoff point 기한
time constraint 시간 제약

Dear [   ]

I'm writing to cancel order #61616. Our inventory needs have unexpectedly changed, so we will no longer need your product. As this cancellation falls within the 24-hour time limit, I assume this will not be a trouble. Please refund the full amount.

Thank you.

\- - - - - - - -

저는 61616번의 주문을 취소하기 위해 글을 씁니다. 저희의 재고품 목록이 예상치 못하게 바뀌어서 귀사의 제품이 더 이상 필요하지 않습니다. 24시간이라는 시간 제한 안에 취소를 하는 것이므로 큰 문제가 안될 것이라고 생각합니다. 모든 비용을 환불해 주시기 부탁드립니다. 감사합니다.

change 변하다 cancellation 취소 fall (특정 요일 · 시간에) 오다 within ~안에 time limit 제한 시간, 기한
assume 추정하다, 간주하다

비슷한 제품을 추천할 때 **Recommending a Similar Product** ▲

sample 281

Dear ____

I'm afraid the product you ❶ordered is out of stock. It's quite popular and it may be several weeks before it's available. I'd like to recommend the RL-10. It's ❷virtually identical to the RX-9, and it's slightly cheaper. If you'd like, I can have that shipped to you by the end of the week. Let me know what you want to do.

Sorry for the inconvenience.

Try It! 다른 단어로 바꿔 써보기

❶ needed 필요로 했던
wanted 원했던
desired 원했던
asked for 요청한
requested 요구한

❷ nearly 거의
practically 사실상
almost 거의
effectively 실제로
in effect 사실상

유감스럽게도 고객님이 주문하신 제품은 품절되었습니다. 이 제품은 꽤 인기가 있어서 다시 이용할 수 있을 때까지 몇 주가 걸릴 것 같습니다. 저는 RL-10을 추천하고 싶습니다. 이것은 사실상 RX-9과 동일하며 값이 약간 쌉니다. 원하신다면 이번 주말까지 물품을 배송해 드릴 수 있습니다. 어떻게 하기를 원하시는지 알려주시기 바랍니다. 불편을 드려 죄송합니다.

out of stock 품절된 recommend 추천하다 virtually 사실상 identical to ~와 동일한 slightly 약간 cheaper 더 싼

sample 282

Dear ____

There has been an issue with your order. Unfortunately, the product you placed an order has been discontinued. We do have another version, produced by another company, in the same style and color. Would you like us to send that out to you? Let me know if you need any more information.

Thank you.

Try It! 다른 단어로 바꿔 써보기

is no longer available 더 이상 이용 가능하지 않다
is out of stock 품절되다
will not be available any longer 더 이상 이용 가능하지 않다
is no longer something we carry 더 이상 우리가 취급하지 않다
is created no more 더 이상 생산되지 않다

주문에 문제가 생겼습니다. 불행히도 주문하신 제품은 판매가 중단되었습니다. 저희에게 스타일과 색이 같고 다른 회사에서 생산된 다른 버전이 있습니다. 이것을 보내 드려도 되겠습니까? 정보가 더 필요하시다면 연락 주십시오. 감사합니다.

discontinue 중단하다 version 버전 produce 생산하다

sample 283

Dear [　　　　]

Due to a surge in ❶demand, the item you requested is currently unavailable. However, I can recommend another product that fulfills the same need. The G33 monitor has the same resolution and screen size and is available in the same range of colors. Let me know if you'd like to ❷substitute it for your original order.

Thank you.

Try It! 다른 단어로 바꿔 써보기

❶ popularity 인기
reputation 명성
fame 평판
status 진행 상황
recognition 인지도

❷ use 사용하다
exchange 교환하다
swap 바꾸다
interchange 바꾸다
trade 교환하다

주문 폭증으로 요청하신 제품이 현재 구매가 불가능한 상태입니다. 하지만 같은 요구를 충족시킬 수 있는 다른 제품을 추천합니다. G33모니터는 해상도와 화면 크기가 같고 같은 색상대로 이용할 수 있습니다. 원래의 주문에서 이 제품으로 대체하고 싶으시다면 알려 주시기 바랍니다. 감사합니다.

surge 밀려듦, 급증 demand 수요 fulfill 충족시키다 need 욕구 resolution 해상도 substitute A for B A를 B 대신 대체하다 original 원래의

sample 284

Dear [　　　　]

I'm writing regarding your order of 7/23/15. It appears that the pattern of fabric that you ordered is no longer available from our suppliers. Below are links to a few alternative fabrics with similar patterns. Take a look at them and let me know if one of them might be acceptable to you.

I'm sorry for any inconvenience.

Try It! 다른 단어로 바꿔 써보기

dealer 거래자
contractor 도급업자
provider 제공자
trader 거래자
purveyor 조달자

2015년 7월 23일의 주문에 관해 드릴 말씀이 있어서 글을 씁니다. 주문하신 직물 패턴이 저희 공급업체들로부터 더 이상 구매가 불가능하게 된 것 같습니다. 아래에 있는 것은 패턴이 비슷한 대체 직물들에 대한 링크들입니다. 한번 봐 보시고 그 중에 괜찮은 것이 있다면 알려주시기 바랍니다. 불편을 드려 죄송합니다.

regarding ~에 관하여 It appears that ~인 것 같다 pattern 문양 fabric 천 no longer 더 이상 ~않는 alternative 대안의 similar 유사한 acceptable 받아들일 수 있는

✉ sample 285

Dear ⌜ ⌟

In our last conversation you expressed interest in the V-2 model MP3 player. Unfortunately, the V-2 is on back order for the foreseeable future. There is another MP3 player with the same features (and a slightly lower price) that we do have in stock. Attached are a description and some images. Let me know if you'd be interested in ordering it.

I look forward to hearing from you.

\- - - - - - - -

Try It! 다른 단어로 바꿔 써보기

- extras 별도 사양
- options 옵션
- add-ons 추가된 것
- characteristics 특징
- optional extras 선택적 추가 상품

지난번 대화에서 당신은 MP3 플레이어 모델 V-2에 관한 관심을 드러내셨습니다. 안타깝게도 V-2는 미래에 이월 주문이 되었습니다. 기능이 같은(약간 더 낮은 가격입니다) MP3 플레이어가 저희 재고품에 있습니다. 첨부된 것은 설명과 일부 이미지입니다. 주문하시는 데 관심이 있으시다면 알려 주시기 바랍니다. 소식 듣기를 고대하겠습니다.

express 나타내다 back order 이월 주문 foreseeable 예견할 수 있는 in stock 재고가 있어, 입고되어 description 설명, 묘사

Case 01

배송 옵션을 요청할 때 Requesting Delivery Option ▲

sample 286

Try It! 다른 단어로 바꿔 써보기

I'd like to arrange for delivery of the product. Do you offer overnight shipping? We need to get this as soon as possible. Let me know the earliest you can ship it.

Thanks,

- express 특급의
- nonstop 멈추지 않는
- prompt 신속한
- next-day 다음날의
- two-day 이틀의

저는 상품의 배송을 받고 싶습니다. 귀사에선 익일 배송도 제공하십니까? 저희는 가능한 한 빨리 받아야 합니다. 운송할 수 있는 가장 빠른 때가 언제인지 알려 주시기 바랍니다. 감사합니다.

arrange for ~을 마련하다 overnight 익일 배달의 as soon as possible 가능한 한 빨리 the earliest 가장 빠른 때

sample 287

Try It! 다른 단어로 바꿔 써보기

Dear

I'm writing to request my order to be delivered via DHL. We have a standing account with them, so I'd like to apply the shipping costs there. Below is the account number to bill. Let me know if you have any questions.

Thank you.

- a permanent 영구적인
- a long-term 오랜 기간의
- an established 확립된
- a stable 안정된
- a long-lasting 오래 지속되는

저의 주문이 DHL을 통해서 배송되기를 요청하고자 글을 씁니다. 저희는 그들과 지속적으로 거래하고 있기 때문에 운송비용을 그곳에 지불하고 싶습니다. 아래는 대금을 청구할 고객번호입니다. 질문사항이 있으시면 알려 주시기 바랍니다. 감사합니다.

request A to A가 ~하도록 요청하다 via ~를 통해 standing 지속적인 apply (계좌에) 입금하다 shipping cost 운송비 account number 고객번호(회계 기록시 참고하기 쉽게 중요 고객, 업체 등에 부여되는 문자 · 숫자 등으로 된 번호) bill 청구서를 보내다

✉ sample 288

Try It! 다른 단어로 바꿔 써보기

alternative 대안
delivery 배달
choice 선택
selection 선택
courier 택배회사

Dear [ ]

Regarding delivery of my order, would it be possible to use an express option? I would like to receive the product by the end of the week. Let me know whether this can be done and what the cost would be.

Thank you for your attention.

\- - - - - - - -

제가 주문한 상품의 배달과 관련하여 특급 배달 서비스를 이용할 수 있습니까? 저는 이번 주말까지 상품을 받고 싶습니다. 이것이 가능한지와 비용이 얼마나 될지 알려 주시기 바랍니다. 관심 가져주셔서 감사합니다.

regarding ~에 관하여 possible 가능한 express 특급의 whether ~인지 아닌지 attention 관심

✉ sample 289

Try It! 다른 단어로 바꿔 써보기

cheaper 더 싼
less money 적은 돈
a better deal 더 나은 거래
cheapest 가장 싼
economical 경제적인

Dear [ ]

I'm writing to request that my order be shipped. I know that we had discussed the pick-up option, but I think it will be more cost-effective for us to go with a shipping company. Let me know what information you need from me to have the order delivered.

Thank you.

\- - - - - - - -

제 주문을 배송해 주십사 요청하기 위해 글을 씁니다. 직접 수령 옵션에 대해 논의한 것을 알고 있지만 운송 회사를 이용하는 것이 비용 면에서 더욱 효과적일 것 같습니다. 주문 상품이 배송되기 위해 제가 제공할 정보가 있다면 알려 주시기 바랍니다. 감사합니다.

request that ~을 요청하다 pick-up (사람 · 물건 등을) 실어나름, 데려감 cost-effective 비용이 효과적인 go with ~을 선택하다
have ~ delivered (물건)을 배달시키다

✉ sample 290

Dear [   ]

I would like to have my order shipped to Los Angeles if possible. I would like to have it shipped via ground in order to minimize costs. I do not have a strict deadline so it's fine if it takes a little longer. Let me know what my options are and we will make the necessary arrangements.

Thank you.

- - - - - - - -

Try It! 다른 단어로 바꿔 써보기

Okay 괜찮은

all right 좋은

no problem 문제 없는

not an issue 문제가 안되는

perfectly good 완벽하게 좋은

제 주문 상품을 가능하다면 Los Angeles로 보내고 싶습니다. 저는 비용을 최소화하기 위해 육로를 통해 운송하기를 원합니다. 정해진 마감일은 없기 때문에 조금 오래 걸려도 괜찮습니다. 제가 선택할 수 있는 옵션이 무엇이 있는지 알려 주시면 필요한 준비를 하겠습니다. 감사합니다.

if possible 가능하다면 ground 육지 in order to ~하기 위해 minimize 최소화하다 strict 엄격한, 절대적인 deadline 마감일 if it takes a little longer 더 오래 걸린다 해도 arrangement 처리

Case 02

배송 일자를 물어볼 때 Requesting Delivery Date ▲

sample 291

Dear

I'm writing to enquire as to the delivery date for my order (#6164). My plans for ❶distributing the product will depend upon when I receive it, so please give me as ❷accurate a date as possible.

Thank you for your help.

Try It! 다른 단어로 바꿔 써보기

❶ giving out 나눠주기
allocating 할당하기
sharing 나누기
dispensing 나눠주기
allotting 배정하기

❷ precise 정확한
correct 옳은
exact 정확한
true 틀림없는
perfect 완벽한

제가 주문한 6164번 상품의 배송날짜에 대해 문의 드립니다. 물품을 받는 날짜에 따라 상품 유통 계획이 결정되므로 최대한 정확한 날짜를 알려 주세요. 도와주셔서 감사합니다.

enquire 문의하다 as to ~에 대해 delivery 배송 distribute 유통시키다 depend upon ~에 달려 있다 accurate 정확한

sample 292

Dear

I would like to get a date for delivery of my recent order. I know that a precise date cannot always be given, but I would appreciate the closest estimation you can make. It would help me greatly to have this information.

I appreciate your assistance in this matter.

Try It! 다른 단어로 바꿔 써보기

guess 추측
estimate 추정(치)
approximation 근사치
educated guess 경험에 근거한 추측
ballpark figure 어림셈

제가 최근에 주문한 상품의 배달 날짜를 알고 싶습니다. 언제나 정확한 날짜를 알려줄순 없다는 것은 알고 있지만 가장 가까운 예상일이라도 말씀해 주시면 감사하겠습니다. 이 정보가 제게 굉장히 도움이 될 것 같습니다. 이 문제를 도와주셔서 감사합니다.

not always 항상 ~은 아닌 appreciate 감사해하다 closest 가장 근접한 estimation 추정, 추산 assistance 도움

✉ sample 293

Try It! 다른 단어로 바꿔 써보기

goods 상품
items 물품
products 상품
computer equipment 컴퓨터 장치
office supplies 사무실 비품

Dear [ ]

Would it be possible to find out the delivery date for my order? It shipped earlier in the week and I was not given a tracking number. If you could get this information for me, I would really appreciate it.

Thank you.

제가 주문한 상품의 배송날짜를 알 수 있을까요? 이번 주 초에 선적되었다는데 추적 번호를 못 받았습니다. 이에 관한 정보를 알아봐 주실 수 있으면 정말 감사할 것 같습니다. 감사합니다.

find out ~를 알아보다 ship 운송하다, 선적하다 tracking number 추적 번호

✉ sample 294

Try It! 다른 단어로 바꿔 써보기

indebted 신세를 진
obliged 신세를 진
thankful 고마워 하는
appreciative 감사하는
more than glad 정말 기쁜

Dear [ ]

I'm writing to see if you can give me the delivery date for my most recent order. I'd like to be able to plan my week around receipt of the products. If you could let me know, I'd be grateful.

Thank you for your help.

가장 최근에 제가 주문한 상품의 배송날짜를 알 수 있을까 해서 이렇게 글을 씁니다. 상품의 수령에 맞춰 제 주중 계획을 세울 수 있으면 해서요. 알려 주신다면 감사하겠습니다. 도움을 주셔서 감사합니다.

see if ~인지 알아보다 be able to ~할 수 있다 receipt 영수증 let me know 나에게 알려달라

✉ sample 295

Dear [   ]

Is there any chance that I could get the delivery date for my order from you? I can't seem to see it anywhere on the invoice or in our previous correspondence. I'd appreciate getting this information as soon as possible.

Thank you.

- - - - - - - -

Try It! 다른 단어로 바꿔 써보기

- emails 이메일
- messages 메시지
- discussions 논의
- posts 게시물
- communications (편지 등의) 연락

제 주문 상품 배송날짜에 관해서 혹시 알 수 있을까요? 청구서 혹은 이전의 서신 어디에도 배송날짜를 못 본 것 같아서요. 최대한 빨리 알 수 있게 된다면 정말 감사하겠습니다. 감사합니다.

chance 기회 anywhere 어디서든 invoice 청구서, 송장 previous 이전의 correspondence 서신

Case 03

납품기일을 맞춰달라고 할 때 **Requesting Timely Delivery on Time** ▲

sample 296

Dear [   ]

I'm writing to ask that you ensure that my order is delivered on time. I have had some issues with other suppliers being late with deliveries, and I want to confirm that October 25th will be the date on which my order arrives. I'm sorry to be so insistent, but it is really quite important.

Thank you for your attention in this matter.

Try It! 다른 단어로 바꿔 써보기

- obsessive 집요한
- paranoid 편집증적인
- worried 걱정하는
- adamant 완강히 주장하는
- assertive 자기주장이 강한

제가 주문한 상품이 제시간에 배달되는지 확실히 해달라고 요청하고자 이렇게 글을 씁니다. 다른 공급업체와 배달이 늦어지는 문제를 겪었기 때문에 10월 25일에 제 상품이 도착하는 것이 확실한지 알고 싶습니다. 이렇게 계속 말씀드려 죄송하지만 제게는 정말 중요한 문제입니다. 이 문제에 주의를 기울여 주셔서 감사합니다.

ensure 보장하다 on time 제 시간에 supplier 공급업자 confirm 확인하다 insistent 고집하는, 집요한

sample 297

Dear [   ]

I just wanted to remind you that delivery for my order should be made on the 3rd of November. It is important that I receive the shipment no later than the 3rd. I will be arranging for the order to be broken up and shipped to other distributors, so timing is essential. Let me know if there are any problems.

Thank you for your assistance.

Try It! 다른 단어로 바꿔 써보기

- timeliness 시간이 딱 맞음
- promptness 시간엄수
- coordination 협조
- scheduling 일정을 잡는 것
- time management 시간 관리

제 상품의 배송이 11월 3일에 이루어져야 한다는 것을 상기시켜드리고 싶었습니다. 늦어도 3일까지는 물건을 받아야 하는 문제는 중요합니다. 제가 그 상품을 세분하여 다른 유통회사들로 운송해야 하기 때문에 시기가 매우 중요합니다. 만약 문제가 있다면 제게 알려주세요. 도와주셔서 감사합니다.

remind 상기시키다 shipment 화물 no later than ~보다 늦지 않게 arrange 준비하다 break up ~을 분해하다, 세분하다 distrubutor 유통업자

sample 298

Try It! 다른 단어로 바꿔 써보기

unwelcome 환영하지 않는
unexpected 예상하지 못한
surprising 놀라운
startling 놀라게 하는
out-of-the-blue 난데 없는, 갑작스런

Dear [   ]

I'm getting in touch with you to ask that you do everything in your power to ensure that my product arrives here in New York on time. I know that there can sometimes be unforeseen difficulties in meeting deadlines, but it is quite important that this particular shipment is delivered before the 4th.

I appreciate your help in this.

\- - - - - - - -

제가 주문한 상품이 여기 뉴욕에 제시간에 확실히 오도록 총력을 기울여 달라는 부탁을 하고자 연락드립니다. 가끔은 기한을 맞추기 힘든 예기치 못한 일이 있을 수 있다는 것을 알고 있습니다만 4일 이전에는 이 특정상품이 배송되어야 한다는 점은 꽤 중요합니다. 도와주셔서 감사합니다.

get in touch 연락하다 unforessen 예기치 않은 deadlines 마감날짜

sample 299

Try It! 다른 단어로 바꿔 써보기

consideration 고려함
notice 주의
thought 생각
awareness 인식
time 시간

Dear [   ]

I hope everything is going well at your end. I just wanted to touch base and make sure that delivery of my most recent order is on schedule. It's really important that I receive the shipment on time, so I'd appreciate it if you could give this order a little extra attention.

Thanks for the help,

\- - - - - - - -

귀사의 모든 것이 잘 되고 있기를 바랍니다. 제가 최근에 주문한 상품의 납품이 예정대로 되는지 확인하고 싶어 연락했습니다. 정해진 시간에 그 상품을 받는 것이 굉장히 중요하므로 이 상품에 조금만 더 주의를 기울여 주신다면 감사하겠습니다. 도와주셔서 감사합니다.

go well 잘 되어 가다 at your end 당신쪽에서, 그쪽에 touch base 다시 연락하다 make sure 확실히 하다
on schedule 예정대로

✉ sample 300

Dear [   ]

I'm writing to ask for your help in ensuring the punctual delivery of my order. In the past there have been some delays in shipping, and I really need this order to be here on time. If you can help make sure everything goes according to schedule, I would really appreciate.

Thanks,

Try It! 다른 단어로 바꿔 써보기

- goes off as planned 계획한 대로 되다
- runs on track 짜여진 대로 돌아가다
- is perfect 완벽하다
- runs smoothly 원만하게 되다
- sticks to the agenda 계획을 고수하다

제가 주문한 상품의 정확한 배송시간을 확실히 해달라고 도움을 청하고 싶어 이렇게 이메일을 드립니다. 예전에 배송이 늦어진 적이 있었습니다만 이번에 주문한 상품은 정말로 시간에 맞추어 이곳에 도착해야 합니다. 모든 것이 예정대로 된다는 것을 확실히 해주실 수 있다면 정말 감사하겠습니다. 감사합니다.

punctual 시간을 지키는 in the past 과거에 according to ~에 따라

Case 04

운송을 통보할 때 Product Shipment Notification ▲

sample 301

Dear ( )

I've arranged to have the product sent out today. It'll be shipped overnight, so you can expect it by tomorrow at the end of business. Let me know if for some reason it doesn't arrive.

Thanks,

Try It! 다른 단어로 바꿔 써보기

appear 나타나다
come 오다
get delivered 배달되다
turn up 나타나다
get there 그곳에 도착하다

저는 오늘 제품을 보냈습니다. 밤 사이에 운송될 것이므로 내일 업무 마감시간까지 받으실 수 있을 겁니다. 어떤 이유든 도착하지 않으면 알려 주시기 바랍니다. 감사합니다.

arrange 마련하다 overnight 밤사이에, 익일배달로 expect 예상하다 at the end of business 업무 시간이 끝날 때 for some reason 어떤 이유로

sample 302

Dear ( )

❶Below is the tracking number for your order, which was shipped this morning. It should arrive within the next five to seven days. If you have any questions or concerns, please feel free to ❷reach out to me.

Thank you for your business.

Try It! 다른 단어로 바꿔 써보기

❶ Following 아래의
What follows 따라오는
Attached 부착된
At the bottom of this letter 이 편지의 끝에
Enclosed 동봉된

❷ reach 전화로 연락하다
contact 연락하다
return a call to (응답으로) 전화를 다시 하다
buzz 인터폰으로 호출하다
send for 요청하다

아래는 오늘 아침에 보낸 당신의 주문 상품에 대한 추적 번호입니다. 물품은 앞으로 5일에서 7일 안에 도착할 것입니다. 질문이나 걱정하시는 부분 있으시면 언제든지 알려 주시기 바랍니다. 당신의 거래에 감사드립니다.

tracking number 추적번호 within ~안에 five to seven days 5일~7일 concern 걱정 feel free to 편하게 ~하다 reach out to ~에게 도움을 청하다

✉ sample 303

Try It! 다른 단어로 바꿔 써보기

Dear [   ]

I am happy to inform you that your product has been shipped on schedule. You should be receiving it on the 31st. If for any reason it doesn't appear, please get in touch with me.

It's a pleasure doing business with you.

- - - - - - - -

as desired 열망한대로

like we talked about 우리가 얘기했던 것처럼

when you had hoped it would be 당신이 그러길 바랐던 때에

as appears on your order 당신의 주문에 나타나 있듯이

right on time 제시간에

고객님의 제품이 일정에 맞추어서 운송되었다는 것을 알리게 되어 기쁩니다. 제품은 31일에 받으실 겁니다. 어떤 이유에서든 도착하지 않으면 저희에게 알려 주시기 바랍니다. 함께 사업할 수 있어서 기쁩니다.

inform 통보하다 on schedule 일정대로 for any reason 어떤 이유로도 appear 나타나다 get in touch with ~에게 연락하다

✉ sample 304

Try It! 다른 단어로 바꿔 써보기

Dear [   ]

I'm writing to notify you that your order has been shipped. You can expect delivery by the end of the week. If you have any problems, please feel free to contact me.

Thank you.

- - - - - - - -

tell 말하다

alert (중요한 일에 대해) 알리다

advise 통지하다

report to 보고하다

give notice to 통보하다

당신의 주문이 운송되었다는 것을 알려 드리기 위해 글을 씁니다. 이번 주 후반쯤에 받으실 수 있을 겁니다. 문제가 있으시다면 언제든지 연락 주시기 바랍니다. 감사합니다.

notify 통보하다 order 주문 상품 expect 예상하다 delivery 운반

sample 305

Dear

Below you will find the tracking number for your items, that were shipped this morning. As you opted for express delivery, you can expect to receive them within the next 48 hours. If there should be any delays, please don't hesitate to contact me.

Thank you.

- - - - - - - -

Try It! 다른 단어로 바꿔 써보기

- last night 지난밤에
- earlier today 오늘 일찍
- yesterday 어제
- at noon today 오늘 정오에
- one hour ago 한 시간 전에

아래에서 오늘 아침에 운송된 고객님의 물품에 대한 추적 번호를 보실 수 있습니다. 특급 배달로 신청하셨기 때문에 48시간 이내에 물품들을 받으실 수 있을 겁니다. 지연이 되는 것 같으면 주저하지 마시고 저에게 연락 주십시오. 감사합니다.

opt for ~을 선택하다 express delivery 특급 배송 delay 지연 hesitate 주저하다

운송을 확인할 때 Confirming Shipment ▲

sample 306

Try It! 다른 단어로 바꿔 써보기

- pallets 화물 운반대
- different sets 다른 세트
- crates (운반용) 상자
- truckloads 트럭 1대 분량
- specific samples 특정 샘플

Dear

I have the shipping information you are asking for. It appears we sent three boxes of product to you on Tuesday of last week. Can you double-check that you have not received it yet? If not, we may be able to resend them.

We always value your business.

문의하신 운송 정보에 대해 받았습니다. 이 정보에는 저희가 지난주 화요일날 귀사로 세 박스를 발송한 것으로 나타나 있는데요. 아직 받지 못하셨는지 재확인해 주시겠어요? 만약 받지 못하셨다면 다시 발송해드릴 수가 있습니다. 저희는 항상 귀하의 사업을 소중히 생각합니다.

it appears (that) ~라고 여겨지다 double-check 재확인하다 yet 아직 resend 다시보내다

sample 307

Try It! 다른 단어로 바꿔 써보기

- orders 주문
- containers 컨테이너
- things 물건
- electronics 전자제품
- cables 케이블

Dear

Can you update me on my items? Have they been shipped yet? My company is really needing them by Thursday. Please send me tracking information if you have that.

Thank you for your attention.

제 물건이 어떻게 되고 있는지 최근 정보를 알려 주시겠어요? 아직 발송하지 않으셨는지요? 저희 회사로서는 목요일까지 그 물건들이 필요합니다. 추적정보를 가지고 계시면 보내 주시기 바랍니다. 관심 부탁드립니다.

update ~에게 최신 정보를 전하다, ~을 새롭게 하다 item 물건 track 추적하다, 기록하다

✉ sample 308

Dear [   ]

We are unable to provide tracking information about your shipment at this time. I will be able to get that to you by the end of the day tomorrow. If this is an inconvenience I apologize.

Thank you for your understanding.

Try It! 다른 단어로 바꿔 써보기

sometime 언젠가
early 일찍
late 늦게
the middle of 점심때
noon 정오

지금은 저희가 운송관련 추적 정보를 제공해드릴 수가 없습니다. 내일 저녁까지 알려 드릴 수가 있습니다. 만약 불편을 끼쳐드린다면 사과드립니다. 이해해 주셔서 감사드립니다.

be unable to ~할 수 없다 shipment 운송, 선적, 화물 inconvenience 불편함 apologize 사과하다
understanding 이해, 양해

✉ sample 309

Dear [   ]

I can tell you that I sent your papers via certified mail this morning. The postal agency tells me that you will receive them tomorrow. I will check to see that you have gotten them.

Sincerely

Try It! 다른 단어로 바꿔 써보기

documents 서류
articles 물품
records 기록 문서
certificates 증명서
deeds (건물 소유) 증서

오늘 아침에 제가 서류를 등기로 보냈다는 말씀은 드릴 수가 있습니다. 우체국에 따르면 내일 받으신다고 하네요. 저희쪽에서도 고객님이 서류를 받으셨는지 확인해 보겠습니다.

via ~을 통해 certified mail 배달 증명 우편 postal agency 우체국 check to see that ~을 알아보기 위해 확인하다

✉ sample 310

Dear [   ]

Our company shipped out your products this morning. You should receive them next week. If you don't have them by Friday, please let me know and we will look into it.

Thank you.

Try It! 다른 단어로 바꿔 써보기

- consider resending 재배송을 고려하다
- investigate 조사하다
- inspect the situation 상황을 조사하다
- probe around 정밀하게 조사하다
- scrutinize our carriers 배달원을 자세히 알아보다

저희 회사가 오늘 아침에 물건을 선적했습니다. 고객님께서는 다음 주에 받아보실 겁니다. 금요일까지 받지 못하실 경우 저희에게 알려 주시면 내용을 알아보겠습니다. 감사합니다.

ship out (배 · 항공기 · 트럭 등으로) 운송하다 receive 받다 by (기한 · 시기 등을 나타내어) ~까지(는) look into ~을 조사하다

배송 지연에 관해 문의할 때 Inquiring About Delivery Delay ▲

sample 311

It's been three days and we still haven't received the shipment. Do you have any idea what's ❶causing the delay? We really need to get this by the weekend, so please let me know ❷what's going on.

Thanks,

Try It! 다른 단어로 바꿔 써보기

❶ the reason for 이유
the origin of 원인
the root of 근본 원인
the basis for 근거
the justification for 타당한 이유

❷ your thoughts 당신의 생각
your ideas 당신의 생각
any changes you can make 당신이 만들 수 있는 어떤 변화
any updates 모든 최신 정보
what your team has decided 당신의 팀이 결정한 것

3일째인데 저희는 아직도 화물을 받지 못했습니다. 무엇 때문에 지연되는지 아십니까? 저희는 이번 주말까지는 정말로 받아야 합니다. 그러니 상황이 어떻게 되어가는지 알려 주시기 바랍니다. 감사합니다.

It's been three days 3일이 지났다 shipment 화물, 적재물, 운송 cause 유발하다 delay 지연

sample 312

Dear

I'm afraid we have a little problem. As you know, I chose express delivery for my order, which should have guaranteed delivery within 48 hours. Unfortunately, three days have passed, and it still has not been delivered. Please get in touch with me ASAP so that we can resolve this problem.

Thank you.

Try It! 다른 단어로 바꿔 써보기

I wanted to notify you that ~을 알리고 싶었다
I'm upset that 마음이 불편하다
I'm unhappy that 기분이 나쁘다
I'm concerned that 우려가 된다
I'm worried because ~해서 걱정스럽다

약간의 문제가 있는 것 같습니다. 아시듯이 제 주문에 대해 48시간 안에 배송을 보장했어야 하는 특급 배달을 신청했습니다. 하지만 3일이 지났으며 아직도 배송되지 않았습니다. 이 문제를 해결할 수 있도록 가능한 한 빨리 저에게 연락을 주십시오. 고맙습니다.

express delivery 특급배달 guarantee 보장하다 get in touch with ~에게 연락하다 ASAP 가능한 한 빨리 resolve 해결하다

sample 313

Try It! 다른 단어로 바꿔 써보기

with this problem 이 문제에 대해
with the delay 지연에 대해
in a timely manner 제때에
and patience 그리고 인내
and hard work 그리고 노고

Dear [ ]

In your previous email you gave the delivery date for my order as the 31st. It is now the 3rd, and I still have not received it. Could you please find out what happened and get back to me?

I appreciate your assistance in this matter.

앞선 이메일에서는 제 주문에 대한 배송 날짜를 31일로 알려 주셨습니다. 지금이 3일인데 저는 아직도 받지 못하고 있습니다. 무슨 일이 생긴 것인지 알아보시고 저에게 다시 알려 주시겠습니까? 이 문제에 관한 도움 감사드립니다.

previous 이전의 find out ~을 알아보다 happen 발생하다 get back to ~에게 다시 연락하다 assistance 도움, 조력 matter 문제

sample 314

Try It! 다른 단어로 바꿔 써보기

helpful enough 충분히 도움되는
cooperative enough 충분히 협력하는
supportive enough 충분히 지지적인
ready to lend a hand 도움을 줄 준비가 된
nice enough 충분히 친절한

Dear [ ]

It seems that there has been some problem with the shipping of my order. I expected delivery by the end of last week, but it is now Wednesday and it still has not arrived. Would you be so kind as to look into it for me? I would appreciate it very much.

Thank you.

제 주문 상품의 배송에 어떤 문제가 있는 것 같습니다. 저는 지난 주말쯤까지 배송이 되기를 예상하고 있었지만 오늘이 수요일인데 아직도 도착하지 않았습니다. 이것에 대해 알아봐 주시겠습니까? 그렇게 해주신다면 매우 감사하겠습니다. 고맙습니다.

It seems that ~처럼 보이다 expect 예상하다 kind 친절한 so A as to 무척 A해서 ~하다, ~일 정도로 A하다

sample 315

Try It! 다른 단어로 바꿔 써보기

Dear [   ]

I'm writing to enquire about the whereabouts of my order. I received an email with a tracking number ten days ago. However, the tracking information has not been updated in several days, and I still have not received my order. Could you please investigate it for me?

Thank you.

----

explore what is going on 무슨 일인지 알아보다

probe the situation 상황을 조사하다

examine it 조사하다

study the situation 상황을 조사하다

inquire into this problem 이 문제를 조사하다

저의 주문 상품에 대한 행방을 문의하기 위해 글을 씁니다. 저는 열흘 전에 추적 번호와 함께 이메일을 받았습니다. 하지만 추적 정보는 며칠 동안 업데이트되지 않았고 저는 아직도 주문한 것을 받지 못하고 있습니다. 부디 좀 알아봐 주시겠습니까? 감사합니다.

enquire 묻다(= inquire) whereabouts 소재, 행방 track 추적하다 several 몇몇의 investigate 조사하다

Case 07

배송을 재촉할 때 Pushing Delivery ▲

sample 316

I'm writing to let you know that we still haven't received the order yet. It's vital that we get it by the end of business Friday. Please see that the order is expedited.

Thanks for your prompt attention.

\- - - - - - - -

Try It! 다른 단어로 바꿔 써보기

100% important 100 퍼센트 중요한
fundamental 기본적인
of the essence 필수적인
of utmost importance 가장 중요한
totally critical 완전히 중요한

저는 아직도 주문 상품을 받지 못해서 글을 씁니다. 이번 금요일까지 무슨 일이 있어도 상품을 꼭 받아야 합니다. 그 주문이 신속히 처리되고 있는지 알아봐 주시기 바랍니다. 빠른 답변 부탁드립니다.

order 주문 (상품) vital 없어서는 안 될, 중대한 expedite 신속히 처리하다 prompt 즉각적인 attention 관심

sample 317

Dear

We are a little ❶concerned about not having received a tracking number yet. If the shipment is not sent out now, there will be no ❷hope of us receiving it by the 13th. Please do what you can to get the order shipped as soon as possible.

Thank you.

\- - - - - - - -

Try It! 다른 단어로 바꿔 써보기

❶ worried 걱정하는
anxious 염려하는
troubled 괴로운
fretful 조바심치는
apprehensive 불안한

❷ chance 가능성
expectation 가능성
prospect 예상
likelihood 가능성
way 방법

저희는 아직도 추적 번호를 받지 못해 걱정입니다. 화물이 아직도 발송되지 않았다면 13일까지 받는 것은 어려워 보입니다. 가능한 한 빨리 주문한 물건을 받을 수 있도록 조치를 취해 주시기 바랍니다. 감사합니다.

concerned 걱정된 tracking number 추적번호 shipment 화물, 운송, 선적 be no hope of ~할 희망이 없다
as soon as possible 가능한 한 빨리

sample 318

Try It! 다른 단어로 바꿔 써보기

Dear [ ]

I see that our order has still not been shipped. It's essential that we receive the order by the 24th of the month. Please do whatever is necessary to make delivery promptly.

Thank you for your attention.

----

punctually 시간에 맞춰서
at the appointed time 정해진 시간에
rapidly 빠르게
without delay 지연 없이
speedily 빠르게

저의 주문품이 아직도 운송되지 않았습니다. 이번 달 24일까지 주문한 제품을 받는 것은 저희에게 매우 중요한 일입니다. 신속한 배송을 위해 필요한 모든 조치를 취해 주시기 바랍니다. 관심 가져주셔서 감사합니다.

essential 필수의, 매우 중요한 whatever 무엇이든지 delivery 배달 (물품), 납품 promptly 신속하게

sample 319

Try It! 다른 단어로 바꿔 써보기

Dear [ ]

We're on a bit of a tight schedule, so it's imperative that we receive our order on time. Please take whatever steps are necessary to get our shipment out today. I'm sure you understand that delays on this order will affect our decisions on which supplier to use on future orders.

Thank you.

----

strict 엄격한
stringent 긴급한
harsh 가혹한
firm 확고한
severe 엄격한

저희는 일정이 빠듯하기 때문에 주문한 상품을 반드시 제시간에 받아야 합니다. 저희가 오늘 배송을 받을 수 있도록 필요한 모든 조치를 취해 주시기를 부탁드립니다. 이번 주문의 지연이 차후에 주문을 할 때 어떤 공급회사를 선택할지 결정을 내리는 데 영향을 끼칠 수 있다는 점 이해해 주시기 바랍니다. 감사합니다.

tight 빠듯한 imperative 시급한, 명령적인 take steps 조치를 취하다 delay 지연 affect 영향을 미치다

✉ sample 320

Dear [   ]

We're getting a little worried about our last order. We need to accept delivery by the 20th in order to have the products ready for sale. If there is a problem, please tell us what we can do to help facilitate delivery. We're counting on you for this order.

Thanks for your help.

Try It! 다른 단어로 바꿔 써보기

get the product moving
제품을 움직이는 것

us receive our order
우리가 주문상품을 받는 것

obtain our products
우리의 상품을 획득하는 것

get the ball rolling 일이 진행되게 하는 것

get things moving 일이 처리되게 하는 것

저희는 지난 주문에 대해 약간 걱정이 됩니다. 저희는 판매 준비를 하기 위해 20일까지 물건을 받아야 합니다. 문제가 있을 경우 배송을 용이하게 하기 위해 저희가 할 수 있는 것을 말씀해 주시기 바랍니다. 저희를 도와주시리라 믿습니다. 도움에 감사드립니다.

accept 받아들이다 have ~ ready for sale ~을 판매 준비하다 facilitate 용이하게 하다 count on ~에게 의지하다

제품을 늦게 보내 사과할 때 Apologizing for Late Delivery ▲

sample 321

Dear [   ]

I'm terribly sorry for the ❶delay in shipping. We've had a lot of ❷turnover at our warehouse recently, and unfortunately this has caused a backlog of orders. We'll have your product shipped by the end of business tomorrow.

Thanks for understanding,

Try It! 다른 단어로 바꿔 써보기

❶ stoppage 중단
wait 대기시간
hold-up 지체
postponement 연기
suspension 보류

❷ personnel issues 직원 문제
firings and hirings 해고와 고용
new hires 신입사원
accidents 사고
management issues 경영 문제

배송이 지연되어 정말 죄송합니다. 최근 창고에서 많은 인력의 이동으로 안타깝게도 주문이 밀리게 되었습니다. 내일 영업시간까지 제품을 보내겠습니다. 이해해 주셔서 감사합니다.

terribly 매우 delay 지연 turnover 이직률 warehouse 창고, (창고형의) 대형 할인점 recently 최근에 backlog 밀린 일

sample 322

Dear [   ]

Unfortunately, we've had a problem with our shipping company and this has resulted in a delay in the delivery of your order. Please accept my apologies for this trouble. We are working to expedite shipment.

Thank you for your patience in this matter.

Try It! 다른 단어로 바꿔 써보기

hassle 귀찮은 상황
bothersome experience 귀찮은 경험
occurrence 발생한 일
inconvenience 불편
disturbance 방해

불행하게도 저희가 운송회사와 문제가 있어서 당신의 주문 배송이 지연되었습니다. 불편에 대한 제 사과를 받아주시기 바랍니다. 저희는 신속히 운송하기 위하여 노력하고 있습니다. 이 문제에 대해 인내를 가져주신 점 감사합니다.

result in ~한 결과를 낳다 accept 받아들이다 apology 사과 trouble 불편함 expedite 신속히 처리하다 patience 인내

sample 323

Try It! 다른 단어로 바꿔 써보기

computer 컴퓨터
log 기록
tracking 추적
bookkeeping 부기
management 관리

Dear

I'm sorry to inform you that there has been a delay in the shipment of your order. Because of a clerical error in our inventory control software, we have had to transfer part of your order from another warehouse. This delay should be brief. Please contact me with any concerns.

Thank you for your patience.

- - - - - - - -

고객님의 주문 상품 배송이 지연되었음을 알려 드리게 되어 죄송합니다. 제품 관리 프로그램에서 사무착오로 고객님의 주문 일부를 다른 창고에서 보내야 했습니다. 이 지연은 금방 해결될 것입니다. 걱정되는 것이 있으시면 제게 연락 주시기 바랍니다. 인내에 감사드립니다.

inform ~ that ~에게 ~을 통보하다 clerical 사무의 error 오류 control 관리, 통제 transfer 이송하다 contact ~에게 연락하다

sample 324

Try It! 다른 단어로 바꿔 써보기

impedes 방해하다
blocks 막다
gets in the way of 방해하다
hinders 방해하다
delays 지연시키다

Dear

I'm writing to let you know that there will be a slight delay in shipping your order (#23452). We always strive to deliver all of our customers' orders with as much speed and efficiency as possible, but from time to time an unforeseeable circumstance arises, which slows down the process. Please accept my apologies for any inconvenience this causes.

Let me know if you have any questions.

- - - - - - - -

주문하신 23452번 제품의 운송이 약간 지연된다는 것을 알려 드리기 위해 글을 씁니다. 저희는 가능한 한 최대한의 속도와 효율성으로 모든 고객님들의 주문을 배달해 드리기 위해 노력하고 있습니다. 하지만 가끔 예측하지 못한 상황이 발생해 그 과정을 느리게 할 때가 있습니다. 이로 인한 불편에 대한 저의 사과를 받아주시기 바랍니다. 질문이 있으시면 알려 주십시오.

slight 약간의 strive to ~하려고 애쓰다 deliver 배달하다 as much A as possible 가능한 한 최대한의 A efficiency 효율 from time to time 때때로 arise 발생하다 cause 유발하다

✉ sample 325

Dear [ ]

I'm sorry there has been a delay in shipment. Unforeseen circumstances have interfered with our ability to get our orders out on time. We know that time is an important factor in your business and we will work to fix the situation.

Thank you for your understanding.

\- - - - - - - -

Try It! 다른 단어로 바꿔 써보기

remedy 개선하다

clear up 해결하다

resolve 해결하다

deal with 해결하다

make better 더 낫게 만들다

배송이 지연되었다니 죄송합니다. 미리 예측하지 못했던 상황으로 제시간에 주문 발송이 완료되지 못하였습니다. 저희는 시간이 고객님의 사업에 중요한 요인이라는 것을 알고 있으며 상황을 해결하기 위해 노력하겠습니다. 이해해 주셔서 감사합니다.

unforeseen 예견하지 못한 circumstance 상황 interfere with ~을 방해하다 ability 능력 factor 요인

Case 09

다른 제품을 보낸 것에 대해 사과할 때
Apologizing for Sending a Different Product ▲

sample 326

Dear [   ]

I apologize that you received the ❶wrong order. There was a mix-up at the warehouse, and I'm afraid your order was confused with that of another ❷customer. We'll get the correct product to you as soon as possible.

Thanks for your patience.

\- - - - - - - -

Try It! 다른 단어로 바꿔 써보기

❶ incorrect 부정확한
erroneous 오류가 있는
mistaken 잘못 판단한
off-the-mark 빗나간
totally incorrect 완전히 부정확한

❷ client 고객
purchaser 구매자
buyer 구매자
supporter 지지자
consumer 소비자

엉뚱한 주문 상품을 받으신 점 사과 드립니다. 창고에서 혼선이 있었으며 고객님의 주문이 다른 고객의 주문과 혼동이 되어 죄송합니다. 가능한 한 빠르게 정확한 제품을 보내 드리겠습니다. 인내에 감사드립니다.

wrong 엉뚱한, 잘못된 mix-up 혼동 warehouse 창고, (창고형) 대형 할인점 be confused with ~와 혼동되다

sample 327

Dear [   ]

I'm sorry about the problem with your order. We've investigated the matter and found that we mistakenly sent the wrong order. We have sent out the correct order and we have arranged for pick up of the incorrect order. Please accept my apologies for the inconvenience.

Thank you.

\- - - - - - - -

Try It! 다른 단어로 바꿔 써보기

the mix-up 혼란
the muddle 혼란 상태
our error 우리의 오류
this mistake 이 실수
this one-time-thing 딱 한 번 일어난 일

고객님의 주문에 문제가 생겨 죄송합니다. 저희가 문제를 조사했는데 실수로 엉뚱한 주문 상품을 보낸 것을 발견하였습니다. 올바른 주문 상품을 보내 드렸고 잘못된 주문 상품도 회수 처리하였습니다. 불편을 드린 데 대한 사과를 받아주세요. 감사합니다.

investigate 조사하다 matter 문제 mistakenly 실수로 correct 올바른 arrange 준비하다 incorrect 올바르지 않은

sample 328

Try It! 다른 단어로 바꿔 써보기

Dear

I'm writing to apologize for the mix-up in your order. Although we strive to provide the ❶best products and the ❷most efficient delivery, we occasionally make mistakes. I'm sorry that you were inconvenienced. Please be assured that we will not let this happen again.

Thank you for your understanding.

\- - - - - - - -

❶ most excellent 가장 훌륭한
top 최고의
perfect 완벽한
preeminent 뛰어난
superlative 최상의

❷ fastest 가장 빠른
market's best 시장에서 최고인
most secure 가장 확실한
most top-notch 최고급의
best 최상의

당신의 주문을 착각한 것에 대해 사과 드리기 위해 글을 씁니다. 저희는 최상의 제품과 최고로 효율적인 배송을 제공하기 위해 노력하고 있지만 때때로 실수를 합니다. 불편을 드려 죄송합니다. 다시는 이런 일이 일어나지 않도록 하겠습니다. 이해해 주셔서 감사합니다.

strive 열심히 노력하다 efficient 효율적인 inconvenience 불편을 끼치다 assure 안심시키다, 보장하다

sample 329

Try It! 다른 단어로 바꿔 써보기

Dear

I'm terribly sorry about the recent confusion. The model numbers for the product you ordered and the one you received only differ by one number and one of our warehouse employees erred in preparing the shipment. I hope this oversight did not cause you too much trouble. We have resolved the situation and your correct order is on its way.

Thank you.

\- - - - - - - -

organizing 조직하는
setting up 준비하는
making 만드는
arranging 준비하는
getting ready 준비하는

최근의 혼란에 대해서 심심한 사과를 드립니다. 고객님이 주문했던 제품의 모델번호와 받으신 모델번호가 숫자 하나가 다른데 저희 창고의 직원 중 한 명이 운송준비 중에 오류를 범한 것 같습니다. 이 실수가 당신께 너무 큰 문제를 일으키지 않았기를 바랍니다. 저희가 상황을 바로잡았으며 고객님의 주문 상품은 배송 중입니다. 감사합니다.

confusion 혼란 differ 다르다 err 실수를 범하다 oversight 실수 remedy 해결하다 be on its way 가고 있는 중이다

sample 330

Try It! 다른 단어로 바꿔 써보기

cure 치료하다

sort out 해결하다

analyze and fix 분석하고 고치다

repair and prevent 고치고 예방하다

correct 수정하다

Dear [   ]

I'm sorry for the error in your recent order. Due to a clerical error, we prepared the wrong product for shipment. We have taken steps to remedy the mistake, and you can expect delivery of the correct product within the next week. Let me know if you have any other problems.

Thank you.

\- - - - - - - -

고객님의 최근 주문에 생긴 오류에 대해 사과 드립니다. 사무적인 착오로 잘못된 제품을 선적 준비하였습니다. 이러한 실수를 고치기 위한 조치를 취하였으며 다음 주 안에 맞는 상품을 배송 받으실 수 있을 것입니다. 다른 문제가 있다면 알려 주시기 바랍니다. 감사합니다.

due to ~ 때문에 clerical 사무의 take steps 조치를 취하다

Case 01

지불을 위해 추가 정보를 요청할 때
Requesting Supplementary Information for Payment

sample 331

Dear

I hate to be difficult about this, but the invoice you sent is missing your ❶payee ID number. It's the six digit number you were given when we made the order from you. If you could resend the document with the number included, I'll be able to ❷expedite payment.

Thanks,

- - - - - - - -

Try It! 다른 단어로 바꿔 써보기

❶ customer number 고객번호
contact information 연락 정보
order number 주문 번호
personal ID number 개인 ID 번호
tax identification number 납세자 (신원확인) 번호

❷ speed up 속도를 내다
hurry 서두르다
advance 돈을 선지급하다
send 보내다
get you 주다

까다롭게 굴긴 싫지만 당신께서 보낸 청구서에 수취인의 신분번호가 빠져 있습니다. 이것은 저희가 주문했을 때 드렸던 여섯 자리 숫자입니다. 그 숫자가 포함된 문서로 다시 보내 주시면 신속하게 지불해 드릴 수 있을 것입니다. 감사합니다.

difficult 까다로운 invoice 송장, 청구서 payee 지불받는 사람, 수취인 six digit number 여섯 자리 숫자 payment 지불

sample 332

Dear

I'm working on getting your payment to you, and I just noticed that your invoice doesn't seem to have a mailing address. I'll need that in order to send the check out. Once I receive it, you'll get your payment.

Thank you.

- - - - - - - -

Try It! 다른 단어로 바꿔 써보기

shipping 선적
transport 운송
distribution 배송
delivery 배달
home 집

당신께 송금하려고 하는데 당신의 청구서에 우편 주소가 없는 걸 발견했습니다. 수표를 보내기 위해서는 필요한 것입니다. 주소를 받으면 송금하겠습니다. 감사합니다.

notice 깨닫다 mailing 우편 address 주소 check 수표

✉ sample 333

Dear [   ]

I'm trying to make a payment, but the invoice you sent isn't itemized. Unfortunately, our accounting office requires all invoices to be itemized. If you could just break down the amount into each of the individual services, we will get a check out to you as soon as possible.

Thanks,

- - - - - - - -

Try It! 다른 단어로 바꿔 써보기

legitimate 적합한

detailed enough 충분히 상세한

listed out properly 적절히 나열된

giving me enough information 내게 충분한 정보를 주는

providing me sufficient data 내게 충분한 자료를 제공하는

저는 지불을 하려고 하지만 당신께서 보낸 청구서가 항목별로 작성되어 있지 않습니다. 안타깝게도 저희의 회계 업체가 모든 청구서가 항목별로 정리되도록 요구하고 있습니다. 개별 서비스에 대한 금액으로 나누어 주시면 가능한 한 빨리 처리해 드리겠습니다. 감사합니다.

itemize 항목별로 적다 accounting 회계, 경리 office 사무실, 회사 require 요구하다 break down A into B A를 B로 쪼개다 individual 개인의 get ~ out ~을 꺼내다 check 수표

✉ sample 334

Dear [   ]

I have received your invoice. However, it seems to be missing your Tax Identification Number. In order to make payment we have to include this number in our paperwork. If you get that to me, I'll get your money to you.

Thank you.

- - - - - - - -

Try It! 다른 단어로 바꿔 써보기

funds 자금

cash 자금

payment 지불금

required deposit 필수 보증금

financial requirements 재정적으로 필요한 것

당신의 청구서를 받았습니다. 하지만 사업자 등록번호가 빠져 있습니다. 송금하기 위해서는 서류에 이 번호가 포함되어야 합니다. 그렇게 해서 보내 주시면 입금하겠습니다. 감사합니다.

seems to ~인 것 같다 Tax Identification Number 납세자 (신원 확인) 번호 paperwork 문서, 서류 (작업)

✉ sample 335

Dear

I received your invoice. The amount I have in my ❶files differs from yours by about a ❷hundred dollars. Do you think you could double-check your invoice and resend it? I'll double-check my math as well.

Thank you.

Try It! 다른 단어로 바꿔 써보기

❶ records 기록
invoice 송장
documents 서류
reports 보고서
system 시스템

❷ thousand 천
couple 몇
few 몇몇의
few hundred 몇 백의
handful of 소량의

당신의 청구서를 받았습니다. 금액이 제 파일에 있는 것과 100달러 정도 차이가 납니다. 청구서를 다시 한번 확인하시고 다시 보내 주시겠습니까? 저도 제 계산을 다시 확인해 보겠습니다. 감사합니다.

amount 금액 differ from ~과 다르다 about 약 double-check 재확인하다 resend 다시 보내다 math 계산 as well 마찬가지로

Case 02

지불기한 연장을 요청할 때 Requesting Delayed Payment ▲

sample 336

Dear [   ]

Regarding our outstanding account, would it be possible to arrange for payment ❶at a later date? We are having some ❷logistical problems in getting the funds released. Would it be acceptable to you if we sent payment next week?

I hope this isn't too much of an inconvenience.

Try It! 다른 단어로 바꿔 써보기

❶ in a couple days 며칠 뒤로
in one week 한 주 뒤로
in precisely 3 days 정확히 3일 뒤로
tomorrow 내일
at the weekend 주말에

❷ statistical 통계상의
bookkeeping 부기의
logging 기록의
backlog 일이 밀린
computing 계산상의

미결제 계정에 관하여 지불 기한을 연장해 주실 수 있습니까? 저희는 자금을 푸는 데 업무 진행상 문제가 있습니다. 다음 주에 송금해도 괜찮겠습니까? 이것이 큰 불편을 드리는 것이 아니길 바랍니다.

regarding ~에 관하여 outstanding 미결제된 account 계정, 계좌 at a later date 추후의 날짜에 logistical 업무 진행상의, 실제 실행상의 fund 자금 release 풀어주다, 방출하다

sample 337

Dear [   ]

I'm writing to see if it would be possible to delay payment for another week. We've had some cash flow issues that have disrupted our usual conscientious settling of accounts. Let me know if this is acceptable to you.

Thank you for your patience.

Try It! 다른 단어로 바꿔 써보기

careful 조심하는
double-verified 재확인하는
diligent 부지런한
assiduous 근면 성실한
meticulous 꼼꼼한

지불을 한 주 더 연장할 수 있을지 알아보기 위해 글을 씁니다. 평소의 성실한 거래 청산을 방해하는 자금 유동 문제가 있습니다. 이렇게 해도 괜찮으신지 알려 주시기 바랍니다. 인내해 주셔서 감사합니다.

it would be possible to ~하는 것이 가능할 것이다 cash flow 현금 흐름 disrupt 방해하다 usual 보통의 conscientious 성실한

sample 338

Try It! 다른 단어로 바꿔 써보기

exact 정확한
on-time 제시간에
speedy 빠른
hasty 서두르는
swift 재빠른

Dear ( )

I am working to arrange payment for my most recent order, but I've run into a few problems. Would it be okay if I sent payment a little late? I understand that it is important to make prompt payment, but I've had a few unforeseeable issues. Let me know if this will be a problem.

Thank you.

가장 최근의 주문에 대해 대금을 지불하기 위해 일하고 있지만 몇 가지 문제가 생겼습니다. 지불을 조금 늦게 해도 괜찮겠습니까? 신속한 대금결제가 중요한 것은 알지만 예측하지 못했던 문제가 있습니다. 이게 문제가 된다면 알려 주시기 바랍니다. 감사합니다.

recent 최근의 run into (나쁜 상황)에 빠지다, 우연히 만나다 prompt 신속한 unforeseeable 미리 예견하지 못한

sample 339

Try It! 다른 단어로 바꿔 써보기

compassionate 동정적인
easygoing 태평스러운
relaxed 안심된
soft 인정이 많은
merciful 자비로운

Dear ( )

I'm writing to request a little more time in arranging payment for your services. I am aware that this is an inconvenience for you, but I hope that you will be lenient in this situation. I've run into a few problems that have made it difficult to meet my obligations immediately. I would appreciate your understanding in this.

Thank you.

서비스 이용 대금을 지불하는 데 약간의 시간을 더 요청하기 위해 글을 씁니다. 당신께 불편을 끼친다는 것을 알고 있지만 이 상황을 너그러이 봐주시길 바랍니다. 제 의무를 다하기 어렵게 만드는 몇 가지 문제가 생겼습니다. 이 점을 이해해 주신다면 감사하겠습니다. 고맙습니다.

be aware that ~을 알다 inconvenience 불편 lenient 관대한 situation 상황 meet 충족시키다 obligation 의무 immediately 즉시

✉ sample 340

Dear [   ]

I know that my payment is a little overdue, but I was wondering if I could impose upon you for a few more days. I'm expecting a large payment myself, and once I've received it, I will be able to remit payment to you. Let me know if that works for you.

I'm sorry for the inconvenience.

Try It! 다른 단어로 바꿔 써보기

past due 기한이 지난
in arrears 연체된
unpaid 지불되지 않은
outstanding 미결제된
behind schedule 일정에 뒤쳐진

제 지불기한이 다소 지난 것을 알고 있지만 며칠만 더 주실 수는 없는지 궁금합니다. 저에게 많은 대금이 들어올 것으로 예상하고 있습니다. 제가 그것을 받기만 한다면 당신께 송금할 수 있을 것입니다. 이렇게 해도 괜찮은지 알려 주시기 바랍니다. 불편을 드려 죄송합니다.

overdue 지급 기한이 지난 wonder if ~할지 궁금해하다 impose upon ~에게 부담을 지우다 remit 송금하다

Case 03

송금을 알릴 때 Informing of Payment Sent ▲

sample 341

Dear

I'm writing to let you know that payment will be ❶sent out today. ❷I'm sorry for the delay. You can expect to receive payment within two business days.

Thank you for your understanding.

- - - - - - - -

Try It! 다른 단어로 바꿔 써보기

❶ delivered 배달된
dispatched 보내는
mailed 우편으로 부쳐진
sent off 보내진
given to a delivery service 배송 서비스 업체에 준

❷ I sincerely apologize 진심으로 사과합니다
It pains me 안타깝습니다
I cannot express enough sorrow 뭐라 말할 수 없이 유감입니다
I'm regretful 유감입니다
I'm sad 유감입니다

오늘 송금을 했다는 것을 알리기 위해 연락드렸습니다. 지연되어서 죄송합니다. 영업일로 이틀 안에 받으실 수 있을 것으로 예상합니다. 이해해 주셔서 감사합니다.

payment 지불(금) delay 연기 expect to ~하기를 기대하다 within ~안에 business day 영업일

sample 342

Dear

I just wanted to inform you that payment has been sent. You should receive it in the next three to five business days. I apologize for the lateness of my payment.

Thank you for your patience.

- - - - - - - -

Try It! 다른 단어로 바꿔 써보기

tardiness 느림
delay 지연
unpunctuality 시간을 엄수하지 않음
belatedness 뒤늦음
slowness 느림

그냥 송금이 완료되었다는 것을 알려 드리려고 했습니다. 앞으로 3일에서 5일의 영업일 안에 받으실 수 있을 것입니다. 지불이 늦은 점 사과드립니다. 인내해 주셔서 감사합니다.

next 다음의, 향후 three to five 3에서 5의 lateness 늦음 patience 인내

✉ sample 343

Try It! 다른 단어로 바꿔 써보기

Dear [   ]

I have arranged for payment to be sent. You should receive notification of an electronic payment within the hour. I appreciate your patience in this matter.

Thank you.

- word 소식
- a text message notifying you 당신에게 알리는 문자 메시지
- an email notice 이메일 통보
- confirmation 확인
- a voice mail 음성메일

송금이 처리되었습니다. 한 시간 안에 전자 결제에 대한 통보를 받으실 것입니다. 이 건에 관해 인내심을 가져주신 점 감사하게 생각합니다. 감사합니다.

arrange for ~을 준비해 놓다 notification 알림 electronic payment 전자 결제 within the hour 그 시간 안에, 한 시간 안에 matter 문제

✉ sample 344

Try It! 다른 단어로 바꿔 써보기

Dear [   ]

I've received your email regarding payment. There has been an oversight at my office and payment was not sent. I apologize for the delay. I have arranged for payment to be made by the end of business today.

Thank you for your patience.

- here 여기
- on our end 우리쪽에서
- within these walls 우리 내부에서
- at my company 내 회사에
- in my business 내 사업체에

송금에 관한 귀하의 이메일을 받았습니다. 제 사무실에서 착오가 있었으며 송금이 되지 않았더군요. 지연되어서 죄송합니다. 오늘 업무시간이 끝나기 전까지 지불되도록 처리해 놓았습니다. 인내해 주셔서 감사합니다.

regarding ~에 관하여 oversight 실수 by the end of business 업무시간이 끝날 때까지

✉ sample 345

Dear [   ]

I'm writing to inform you that I have sent payment in the form of a certified check to cover the outstanding amount on my account. I apologize for having been so slow in paying. It will not happen in the future.

Thank you for your understanding.

- - - - - - - -

Try It! 다른 단어로 바꿔 써보기

ever again 앞으로 다시

to you again 당신에게 다시

beyond this point 이 시점 후로는

when I make purchases again 내가 다시 구매할 때

as long as I am your customer 내가 당신의 고객인 한

제 계정에 있는 미불액을 드리기 위해 지불 보증 수표를 보냈다는 것을 알려 드리기 위해 글을 씁니다. 지불이 매우 늦어서 죄송합니다. 다시는 이런 일이 없을 것입니다. 이해해 주셔서 감사합니다.

form 형식 certified check 지급 보증 수표 cover ~ 비용을 치르다 outstanding 미결제된 amout 금액 account (거래 · 서비스의) 계정, (은행) 계좌

Case 04

지불기한 연장 문의에 관해 회신할 때 Responding to the Payment Delay Inquiry

sample 346

Dear [　　　　]

I'm sorry to hear that you are having trouble meeting your obligations. However, we really must ❶insist on prompt payment. Please ❷remit payment within the week.

Thank you for understanding.

Try It! 다른 단어로 바꿔 써보기

❶ require 요구하다
force 강요하다
coerce 강압하다
impose 부과하다
demand 요구하다

❷ send 보내다
wire 송금하다
submit 제출하다
tender 지불하다
present 제시하다

지불 의무를 다하는 데 문제가 있으신 점 유감입니다. 하지만 즉각적인 지불을 요구합니다. 이번 주 안으로 송금해 주시기 바랍니다. 이해해 주셔서 감사합니다.

sorry to hear that ~하다니 유감인 trouble 문제 obligation 의무 insist on ~을 주장하다 prompt 신속한 remit 송금하다

sample 347

Dear [　　　　]

I understand that there are sometimes difficulties in making payment. Thank you for being upfront about it. We can wait another week, but it is essential that we receive payment at that time.

Thank you.

Try It! 다른 단어로 바꿔 써보기

vital 중요한
key 중요한
chief 주요한
central 중심의
non-negotiable 협상할 수 없는

가끔은 지불을 하는 데 어려움이 있다는 것을 이해합니다. 솔직하게 말씀해 주신 점 감사합니다. 저희는 일주일을 더 기다리겠지만 그때는 반드시 지불을 받아야 합니다. 감사합니다.

difficulty 어려움 upfront 솔직한 essential 필수적인

✉ sample 348

Try It! 다른 단어로 바꿔 써보기

debts 빚
requirements 요구
deadlines 마감일
suppliers 공급자
bills 계산서, 청구서

Dear [   ]

It is very important for our company to receive payment on time so that we can meet our own expenses and obligations. How much more time do you need? It would be better if we agreed upon a date for payment. Please let me know.

Thank you.

제시간에 지불을 받는 것은 저희의 비용과 의무를 충족시키는 데 매우 중요합니다. 시간이 얼마나 더 필요하십니까? 지불할 날짜를 정하는 것이 좋겠습니다. 알려 주시기 바랍니다. 감사합니다.

meet an expense 비용을 대다 need 필요하다 agree upon ~에 대해 동의하다

✉ sample 349

Try It! 다른 단어로 바꿔 써보기

this balance 이 잔액
this issue 이 문제
this problem 이 문제
this once and for all 이것을 완전히
this finally 마지막으로 이것을

Dear [   ]

I understand that you are having difficulties, but we really must ask that payment be made as soon as possible. We can grant you at most two more days. Then we will need to settle this matter.

Thank you for your prompt response.

어려움이 있으시다는 것을 이해하지만 지불을 가능한 한 빨리 해주셔야겠습니다. 최대 이틀을 더 드리겠습니다. 그 다음에는 문제가 해결되어야 합니다. 신속한 답장 부탁합니다.

grant 승인하다 at most 많아야, 기껏해야 two more days 이틀 더 settle 해결하다 matter 문제 response 응답

✉ sample 350

Try It! 다른 단어로 바꿔 써보기

- set up 준비하다
- place 주문하다
- coordinate 조정하다
- make plans for 계획을 짜다
- orchestrate 조정하다

I'm sorry to hear about your difficulties. I understand your situation and we'll do our best to work with you. I'll talk to you in a few days and we can arrange a transfer of the funds for immediate payment.

Thanks,

\- - - - - - - -

어려우시다니 안타깝네요. 저는 당신의 상황을 이해하고 저희가 할 수 있는 모든 것을 하겠습니다. 며칠 내로 당신과 이야기를 해서 즉시 지불해야 할 자금을 옮겨 보겠습니다. 감사합니다.

difficulty 어려움 arrange 처리하다, 준비하다 transfer 송금, 이체 fund 자금 immediate 신속한

지불 독촉 Enforcing Payment

Case 01

지불 독촉을 할 때 Enforcing Payment ▲

sample 351

Dear

I'm writing to remind you that your account is not currently in good standing. Please remit payment as soon as possible. All payments are due upon receipt of the order.

Thank you for your prompt attention in this matter.

Try It! 다른 단어로 바꿔 써보기

- tell you again 당신에게 다시 말하다
- warn you 당신에게 경고하다
- repeat 반복하다
- jog your memory 당신의 기억을 되살리다
- caution you 당신에게 주의를 주다

당신의 신용 거래가 현재 좋은 상태에 있지 않다는 점을 상기시켜드리고자 글을 씁니다. 가능한 한 빨리 지불을 완료해 주시기 바랍니다. 모든 지불은 청구 내역을 받는 즉시 이루어져야 합니다. 이 문제에 대한 즉각적인 관심 부탁드립니다.

remind 상기시키다 account 계좌, 계정, 신용거래 currently 현재 standing 평판, 위상 remit 송금하다 due 기한이 된 upon receipt of ~을 받을 때, 수령할 때 prompt 신속한

sample 352

Dear

You are a valued customer of Smith Technology. Being flexible in our ability to satisfy your needs is important to us. I do want to remind you, however, that your payment for order #12360 is past due. I would appreciate it if you could make a payment for this order as soon as possible.

Thank you for your time.

Try It! 다른 단어로 바꿔 써보기

- a long-time 오랜 시간의
- a senior 고위의
- a treasured 소중한
- a major 주요한
- the most important 가장 중요한

당신은 Smith Technology의 소중한 고객입니다. 당신의 요구를 만족시키기 위해 저희가 융통성 있게 대처하는 것은 중요합니다. 하지만 저는 당신의 12360번의 주문에 대한 지급이 기한을 넘었다는 것을 상기시켜드리고자 합니다. 가능한 한 빨리 지급해 주시면 감사하겠습니다. 시간 내주셔서 감사합니다.

valued 소중한 flexible 유연한 ability (경제적) 능력, 법정 자격 satisfy 만족시키다 need 필요한 것

✉ sample 353

Dear [   ]

My records show that there is an outstanding balance on your account. In order for your account to be in good standing, we need to receive payment. If you have already sent payment, please disregard this notice.

Thank you.

Try It! 다른 단어로 바꿔 써보기

pristine 아주 깨끗한
proper 적절한
first-rate 일류의
quality 우수한
noble 훌륭한

제 기록을 보니 귀하의 계정에 외상 잔금이 있습니다. 귀하의 신용 거래가 좋게 유지될 수 있도록 지불을 받아야겠습니다. 이미 지불하셨다면 이 공지는 무시해 주시기 바랍니다. 감사합니다.

record 기록 outstanding 미결제된 balance 잔금 already 이미 disregard 무시하다 notice 통보

✉ sample 354

Dear [   ]

I'm writing to enquire about the delay in payment for order #61246. Payment was due on 8/23/15, but we have still not received it. If there has been ❶some miscommunication, please contact me to ❷remedy it. If not, please remit payment at your earliest convenience.

Thank you for your prompt attention.

Try It! 다른 단어로 바꿔 써보기

❶ a mistake 실수
confusing information 혼란스러운 정보
a wrongful discussion 잘못된 논의
an error 실수
a miscalculation 계산착오

❷ discuss it 그것에 대해 토론하다
talk over the details again 세부사항을 다시 말하다
set up a face-to-face meeting 마주보고하는 회의를 진행하다
discuss proper procedures 적절한 절차를 논의하다
resolve the issue 문제를 해결하다

저는 주문 번호 61246번에 관한 지불이 지연되었음을 문의드리기 위해 글을 씁니다. 지불은 2015년 8월 23일까지였습니다. 하지만 아직도 받지 못했습니다. 잘못 전달된 것이 있다면 수정을 위해 연락 주시기 바랍니다. 그렇지 않다면 가급적 빠른 시일 안에 보내 주시기 바랍니다. 신속한 처리 부탁드립니다.

enquire 문의하다 miscommunication 의사소통 착오 remedy 고치다 at your earliest convenience (편지 등에서) 하루 속히

✉ sample 355

Dear [   ]

I hope that this email finds you well. I'm writing to check on the status of your payment for order #23566. As you know, all payments are ❶due upon receipt of ❷shipment. If you have any problems with your order, please feel free to contact me. If not, please remit payment.

Thank you for your attention.

- - - - - - - -

Try It! 다른 단어로 바꿔 써보기

❶ owed 지불의무가 있는
expected 예상되는
scheduled 일정이 잡힌
looked-for 기대된
anticipated 예상되는

❷ the batch 배치
the load 짐
the order 주문 상품
the consignment 탁송품
your goods 당신의 상품

이 이메일이 당신께 잘 도착했기를 바랍니다. 당신의 23566번의 주문에 대한 지불을 확인하기 위해 연락드렸습니다. 아시다시피 모든 지불은 물건을 받는 즉시 이루어져야 합니다. 당신의 주문에 대해 문제가 있다면 언제든지 연락 주십시오. 그렇지 않다면 지불을 완료해 주시기 바랍니다. 관심 가져 주셔서 감사합니다.

check 확인하다 status 상태 due 마감 upon receipt of ~을 받는 즉시 contact 연락하다 remit 송금하다

Case 02

지불에 관해 재독촉할 때 Second Request for Payment ▲

sample 356

Dear

This email is ❶a second reminder that your payment has still not been received. While we try to ❷be flexible with our customers, we must insist that payment be made by the end of tomorrow.

Thank you for your quick response.

- - - - - - - -

Try It! 다른 단어로 바꿔 써보기

❶ another 다른
a double 두 배의
an additional 추가의
a new 새로운
an added 추가된

❷ deal easily 쉽게 거래하다
have elastic dealings 탄력있는 거래를 하다
be accommodating 편의를 도모하다
be nonrigid 엄격하지 않다
allow variable situations 다양한 상황을 허락하다

이 이메일은 송금이 아직도 되지 않았다고 두 번째 알려 드리는 것입니다. 고객님들의 사정을 봐주려고 노력하지만 내일까지 지불이 완료되기를 원합니다. 신속한 답변 부탁드립니다.

reminder 상기시키게 하는 것 flexible 유연한 customer 고객 insist 주장하다 payment 지불 response 응답

sample 357

Dear

I'm writing regarding your payment for order #12360. As I stated in my previous email of 8/30/15, your payment is past due. Please take steps to remedy this situation.

Thank you.

- - - - - - - -

Try It! 다른 단어로 바꿔 써보기

said 말했다
demanded 요구했다
hinted 암시를 주었다
claimed 주장했다
asserted 주장했다

주문번호 12360번의 지불에 관해 글을 씁니다. 이전의 이메일에서 2015년 8월 30일까지라고 말씀드렸듯이 당신의 지불 기한이 지났습니다. 이 상황을 빨리 해결해 주시기 부탁드립니다.

regarding ~에 관하여 state 말하다, 밝히다 previous 이전의 due 지불 기한이 된 take steps 조치를 취하다 remedy 해결하다 situation 상황

sample 358

Try It! 다른 단어로 바꿔 써보기

Dear [ ]

I'm writing again because we still have not received payment for order #61246. It is very important that you contact us to arrange payment immediately. If payment has not been received by the end of the week, your account will be frozen.

Thank you for your quick response.

- be terminated 끝나다
- close 닫다
- be in default 불이행 상태에 있다
- be turned over to a collection agency 미수금 처리대행 회사에 넘겨지다
- be considered overdrawn 마이너스 대출로 간주되다

당신의 주문 61246번의 지불이 아직도 이루어지지 않았기에 다시 한번 글을 씁니다. 즉시 지불을 위해 연락을 주시는 것은 저희에게 매우 중요한 일입니다. 이번 주까지 지불 받지 못하면 당신의 계정은 동결될 것입니다. 신속한 답변 부탁드립니다.

arrange 마련하다, 준비하다 immediately 즉시 account 계정, 계좌, 신용거래 frozen 동결된

sample 359

Try It! 다른 단어로 바꿔 써보기

Dear [ ]

I wish to inform you that your account with Smith Technology is currently not in good standing. This email constitutes your second notice for payment. If there are extenuating circumstances surrounding the delay in payment, please contact me as soon as possible so that we can find a solution.

Thank you for your prompt attention in this matter.

- the best 최고의
- proper 적절한
- ideal 이상적인
- what you think it is 네가 생각하는 것
- acceptable 만족할 만한

Smith Technology에 관한 당신의 신용이 좋지 않은 상태에 있습니다. 이 이메일은 두 번째로 당신께 지불에 관해 통보하는 것입니다. 지불 지연에 관한 정상참작이 가능한 상황이라면 저희가 해결책을 찾을 수 있게 가능한 한 빨리 연락 주시기 바랍니다. 이 문제에 신속한 처리를 부탁드립니다.

constitute 구성하다 surrounding ~와 연관된, ~을 둘러싼 extenuate 정상 참작의 여지를 주다 circumstance 상황 solution 해결책

sample 360

Dear ☐

I'd like to tell you about the payment for your most recent order with us (#23566). When I wrote you on 8/25/15, we had not received payment. It is now two weeks later and we still have not received payment. Please make arrangements to have the full balance of your account paid as soon as possible.

Thank you.

Try It! 다른 단어로 바꿔 써보기

amount 금액
surplus 잉여금
remainder 남아있는 것
tally 기록
quantity 양

- - - - - - - -

당신의 최근 23566번의 주문 결제에 대해 말씀드리려고 합니다. 2015년 8월 25일에 당신께 글을 썼을 때 저희는 지불을 받지 못했습니다. 이제 2주가 지났고 우리는 여전히 송금 받지 못하고 있습니다. 가능한 한 빨리 잔고 전액이 지불되도록 처리해 주시기 바랍니다. 감사합니다.

recent 최근의 balance 잔고

Case 03

지불에 대해 최후통첩을 할 때 **Final Notice of Request for Payment** ▲

sample 361

Dear [ ]

This is your final notice. Your payment is more than 30 days overdue. If we have not received payment within the next 24 hours, we will turn your account over to a collection agency.

Thank you for your cooperation.

Try It! 다른 단어로 바꿔 써보기

- financial collector 미수금 처리 대행인
- finance law firm 금융 법률회사
- lawyer 변호사
- legal representative 법률 대리인
- bank 은행

- - - - - - - -

이것은 최후통첩입니다. 지불기한이 30일 넘게 경과되었습니다. 앞으로 24시간 안에 지불 받지 못하면 당신의 신용거래를 미수금 대행 회사에 넘기겠습니다. 협조 부탁드립니다.

final 마지막의 notice 경고 overdue 기한이 지난 within ~안에 collection agency 미수금 처리 대행회사

sample 362

Dear [ ]

This email is our final notice for payment of order #12360. Payment must be received by the end of the week or we will resort to legal remedies to recover our payment. Please take the appropriate steps immediately to avoid serious consequences.

Thank you for your understanding.

Try It! 다른 단어로 바꿔 써보기

- penalties 벌금
- costs 비용
- punishments 처벌
- sentences 형벌
- fines 벌금

- - - - - - - -

이 이메일은 주문 번호 12360에 대한 우리의 최후통첩입니다. 지불은 이번 주말까지 이루어져야 하며 그렇지 않으면 지불금을 회수할 수 있도록 법적 조치를 취할 것입니다. 심각한 결과를 피하기 위해서 즉시 적절한 조치를 취해 주시기 바랍니다. 이해 부탁드립니다.

resort to ~에 의존하다 legal 법적인 remedy 해결책 recover 회수하다 appropriate 적절한 immediately 즉시 avoid 피하다 consequence 결과

✉ sample 363

Try It! 다른 단어로 바꿔 써보기

immediately 즉시
right now 지금 바로
without delay 지체 없이
at once 즉시
straight away 당장에

Dear

It is with great concern that I write yet again to enquire after your payment for order #61246. We try to be as patient as possible with our customers, but there is a limit to how long we can wait. That limit is quickly approaching. This email is our last notice. Please pay right away.

Thank you.

- - - - - - - -

주문번호 61246에 관한 지불 요청을 또 한다는 것이 매우 염려스럽습니다. 저희는 고객님들께 가능한 한 많은 인내심을 가지려고 노력하지만 저희가 기다릴 수 있는 데도 한계가 있습니다. 기한이 빠르게 다가오고 있습니다. 이 이메일은 최후통첩입니다. 즉시 지불 부탁드립니다. 고맙습니다.

with concern 염려하여 enquire 문의하다 quickly 빠르게 approaching 다가오는 right away 즉시, 곧바로

✉ sample 364

Try It! 다른 단어로 바꿔 써보기

ascertain 알아내다
establish 확립하다
find out 찾아내다
uncover 알아내다
reveal 밝히다

Dear

Our attempts to determine the reasons behind your late payment have not succeeded. Your account is now over one month past due. This is our final notice regarding payment. The next step will be to involve a collection agency. Please arrange for payment immediately.

Regards

- - - - - - - -

지불이 늦어지는 이유를 알 수가 없습니다. 당신은 한달 넘게 지불 기한을 경과하고 있습니다. 이것은 지불과 관련한 최후통첩입니다. 다음 단계는 미수금 처리 대행 회사가 관여할 것입니다. 즉시 지불해 주시기 바랍니다. 안녕히 계십시오.

determine 판단하다 reason 이유 succeed 성공하다 involve 관련시키다

sample 365

Try It! 다른 단어로 바꿔 써보기

remedy 해결하다
eliminate 없애다
get rid of 버리다
eradicate 근절하다
square 처리하다

Dear

Payment for your order has still not been received, and it has now been over six weeks since you took delivery. This is the third email concerning this issue. If payment is not received within the week, additional steps will be taken to solve the problem. This is our ultimatum on this payment.

I am looking forward hearing from you soon.

\- - - - - - - -

당신의 주문에 대한 지불이 아직도 이루어지지 않았으며 당신이 배송을 받은 후로 6주가 지났습니다. 이 문제에 관해 세 번째로 이메일을 보내는 것입니다. 이번 주 내로 지불이 완료되지 않으면 문제를 해결하기 위해 추가 조치가 취해질 것입니다. 이것은 지불과 관련한 최후통첩입니다. 곧 소식 주시길 고대하겠습니다.

order 주문 delivery 배달 (물품) concerning ~에 관한 additional 추가적인 solve 해결하다 ultimatum 최후통첩

회신을 독촉할 때 Requesting a Reply ▲

sample 366

Dear

I have sent three emails regarding your past due account. Please reply to this email so that we can arrange for payment. We are willing to work with you to resolve the situation, but you must write us immediately.

I hope to hear from you.

Try It! 다른 단어로 바꿔 써보기

phone 전화하다
email 이메일을 보내다
fax 팩스를 보내다
contact 연락하다
call 전화하다

지불 기한이 지난 귀하의 거래에 관해 세 건의 이메일을 보냈습니다. 저희가 지불 준비를 할 수 있게 제발 답장을 해주시기 바랍니다. 저희는 귀하와 함께 이 상황을 기꺼이 해결할 생각이지만 귀하께서 즉시 저희에게 편지를 주셔야 합니다. 소식 주시기 바랍니다.

reply 응답하다 so that ~하도록 be willing to 기꺼이 ~하다 resolve 해결하다

sample 367

Dear

I still have not heard from you regarding payment. Please contact me as soon as possible so that we can discuss your account. Keeping open the lines of communication is essential.

Thanks.

Try It! 다른 단어로 바꿔 써보기

Supporting 유지하는 것
Retaining 유지하는 것
Maintaining 유지하는 것
Having open 열어두는 것
Keeping alive 살아있게 하는 것

당신으로부터 지불에 관해서 아직도 소식을 듣지 못했습니다. 당신의 거래에 관하여 의논할 수 있도록 가능한 한 빨리 저희에게 연락 주시기 바랍니다. 의사소통의 길을 열어놓는 것은 매우 중요합니다. 고맙습니다.

keep A B A를 B 상태로 유지하다 communication 의사소통 essential 필수적인

✉ sample 368

Try It! 다른 단어로 바꿔 써보기

unanswered emails 대답없는 이메일
poor communication 나쁜 의사소통
limited contact 연락 제한
unreturned phone calls 회신없는 전화
lack of reply 답변 부재

Dear [ ]

I'm writing because I'm a little concerned about the lack of response from you. If you are receiving my emails, please respond. We need to find a solution to this issue so that payment can be made and your account can return to good standing.

I am looking forward your response.

\- - - - - - - -

당신에게서 답장이 없는 것에 걱정이 되어 글을 씁니다. 제 이메일을 받으면 제발 회신해 주십시오. 당신의 신용이 다시 좋아지고 지불을 마칠 수 있도록 이 문제에 대한 해결책을 찾아야 합니다. 응답 주시길 고대합니다.

lack 결여 response 응답, 반응 respond 응답하다 issue 문제 solution 해결책

✉ sample 369

Try It! 다른 단어로 바꿔 써보기

clear this out 문제를 완전히 해결하다
finish our deal 우리의 거래를 끝내다
keep our relationship open 우리의 관계를 개방적으로 하다
hold our business steady 우리의 사업을 안정되게 하다
terminate all of this 이 모든 것을 끝내다

Dear [ ]

It has been over a week since my last email and I still have not heard from you. It is essential that we work together to resolve this problem. There are different options for the arrangement of your payment, but we must communicate if we are to work this out. Please contact me as soon as possible.

Thank you.

\- - - - - - - -

제가 마지막으로 이메일을 보낸지 1주일이 지났는데 저는 아직도 당신으로부터 아무 소식을 들을 수가 없습니다. 이 문제를 해결하기 위해서 저희가 함께 일하는 것은 매우 중요합니다. 당신의 지불에 관한 다른 선택의 여지가 있는데 이것이 잘 될지 알아보기 위해서는 당신과 이야기 나누어 봐야 합니다. 가능한 한 빨리 연락 주시기 바랍니다. 감사합니다.

over a week 일주일이 넘은 since ~이래로 still 여전히 communicate 의사소통하다 if we are to 우리가 ~하려면

✉ sample 370

Dear [   ]

This is the third email I have sent to you in this month and I have yet to get a reply. I'm concerned that our problems concerning payment will escalate if we do not keep the lines of communication open. Please contact me so that we can discuss this issue further.

I'm looking forward hearing from you soon.

Try It! 다른 단어로 바꿔 써보기

hear back from you 당신에게서 소식을 다시 듣다

get a response 응답을 받다

learn where we stand 우리의 위치를 알다

receive feedback 피드백을 받다

get an email back 답변 이메일을 받다

이것은 제가 이번 달에 보낸 세 번째 메일인데 아직도 회신을 받지 못했습니다. 대화창구를 열어놓지 않는다면 지불에 관한 우리 문제가 커질 것 같아 우려스럽습니다. 이 문제에 관해 더 의논해 보기 위해 부디 연락 주십시오. 곧 연락 주시길 고대하겠습니다.

third 세번째의 have yet to 아직 ~하지 못하다 reply 답장 I'm concerned that ~을 우려하다 concerning ~에 관하여 escalate 악화되다, 증가시키다 further (좀) 더

Case 05

지불 독촉을 받을 때 Enforced Payment ▲

sample 371

Dear [ ]

I understand your ❶frustration and I apologize for the delay in payment. The problem has been ❷cleared up at our end, and payment will be made soon. Thank you for being so understanding.

I'm sorry any inconvenience.

\- - - - - - - -

Try It! 다른 단어로 바꿔 써보기

❶ aggravation 짜증
irritation 화가 남
annoyance 짜증
disappointment 실망
dissatisfaction 불만

❷ resolved 해결된
finished 끝난
patched up 해결된
fixed 고쳐진
repaired 고쳐진

당신의 불만을 이해하고 지불이 늦어진 점 사과 드립니다. 우리쪽에서 문제가 해결되었고 곧 지불될 것입니다. 이해해 주셔서 감사합니다. 불편을 드려 죄송합니다.

frustration 짜증, 낙담 apologize for ~에 대해 사과하다 payment 지불 clear up 해결하다 end (일 · 활동 등의) 분야, 부문 understanding 이해심이 있는

sample 372

Dear [ ]

I'm sorry for the lateness of my payment. We have had some problems in our bookkeeping system. We are in the process of resolving these problems. Once we have sorted out the confusion, payment will be sent.

Thank you for your patience.

\- - - - - - - -

Try It! 다른 단어로 바꿔 써보기

systems 시스템
computer servers 컴퓨터 서버
spreadsheet programs 스프레드시트 프로그램
detailing products 세부 제품
secretarial department 비서직 부문

지불이 늦어진 점 죄송합니다. 저희 부기 시스템에 문제가 생겼습니다. 저희는 이 문제를 해결하는 과정에 있습니다. 혼란 상황이 정리되면 송금하겠습니다. 인내해 주셔서 감사합니다.

lateness 늦음 bookkeeping 부기 in the process of ~하는 중인 resolve 해결하다 once 일단 ~하면 sort out (문제 등을) 처리하다, 정리하다 confusion 혼란 patience 인내

sample 373

Try It! 다른 단어로 바꿔 써보기

Dear ______

I received your email concerning my payment. I'm afraid we have had a slight cash flow problem, but it should be resolved by the end of the week. I will let you know as soon as payment has been arranged.

Thank you for your understanding.

----

income 수입
returns 수익
profits 수익
money 돈
earnings 수입

송금에 관한 당신의 이메일을 잘 받았습니다. 죄송하지만 저희가 약간의 자금난을 겪고 있습니다. 하지만 이번 주 안으로 해결될 것입니다. 지불이 처리되는 즉시 알려 드리겠습니다. 이해해 주셔서 감사합니다.

concerning ~에 관하여 slight 약간의 cash flow 현금 흐름, 현금유출입 as soon as ~하자마자 arrange 처리하다 understanding 이해

sample 374

Try It! 다른 단어로 바꿔 써보기

Dear ______

Thank you for your patience with the delay in payment. I assure you that I recognize the importance of settling my account with you. I am currently working to resolve the issues that are causing the delay.

Thank you for understanding this.

----

investigating what might cause the problems 문제를 일으켰을 만한 것을 조사하는 것
sorting out the things 일을 처리하는 것
identifying the sources 원인을 파악하는 것
eliminating any obstacles 장애물을 제거하는 것
finding the reasons 이유를 찾는 것

송금의 지연에 대해 인내심을 가져주셔서 감사합니다. 당신에게 대금을 갚는 데 대한 중요성을 분명히 알고 있습니다. 저는 지금 지연을 야기하고 있는 문제를 해결하고 있습니다. 이것을 이해해 주셔서 감사합니다.

assure 보장하다 recognize 인식하다 settle one's account 정산하다, 대금을 결제하다 currently 현재 issue 문제 cause 야기하다

✉ sample 375

Try It! 다른 단어로 바꿔 써보기

- the slow response 느린 반응
- our accounting department 우리 회계부서
- our inability to pay 우리의 지불 무능력
- these circumstances 이런 여러 상황
- this mess 이 혼란

Dear

I understand your impatience with this situation, but I assure you that I am doing everything that I can to arrange payment. A late paying client on my end has disrupted my cash flow. Once I receive payment, I will have the funds necessary to pay you.

I appreciate your understanding in this.

\- - - - - - - -

이 상황에 대한 당신의 조급함을 이해합니다만 저는 분명히 송금을 하기 위해 제가 할 수 있는 모든 것을 다하고 있습니다. 비용을 늦게 지불한 고객 때문에 저희쪽 현금 흐름이 방해를 받고 있습니다. 비용을 받으면 당신께 지불하는 데 필요한 자금이 생길 것입니다. 이 점을 이해해 주셔서 감사합니다.

impatience 조급함 situation 상황 client 고객 disrupt 혼란스럽게 하다 necessary 필요한

Case 01

클레임을 제기할 때 Making a Claim ▲

sample 376

Try It! 다른 단어로 바꿔 써보기

sent 보내진
received 받아진
in the box 상자에
in the shipment 선적된
came 온

Dear ....

I'm writing to inform you that the product we received from your company yesterday arrived in an unacceptable condition. First of all, the fabric is torn in several places. It looks as if it was damaged during packing. In addition, there were several missing items. We ordered twelve different fabric patterns, but only seven were shipped. Please take steps to remedy this situation immediately.

Thank you.

어제 당신의 회사로부터 받은 제품이 받아들일 수 없는 상태에 있음을 알리고자 글을 씁니다. 먼저, 직물이 여러 군데에서 찢어져 있습니다. 포장 과정에서 손상된 것 같습니다. 게다가 몇 가지 빠진 품목이 있습니다. 저희는 12개의 다른 직물 패턴을 주문했는데 7개만 배송이 되었습니다. 이 상황을 즉시 해결해 주시기 바랍니다. 감사합니다.

It looks as if ~처럼 보이다 damage 손상시키다 packing 포장 in addition 게다가 remedy 해결하다

sample 377

Try It! 다른 단어로 바꿔 써보기

unmanageable 통제할 수 없는
irrepressible 감당할 수 없는
uncontainable 억제할 수 없는
wild 다루기 힘든
disorderly 혼란한

Dear ....

There is a serious problem with our most recent order. Specifically, it arrived over two weeks late. While we can understand that there are some uncontrollable events that cause delay, two weeks is simply unacceptable. We need assurances that this sort of problem will not happen again.

Thank you for your attention in this matter.

가장 최근의 주문에 심각한 문제가 있습니다. 구체적으로 말하자면 2주 이상 늦게 도착하였습니다. 지연을 야기하는 상황이 있는 점은 이해하지만 2주는 도저히 납득할 수 없습니다. 이러한 종류의 문제가 다시는 일어나지 않는다는 보장이 필요합니다. 이 문제에 대해 관심 부탁드립니다.

specifically 구체적으로 uncontrollable 통제할 수 없는 unacceptable 받아들일 수 없는 assurance 보장, 확신 sort 종류

sample 378

Dear [   ]

There are two major problems with the service we received from your delivery services. First of all, the shipment was not delivered within the time frame promised by your representative. Second of all, the packages were crushed and had obviously been mishandled. Please contact me immediately to discuss these serious problems.

Thank you.

Try It! 다른 단어로 바꿔 써보기

flattened 납작해진

majorly damaged 심각하게 손상된

ruined 파괴된

compressed 눌려진

trodden 짓밟힌

우리가 받은 당신의 배송 서비스에 두 가지 주요한 문제점이 있습니다. 먼저 영업사원이 약속한 시간 안에 배송이 이루어지지 않았습니다. 두 번째로 상품이 망가져 있고 잘못 다룬 것이 눈에 보입니다. 이런 심각한 문제에 대해 의논하려고 하니 즉시 연락 바랍니다. 감사합니다.

time frame 예정 기한 representative 판매사원, 대표자 package 소포, 포장 crush 찌부러뜨리다

sample 379

Dear [   ]

I'm writing to ask that you address the serious problems that we have had with your customer service department. When we attempted to discover what had happened to our missing shipment, your representatives treated us dismissively and rudely. If we are to continue to give you our business, we must be able to trust that we will be respected and given assistance when it is required.

Sincerely,

Try It! 다른 단어로 바꿔 써보기

unsatisfactorily 만족스럽지 못하게

glibly 말뿐으로

superficially 피상적으로

jokily 장난스럽게

frivolously 불성실하게

귀사의 고객 서비스 부서에 있는 심각한 문제를 처리하시도록 요청하고자 글을 씁니다. 저희가 적재물이 사라져 무슨 일인지 알아보려고 했을 때 상담원들은 저희를 무시하고 무례하게 대했습니다. 저희가 당신과 사업을 계속 하려면 도움이 필요할 때 받을 수 있고 존중될 것이라는 확신이 있어야 합니다.

customer 손님 attempt 시도하다 discover 발견하다 shipment 화물, 적재물, 운송 dismissively 냉담하게, 대수롭지 않다는 듯이 rudely 무례하게 trust 신뢰하다 assistance 도움 respect 존중하다

✉ sample 380

Dear [ ]

I'm writing to enumerate the problems we are experiencing with the G32 monitor.

* The power source is not compatible with US wiring ❶standards.
* The resolution is not ❷up to the specifications indicated in the product description.
* The screen size is too small.

Please take steps to address these issues.

Thank you.

Try It! 다른 단어로 바꿔 써보기

❶ requirements 요건
necessities 필수조건
minimums 최소치
averages 평균값
accepted values 용인되는 값

❷ meeting 만족시키는
equal to 동일한
the same as 동일한
as high as 높은
quite equaling 꽤 동일한

G32모니터를 쓰면서 경험한 문제점을 말씀드리고자 합니다. 전력원이 미국 배선 표준과 맞지 않습니다. 제품 설명에 명시된 사양만큼 해상도가 높지 않습니다. 스크린 크기가 너무 작습니다. 이 문제에 대해 조치를 취해 주시기 바랍니다. 감사합니다.

enumerate 열거하다 power source 전력원 compatible 호환 가능한 wiring 배선 (공사) standard 표준
resolution 해상도 up to (수량 · 정도 등이) 최고 ~까지 specification 사양, 세목 indicate 나타내다 description 설명

Case 02

불만을 호소할 때 Making a Complaint ▲

sample 381

Dear [ ]

I'm writing to complain about the delay in delivery of my order. When I placed my order I was told it would be shipped within a week. It has now been three weeks and I have yet to receive it. Please take steps to remedy this situation as soon as possible.

Thank you for your attention.

- - - - - - - -

Try It! 다른 단어로 바꿔 써보기

- your company's delivery service 귀사의 배달 서비스
- my shipment 내 화물
- your business practices 귀사의 업무 관행
- the quality of your customer service 귀사의 고객서비스 품질
- a missing package 분실된 소포

제 주문의 배송 지연에 대해 항의하려고 합니다. 제가 주문을 할 때 일주일 안에 배송이 될 거라고 들었습니다. 지금 3주째인데 아직도 받지 못하고 있습니다. 가능한 한 빨리 상황을 해결해 주시기 바랍니다. 관심 가져주셔서 감사합니다.

complain 불평하다 place an order 주문하다 I was told (that) ~라고 들었다 have yet to 아직 ~하지 못하다

sample 382

Dear [ ]

I would like to register a complaint about the G32 monitors we just received. The resolution on the monitors does not ❶at all match that ❷guaranteed by your sales representative. We made a sizable order based on what we were told. All business transactions are based on the assumption of good-faith dealing. Please address this issue immediately.

Sincerely,

- - - - - - - -

Try It! 다른 단어로 바꿔 써보기

- ❶ mirror 반영하다
- come close to being 거의 ~할 뻔하다
- echo 흡사하다
- reflect 반영하다
- represent 나타내다

- ❷ assured 보장된
- promised 약속된
- pledged 약속된
- warranted 보증된
- certified 보증된

저희가 방금 받은 G32모니터에 대해 불만을 제기할 것이 있습니다. 모니터의 해상도가 판매사원이 보장했던 것과 맞지 않습니다. 저희는 들은 것을 바탕으로 대량 주문을 하였습니다. 모든 사업 거래는 믿음을 기초로 이루어집니다. 이것에 관해 즉시 답해 주십시오.

register 등록하다 complaint 불평 not at all 전혀 ~ 아닌 match 일치하다 sizable 꽤 큰 based on ~을 근거로 하는 on the assumption 전제로 good-faith 진실된 dealing 거래

sample 383

Dear [   ]

I'm writing to express my ❶displeasure at the slowness of the delivery of my last order. We waited a full month for the shipment to arrive. In our business, it is imperative that we be able to receive merchandise in a timely manner so that we can get them to our ❷retail partners. In the future, if we do not receive our orders promptly, we will re-evaluate our relationship.

Thank you for your attention.

Try It! 다른 단어로 바꿔 써보기

❶ anger 화
discontent 불만
unhappiness 불행
absolute disapproval 완전한 못마땅함
true dissatisfaction 진정한 불만족

❷ outlets 직판점
stores 상점
business friends 사업 친구
many supermarkets 많은 슈퍼마켓
merchandising cohorts 상인집단

제 주문에 대한 배송이 느려진 데 대한 불만을 말씀드립니다. 저희는 배송이 도착하도록 한달 내내 기다렸습니다. 저희 사업에서는 소매업자들에게 줄 수 있도록 반드시 제시간에 물품을 받을 수 있어야 합니다. 앞으로도 주문을 신속하게 받을 수 없다면 우리 관계에 대해서 다시 생각해 볼 것입니다. 관심 부탁드립니다.

displeasure 불만족 shipment 화물, 적재물 imperative 꼭 필요한 merchandise 상품 retail 소매

sample 384

Dear [   ]

I'm going to have to be honest and tell you that I'm a little bothered by the difficulty I've had getting through to customer service. We've had some serious problems with the new X5 monitors, and we have yet to get someone to talk to us about our issues. I don't know what we can do to improve communication, but please try to resolve the problem as soon as possible.

Thanks,

Try It! 다른 단어로 바꿔 써보기

dipswitches 감광 스위치
joysticks 조이스틱
parallel ports 병렬 접속구
power supplies 전력공급
network drives 네트워크 드라이브

솔직히 고객 서비스를 이용하는 것이 어려워 다소 불편했다고 말씀드리고 싶습니다. 저희는 새로운 X5모니터에 심각한 문제가 있는데 이 문제에 관해 이야기 나눌 사람을 아직도 찾지 못했습니다. 의사소통을 개선하기 위해 저희가 할 수 있는 것이 무엇인지 모르겠습니다만 가능한 한 빨리 문제를 해결해 주시기 바랍니다. 감사합니다.

bothered 괴로운 get through to ~와 (전화) 연결되다 customer service 고객서비스 부서 improve 향상시키다

sample 385

Try It! 다른 단어로 바꿔 써보기

plant 공장
workplace 작업장
warehouse 창고
storage facility 창고 시설
stockroom 창고

Dear

This email is about a problem we have with the textile shipment we received from your company yesterday. Upon opening the order, we realized that a large amount of the fabric had been stained by some kind of thick black liquid. This must have happened during shipping, or at your factory. We will need to return the order and have it replaced. This is quite an inconvenience for us, as I'm sure you can imagine, so please do whatever you can to expedite the process.

Thank you.

\- - - - - - - -

당신의 회사에서 어제 받은 직물에 문제가 있습니다. 상품을 개봉하자마자 상당한 양의 직물이 까맣고 진한 어떤 종류의 액체로 얼룩져 있다는 것을 발견했습니다. 이것은 운송 중에 일어났거나 당신의 공장에서 일어난 것이 틀림없습니다. 저희는 주문을 돌려보내고 교체 받아야 합니다. 짐작하시겠지만 이것은 저희에게 꽤 불편하므로 신속히 처리하기 위해 무엇이든 해주시기 바랍니다. 감사합니다.

textile 직물 realize 깨닫다 fabric 천 stain 얼룩 factory 공장 replace 교체하다 expedite 신속히 처리하다

sample 386

Try It! 다른 단어로 바꿔 써보기

attemping 시도함
trying 시도함
laboring 노력함
acting 활동함
seeking 구함

Dear

I'm terribly sorry about the delay. We have had some recent difficulties with our delivery service. We are currently working to solve the problem and get your product out to you.

I'm sorry to have inconvenienced you.

- - - - - - - -

지연에 대해 매우 죄송합니다. 저희는 최근 배송 서비스에 어려움이 있었습니다. 현재 문제를 처리하고 당신께 상품을 보내 드리려고 노력 중입니다. 불편을 끼쳐 드려 죄송합니다.

terribly 매우 delay 지연 recent 최근의 delivery 배달 inconvenience 불편을 끼치다

sample 387

Try It! 다른 단어로 바꿔 써보기

details 세부사항
functionalities 기능성
functions 기능
particulars 명세
descriptions 묘사

Dear

I'm terribly sorry if there was a miscommunication regarding the performance and features of the X5. What was the name of the sales representative who gave you the information about the resolution? It is unusual for any misinformation to be given since all of our sales reps work from the same product descriptions. Please let me know where you got your information, and exactly what the discrepancies are.

Thank you.

- - - - - - - -

X5의 성능 및 특징에 관해 전달이 잘못되었다면 정말 죄송합니다. 그 해상도에 관한 정보를 주었던 판매원이 누구입니까? 모든 직원이 동일한 상품 설명으로 일하기 때문에 정보가 잘못 전달되는 경우는 흔하지 않습니다. 정보를 어디에서 얻었는지와 차이점이 정확히 무엇인지 알려 주시기 바랍니다. 감사합니다.

performance 성능 feature 특성 since ~이기 때문에 sales representative 판매 사원(= sales rep) unusual 이례적인 misinformation 잘못된 정보 description 설명 exactly 정확히 discrepancy 불일치(점)

✉ sample 388

Dear [   ]

I'm sorry to hear about the delay in receiving your order. We at Smith Technology value our clients greatly and we know that your time is valuable. We will take steps to make sure that your orders are expedited in the future.

Thank you for your business.

Try It! 다른 단어로 바꿔 써보기

to a great extent 매우

to the highest degree 극도로

beyond your imagination 당신의 상상을 넘어서

exceedingly much 엄청나게 많이

wholly 아주

주문 상품을 받는 데 지연되었다니 죄송합니다. 저희 Smith Technology 직원들은 고객을 매우 소중하게 생각하며 고객님의 시간이 매우 소중하다는 것을 알고 있습니다. 추후에는 고객님의 주문이 확실하게 신속히 처리되도록 조치를 취하겠습니다. 거래에 감사드립니다.

value 소중히 하다 client 고객 valuable 소중한 make sure that ~을 확실히 하다 expedite 신속히 처리하다

✉ sample 389

Dear [   ]

Thanks for getting in touch with us. I apologize if you feel that you've fallen through the cracks. I've taken over the case personally, so be dealing with me now. If you could write me an email outlining exactly what your problems are, I'll get to work on solving them.

Thanks for your patience.

Try It! 다른 단어로 바꿔 써보기

been forgotten 잊혀졌다

slipped through our fingers 빠져나갔다

been passed over 업무에서 밀려났다

become an anomaly 이상한 사람이 되었다

felt invisible 없는 것처럼 느꼈다

저희에게 연락해 주셔서 감사합니다. 도움을 못 받았다고 느끼셨다면 사과 드립니다. 제가 이 건을 직접 맡았습니다. 그러니 이제 저와 얘기하시면 됩니다. 문제가 정확히 무엇인지 요지를 써서 보내 주시면 그것들을 해결해 드리겠습니다. 인내해 주셔서 감사합니다.

get in touch 연락하다 apologize 사과하다 fall through the crack 도움을 받지 못하다 take over 인계받다, 넘겨받다 case 사례, 경우 personally 직접 exactly 정확히 get to work (on) ~일에 착수하다 patience 인내

✉ sample 390

Try It! 다른 단어로 바꿔 써보기

a study 조사
an examination 조사
an analysis 분석
a survey (설문) 조사
scrutiny 정밀조사

Dear

I'm terribly sorry to hear that your shipment arrived with damages. Since we insure every shipment, there should be no problem in replacing and reshipping the order. Unfortunately, there will have to be an investigation of the damage before a replacement can be made. This will take between two to four weeks. I apologize for the inconvenience.

Thank you for your patience.

\- - - - - - - -

물건이 손상되어 도착했다니 정말로 죄송합니다. 모든 화물은 보험에 들어 있기 때문에 주문하신 상품을 교체해 다시 운송하는 데는 문제가 없습니다. 안타깝게도 물건을 교체하기 전에 손상에 대한 조사가 이루어져야 합니다. 이것은 2주에서 4주 정도 걸립니다. 불편을 드려 사과드립니다. 양해 부탁드립니다.

shipment 화물 damage 손상 insure 보험에 들다 there should be no problem 문제가 없을 것이다 replace 교체하다 investigation 조사 replacement 교체 two to four weeks 2주~4주

Case 04

고객 서비스 부서에 회신할 때 Responding to Customer Services ▲

sample 391

Dear [   ]

Thank you for your quick response. However, what I need most is not ❶assurances, but rather for my order to arrive promptly. I will expect ❷delivery by the end of the week.

Thank you,

- - - - - - - -

Try It! 다른 단어로 바꿔 써보기

❶ pledges 약속
declarations or promises 선언이나 약속
your word 당신의 말
an assertion 주장
constant reassurances 끊임없이 안심시키는 말

❷ the receipt 수령
to get my goods 내 상품을 받기를
arrival 도착
distribution 배송
to have my items 내 물품을 갖기를

빠른 답변 감사합니다. 하지만 제가 가장 필요한 것은 보장이 아니라 제 주문 상품이 신속히 도착하는 것입니다. 이번 주말까지 배송 기다리겠습니다. 감사합니다.

response 응답 assurance 보장 not A but rather B A가 아니라 오히려 B promptly 즉시 by the end of the week 이번 주말까지

sample 392

Dear [   ]

Thank you for your quick reply. Other than the slowness of the shipping, we have been very happy with your company. I hope that we can resolve this issue and continue to have a fruitful relationship.

Kind regards,

- - - - - - - -

Try It! 다른 단어로 바꿔 써보기

determine 종결시키다
finalize 완료하다
get to the bottom of 진짜 원인을 알아내다
put an end to 끝내다
disentangle 분류해 정리하다

빠른 답장 감사합니다. 운송이 느린 것을 제외하고는 우리는 당신의 회사에 대해 매우 만족합니다. 이 문제를 해결하고 유익한 관계를 지속했으면 좋겠습니다. 그럼 안녕히 계세요.

slowness 느림 other than ~을 제외하고 resolve 해결하다 issue 문제 continue 계속하다 fruitful 유익한, 결실이 많은

✉ sample 393

Dear ( )

A two to four week delay before reshipping is absolutely unacceptable. We must have these textiles delivered to our retail outlets by next Friday. Therefore, it is imperative that we remedy this matter immediately. We did not cause this problem, so we should not be made to suffer for it. Please respond as soon as possible.

Regards,

\- - - - - - - -

Try It! 다른 단어로 바꿔 써보기

totally 완전히
utterly 전적으로
entirely 완전히
very 매우
definitely 확실히

물건을 다시 선적하기 전에 2주에서 4주의 지연은 절대로 받아들일 수 없습니다. 다음 주 금요일까지 저희 소매 직판점으로 이 직물을 배달시켜야 합니다. 그러니까 반드시 이 문제를 즉시 처리해야 합니다. 우리가 이 문제를 초래한 것이 아니므로 이 문제로 시달리고 싶지 않습니다. 가능한 한 빨리 답장해 주십시오. 이만 줄입니다.

reshipping 재선적 absolutely 완전히, 절대로 unacceptable 받아들일 수 없는 textile 직물, 섬유 retail outlet 소매직판점 therefore 그러므로 imperative 필수적인

✉ sample 394

Dear ( )

Thank you for ❶getting back to me so quickly. I'm glad I'm dealing with someone I know well now. Most of our problems concern the power supply of the G32. The ❷surge protector doesn't seem to work properly. Is there something we're missing about installation? If you could go over it with me, we may be able to find the problem.

Thanks,

\- - - - - - - -

Try It! 다른 단어로 바꿔 써보기

❶ returning 대답함
calling back 다시 전화 줌
writing back 답장함
emailing back 이메일로 답장함
answering 회답함

❷ connecting cable 연결 케이블
wiring attachment 배선 연결장치
webcam 웹카메라
HD video camera HD 비디오 카메라
optical device 광학장치

이렇게 빨리 다시 연락주셔서 감사합니다. 이젠 제가 잘 아는 사람을 상대하게 되어 기쁘군요. 우리 문제의 대부분은 G32의 전력 공급입니다. 과부하 차단기가 제대로 작동하는 것 같지 않습니다. 설치에서 저희가 빠뜨린 것이 있습니까? 저와 함께 검토해 주시면 문제점을 찾을 수 있을 것입니다. 감사합니다.

get back to ~에게 다시 연락하다 most of 대부분의~ concern ~에 관련되다 power supply 전력 공급 surge protector 과부하 차단기 installation 설치 go over ~을 검토하다

✉ sample 395

Dear ( )

Throughout the order process, we spoke with Gene Davis, who seemed quite confident that the G32 had a resolution of 1600 x 1200. However, the actual resolution is 1280 x 1024. We based our decision to go with your product on his information. If you cannot provide us with monitors of the proper resolution at the agreed upon price, we will have to look elsewhere for a supplier.

Thanks.

\- - - - - - - -

Try It! 다른 단어로 바꿔 써보기

founded our decision on
~에 근거해 결정했다

rooted our decision in
~에 결정의 근원이 있었다

originated our decision from
결정의 기원이 ~에 있었다

centered our decision on
~에 결정의 중점을 두었다

grounded our decision on
~에 기초해 결정했다

모든 주문 과정에서 저희는 Gene Davis 씨와 이야기했는데 그는 G32의 해상도가 1600×1200이라고 꽤 확신에 차있는 것 같았습니다. 하지만 실제 해상도는 1280×1024였습니다. 저희는 그의 정보를 바탕으로 귀사의 모니터를 선택하였습니다. 합의했던 가격으로 적절한 해상도의 모니터를 제공해 주시지 못한다면 다른 공급회사를 찾아볼 것입니다. 감사합니다.

throughout ~내내 confident 자신 있는 resolution 해상도 actual 실제의 base A on B A의 근거를 B에 두다
go with ~을 선택하다 at the agreed upon price 합의했던 가격에

환불을 요구할 때 Requesting a Refund ▲

sample 396

Dear [   ]

I'm afraid that it has simply been too long of delay for delivery of my order. I'm going to have to ask for a refund. Please credit my account for the full amount and cancel my order.

Thank you for your prompt attention.

Try It! 다른 단어로 바꿔 써보기

- money back 돈을 돌려주는 것
- a gift card in return 대가로 주는 상품권
- some sort of reimbursement 일종의 변상
- a repayment 상환액
- a settlement 합의

\- - - - - - - -

죄송하지만 주문 상품 배송이 너무 오래 지연되고 있습니다. 환불을 요청해야겠습니다. 전액을 제 계좌로 환불해 주시고 제 주문을 취소해 주십시오. 신속한 관심 부탁드립니다.

simply 단순히 refund 환불(금) credit 입금하다 full 완전한 prompt 신속한 attention 관심

sample 397

Dear [   ]

I'm afraid that the problems with the G32 make it unsuitable for our needs. I'm writing to request a refund for the full amount of the order including shipping. We will arrange for the return of the units. Please credit our account upon receipt of the return shipment.

Thank you.

Try It! 다른 단어로 바꿔 써보기

- wants 욕구
- wishes 소망
- requirements 필요사항
- desires 욕망
- requests 요구

\- - - - - - - -

죄송하지만 G32에 문제가 있어 저희가 필요한 곳에 적합하지 않습니다. 배송을 포함하여 주문 상품에 대해 전액 환불을 요청합니다. 저희는 물품을 반송하겠습니다. 반송이 확인되면 입금해 주시기 바랍니다. 감사합니다.

unsuitable 적합하지 않은 need 욕구 request 요구하다 including 포함하여 arrange 처리하다, 마련하다
return 반품, 반환 unit (완성품) 한 개, 단위 upon receipt of ~을 수령하는 대로 shipment 화물, 적재물

✉ sample 398

Dear [   ]

I'm writing to request a refund for our order (#5321). As you know, prompt shipment is essential in our industry. Delivery of this order has taken far too long to arrive, so we have been forced to seek out another supplier. Please see that our account is credited.

Thank you,

Try It! 다른 단어로 바꿔 써보기

strained 부담을 받은

obliged ~할 수밖에 없게 된

required 요구된

compelled 강요된

coerced 강요된

5321번 주문을 환불하고 싶습니다. 아시다시피 저희 산업에는 신속한 배송이 생명입니다. 이 주문의 배송은 너무 오래 걸려서 다른 공급회사를 찾아야 했습니다. 비용이 환불되는지 확인해 주시기 바랍니다. 감사합니다.

essential 필수적인 industry 산업 be forced to ~할 수밖에 없다 seek out (어려운 상황에서) ~을 찾아내다 supplier 공급자

✉ sample 399

[   ]

I'm afraid I'm going to have to ask for a refund. We simply haven't been able to get the T2 to work properly and we feel that our customers won't be able to either. We've arranged to have the shipment returned. Please credit our account for the purchase price.

Thank you for your help.

Try It! 다른 단어로 바꿔 써보기

the total 전체

the entire original cost and shipping value 전체의 원래 가격과 운송비

everything we have paid 우리가 지불했던 모든 것

the maximum value 최대 가치

the total money I gave you 내가 당신에게 주었던 총 금액

죄송하지만 환불을 요청하겠습니다. 저희는 T2를 가지고는 일을 제대로 할 수가 없으며 저희 고객분들도 마찬가지일 것이라고 생각합니다. 화물을 반송 처리를 하였습니다. 구매했던 금액을 환불해 주십시오. 도움 주셔서 감사합니다.

properly 적절하게 customer 손님 not ~ either ~도 아닌 purchase 구매

✉ sample 400

Try It! 다른 단어로 바꿔 써보기

option 선택사항
alternative 대안
other way 다른 방법
nice way 좋은 방법
substitute 대체물

Dear

I'm writing to request a full refund for our order. The damages to our shipment were too extensive, and the wait time for redelivery is too long. Therefore, I have no choice but to ask that our payment be returned. I would appreciate it if the refund could be made as soon as possible.

Thank you.

\- - - - - - - -

주문 전액을 환불 요청합니다. 화물 손상이 너무 컸으며 다시 배송되기까지 대기 시간이 너무 오래 걸립니다. 그러므로 환불을 받을 수밖에 다른 도리가 없습니다. 환불이 가능한 한 빠르면 감사하겠습니다. 감사합니다.

damage 손상 extensive 아주 넓은, (피해 등이) 대규모의 wait time 대기시간 redelivery 재배송
have no choice but to ~하는 것 외에 다른 선택이 없다, ~할 수밖에 없다

Case 06

상품을 교환하려 할 때 Exchanging the Product ▲

sample 401

Dear [ ]

The product I received was not the one I ❶thought I was getting. I would like to exchange it for item #2346. Would it be possible to do this? Would there be ❷a change in price?

Thank you,

Try It! 다른 단어로 바꿔 써보기

❶ believed 생각했다
supposed 간주했다
reckoned 생각했다
hoped 바랐다
understood 이해했다

❷ a discretion 재량(권)
a difference 차이
an adjustment 조정
a variation 변화
a modification 수정

제가 받은 상품은 제가 생각했던 것이 아닙니다. 2346번 제품으로 바꾸고 싶습니다. 이것이 가능하겠습니까? 가격에도 변동이 있습니까? 감사합니다

product 제품 exchange A for B A를 B로 교환하다 item 물품, 품목 possible 가능한

sample 402

Dear [ ]

I'm writing to see if it would be possible to exchange the fabric I ordered, pattern #23552, for a different one, pattern #23557. We realized upon receiving our order that the shade is darker than it looked in the picture. Please let me know the procedure for doing an exchange.

Thank you,

Try It! 다른 단어로 바꿔 써보기

lighter 더 약한
deeper 더 짙은
less vivid 덜 선명한
closer to blue 파란색에 더 가까운
more like red 빨간색에 가까운

제가 주문한 직물 23552번 패턴을 다른 패턴 23557번으로 교환할 수 있는지 알아보고 싶습니다. 저희는 주문 상품을 받자마자 명암이 사진에서보다 더 어둡다는 것을 알게 되었습니다. 교환을 하기 위한 절차를 알려 주시기 바랍니다. 감사합니다.

fabric 천 shade 명암의 정도, 농담의 색조 procedure 절차 exchange 교환

✉ sample 403

Dear [ ]

I would like to exchange the product I recently ordered from you. The network routers that we ordered are not compatible with the voltage in American electrical outlets. I see that you also sell another model. Could we make an exchange? Let me know what your policy is.

Thank you,

Try It! 다른 단어로 바꿔 써보기

surge protectors 과부하 차단기
adapter kits 어댑터 세트
jigsaws 실톱
wireless tablets 무선 태블릿
extension cords 전기선 연장 코드

제가 최근에 당신으로부터 주문한 상품을 교환하고 싶습니다. 저희가 주문했던 네트워크 라우터는 미국 전기 콘센트와 전압이 맞지 않습니다. 다른 모델도 판매하시는 것을 보았습니다. 교환해도 되겠습니까? 방침이 어떻게 되는지 알려 주시기 바랍니다. 감사합니다.

recently 최근의 compatible 호환되는 voltage 전압 electrical outlet (전기) 콘센트 policy 정책

✉ sample 404

Dear [ ]

I think we made a little mistake when we ordered our last shipment of fabric. We intended to order the red plaid, but we mistakenly ordered the red polka dots. We'd like to exchange this order for the one we wanted. Please let me know if this will be possible.

Thanks,

Try It! 다른 단어로 바꿔 써보기

desired 원했다
asked for 요청했다
ordered 주문했다
placed an order for 주문했다
are extremely excited to receive 받는 것이 매우 기대되다

저희가 지난번 직물 주문을 잘못하였습니다. 저희는 빨간 격자를 원했는데 실수로 빨간 물방울무늬를 주문하였습니다. 저희가 원래 원했던 것으로 바꾸고 싶습니다. 가능한지 알려 주시기 바랍니다. 감사합니다.

make a mistake 실수하다 order 주문하다 shipment 운송, 화물, 적재물 intend 의도하다 plaid 격자무늬 polka dot 물방울무늬

✉ sample 405

Dear [   ]

Would it be possible for me to exchange the hard drives I ordered for a different model? I realized when I received them that they are not compatible with the CPUs in the computers that we are assembling. Please let me know as soon as possible whether the exchange will be possible.

Thank you.

- - - - - - - -

Try It! 다른 단어로 바꿔 써보기

putting together 한데 모으다
piecing together 한데 짜맞추다
collecting 모으다
gathering 모으다
pulling together 하나로 합치다

제가 주문했던 하드 드라이브를 다른 모델로 교환할 수 있을까요? 그것들을 받았을 때 저희가 조립하고 있는 컴퓨터의 CPU와 맞지 않는다는 것을 발견하였습니다. 교환이 가능한지 가능한 한 빨리 알려 주시기 바랍니다. 감사합니다.

hard drive 하드 드라이브   assemble 조립하다   as soon as possible 가능한 한 빨리

보상을 요구할 때 Requesting Compensation ▲

sample 406

Dear

I'm writing to ask that my company be compensated for the time spent as we tried to solve the problem with your product. As you know, we sent our order back four times and were still not able to get a functioning product. We lost a lot of work hours as well as opportunities to use other suppliers and we would like to be compensated. Please call me so we can discuss this issue further.

Thank you for your prompt attention.

Try It! 다른 단어로 바꿔 써보기

- a working 실제로 도움이 되는
- an operating 작동하고 있는
- a performing 실행하는
- an executing 실행하는
- a worthy 가치있는

저희 회사가 귀하의 제품에 생긴 문제를 해결하기 위해 노력했던 시간에 대해 보상을 받고자 편지를 드립니다. 아시다시피 저희가 주문을 네 번이나 다시 했지만 여전히 제대로 된 기능을 하는 제품을 받을 수 없었습니다. 저희는 다른 공급회사를 이용할 기회뿐만 아니라 많은 업무시간까지 손해 보았으며 이것을 보상 받기 원합니다. 이 문제에 관해 더 의논할 수 있게 저에게 전화 주십시오. 즉각적인 관심 부탁드립니다.

funcion 기능을 다하다 A as well as B B뿐만 아니라 A도 opportunity 기회 supplier 공급자

sample 407

Dear

This is to ask for compensation for the business my company lost due to the late delivery of the order I made from you. Because of the slow shipping, a number of my retail partners chose to go with other distributors for their products. Attached is the amount this poor service has cost my company. Please review it and get in touch with me as soon as possible.

Thank you.

Try It! 다른 단어로 바꿔 써보기

- negligence 태만
- lapse 실책
- insufficient service 서비스 부족
- bad assistance 형편없는 지원
- inadequate support 충분하지 않은 지원

이 편지는 제가 주문했던 상품의 배달이 늦어져서 저희 회사가 손실을 입은 사업에 대한 보상을 요구하려는 것입니다. 배송이 늦어진 탓에 저희와 함께 일했던 많은 소매업자가 그들의 상품에 맞는 다른 배급업자를 택하고야 말았습니다. 첨부된 파일에 저희 회사가 형편없는 서비스 때문에 손실을 입은 금액이 나와 있을 겁니다. 살펴보시고 최대한 빨리 저희에게 연락 주세요. 감사합니다.

due to ~때문에 shipping 운송, 선적 a number of 많은 ~ retail 소매 distributor 유통업자 cost ~을 희생하다

✉ sample 408

Try It! 다른 단어로 바꿔 써보기

middle ground 타협안
amends 보상
repayment 상환
return 반환
compensation 보상

Dear

As you know we have not been able to solve the compatibility issues with the hardware we ordered from you. At this point I feel that we are entitled not only to a refund, but also to compensation for the trouble we have gone to trying to make this inferior product work for us. Please contact me to discuss a fair restitution.

Thank you.

\- - - - - - - -

아시다시피 제가 당신으로부터 주문한 하드웨어의 호환성 문제를 해결하지 못하고 있습니다. 이러한 시점에서 저는 환불뿐만 아니라 이 형편없는 제품을 작동시켜 보려고 노력한 데 대한 보상까지 받으려고 합니다. 공정한 손해배상에 대해 의논하려고 하니 연락 주시기 바랍니다. 감사합니다.

at this point 이 시점에서 be entitled to ~할 자격이 되다 refund 환불 inferior 질이 떨어지는 restitution 손해배상, 반환

✉ sample 409

Try It! 다른 단어로 바꿔 써보기

send out 보내다
hand out 나눠주다
allocate 할당하다
give out 배부하다
issue 지급하다

Dear

The problems with the textiles we ordered from your company have caused considerable problems with our business here in Australia. We expected to be able to immediately distribute the products to our stores, but instead we were left with empty shelves. I hate to resort to this, but I'm afraid I must ask for compensation. We are still working on estimating what our losses have been. When we have arrived at a number, we will let you know.

Sincerely,

\- - - - - - - -

당신의 회사로부터 주문하였던 직물에 관한 문제는 여기 Australia에 있는 저희 사업에 심각한 문제를 야기하였습니다. 저희는 상점에 즉각적으로 물품을 유통할 수 있을 것으로 예상했는데 선반을 비워 두어야 했습니다. 이렇게까지 하고 싶지 않지만 보상을 요구합니다. 저희는 아직도 손실을 추산하기 위해 노력하고 있습니다. 금액에 관해 정해지면 알려 드리겠습니다. 안녕히 계세요.

considerable 상당한 distribute 유통시키다 be left with ~하게 되다 resort to ~에 의존하다 estimate 추산하다

✉ sample 410

Dear [ ]

I'm afraid I have a ❶fairly serious problem. Not only did the part I order not work with my computer, but it caused considerable damage to my CPU. I'm going to have to ask for compensation. The ❷value of my computer is $1200. The machine is now unusable as a direct result of your product.

Thank you for your quick response.

\- - - - - - - -

Try It! 다른 단어로 바꿔 써보기

❶ quite 꽤
rather 좀, 약간
moderately 중간으로
reasonably 꽤
comparatively 비교적으로

❷ market value 시장가치
cost 비용
worth 가치
MSRP 제조업체 권장가격
retail value 소매 가치

정말 심각한 문제가 생겼습니다. 제가 주문했던 부품이 제 컴퓨터와 잘 작동하지 않을 뿐만 아니라 CPU에 심각한 손상을 입히기까지 했습니다. 보상을 받을 수 있을지 여쭤봐야만 할 것 같습니다. 제 컴퓨터는 1200달러입니다. 귀하의 제품 때문에 제 컴퓨터는 더 이상 쓸 수 없게 되어 버렸습니다. 빠른 답변 부탁드립니다.

farily 매우 serious 심각한 not only ~ but (also) ~뿐만 아니라 ~도 part 부품 damage 손상 compensation 보상 unusable 사용할 수가 없는 a direct of result ~의 직접적인 결과

Case 08

클레임 처리를 강하게 촉구할 때
Requesting Aggressively Complaint Settlement ▲

sample 411

Try It! 다른 단어로 바꿔 써보기

we're experiencing 경험 중이다
occurring 발생 중인
happening 발생하고 있는
in the works 진행 중인
stirring 일어나고 있는

I still have not received a response concerning the problems I'm having with the product. Whether or not I give you my business again depends on a prompt resolution of these problems. Please respond as quickly as possible to this email.

Sincerely,

저는 여전히 제 상품의 문제점들에 대해 답을 받지 못하고 있습니다. 제가 다시 한번 귀하에게 일을 맡길지는 이 문제들에 대한 신속한 답변에 달려 있습니다. 이메일을 보시면 가능한 한 빨리 답변을 주세요.

response 응답 concerning ~에 관하여 whether or not ~인지 아닌지 depend on ~에 달려 있다 prompt 신속한 resolution 해결책 quickly 빠르게

sample 412

Try It! 다른 단어로 바꿔 써보기

utter fury 완전한 분노
vexation 짜증
endless anger 끝 없는 분노
enragement 격노
ongoing annoyance 계속되는 짜증

Dear

This email is to express my exasperation at the lack of a response to my complaints. If we are to continue to do business together, I must know that problems can be resolved and resolved quickly. Please respond as soon as you get this.

제 불만사항에 대한 답변이 부족했던 것에 너무 화가 나서 이 편지를 씁니다. 만약 우리가 계속 사업을 함께 할 것이라면 저는 분명히 이 문제들이 해결될 수 있으며 또 빨리 해결될 수 있다는 점을 알아야겠습니다. 이 편지를 받는 즉시 답변 부탁드립니다.

express 표현하다 exasperation 분개, 짜증 complaints 불평 do business 사업을 하다 as soon as ~하자마자

✉ sample 413

Try It! 다른 단어로 바꿔 써보기

an apparent 명백한
a transparent 명료한
a plain 분명한
a simple 단순명료한
an unambiguous 모호하지 않은

Dear [   ]

I'm concerned about the lack of a clear response to the complaints I made on March 12th. It is absolutely imperative that we resolve this issue as quickly as possible. If you cannot handle the problem, please put me in contact with your supervisor so that we can move forward.

I look forward to hearing from you soon.

제가 3월 12일에 드린 불만사항에 대해 명확한 답변이 없어 염려스럽습니다. 이 문제를 가능한 한 빨리 해결해야 하는 것은 매우 중요합니다. 만약 당신이 문제를 처리할 수 없다면 우리가 앞으로 나아갈 수 있게 당신 상사와 연결시켜 주세요. 곧 소식 주시길 고대하겠습니다.

lack 부족, 결핍 absolutely 절대적으로 imperative 필수의 handle 처리하다 put A in contact with B A를 B에게 연결시켜주다 supervisor 감독관, 관리자

✉ sample 414

Try It! 다른 단어로 바꿔 써보기

are left 남아 있다
stand ~ 상태이다
are still 여전히 ~이다
continue to be 계속 ~이다
are staying ~인 채로 있다

Dear [   ]

I'm writing in regard to the complaints I expressed in my email of 8/13/15. I have yet to receive a reply, and the problems I explained remain unsolved. I urge you to contact me as soon as possible so that we can find a solution to these serious concerns.

I look forward to your prompt reply.

2015년 8월 13일에 이메일을 통해 알려 드린 불만사항에 관한 이야기입니다. 저는 아직 답장을 받지 못했고 제가 말씀드린 문제 또한 해결되지 못한 채 남아 있습니다. 우리가 이 심각한 문제의 해결책을 찾을 수 있도록 가능한 한 빨리 제게 연락 주실 것을 권고 드립니다. 신속한 답변을 기다리고 있겠습니다.

in regard to ~에 관해 remain ~ 상태이다 unsolved 해결되지 못한 urge ~ to ~에게 ~하기를 촉구하다 serious concerns 심각한 관심사

✉ sample 415

Dear ______

I'm not sure if you have been getting my emails. I have written several times in the last week to express impatience at your inability to solve my problem. Please get in touch with me as soon as possible with a solution.

Try It! 다른 단어로 바꿔 써보기

state 말하다
convey 전달하다
put across 이해시키다
suggest 암시하다
communicate 알리다

\- - - - - - - -

제 메일을 받고 계신지 모르겠네요. 제가 말씀드린 문제를 해결해 주지 않으셔서 기다릴 수 없다는 내용의 메일을 지난 주에 몇 통 드렸습니다. 최대한 빨리 해결책을 갖고 저에게 연락 주세요.

sure 확신한 several times 몇 번 impatience 참지 못함 inability 무능력 solution 해결책

Case 09

불만사항에 대해 회신할 때 Responding to Complaints ▲

sample 416

Dear

We have received your complaints. Please ❶know that we are working ❷hard to solve the problems. We should have everything taken care of by tomorrow.

Thank you very much for your patience.

- - - - - - - -

Try It! 다른 단어로 바꿔 써보기

❶ be aware 알고 있어라
take solace in the fact ~ 사실을 위안으로 삼아라
find peace knowing ~를 알고 편안해하라
do not question 의문삼지 말라
believe 믿어라

❷ diligently 열심히
assiduously 열성적으로
attentively 주의 깊게
around-the-clock 24시간 내내
with everything we have 모든 걸 다해

귀하의 불만사항은 접수되었습니다. 문제를 해결하기 위해 저희가 열심히 노력하고 있다는 것만 알아주세요. 내일까지는 어떻게든 이 문제를 처리하도록 하겠습니다. 인내에 감사드립니다.

complaint 불만사항, 불평 work hard 열심히 일하다 solve (문제를) 해결하다 take care of ~를 보살피다, 처리하다
by tomorrow 내일까지

sample 417

Dear

I assure you that we understand your complaints, and we are working to find a solution. We will contact you by the end of the day with an update on our efforts. I apologize for the problems and I promise that we are on the case.

- - - - - - - -

Try It! 다른 단어로 바꿔 써보기

grievances 불평
protests 항의
moans 불평
appeals 호소
objections 이의

말씀해 주신 문제는 저희가 이해했으며 해결책을 찾기 위해 노력하고 있습니다. 해결상황 진척에 대해 오늘 중으로 알려 드리도록 하겠습니다. 문제를 만들어 죄송합니다. 열심히 해결하고 있다는 사실을 알아주세요.

assure 보장하다 solution 해결책 update 업데이트 efforts 노력 apologize 사과하다 promise 약속하다
be on the case 문제를 처리하다

sample 418

Dear [   ]

I understand your ❶annoyance with the problems you have experienced. Please understand that we are committed to solve your problems as quickly as can ❷reasonably be expected. We should have the issues you spoke of resolved within the week. I will email you as soon as we've solved the problem.

Thank you for your patience.

- - - - - - - -

Try It! 다른 단어로 바꿔 써보기

❶ limitations 한계
frustractions 짜증, 당황
disappointments 실망
continuous questions 계속되는 질문
ongoing irritations 계속되는 짜증

❷ sensibly 분별있게
rationally 이성적으로
logically 논리적으로
plausibly 그럼직하게
convincingly 납득이 가게

고객님께 일어난 문제로 화가 나신 점 이해합니다. 이 문제에 대해 기대하시는 만큼 가능한 수준에서 최대한 빨리 문제를 해결하는 데 온 힘을 쏟고 있다는 점을 이해해 주세요. 이번 주 내로 말씀하신 문제를 해결하도록 하겠습니다. 이 문제를 해결하는 즉시 메일을 보내겠습니다. 참아주셔서 감사합니다.

experience 경험하다 annoyance 짜증 be committed to ~에 헌신하다 as quickly as ~만큼 빨리 reasonably 합리적으로 have A resolved A가 해결되게 하다 issue 문제

sample 419

Dear [   ]

We have received your complaints and are working to address your concerns. Once we have more information concerning the whereabouts of your order, we will contact you. In the meantime, I ask that you be patient with the process.

Thank you for understanding.

- - - - - - - -

Try It! 다른 단어로 바꿔 써보기

truly request 진심으로 요청하다
yearn 갈망하다
solicit 간청하다
expect 기대하다
demand 요구하다

고객님의 불만사항은 접수되었으며 저희는 문제를 처리하기 위해 노력하고 있습니다. 주문상품의 행방에 대해서는 정보를 더 입수하는 즉시 알려 드리도록 하겠습니다. 그동안 조금만 기다려 주십시오. 이해해 주셔서 감사합니다.

address 처리하다 concerns 걱정, 관심사 once 일단 ~하면, ~하는 대로 concerning ~에 관하여 whereabouts 행방, 소재 order 주문 (상품) in the meantime 그동안에 patient 참을성 있는 process 절차, 과정

✉ sample 420

Dear [   ]

I understand your frustration. These problems are ❶serious, and we are working to solve them. As soon as we have ascertained exactly what the ❷malfunction with the hardware is, we will make the necessary repairs and ship you the replacement products. Until then, I can only ask for your patience.

Thank you.

Try It! 다른 단어로 바꿔 써보기

❶ grave 심각한
grim 심각한
inexcusable 변명할 수 없는
sobering 진지하게 만드는
surely correctable 분명히 고칠 수 있는

❷ breakdown 고장
wrong 과실
failure 고장
blip 일시적 문제
error 실수

화가 나신 것은 당연합니다. 이 문제는 심각하며 저희도 이를 해결하기 위해 노력하고 있습니다. 하드웨어 불량의 원인이 무엇인지 정확히 알아내는 즉시 필요한 수리를 마치고 새로 교체된 상품을 배달해 드리도록 하겠습니다. 그때까지 조금만 더 기다려 주세요. 감사합니다.

ascerntain 확인하다, 규명하다 malfunction 오작동 repairs 수리 replacement 교체

sample 421

Dear

I'm happy to inform you that we have solved the problem. Your replacement order has been shipped out and should arrive within the week. I would like to apologize again for the inconvenience.

Thank you for your patience.

\- - - - - - - -

Try It! 다른 단어로 바꿔 써보기

delighted 기쁜
elated 마냥 행복한
charmed 기쁘게 생각하여
overjoyed 아주 즐거운
so very pleased 아주 많이 기뻐하여

우리가 문제를 해결했다고 알려 드리게 되어 매우 기쁩니다. 고객님의 교체상품은 발송되었으며 이번 주 안에 도착할 것입니다. 다시 한번 불편을 드리게 된 것에 대해 사과 드립니다. 참아 주셔서 감사합니다.

inform 알려 주다 ship 운송하다 within the week 이번주 안에 inconvenience 불편함 patience 인내

sample 422

Dear

I'm writing to let you know that we have found the problem with the hard drive that you ordered. It was ❶set to operate at the wrong speed. There is a ❷quick fix that will allow you to ensure compatibility with your system. I'm sorry for the difficulties you have had.

Thank you for your understanding.

\- - - - - - - -

Try It! 다른 단어로 바꿔 써보기

❶ arranged 준비된
established 구축된
regulated 조절된
configured 구성된
programmed 프로그래밍된

❷ workaround 차선책
solution 해결책
simple mend 간단한 해결책
trouble-free repair 문제 없는 수리
patch 패치

고객께서 주문하신 하드 드라이브의 문제점을 찾았음을 알려 드립니다. 잘못된 속도에 작동되도록 설정되어 있었습니다. 귀하의 시스템과 호환성을 보장할 수 있는 응급처방이 있습니다. 어려움을 드려 죄송합니다. 이해해 주셔서 감사합니다.

set 설정하다 operate 작동하다 quick fix 응급처방 allow 허용하다 ensure 보장하다 compatibility 호환성 difficulty 어려움

sample 423

Try It! 다른 단어로 바꿔 써보기

sending 보내기
shipping 배송
putting out 내보내기
delivering 배달하기
preparing 준비하기

Dear ________

I have good news. We have resolved the problem with the shipping company and they are now releasing your order. It should be delivered within the next 48 hours. I appreciate your patience in this matter. I assure you that problems like this are not typical at our company.

Thank you again for your patience.

좋은 소식이 있습니다. 우리는 운송 회사와의 문제를 해결했고 이제 그쪽에서 고객님의 주문상품을 보내는 중에 있습니다. 앞으로 48시간 안에 배달될 것으로 예상됩니다. 이 문제에 대한 양해 감사드립니다. 이런 종류의 문제가 저희 회사에게도 일반적이지 않다는 점, 확실히 말씀드립니다. 다시 한번 참고 기다려 주셔서 감사합니다.

release 방출하다 order 주문 (상품) matter 문제 assure 장담하다 typical 전형적인

sample 424

Try It! 다른 단어로 바꿔 써보기

in the future 미래에는
as of tomorrow 내일부로
when you need to reach us 우리에게 연락해야 할 때
we've corrected this, and 우리는 이것을 고쳤고
from this moment 이 순간부터

Dear ________

I wanted to let you know that the problems that made it difficult for you to contact our customer service department have been resolved. There was an issue with our phone system. Your calls were being routed to a voice mailbox that is no longer in use. You can be sure that from now on you will have no problems contacting us.

Thank you for your patience in this matter.

고객님이 저희 고객 서비스 부서에 연락하는 것을 방해한 문제점들이 해결됐습니다. 전화 시스템상에 문제가 있었습니다. 고객님의 전화가 저희가 더 이상 사용하고 있지 않은 음성 사서함으로 연결되고 있었습니다. 앞으로는 저희와 연락하시는 데 전혀 문제가 없다는 점을 믿으셔도 됩니다. 이 문제를 양해해 주셔서 감사합니다.

make it difficult for A to do A가 ~하는 것을 어렵게 만들다 customer service department 고객 서비스 부서
route (특정 경로를 통해) 보내다 in use 사용 중인 from now on 이제부터

✉ sample 425

Dear [   ]

I am writing to inform you that we have found a way to address your complaints. We are sending a new shipment to replace the one that was damaged. You should receive it by the end of the week. I apologize for the problems you have encountered. I can personally guarantee you that they are not ❶common at our company and they ❷will not happen again.

Thank you for your generosity.

\- - - - - - - -

Try It! 다른 단어로 바꿔 써보기

❶ the norm 예삿일
archetypal 전형적인
representative 대표적인
classic 전형적인
conventional 통상적인

❷ shall never 절대 ~하지 않는다
surely will never 절대로 ~하지 않는다
cannot ~할 수 없다
by no means will 절대로 ~아니다
in no way will 어떤 식으로든 ~않는다

고객님의 불만을 해결할 방법을 찾았음을 알려 드립니다. 하자가 있는 물품을 대신할 새로운 것을 보내 드립니다. 이번 주말에 받아보실 수 있을 겁니다. 고객님께서 겪으신 어려움에 대해 사과 드립니다. 이러한 문제들이 저희 회사에 일반적이지 않음과 다시는 일어나지 않을 것임을 개인적으로 장담합니다. 너그럽게 봐주셔서 감사합니다.

address 처리하다 shipment 화물, 적재물 encounter 우연히 마주치다 personally 개인적으로 common 흔한

사과 · 해명 Apology & Excuse

Case 01 사과를 할 때 ① Making an Apology ①

sample 426

Dear [ ]

I'm terribly sorry for the delays we've experienced in getting the report to you. I know your time is valuable. We will work to avoid issues like this in the future.

Thank you for your patience.

\- - - - - - - -

Try It! 다른 단어로 바꿔 써보기

- I promise we will improve upon issues 문제를 개선하도록 약속한다
- Our communications will not be handled 의사소통이 처리되지 않을 것이다
- We will do our best to head off problems 문제를 방지하도록 최선을 다하겠다
- You will not have to experience delays 지연을 경험할 필요가 없을 것이다
- Improvements will be made to interactions 상호작용을 개선할 것이다

귀하께 드려야 하는 보고서가 늦어져서 정말 죄송합니다. 귀하의 시간이 소중하다는 점은 잘 알고 있습니다. 후에는 이런 일이 없도록 하겠습니다. 양해해 주셔서 감사합니다.

terribly 끔찍이 delay 미룸 report 보고(서) avoid 피하다 issue 문제

sample 427

Dear [ ]

I'm writing to apologize for losing my temper at the meeting. I know that the low sales figures are not your fault. I've been under a lot of pressure lately and I'm afraid I didn't control my emotions very well. I hope you can forgive me.

Regards,

\- - - - - - - -

Try It! 다른 단어로 바꿔 써보기

- stress 스트레스
- strain 긴장
- anxiety 불안
- burdens 짐
- concerns 걱정거리

회의에서 제가 화를 냈던 점 정말 죄송합니다. 낮은 판매 실적이 당신의 잘못이 아니라는 것은 알고 있습니다. 제가 최근에 엄청난 스트레스를 받아서 감정 조절을 잘하지 못했던 것 같습니다. 제 잘못을 용서해 주시기 바랍니다. 안녕히 계십시오.

apologize 사과하다 temper 냉정함, 침착, 기질 fault 잘못 pressure 압력, 압박 lately 근래에 control 조절하다 emotion 감정

sample 428

Dear [   ]

I'm sorry for the misunderstanding last week. I hope you didn't wait for us too long. We had written down the wrong time for the meeting. I know your time is valuable and I'm sorry if we wasted too much of it.

Thanks for your understanding.

Try It! 다른 단어로 바꿔 써보기

confusion 혼란
blunder 터무니없는 실수
slip-up 사소한 실수
misinterpretation 오해
puzzlement 혼동

지난주에 착오가 있어서 죄송합니다. 너무 많이 기다리지 않으셨기를 바랍니다. 저희 쪽에서 회의 시간을 잘못 알려 드렸습니다. 귀하의 시간이 매우 중요하다는 것을 잘 알고 있습니다. 너무 많은 시간을 낭비하게 했다면 죄송합니다. 이해해 주셔서 감사합니다.

misunderstanding 오해, 착오 wait for ~을 기다리다 too long 너무 오래 write down ~을 적다 meeting 회의 waste 낭비하다

sample 429

Dear [   ]

I'm truly sorry for the mix-up last week. I really thought that the documents I sent you were the right ones. Imagine my surprise when I realized they weren't. I hope I didn't cause you too much trouble.

Thanks for your patience.

Try It! 다른 단어로 바꿔 써보기

I couldn't believe it 그것을 믿을 수 없었다
You could hardly imagine how much I was surprised 내가 얼마나 놀랐는지 당신은 상상하기 힘들 것이다
Just imagine how much I was embarrassed 내가 얼마나 당황했는지 한번 상상해보라
You wouldn't believe how shocking it was 그것이 얼마나 충격적인지 당신은 믿지 않을 것이다
No body could guess how much I was startled 내가 얼마나 깜짝 놀랐는지 아무도 짐작하지 못할 것이다

지난주에 일을 망쳐서 죄송합니다. 서류를 제대로 보냈다고 생각했습니다. 그렇지 않았다는 것을 알았을 때는 정말 놀랐습니다. 많은 문제를 일으키지 않았기를 바랍니다. 인내해 주셔서 감사합니다.

mix-up (실수로 인한) 혼동 imagine 상상하다, 짐작하다 surprise 놀람 realize 깨닫다 cause 초래하다 trouble 문제

✉ sample 430

Try It! 다른 단어로 바꿔 써보기

ruined 망쳤다
screwed up 망쳤다
interrupted 중단시켰다
disrupted 방해했다, 혼란에 빠뜨렸다
changed 변동시켰다

Dear

I know I really disturbed your plans by being late last week. I apologize for causing so much trouble. I really should have double-checked the directions before driving to the meeting site. I won't let it happen again.

Thanks for understanding.

- - - - - - - -

지난주에 늦어서 당신의 계획에 방해가 된 것을 알고 있습니다. 너무 큰 문제를 일으켜서 죄송합니다. 회의 장소로 가기 전에 다시 한 번 길을 확인했어야 했습니다. 이런 일이 다시는 일어나지 않게 하겠습니다. 이해해 주셔서 감사합니다.

disturb 방해하다 plan 계획 double-check 두 번 확인하다 direction 방향

Case 02

사과를 할 때 ② Making an Apology ②

sample 431

Try It! 다른 단어로 바꿔 써보기

make an exit 나가다
leave 떠나다
go away 떠나버리다
depart 떠나다
sneak away 몰래 빠져나가다

Dear

I'm sorry I wasn't able to make it to the meeting on Tuesday. I had a crisis at the office and I wasn't able to get away. I apologize if I've inconvenienced you too much. Let's reschedule for next week.

Thanks for understanding.

화요일 모임에 참석하지 못해서 죄송합니다. 회사에 큰 일이 있어서 밖으로 나갈 수가 없었습니다. 큰 불편을 드렸다면 죄송합니다. 다음 주로 다시 약속을 잡죠. 이해해 주셔서 감사합니다.

be able to ~할 수 있다 make it to ~에 참석하다 crisis 위기 get away ~에서 벗어나다 office 사무실 apologize 사과하다 inconvenience 불편을 끼치다 reschedule 일정을 재조정하다

sample 432

Try It! 다른 단어로 바꿔 써보기

set up 설치된
intended 의도된
planned 계획된
deliberately constructed 의도적으로 만들어진
devised 고안된

Dear

I'd like to apologize for the mistake we made on your order last week. Our system is designed to avoid situations like this, but this time something went wrong. It was really inexcusable, and I promise it won't happen again.

Thank you for your patience.

지난주에 고객님의 주문에 저희가 실수를 범했던 점에 대해 사과 드리고 싶습니다. 저희 시스템은 이와 같은 상황을 피하도록 설계되어있으나 이번에는 뭔가가 잘못되었습니다. 정말 용납할 수 없는 실수였지만 다시는 이러한 상황이 벌어지지 않도록 약속하겠습니다. 인내에 감사드립니다.

mistake 실수 be designed to do ~하도록 설계되다 situation 상황 go wrong (일이) 잘못되다 inexcusable 변명할 수 없는, 용서할 수 없는

✉ sample 433

Dear [   ]

I'm terribly sorry for giving you the wrong time for the meeting yesterday. I could have sworn that I typed 1:00 rather than 10:00. I was so embarrassed when you showed up three hours early. I know that your time is valuable and I never intended to waste it. If there's any way I can make it up to you, please let me know.

I'll talk to you soon.

Try It! 다른 단어로 바꿔 써보기

surprised 놀란
discomfited 혼란스러운
mortified 몹시 창피한
self-conscious 남의 시선을 의식하는
uncomfortable 거북한

어제 회의 시간을 잘못 알려 드려서 정말 죄송합니다. 분명히 10시가 아닌 1시라고 타이핑했는데 당신이 3시간이나 일찍 나타났을 때 정말 당황했습니다. 당신의 시간이 귀중하다는 걸 잘 알고 있고 절대로 시간 낭비를 시킬 의도는 아니었습니다. 제 실수를 만회할 수 있는 방법이 있다면 부디 알려 주십시오. 곧 연락주세요.

swear 장담하다, 맹세하다 type 타이핑하다 rather than ~보다는 embarrassed 당황한 show up 나타나다 valuable 소중한 intend to ~할 의도이다 waste 낭비시키다 make it up 그것을 보상하다

✉ sample 434

Dear [   ]

Please forgive me for my ❶rude behavior yesterday. I've been under a lot of pressure recently, but that is no excuse for not being ❷professional. I didn't mean to raise my voice during the meeting. That was really inexcusable. I hope you can forget about it so that we can have a fresh start.

Thank you for your patience.

Try It! 다른 단어로 바꿔 써보기

❶ unforgivable 용서할 수 없는
uncalled-for 주제넘은
intolerable 참기 힘든
indefensible 옹호할 여지가 없는
impolite 무례한

❷ well-behaved 잘 행동하는
adult-like 어른스러운
well-mannered 예의 바른
dutiful 충실한
polite 공손한

어제 제 무례한 행동에 대해 용서해 주십시오. 제가 요즘 많은 스트레스를 받고 있었지만 저의 프로답지 못한 모습에 대해서는 변명할 여지가 없습니다. 회의 시간에 큰소리를 내려고 했던 의도는 아니었습니다. 정말 용납할 수 없는 일입니다. 부디 이 일에 대해 잊어버리시고 우리가 새로운 출발을 할 수 있으면 좋겠습니다. 양해해 주셔서 감사합니다.

rude 무례한 behavior 행동 under pressure 압박 받고 있는 be no excuse for ~에 대한 변명이 못되다 raise 높이다

✉ sample 435

Dear [ ]

I'd like to apologize for the errors in the sales report I presented at the meeting yesterday. I know that I under-represented sales of your company's products. That was never my intention. It was my own math mistake in the spreadsheet that led to the problem. I've written to all of the attendees at the meeting to give them the correct numbers. I've cc'd you on that email too. I'll definitely be more careful in the future.

Thanks for understanding.

\- - - - - - - -

Try It! 다른 단어로 바꿔 써보기

slides 슬라이드

computer presentation 컴퓨터 프레젠테이션

data 자료

statistics 통계

figures 수치

어제 있었던 회의에서 제가 발표했던 판매 보고서의 실수에 대해 사과 드립니다. 제가 고객님 회사의 제품 판매 실적에 관해 불충분한 조사를 했다는 것을 알았습니다. 절대 의도적인 일이 아니었습니다. 제가 계산할 때 사용했던 스프레드시트 프로그램이 문제의 원인이었습니다. 회의에 참석했던 모든 분들께는 제가 정확한 숫자를 알려 드리기 위해 메일을 드렸습니다. 고객님께도 같은 내용의 메일을 참조로 보내 드렸습니다. 앞으로는 더 철저하게 하겠습니다. 이해해 주셔서 감사합니다.

present 발표하다 underrepresent 실제보다 적게 표시하다 sales 판매 실적 lead to ~로 이어지다 attendee 참석자 definitely 분명히, 확실히 cc (이메일 등을) 참조로 보내다

Case 03

해명을 할 때 ① Making an Excuse ① ▲

sample 436

Sorry, but I can't make it to the dinner party on Saturday evening. I've got my in-laws in town this weekend, so I'll be busy ❶entertaining them. I'll take a ❷rain check though.

Thanks,

\- - - - - - - -

Try It! 다른 단어로 바꿔 써보기

❶ amusing 즐겁게 해주는
humoring 기분을 맞춰 주는
wining and dining 맛있는 음식과 술을 제공하는
visiting 방문하는
seeing 만나는

❷ time change 시간 변화
later date 추후 약속
postponement 연기
delay 연기
rescheduling 스케줄 재조정

죄송합니다만 토요일 밤 저녁 모임에 갈 수가 없을 것 같네요. 이번 주말에 동네에 친척이 오기로 되어 있어서 그들을 맞이하느라 바쁠 것 같습니다. 다음 기회에는 가도록 하겠습니다. 감사합니다.

dinner party 저녁 파티 evening 저녁 in-laws 친척, 인척 entertain 접대하다 rain check 후일의 약속, 다음 기회

sample 437

Dear

I'm not going to have the proposal finished before Friday. I'm afraid my intern really messed things up by losing half of our files! Once we get the missing information restored, we'll be able to get everything to you.

Sorry for the delay.

\- - - - - - - -

Try It! 다른 단어로 바꿔 써보기

renewed 되찾은
back 되찾은
fixed 고쳐진
reconstructed 재구성된
re-established 회복된

금요일 전까지 제안서 작성을 끝낼 수 없을 것 같습니다. 저희 쪽 인턴이 자료의 반을 잃어버리는 큰 문제를 일으켰습니다. 정보를 복구하는 대로 보고를 드릴 수 있을 것 같습니다. 지연이 되어 죄송합니다.

proposal 제안서 finish 끝내다 intern 인턴, 수습사원 mess ~ up ~을 망쳐 놓다 half of ~의 절반 missing 분실된 restore 회복하다, 복구하다

sample 438

Try It! 다른 단어로 바꿔 써보기

I'm afraid the sales report won't be ready until later in the week. We've had a problem getting this new computer ❶software to work right, so we can't get ❷an accurate set of numbers yet. Once an IT engineer figures it out, we should be in business.

Thanks for your patience.

\- - - - - - - -

❶ program 프로그램
course 코스
agenda 계획
plan 계획
schedule 일정

❷ a correct 정확한
a precise 정확한
an exact 바로 정확한
a perfect 완벽한
a literal 사실에 충실한

판매 실적 보고서가 이번 주말까지 준비되지 못할 것 같다는 말씀을 드려야 할 것 같습니다. 새로 마련한 컴퓨터 소프트웨어를 제대로 실행하는 데 문제가 생겨 저희가 아직 정확한 값을 산출할 수 없었습니다. IT 기술자가 이 문제를 해결하는 즉시 다시 보고서 작성에 착수하도록 하겠습니다. 인내해 주셔서 감사합니다.

afraid ~가 두려운 until ~할 때까지 accurate 정확한 set of 일련의 figure ~out ~을 알아내다

sample 439

Try It! 다른 단어로 바꿔 써보기

Dear

I'm going to have to put off the meeting for another day. It turns out we've got some problems at our warehouse that I have to attend to. There always seems to be something delaying us, right? I'm sorry if this is too much of an inconvenience.

Thanks,

\- - - - - - - -

obstructing 방해하는
holding up 방해하는
impeding 훼방놓는
hampering 훼방하는
drawing out 발을 빼게 하는

회의 날짜를 다른 날로 연기해야 할 것 같습니다. 제가 관리해야 하는 물품 보관소에 문제가 생겼습니다. 항상 회의가 미뤄지게 되는 것 같죠? 너무 많은 불편을 드린다면 죄송합니다. 감사합니다.

have to ~해야만 한다 put off ~을 미루다 another 또 다른 turn out ~임이 드러나다 warehouse 창고
attend to ~에 주의하다, 처리하다 always 항상

✉ sample 440

I'm sorry I didn't have the figures ready at the last meeting. We had a computer glitch right as I was about to leave for the meeting and I lost all of my data. I'll get them to you as soon as I recover them.

Thanks for understanding.

- - - - - - - -

Try It! 다른 단어로 바꿔 써보기

information 정보
facts 사실
paperwork 서류
numbers 수치
records 기록

지난번 회의 때 판매 실적을 제대로 준비하지 못해 죄송합니다. 제가 막 회의실로 가려는 때에 컴퓨터가 갑자기 고장나는 바람에 제가 갖고 있던 자료가 모두 날아가게 되었습니다. 자료를 복구하는 대로 보고 드리도록 하겠습니다. 감사합니다.

figures 수치, 총액 glitch 결함, 돌발 사고 be about to 막 ~하려고 하다 lost 잃었다 as soon as ~하자마자

sample 441

Dear

I'm sorry we were not able to address your concerns yesterday. You see, yesterday was a ❶holiday here in Korea, so the offices were closed. Sometimes these problems occur when dealing with international ❷trade. I hope the delay was not too long.

Thank you for your patience.

\-\-\-\-\-\-\-\-

Try It! 다른 단어로 바꿔 써보기

❶ special day 특별한 날
vacation day 휴가일
national day of mourning 국가추도의 날
day off 비번일
government recess 정부 휴일

❷ companies 회사
partners 파트너들
entities 주체
businesses 사업
agencies 중개업체

어제 고객님께서 걱정하시던 문제를 처리해 드리지 못해 죄송합니다. 아시다시피 어제는 여기 한국에서 휴일이었기에 업체들이 문을 닫았습니다. 가끔 이러한 문제들이 국제 무역을 처리할 때 발생하곤 합니다. 너무 많이 지체되지 않았기를 바랍니다. 인내해 주셔서 감사합니다.

address 처리하다 concern 걱정거리 closed 문을 닫은 occur 일어나다 international 국제적인 trade 무역, 거래

sample 442

Dear

Unfortunately, we cannot connect you with our support desk today. Our main technology specialist is out with the flu today, so we are short-staffed. We should be able to get to you tomorrow. I'm sorry for the inconvenience.

Thank you for your understanding.

\-\-\-\-\-\-\-\-

Try It! 다른 단어로 바꿔 써보기

internet services 인터넷 서비스
computer experts 컴퓨터 전문가
help desk 헬프 데스크
computing geniuses 컴퓨터 천재
technology crew 기술팀

안타깝게도 저희 지원부서와 연결해드리지 못하게 되었습니다. 저희 메인 기사가 오늘 독감에 걸려 없어서 직원이 모자란 상태입니다. 내일은 연결해 드릴 수 있도록 하겠습니다. 불편을 드려 죄송합니다. 이해해 주셔서 감사합니다.

connect 연결하다 support 지원 desk 부서 specialist 전문가 flu 독감 short-staffed 직원이 부족한

✉ sample 443

Try It! 다른 단어로 바꿔 써보기

reorganization 재조직
streamlining 효율화
shuffling 인사이동
reform 개혁
modification 수정

Dear [   ]

I'm sorry about the slow response to your complaints. We have recently undergone a restructure of our customer service department, and we are still working out the kinks in the system. Your problems are very important to us, and we will be able to address your concerns very soon.

Thank you very much.

- - - - - - - -

불만사항에 대한 답이 늦어지게 되어 죄송합니다. 최근 고객 서비스 부서에 구조조정이 있었고 아직 시스템 문제를 해결 중인 상태입니다. 말씀해 주신 문제는 저희에게 매우 중요하며 곧 문제를 처리할 수 있을 것입니다. 정말 감사합니다.

recently 최근에 undergo ~를 겪다 restructure 구조조정하다, 재편성하다 kink 결함 very soon 이내

✉ sample 444

Try It! 다른 단어로 바꿔 써보기

kind 종류
sort 종류
type 타입
form 형태
makeup 성질

Dear [   ]

I'm afraid we're not going to be able to get your order to you by Friday. Unfortunately, there has been a problem with the product, and we've had to recall a number of the units. This should be cleared up soon. When dealing with technology of this nature, such issues are unavoidable. Let me assure you that once you do receive the shipment, the quality will be very high.

Thank you for the patience.

- - - - - - - -

금요일까지 주문을 배달할 수가 없게 될 것 같다는 말씀을 전하게 되어 유감입니다. 불행히도 물품에 문제가 계속 있어 왔기에 저희는 많은 부품을 회수해야만 했습니다. 이 문제는 곧 정리될 것입니다. 이러한 종류의 기술을 다룰 때 그런 문제들은 피할 수 없습니다. 제품을 받아보시면 품질이 매우 우수할 것이라는 점을 보장합니다. 참아 주셔서 감사합니다.

recall 리콜하다, 회수하다 clear up (일을) 해결하다 deal with ~을 다루다 nature 특성, 종류 unavoidable 피할 수 없는 shipment 화물

✉ sample 445

Dear [   ]

As you know, your order is shipping late, and I just wanted to give you a little explanation. We've had a problem with our delivery company and have had to ❶switch to another. Some of our outstanding orders were carried over, but some were not. Yours was among those that got lost in the ❷shuffle. We've remedied the situation, and I'm sorry if there was too much inconvenience.

Thanks,

Try It! 다른 단어로 바꿔 써보기

❶ change to ~로 바꾸다
go with 선택하다
pick 고르다
decide upon 결정하다
make a hard choice but go to
힘든 선택이지만 ~하기로 하다

❷ switchover 전환
chaos 혼란
disorder 혼란 (상태)
pandemonium 대혼란
mess 난장판

아시다시피 주문상품의 배송이 늦어지고 있습니다. 그래서 그에 대한 약간의 설명을 드리고자 합니다. 저희는 배송회사와 문제가 계속 있어 왔기 때문에 다른 회사로 바꿔야만 했습니다. 처리되지 못한 주문 상품 중 일부는 이월되었지만 일부는 그렇지 못했습니다. 어수선한 상황에서 고려하지 못한 물품 중에 고객님의 물건이 포함되어 있었습니다. 저희는 이 상황을 해결했습니다. 너무 큰 불편을 드렸다면 죄송합니다. 감사합니다.

order 주문 (상품) explanation 설명 switch 바꾸다 outstanding 해결되지 못한 carry over (상품 등을) 이월하다, 연기하다 get lost in the shuffle 혼잡함 속에 간과되다 remedy 해결하다

오해를 풀 때 Clearing Up Some Misunderstanding ▲

sample 446

Try It! 다른 단어로 바꿔 써보기

fix it 그것을 수정하다
repair it 그것을 정정하다
clarify it 그것을 분명히 하다
explain it 그것을 설명하다
spell it out 그것을 상세히 설명하다

Dear

I think there's been some kind of misunderstanding. I thought we had agreed to meet on Thursday, but in your last email it looked like you were thinking Wednesday. We should clear this up before someone ends up wasting time. Let me know when you get a chance.

Thanks,

- - - - - - - -

오해가 있었던 것 같습니다. 저는 우리가 목요일에 만나기로 동의했다고 생각했습니다. 하지만 저번 이메일에서 당신은 수요일로 생각하고 계신 것처럼 보였습니다. 누군가가 시간을 낭비하지 않도록 이 문제를 확실하게 해야 할 것 같습니다. 기회가 되실 때 알려 주세요. 감사합니다.

kind of 일종의 ~ misunderstanding 오해 agree 동의하다 clear ~ up ~를 해결하다, 풀다 before ~이전에
end up ~로 끝나다

sample 447

Try It! 다른 단어로 바꿔 써보기

relating to ~에 관한
in regard to ~와 관련하여
with regard to ~에 관해서
with respect to ~에 관해서
in respect of ~에 관해서

Dear

I think there's been a mix-up concerning the payment schedule. Could you give me a call when you get a chance so we can sort it out? I'll be here for the rest of the day.

Regards,

- - - - - - - -

지불 일정에 대해 오해가 있었던 것 같습니다. 시간 되시면 문제를 바로잡을 수 있도록 전화 주시겠습니까? 저는 오늘 계속 여기에 있을 겁니다. 안녕히 계세요.

mix-up 혼동 concerning ~에 관해 payment 지불 schedule 일정 sort ~ out 처리하다, 해결하다
the rest of the day 하루 중 남은 시간

✉ sample 448

Dear

I think maybe we've had a misunderstanding. You seemed a little upset with me at the last meeting. I hope I haven't done anything to cause you problems. Please let me know so we can clear things up.

Thanks,

Try It! 다른 단어로 바꿔 써보기

angry 화가 난

mad 화가 난

aggravated 화가 난

annoyed 짜증이 난

irritated 짜증이 난

오해가 조금 있었던 것 같습니다. 지난번 회의에서 저한테 조금 기분이 언짢아 보이시던데 제가 문제를 일으킨 게 아니길 바랍니다. 문제를 해결할 수 있도록 제게 알려 주시기 바랍니다. 감사합니다.

seem ~처럼 보이다 irritated 짜증이 난 last meeting 지난 회의 cause ~에게 ~를 안겨주다

✉ sample 449

Dear

I'm afraid we may have had a little miscommunication. I need to have the completed sales reports by Friday so that I can show them to our partners. You mentioned at the meeting that you would have them on Monday. That would be too late. Let me know if you'll have them ready by Friday.

Thanks,

Try It! 다른 단어로 바꿔 써보기

This is unacceptable.
이것은 수용할 수 없다

We cannot wait that long.
그렇게 오래 기다릴 수 없다

We will not be able to use them then. 그때는 그것들을 사용할 수 없을 것이다

They must arrive no later than Saturday. 늦어도 토요일까지는 도착해야 한다

That would be behind schedule.
그러면 일정에 늦을 것이다

서로 간에 오해가 있었던 것 같습니다. 다른 사업 파트너들에게 보여줄 수 있도록 판매 보고서를 금요일까지 완성해야 합니다. 당신께서는 회의에서 월요일에 끝내겠다고 말씀하셨는데 그러면 너무 늦습니다. 금요일까지 준비될지 알려 주시기 바랍니다. 감사합니다.

completed 완성된 partner 파트너, 동업자 mention 언급하다 late 늦은 sales 판매 report 보고(서)

✉ sample 450

Dear [ ]

I'm writing to clear up a misunderstanding. I hope you don't think that I spoke to Mr. Lee about the project before clearing it with you. I value your ❶input very much, and I would never bypass you in that way. Rest assured that I will keep you ❷in the loop.

Thank you.

Try It! 다른 단어로 바꿔 써보기

❶ suggestions 제안
ideas 아이디어
contribution 공헌
thoughts 생각
offers 제안

❷ in the know (남들보다) 사정에 밝은
informed 정보를 받고 있는
up to date 최신의 정보를 구비한
clued in 정보를 받는
aware of 인지하고 있는

오해를 풀기 위해 글을 씁니다. 당신과 일을 마치기 전에 그 프로젝트에 대해서 제가 Lee씨께 먼저 말하였다고 생각하지 않으시길 바랍니다. 저는 당신의 의견을 소중히 생각하며 절대로 그런 식으로 당신을 무시하지 않을 것입니다. 저는 당신을 중요한 인력이라고 생각합니다. 감사합니다.

clear A with B A를 B와 함께 풀다 value 중요시하다 input (정보 · 의견 등의) 투입, 제공 bypass 지나치다, 무시하다
rest assured that ~임을 확신해도 된다 in the loop (권력의) 중추에, 실세에 속하여

Case 06

화가 난 이유를 말할 때 Explaining the Source of Anger ▲

sample 451

I expected to have the contracts on my desk by 5pm yesterday. Frankly, I'm a little irritated that there's been such a big delay. We really need to wrap up this deal. Please try to get everything together by the end of business today.

Try It! 다른 단어로 바꿔 써보기

finish up 마무리하다
end 끝내다
close 종결하다
finalize 끝맺음을 하다
settle 매듭짓다

저는 어제 오후 5시까지 제 책상에 계약서가 놓여 있기를 예상하였습니다. 솔직히 저는 그처럼 심각한 지연이 있는 것에 대해 다소 언짢습니다. 우리는 정말 이 거래를 마무리지어야 합니다. 오늘 근무시간 내로 정리해 주시기 바랍니다.

expect 예상하다 contracts 계약(서) frankly 솔직히 irritated 짜증난 need to ~해야 한다 wrap up ~를 마무리짓다 by the end of business 근무시간이 끝날 때까지

sample 452

I must say I'm a little annoyed. I'm not sure how you managed to confuse the internal sales report with the one intended for our outside partners. It caused me quite a bit of embarrassment. Please try to be more scrupulous in the future.

Try It! 다른 단어로 바꿔 써보기

sensible 현명한
careful 신중한
thorough 철저한
conscientious 성실한
reliable 믿을 수 있는

제가 기분이 좀 언짢은 것을 말씀드려야겠습니다. 어떻게 내부의 판매 보고서를 외부 동업자용 보고서와 헷갈릴 수 있는지 모르겠군요. 그것 때문에 저는 매우 당황스러웠습니다. 다음부터는 조금 더 꼼꼼하게 일 처리를 해주셨으면 합니다.

manage to ~을 어떻게든 해내다 confuse 헷갈리다 internal 내부의 intended 의도된 embarrassment 당황 scrupulous 철저한

✉ sample 453

If we're going to work on this project together, we're going to have to be more straightforward with each other. You can't bring up new proposals at a meeting with the client when you haven't even spoken to me about them yet. Please have a little more respect for me in the future.

Try It! 다른 단어로 바꿔 써보기

honest 정직한
open 마음이 열려 있는
clear-cut 분명한
simple 단순한
basic 기본의

- - - - - - - -

우리가 이 프로젝트를 함께 하려면 서로에게 좀 더 솔직해야 한다고 생각합니다. 저와 아직 이야기도 나누어 보지 않은 제안을 그 고객께 할 수는 없는 겁니다. 앞으로는 저를 더 존중해 주셨으면 합니다.

work on ~에 관한 일을 하다 straightforward 솔직한, 숨김없는 each other 서로서로 bring up ~을 가져오다, 제기하다 client 고객 respect 존경, 존중

✉ sample 454

I'm not sure what you were thinking when you decided to skip the meeting yesterday. That was an important point in this project, and I'm a little angry that you didn't realize that. Please understand that we have to do everything right at this stage if we want to secure the deal.

Try It! 다른 단어로 바꿔 써보기

seal 도장을 찍다
obtain 획득하다
acquire 획득하다
fasten 꽉 잡아두다
close out 마감하다

- - - - - - - -

당신이 어제 회의에 오지 않기로 결정했을 때 무슨 생각을 하고 있었는지 이해할 수가 없습니다. 그 회의는 이번 프로젝트에서 매우 중요한 순간이었습니다. 당신이 그 점을 깨닫지 못했다는 것에 대해서 조금 화가 납니다. 계약을 확실하게 하기를 원한다면 이 단계에서 모든 것을 바로 잡아야 한다는 사실을 이해해 주십시오.

sure 확신하는 skip 건너 뛰다, 하지 않다 realize 깨닫다 right 올바로 stage 단계 secure 확보하다 deal 거래, 계약

sample 455

If we are going to work together, I need you to be a little more direct with me. If I had understood you had reservations about the direction the deal was going in, I wouldn't have scheduled a meeting with our distributor. A meeting with someone from an external company is not the time to air our grievances with each other.

\- - - - - - - -

Try It! 다른 단어로 바꿔 써보기

- we need to understand one another better. 서로 더 잘 이해해야 한다
- I need to know where you stand. 당신이 어떤 상태인지 알아야 한다
- we need to communicate. 우리는 의사소통이 필요하다
- I want you to be upfront with me. 당신이 내게 터놓고 말했으면 싶다
- I have to have reliable information from you. 당신에게서 신뢰할 만한 정보를 얻어야 한다

우리가 함께 일하려면 저에게 직접 상의해 주셨으면 합니다. 거래가 진행되어 가는 방향에 대해 당신이 의구심이 있는 것을 알았더라면 내가 유통업자와 회의 일정을 잡지 않았을 것입니다. 외부 업체 사람과의 회의가 서로에 대한 불평을 떠벌리고 다니는 시간은 아니라고 생각합니다.

work together 함께 일하다 **reservation** 유보(조항), 예외(사항), 조건 **direction** 방향 **meeting** 회의 **distributor** 유통업자 **air** 떠벌리다, 발표하다 **grievance** 불평, 불만

Case 01

질문을 할 때 Asking a Question ▲

sample 456

Try It! 다른 단어로 바꿔 써보기

most recent 가장 최근의
exact ones 바로 그것
precise values 정확한 수치들
ones I need 내가 원하는 것
best to use 쓰기에 가장 적합한 것

Dear

I just had a quick question. Are the sales figures you sent me last week the most recent ones? I'm trying to put together an order and I need the current figures so I can decide how many units I need. I'd appreciate it if you could let me know if these are the latest.

Thanks for the help.

\- - - - - - - -

간단한 질문이 있습니다. 지난주에 제게 알려 주신 판매 수치가 가장 최근 것이 맞습니까? 지금 주문사항을 정리하려고 하는데 얼마나 많은 상품이 필요한지 결정하기 위해서 현재 수치를 알아야 합니다. 이 수치들이 가장 최근 것인지 알려 주시면 감사하겠습니다. 도와주셔서 감사합니다.

sales figures 판매 수치 put together 합치다, 정리하다 decide 결정하다 unit (완성품) 한 개, 단위

sample 457

Try It! 다른 단어로 바꿔 써보기

sure about ~에 대해 확신하는
knowledgeable on ~에 대해 박식한
aware of ~에 대해 알고 있는
keen for ~을 갈망하는
straight with ~에 확실한

Dear

There's something I'm not quite clear on. Did you say that the price of the G32 had gone up 2% or 3%? I don't remember what you had told me, and I can't find the original email. Could you let me know as soon as possible?

Thanks,

\- - - - - - - -

제가 확신하지 못하는 것이 있습니다. 저번에 G32의 가격이 2% 올랐다고 하셨나요 아니면 3% 올랐다고 하셨나요? 저번에 하신 말씀이 잘 기억이 나지 않는데 보내 주신 메일을 찾을 수가 없네요. 최대한 빨리 제게 알려 주시겠습니까? 감사합니다.

clear 확실한 go up (가격 등이) 오르다 original 원본의 as soon as possible 최대한 빨리

sample 458

Try It! 다른 단어로 바꿔 써보기

Dear

I hope you are doing well. I was ❶wondering if I could ❷bother you with a quick question. Is the newest line of textiles you are producing going to be ready for distribution this fall, or in the winter? I'm interested in placing an order soon, and I'd like to know what my options are.

Thank you in advance for your help.

\- - - - - - - -

❶ hoping 희망하는
speculating 추측하는
questioning 의문을 가지는
probing 살피는
suspecting 의아해하는

❷ take up your time 당신의 시간을 빼앗다
worry you 당신을 걱정시키다
trouble you 당신을 곤란하게 하다
disturb you 당신을 방해하다
fret you 당신을 조바심내게 하다

잘 지내고 계시길 바랍니다. 귀찮겠지만 간단한 질문 하나 해도 될까요? 만들고 계신 최신 직물 제품들이 이번 가을에 유통될까요 아님 겨울에 되나요? 곧 주문을 하려고 하는데 선택을 할 수 있는 게 무엇이 있는지 알고 싶습니다. 도와주셔서 미리 감사드립니다.

I was wondering if ~한지 궁금했다 bother 귀찮게 하다 textile 직물 distribution 유통 place an order 주문하다 in advance 미리

sample 459

Try It! 다른 단어로 바꿔 써보기

Dear

I'm writing to get a little information from you. Would you be able to tell me what shipping service you use for overseas delivery? We have had some problems with our service, so we're looking for alternatives. If you could give me any recommendations, I'd appreciate it.

Thank you.

\- - - - - - - -

others 다른 것
choices 선택안들
a new supplier 새 공급업체
replacements 대체물
another 다른 것

약간의 정보를 좀 얻고 싶어서 이렇게 메일 드립니다. 해외 배송과 관련하여 이용하고 계시는 배송업체가 어디인지 말씀해 주실 수 있나요? 저희 쪽에서 이용하는 업체에 계속 문제가 있어왔기에 대체할 만한 업체를 찾고 있습니다. 혹시 추천을 해주실 수 있다면 정말 감사하겠습니다. 감사합니다.

overseas delivery 해외 배송 alternative 대안 recommendation 추천

sample 460

Try It! 다른 단어로 바꿔 써보기

Dear

I have a question for you. What is the largest number of products you are capable of shipping at one time? We want to make a rather large order from you, and we weren't sure if we would need to break it up into smaller orders. I'd appreciate a quick response on this so that we can plan accordingly.

Thank you for your assistance.

tinier 더 작은
littler 더 조그만
more petite 더 앙증맞은
many 많은
teenier 더 조그만

질문이 하나 있습니다. 한번에 보내 주실 수 있는 상품 수가 최대 어떻게 되나요? 꽤 많은 양의 주문을 하고 싶은데 나눠서 작게 주문을 해야 하는지 확신이 들지 않아서요. 빠른 답변을 해주시면 저희도 그에 따라 계획을 세울 수 있으니 정말 감사하겠습니다. 도와주셔서 감사합니다.

largest 가장 큰 capable of ~할 수 있는 at one time 한번에 rather 다소, 좀 break up 나누다 response 응답 accordingly 그에 따라

Case 02 동업 제안을 할 때 ① Proposing to Work Together ① ▲

sample 461

Dear [   ]

I just wanted you to run something. What would you think of hosting a meeting between our companies next month? I think it would be very beneficial for us to have a larger scale conference since we have increased the amount of business we do together. If we coordinate more closely, I think we will both profit. Let me know what you think.

Thanks,

Try It! 다른 단어로 바꿔 써보기

holding 개최하는
having 하는
getting 개최하는
experiencing 경험하는
trying 시도하는

귀사에서 진행해 주었으면 하는 일이 있어서 연락드립니다. 다음 달 두 회사 간 미팅을 주최해 주실 수 있으신가요? 저희가 함께 하는 일이 많아졌기 때문에 이렇게 큰 회의를 하는 것이 저희 둘 모두에게 도움이 될 것 같습니다. 좀 더 친밀하게 지낸다면 우리 모두에게 이익이 될 것입니다. 귀하의 생각을 알고 싶습니다. 감사합니다.

run (행사 등을) 지휘하다 host 주최하다 beneficial 이익이 되는 larger scale 더 큰 규모로 coordinate 서로 어울리다

sample 462

Dear [   ]

I'd like to throw out an idea and see what you think. I think we could really benefit from making our business relationship more permanent. The one-time deals we've done in the past have been very profitable for both of us. What would you think of entering into a more formal agreement so that we can do such deals on a more regular basis?

Let me know if this sounds reasonable to you.

Try It! 다른 단어로 바꿔 써보기

singular transactions 단일 계약
exchanges 교역
particular contracts 특정 거래
agreements 협의
one-time pacts 일회성 계약

제가 드리는 정보를 어떻게 생각하시는지 궁금합니다. 제 생각으로는 우리가 사업관계를 좀 더 오래 지속한다면 정말 도움이 될 것 같습니다. 지난번에 한번 맺었던 계약이 저희 모두에게 굉장한 수익을 가져다 주었습니다. 좀 더 공식적인 합의를 맺어서 이와 같은 계약을 정기적으로 하는 것은 어떨까요? 이 제안이 합리적이라고 생각하신다면 알려 주세요.

permanent 영구적인 enter into an agreement 계약을 맺다 on a regular basis 정기적으로

✉ sample 463

Dear [   ]

I had an idea I wanted to share with you. Would you be interested in collaborating on a project with me? I think that we really need to have a conference in which ❶diverse importers meet to network and discuss possible joint ❷ventures. What would you think of trying to organize such a conference with me? Let me know if you have the time and inclination to work with me on this.

I look forward to hearing from you.

Try It! 다른 단어로 바꿔 써보기

❶ various 다양한
different 다른
distinct 다른
several 몇몇의
sundry 잡다한

❷ gambles 모험
endeavors 노력
undertakings 사업
risks 모험
speculations 투기

함께 나누고 싶은 생각이 있습니다. 저와 함께 프로젝트를 하시는 것에 관심이 있으신가요? 제 생각에는 회의를 열어 다른 수입업체들을 만나 네트워크를 형성하고 공동 벤처사업을 논의해 봐야 할 것 같네요. 이런 회의를 저와 함께 조직해 보시는 건 어떠신가요? 이 일을 함께 하실 의향과 시간이 있으시다면 제게 알려 주세요. 소식 기다리겠습니다.

share 나누다 collaborate 협력하다 diverse 다양한 importer 수입업자 organize 조직하다 inclination 의향

✉ sample 464

Dear [   ]

I have a proposal for you. Would you be interested in sharing some of your contacts? Since we are not in direct competition with each other, I thought we might be able to benefit from giving each other access to our client lists. I have quite a few contacts that might be in the market for your products, and I'd imagine the same is true of you. Let me know if you think it's a good idea.

Thanks,

Try It! 다른 단어로 바꿔 써보기

have an interest in ~에 관심이 있다
have a concern in ~에 관계하다
have a need for ~에 필요가 있다
have a use for ~에 쓸모가 있다
want to find an operation for ~에 대한 사업계획을 찾기 원하다

제안 하나를 드리려고 합니다. 갖고 계신 연락망을 좀 함께 나누실 의향 있으신가요? 저희가 서로 직접적인 경쟁관계에 있지 않기 때문에 제 생각에는 고객리스트를 공유한다면 이익창출에 도움이 될 것 같습니다. 제게 귀하의 제품을 구입하는 데 관심이 있을 만한 연락처가 꽤 많이 있습니다. 그쪽도 같을 것이라고 생각합니다. 좋은 제안이라고 생각하시는지 알려 주십시오. 감사합니다.

access 접근 quite a few 상당수 in the market for ~을 사려고

✉ sample 465

Dear [   ]

I'm writing with a proposal for you. What would you think of doing a ❶cross promotion with our ❷network routers and your desktop computers. I think we could really benefit each other by offering a package deal. Let me know what you think.

Thanks,

- - - - - - - -

Try It! 다른 단어로 바꿔 써보기

❶ joint venture 합작 투자 사업
co-advertisement 공동 광고
two-partner marketing campaign 두 파트너가 만드는 마케팅 캠페인
joint marketing procedure 공동 마케팅 절차
paired commercial 함께 하는 광고

❷ office servers 사무실 서버
laptop computers 노트북
handheld scanners 손에 들고 사용하는 스캐너
tablet PCs 태블릿 피시
cell phones 휴대폰

제안 하나를 드리려고 합니다. 우리쪽 네트워크 라우터와 귀하의 데스크톱 컴퓨터를 함께 상호 판촉 활동을 하는 건 어떨까요? 상품을 패키지로 판매한다면 저희 모두에게 이익이 될 것이라고 생각합니다. 귀하의 생각을 알려 주세요. 감사합니다.

cross promotion (두 제품 · 회사 간의) 상호 판촉 활동 benefit 혜택을 보다 offer 제안하다 package deal 일괄 거래

동업 제안을 할 때 ② Proposing to Work Together ② ▲

sample 466

Dear

I hope everything is going well with you. I'm writing to see if you'd be interested in ❶collaborating on a project with me. We are trying to create a business directory that would allow easy access to contact information for everyone in the ❷industry. If you would be interested in working on this with me, let me know.

Thanks,

Try It! 다른 단어로 바꿔 써보기

❶ working together 함께 일하는
joining forces 힘을 합치는
teaming up 협력하는
working in partnership 동업하는
acting as a team 팀으로 활동하는

❷ trade 직업
line of work 직업군
occupation 직업
vocation 직업
profession 직업

모든 일이 잘 되고 있기를 바랍니다. 저와 함께 일해보시는 건 어떠신지 알아보기 위해 연락드립니다. 저희가 사업 인명부를 만들고 있는데 이것은 산업에 종사하는 누구나 연락정보를 쉽게 얻을 수 있게끔 하는 것입니다. 같이 이 일을 하시는 데 관심이 있으시면 제게 알려 주세요. 감사합니다.

go well 잘 되다 collaborate 제휴하다 directory 주소 성명록, 인명부 access 접근

sample 467

Dear

I'm writing with a proposal for you. I'm trying to put together a marketing plan, and I think it would work best if we partnered with another firm. Your name immediately came to mind. Attached is a detailed proposal. If you have a chance, look it over and see if you are interested.

Let me know if you have any questions.

Try It! 다른 단어로 바꿔 써보기

right away 당장
at once 즉시
instantly 바로
instantaneously 순간적으로
right off 즉시

제안을 하나 하려고 합니다. 마케팅 계획을 세우고 있는데 저희가 또 다른 회사와 파트너 관계를 맺는다면 일이 훨씬 더 수월할 것 같다는 생각이 들었습니다. 당신의 이름이 바로 떠오르더군요. 첨부된 파일은 상세한 제안서입니다. 기회가 있다면 한번 보시고 관심이 있으신지 생각해 보세요. 질문이 있으시면 말씀해 주세요.

put together 종합하다 initiative 방안, 구상 attach 첨부하다 detail 세부사항을 적다 see if ~인지 확인하다

✉ sample 468

Dear [ ]

I enjoyed working with you last year, and there's a new project coming up that I thought you might like to be a part of. It's a cross-branding deal for textiles and a fashion label. We would be working together to create a group of products that would be sold from the same catalogue. Let me know if you think this sounds interesting.

I hope to hear from you soon.

Try It! 다른 단어로 바꿔 써보기

transaction 거래
agreement 협약
arrangement 약속
contract 계약
exchange 교역

작년에 함께 일할 수 있어서 정말 좋았습니다. 그래서 이번에 새로 시작하는 사업에 당신이 함께 하는 데 관심을 보이실 것 같아서 연락드립니다. 섬유와 패션 상표에 관한 사업인데요, 같은 카탈로그에서 판매될 상품들을 만드는 일을 함께 하는 것입니다. 관심이 있다면 연락주세요. 곧 소식 주시길 바랍니다.

cross 상호 branding 상표화하기 label 상표, 브랜드, 라벨 create 창조하다

✉ sample 469

Dear [ ]

I'm working on a deal with another company, and I've realized that I'm lacking some of the expertise necessary to pull it off. I was wondering if you'd be interested in getting involved. Obviously, we'd split any profits derived from your work. Give me a call and I'll give you more details.

Thanks,

Try It! 다른 단어로 바꿔 써보기

clearly 분명히
needless to say 말할 필요도 없이
undoubtedly 의심할 여지 없이
of course 물론
without a doubt 의심할 여지 없이

저희는 지금 또 다른 회사와 계약을 진행 중입니다만 제가 이 거래를 성사시킬 전문적인 지식이 부족하다는 것을 깨달았습니다. 혹시 함께 일하실 생각이 있으신지요? 확실하게 일하신 부분에 대해서는 수익을 드리도록 하겠습니다. 좀 더 자세한 정보를 원하시면 연락주세요. 감사합니다.

deal 거래, 계약, 합의 another 또 다른 realize 깨닫다 expertise 전문지식 pull ~ off (노력하여) ~을 달성하다 split 쪼개다

✉ sample 470

Dear [   ]

I've got an interesting project coming up that I think you might profit from getting involved in. We're going to be having ❶some meetings next week about a new marketing initiative and ❷I wondered if you'd like to partner with us. Give me a call and I'll go over the details with you.

I look forward to hearing from you.

Try It! 다른 단어로 바꿔 써보기

❶ a few 약간의
several 몇몇의
a handful of 소수의
a bunch of 많은
one or two 하나 또는 둘 정도의

❷ I questioned 의문을 가졌다
I'm inquiring 알아보고 있다
I'm seeing 살펴보고 있다
I'm finding out 알아보고 있다
I'm asking 물어보고 있다

제가 아주 흥미로운 사업계획을 하나 갖고 있는데요, 아마 당신도 함께 하신다면 이익을 얻으실 수 있을 겁니다. 다음 주에 새로운 마케팅 구상에 관한 미팅이 열릴 예정인데요, 혹시 저희와 함께 일할 생각이 있으신지 궁금합니다. 연락주시면 좀 더 자세한 정보를 같이 검토해 보죠. 연락 기다리겠습니다.

interesting 흥미있는 come up 생기다 profit 이윤 partner with ~와 제휴하다

Case 04

제안을 거절할 때 Rejecting the Proposal ▲

sample 471

Hi, [ ]

Thanks for throwing this idea my way. Unfortunately, we've already planned our promotions for 2016, so there isn't really ❶room for any ❷new plans. I'll definitely keep this concept in mind for the future though.

Thanks again for thinking of us.

Try It! 다른 단어로 바꿔 써보기

❶ a place 여지
space 공간
a provision 설비
an opportunity 기회
flexibility 탄력

❷ proposed 제의된
suggested 제안된
last-minute 최종 순간의
additional 추가의
potential 가능한

제게 이 제안을 해주셔서 감사합니다. 안타깝게도 저희가 이미 2016년 프로모션을 계획했기에 더 이상 새로운 계획을 수용할 여지가 없습니다. 하지만 이 제안은 혹시 모를 나중을 위해 꼭 생각해 두고 있도록 하겠습니다. 저희를 생각해 주셔서 다시 한번 감사드립니다.

throw 던지다, 보내다 promotion 판촉, 홍보 room 여지, 기회 keep ~ in mind ~을 생각해두다 though 하지만, 그래도

sample 472

Dear [ ]

I think the idea of an industry-wide conference is a great one. However, my schedule is just too full right now for me to take on such a big project. I certainly hope you can find someone to organize it with you. I'd certainly be happy to attend.

Thank you.

Try It! 다른 단어로 바꿔 써보기

agenda 일정표
timetable 시간표
to-do list 해야 할 일 목록
personal appointment availability 개인적인 약속 가능 시간
availability sheet 사용가능 시간표

업계 전체 회의에 대한 의견은 매우 좋다고 생각합니다. 하지만 제 스케줄이 그러한 큰 프로젝트를 받아들이기에는 현재로선 불가능한 상태입니다. 함께 회의를 조직할 다른 이를 찾으실 수 있길 바랍니다. 저는 기꺼이 참석하겠습니다. 감사합니다.

industry-wide 업계 전반에 걸친 conference 회의 take on ~을 떠맡다 organize 조직하다 certainly 확실히

✉ sample 473

Try It! 다른 단어로 바꿔 써보기

mantra 슬로건
rule 규칙
guiding principle 지도 규칙
course of action 행동 지침
procedure 절차

I agree that sharing contacts is a good idea. I am afraid it's our company's policy that client lists are strictly confidential. I ran your idea up to my boss, but she wouldn't go for it. Maybe somewhere down the line we can try again.

Thanks,

- - - - - - - -

연락망을 공유하는 것은 좋은 생각입니다. 유감스럽게도 고객 정보는 엄격한 기밀사항이라는 것이 저희 회사 방침입니다. 저희 사장님께 제안하신 것을 알려 드렸는데 허가하지 않으셨습니다. 추후 언젠가 다시 한번 같이 일해 볼 수 있겠지요. 감사합니다.

contacts 연락처 policy 방침 client list 고객목록 strictly 철저하게 confidential 기밀인 try again 다시 시도하다

✉ sample 474

Try It! 다른 단어로 바꿔 써보기

suppleness 유연함
elasticity 탄력성
give 유연성, 탄력성
pliancy 유연성
effortlessness 힘들이지 않음

Dear

Thanks for expressing such confidence in us. I've been very pleased with the business we've done together in the past, and I hope that there will be more deals in the future. However, it is important for my company to retain the flexibility that an informal relationship grants. In this uncertain economic climate, it's just too risky to enter into binding relationships with other firms.

Thank you for your understanding.

- - - - - - - -

저희 쪽에 신뢰를 표해 주셔서 감사합니다. 저번에 함께 해왔던 사업에 대해 저희도 매우 만족하고 있습니다. 그리고 미래에는 더 많은 거래가 성사되길 바랍니다. 하지만 저희 회사가 비공식적인 관계에 대한 융통성을 유지하는 것은 굉장히 중요합니다. 이처럼 불확실한 경제 상황에서 다른 회사와 협력하는 것은 너무 위험한 일입니다. 이해해 주셔서 감사합니다.

confidence 자신감 pleased 기분 좋은 in the past 과거에는 retain 유지하다 grant 부여하다 economic climate 경제적 상황 enter into ~을 시작하다, 고려하다 binding 구속하는 firm 회사

✉ sample 475

Thanks for reaching out to me. I think your idea is a sound one, but I'm also concerned that trying to organize a company-wide meeting would be too logistically complicated to be worth the trouble. Keeping our meetings small prevents anyone's time from being wasted as well. I hope you understand my point of view on this.

Thanks,

\- - - - - - - -

Try It! 다른 단어로 바꿔 써보기

- expensive and procedurally 비싸고 절차상으로
- messy and 까다롭고
- time-consuming and 시간 낭비이고
- organizationally 조직적으로
- managerially 경영적으로

연락 주셔서 감사합니다. 꽤 괜찮은 제안이지만 회사 전체의 미팅을 조직하는 것이 업무 진행상 매우 복잡하여 고생한 보람이 없을 것 같아 걱정됩니다. 또한 미팅을 소규모로 유지하는 것이 그 누구의 시간도 낭비하지 않게끔 할 것 같네요. 제 입장을 이해해 주시기를 바랍니다. 감사합니다.

sound 괜찮은 concerned 걱정되는 logistically 업무 진행상 worth the trouble 고생할 가치가 있는 prevent 예방하다, 막다 being wasted 낭비되고 있는 as well 마찬가지로 point of view 견해

Case 05

부탁을 할 때 Asking Favors

sample 476

Dear [   ]

How is everything going? I'm writing to ask for a favor. Do you think you could introduce me to Joseph Kim at Smith Technology? I'm trying to build a relationship with his firm, and I thought it would be smoother if we had someone introduce us. If you could help me with this, I'd really appreciate it.

Thanks,

\- - - - - - - -

Try It! 다른 단어로 바꿔 써보기

- bridge 다리
- connection 관련
- contact 관계
- rapport 좋은 관계
- link 연관

잘 지내고 있나요? 부탁을 하나 드리고 싶습니다. Smith Technology에 있는 Joseph Kim을 소개해 주실 수 있나요? 그쪽 회사와 관계를 맺으려고 하는데 제 생각에 누군가 우리를 서로 소개해 준다면 일이 훨씬 잘 풀릴 것 같습니다. 이 문제를 좀 도와주실 수 있다면 정말 감사하겠습니다. 감사합니다.

ask for a favor 호의를 요청하다 introduce A to B A를 B에게 소개하다 try to ~하려고 노력하다
build a relationship 관계를 맺다 smoother 더 부드러운

sample 477

Dear [   ]

Could I bother you with a quick favor? Do you think you could look over the attached document and see if the numbers make sense to you? I'm trying to prepare a proposal for your boss, and I want to make sure the data I'm using is good. I'd really appreciate it.

Thanks,

\- - - - - - - -

Try It! 다른 단어로 바꿔 써보기

- file 파일
- article 글, 기사
- letter 편지
- manuscript 원고
- text 문서

제가 부탁 하나를 드려도 될까요? 첨부된 서류를 보시고 적혀 있는 수치가 이해되시는지 검토해 주실 수 있나요? 그쪽 회사 사장님께 드릴 제안서를 준비하고 있는 중인데 제가 이용하는 자료가 괜찮은지 확실히 알고 싶어서요. 확인해 주신다면 정말 감사하겠습니다. 감사합니다.

bother 귀찮게 하다 look over ~를 살펴보다 make sense 말이 되다 prepare 준비하다

sample 478

Dear [ ]

I hope everything is going well with you. I was wondering if you could do me a quick favor. Could you contact Bob Howard at ATP Enterprises and find out what they're planning to do with their excess inventory? I've heard that they're trying to liquidate it, and we'd like to get a hold of some of it at a low price. I thought you knew him and maybe you could get the inside track for us.

I appreciate any help you can give me.

\- - - - - - - -

Try It! 다른 단어로 바꿔 써보기

- extra 추가의
- surplus 잉여의
- overloaded 초과 부과된
- other 다른
- spare 여분의

모든 일이 다 잘 되고 있기를 바랍니다. 작은 부탁 하나를 드리고 싶습니다. ATP Enterprises의 Bob Howard와 접촉하셔서 그쪽의 초과된 물량에 대해 어떤 계획을 세우고 있는지 알아내 주실 수 있을까요? 제가 듣기로 그쪽 회사에서 그 물건들을 팔려고 한다던데 저희가 낮은 가격에 물건을 좀 사고 싶습니다. 제 생각에 당신이 그분을 아시는 것 같아서 저희의 연줄이 되어 주실 수 있을까 해서요. 어떤 도움이든 감사드립니다.

wonder 궁금해 하다 do ~ a favor ~에게 호의를 베풀다 excess 잉여의 inventory 재고(품) liquidate 유동화하다 get a hold of ~를 확보하다 at a low price 낮은 가격에 maybe 어쩌면 inside track 유리한 입장, 우세한 점

sample 479

Dear [ ]

I'm writing to ask for a little favor. I know that you have done business with Empire State Exporters in New York. We're considering making a deal with them, and I wanted to find out if you had a good experience with them. It would really help to have an objective opinion. Let me know if you can help out.

Thanks,

\- - - - - - - -

Try It! 다른 단어로 바꿔 써보기

- track record 실적
- knowledge 지식
- memory 추억
- transaction 거래
- time 시간

작은 부탁을 드리고자 이렇게 편지 드립니다. 당신께서 뉴욕에 있는 Empire State Exporters와 함께 사업을 하셨다고 알고 있습니다. 저희가 지금 그 회사와의 계약을 고려하고 있기에 함께 일하기에 좋은 회사인지 알고 싶습니다. 객관적인 의견이 정말 도움이 될 것 같습니다. 도움을 주실 수 있다면 알려 주세요. 감사합니다.

a little favor 작은 부탁 consider 고려하다 make a deal 거래를 하다 find out 알아내다 objective opinion 객관적인 의견

✉ sample 480

Dear [   ]

Could I ask you for a quick favor? I need to have a meeting with some clients in Seoul, and I need the use of a conference room for an afternoon. Do you think you could spare a room for a couple of hours one day next week? I'd owe you one.

Thanks,

Try It! 다른 단어로 바꿔 써보기

a conference 회의

a get-together 모임

an assembly 집회

a gathering 회합

a congregation 모임

간단한 부탁 하나만 들어주시겠어요? 제가 서울에 있는 고객 몇 분과 미팅을 해야 하는데 오후에 사용할 수 있는 회의실이 필요합니다. 다음 주에 두세 시간 정도만 회의실을 내어주실 수 있을까요? 신세 좀 져야 할 것 같습니다. 감사합니다.

client 고객 conference room 회의실 an afternoon 어느날 오후 spare 남겨두다 a couple of hours 몇 시간 정도
owe ~에게 신세지다

Case 01 완곡하게 거절할 때 Rejecting Tactfully ▲

sample 481

Dear

Thank you very much for your offer. We are always happy to entertain any reasonable approach from another business. However, the time is not right for us to make a sale at the price you have suggested. Hopefully we will be able to do business sometime in the future.

Thank you.

Try It! 다른 단어로 바꿔 써보기

- pleased 기뻐하는
- glad 기쁜
- careful 신중한
- delighted 아주 기뻐하는
- thrilled 떨리는

제안을 해주셔서 정말 감사합니다. 저희는 언제나 다른 회사의 합리적인 요청을 환영합니다. 하지만 귀하가 제안한 가격에 상품을 판매하는 것은 지금 저희에게 적합하지 않은 것 같습니다. 후에 언젠가 함께 일하기를 기대하겠습니다. 감사합니다.

offer 제안 entertain (생각 등을) 염두에 두다 reasonable 적당한 approach 접근, 요청 suggest 제안하다 hopefully 바라건대

sample 482

Dear

I appreciate your taking the time to put together a proposal for a deal. Unfortunately, we are not able to accept the terms. We have already extended ourselves quite a bit this quarter, and we aren't ready to take on any more risk.

Thank you for understanding.

Try It! 다른 단어로 바꿔 써보기

- an offer 제안
- an application 지원서
- a pitch 계획
- a bid 노력
- a plan 계획

시간을 내어 계약을 위한 제안서를 정리해 주셔서 감사드립니다. 하지만 안타깝게도 저희는 이 조건을 받아들일 수가 없을 것 같습니다. 이미 이번 분기에 약간의 무리를 했기에 더 이상의 위험을 감수할 수는 없을 것 같습니다. 이해해 주셔서 감사합니다.

take time 시간을 내다 put together 정리하다, 취합하다 accept 받아들이다 term 조건 extend 전력을 다하다 quarter 분기 take on ~을 떠맡다

✉ sample 483

Dear [   ]

I enjoyed speaking to you on Thursday. You were a very strong candidate for the position. However, we decided to go with someone else who had slightly more experience. We will keep your resume on file in case a suitable position opens up in the future.

Regards,

Try It! 다른 단어로 바꿔 써보기

job 직업
post (중요한) 직책
opening 빈 자리
station 부서
arrangement 배치

목요일 면접은 즐거웠습니다. 이 자리에 정말 적합한 후보였습니다. 그러나 저희는 좀 더 경험이 있는 다른 사람을 뽑기로 결정했습니다. 후에 적당한 자리가 날 경우를 대비하여 당신의 이력서를 갖고 있도록 하겠습니다. 감사합니다.

strong 강력한 candidate 후보 position 일자리, 직위 decide to ~하기로 하다 go with ~을 선택하다 slightly 조금 resume 이력서 in case ~을 대비하여

✉ sample 484

Dear [   ]

Thank you for offering your services to our firm. You have an impressive operation and you seem very reliable. However, we do not need your services at this time. We will keep your contact information in case our situation changes.

Thank you again.

Try It! 다른 단어로 바꿔 써보기

setup 조직
company 회사
firm 회사
business 사업체
well-oiled machine 잘 돌아가는 기계

저희 회사에 서비스를 제공해 주셔서 감사합니다. 굉장히 인상적인 활동이었고 믿을 만해 보였습니다. 하지만 지금은 귀사의 서비스를 이용할 수 없을 것 같습니다. 저희 상황이 바뀔 경우를 대비하여 귀하의 연락정보를 계속 갖고 있도록 하겠습니다. 다시 한번 감사합니다.

service 서비스 (상품), 사업, 용역업무 impressive 인상적인, 감명 깊은 reliable 믿을 수 있는 contact information 연락처 정보 situation 상황

sample 485

Dear [   ]

We have considered your proposal, and while we find it quite attractive, we are going to have to decline. The economic situation is simply not right for us at this point. However, we hope that in the future we will find a way to do business together.

Thank you.

- - - - - - - -

Try It! 다른 단어로 바꿔 써보기

refuse 거부하다

turn you down 거절하다

reject it 그것을 거부하다

say no 안된다고 말하다

beg off 변명하며 거절하다

제안하신 것에 대해 생각해 보았습니다. 굉장히 매력적인 제안이었지만 거절해야 할 것 같습니다. 지금은 저희 쪽 경제 사정이 좋지 않습니다. 하지만 후에 저희가 함께 일할 수 있기를 기대하겠습니다. 감사합니다.

consider 고려하다 proposal 제안 attractive 매력적인 decline 거절하다 at this point 이 시점에서
find a way 방안을 찾다 do business 사업을 하다

Case 02

강력하게 거절할 때 Rejecting Strongly ▲

sample 486

Dear ________

We have reviewed your proposal and we do not feel that it would be ❶helpful to us. I do not think that the terms you propose are acceptable at all to a company ❷operating on our scale. I hope any future proposals are more compatible with the kind of business we do.

Sincerely,

- - - - - - - -

Try It! 다른 단어로 바꿔 써보기

❶ beneficial 이익이 되는
useful 유용한
valuable 가치 있는
advantageous 유리한
positive 긍정적인

❷ working 작동되는
in operation 영업 중인
in commission 사용되고 있는
in service 서비스하고 있는
in business 사업을 하고 있는

제안하신 사항에 대해 살펴보았지만 어느 곳에서도 저희가 취할 수 있는 이득이 보이지 않습니다. 제안하신 사항은 저희 회사와 같은 스케일로 운영되는 회사에게는 받아들여지지 않을 것 같습니다. 추후의 제안은 저희가 하고 있는 사업과 좀 더 양립할 수 있는 제안이 었으면 좋겠습니다.

terms 조건들 operate 운영되다 on our scale 우리와 같은 규모로 compatible with ~와 양립할 수 있는

sample 487

Dear ________

I'm afraid I must firmly reject your offer. I know that you are eager to do business with me, but the terms you offer are simply not generous enough. Unless you have a radically different offer to make, I believe this concludes our business together.

Sincerely yours,

- - - - - - - -

Try It! 다른 단어로 바꿔 써보기

drastically 대폭적으로
fundamentally 근본적으로
completely 완전히
totally 완전히
entirely 총체적으로

제안을 확실히 거절해야만 해서 유감입니다. 저희와 함께 일하고 싶으시다는 것은 잘 알지만 제안하신 사항들이 저희에게 그다지 호의적이지 않군요. 지금과 전혀 다른 제안을 해주시지 않는 한 이것이 저희와 함께 일하시는 마지막이 될 것 같습니다. 안녕히 계세요.

firmly 단단히 be eager to ~하고 싶다 simply 단순히, 아주 generous 호의적인, 관대한 radically 완전히 conclude 끝내다

✉ sample 488

Try It! 다른 단어로 바꿔 써보기

appear 나타나다
come to pass 발생하다
occur 일어나다
happen 일어나다
become visible 보여지다

Dear [   ]

I have looked over your offer, but I really must pass. The sales figures you use as the basis of your pricing are out of date, and I really don't think the kind of profits you anticipate will materialize. I'm afraid I just don't see any benefit to entering into a deal like this.

Yours truly,

- - - - - - - -

제안하신 사항들을 살펴보았지만 저희 쪽에서는 거절해야겠습니다. 귀하의 가격책정 기준으로 사용하신 매출액은 오래되어 예상하신 수익이 전혀 현실화될 것 같지 않습니다. 이와 같은 계약으로는 이익을 볼 수 없을 것이라는 생각이 들어 유감입니다. 물러갑니다.

pass 승인하다 sales figure 판매 수치 basis 근거 pricing 가격 책정 out of date 구식의, 낡은 anticipate 기대하다 materialize 실현되다

✉ sample 489

Try It! 다른 단어로 바꿔 써보기

predict 예상하다
anticipate 기대하다
see 보다
imagine 상상하다
fathom 통찰하다

Dear [   ]

While I appreciate you offered your services to my company, I really must decline. We simply have no need of a freight expediter at this time, and I do not foresee us needing one in the future. Good luck in your future ventures.

Yours sincerely,

- - - - - - - -

저희 회사에 귀사의 서비스 상품을 제안해 주셔서 감사하지만 거절해야겠습니다. 현재 화물 운송업체는 필요하지 않으며 앞으로도 필요하지 않을 것으로 사료됩니다. 장래 사업이 번창하시길 바랍니다. 안녕히 계세요.

while ~하는 한편으로 service 서비스 decline 거절하다 have no need of ~이 필요하지 않다 freight 화물 expediter 제품 배송 담당자 need 필요하다 foresee 예견하다

✉ sample 490

Dear [ ]

Having looked over your offer, I have no choice but to reject it. I understand that you are trying to ❶maximize your ❷profits, but your offer doesn't seem to leave room for us to make any. I'm afraid we cannot do business on those terms.

Sincerely,

Try It! 다른 단어로 바꿔 써보기

❶ increase 증가하다
grow 성장하다
boost 촉진하다
raise 올리다
enlarge 확대하다

❷ takings 소득
earnings 벌이
bottom line 최종 손익
proceeds 매상금
income 수입

제안해 주신 사항에 대해 살펴보았으나 저희는 거절할 수밖에 없습니다. 귀사의 수익을 최대한으로 이끌기 위함이라는 것은 잘 알고 있으나 제안해 주신 사항은 저희가 감당하기에는 적합하지 않은 것 같습니다. 그러한 조건으로는 일할 수 없게 되어 유감입니다. 안녕히 계세요.

look over ~을 검토하다 have no choice but to ~할 수밖에 없다 reject 거부하다 leave room for A to A에게 ~할 여지를 두다

Case 03

계약 연장에 대한 제안을 거절할 때 Rejecting an Offer to Extend a Contract ▲

sample 491

Dear

I'm writing to inform you that we have chosen not to extend the terms of our contract. While we think that the contract was a fair one, we are in the midst of a restructuring of our priorities. We wish to use our resources elsewhere. It has been a pleasure working with you, and we hope to do so again further down the line.

Thank you.

Try It! 다른 단어로 바꿔 써보기

- reorganizing 재조직함
- rebuilding 재건함
- changing 변화함
- rethinking 다시 고려함
- revamping 개선함

우리는 계약기간을 연장하지 않기로 했음을 알립니다. 계약이 공정했다고는 생각하지만 우리의 우선순위를 재조정하는 중입니다. 우리의 자원을 다른 곳에 쓰길 원합니다. 귀사와 일할 수 있어서 즐거웠고 미래에 또 그럴 수 있길 바랍니다. 감사합니다.

extend 연장하다 terms 기간 fair 공정한 in the midst of ~의 가운데 restructuring 구조조정, 구조개혁 priority 우선사항

sample 492

Dear

As you know, the period of our contract is set to end next month. After a great deal of ❶consideration, we've decided against extending it. We feel that there are other ❷avenues we prefer to pursue.

Thank you for understanding.

Try It! 다른 단어로 바꿔 써보기

❶
- deliberation 심사숙고
- thought 생각
- discussion 논의
- reflection 곰곰이 생각함
- contemplation 숙고

❷
- opportunities 기회
- directions 방향
- leads 단서
- chances 기회
- prospects 전망

아시다시피 우리 계약은 다음 달에 끝나기로 되어 있습니다. 정말 많은 고민을 한 결과 연장하는 것에 반대하기로 하였습니다. 우리가 선호할 만한 다른 방안들이 있다고 생각합니다. 이해해 주셔서 감사합니다.

be set to ~하기로 예정되다 a great deal of 다량의 against ~에 반하여 prefer 선호하다 avenue 수단, 방법

✉ sample 493

Try It! 다른 단어로 바꿔 써보기

end 끝나다
terminate 종결되다
run out 다되다
conclude 완료되다
finish 끝나다

Dear [   ]

I hope this email finds you well. I'm writing regarding our contract, which is set to expire next month. We have held long meetings about the question of whether or not to renew the agreement, and in the end we have decided against it. Ultimately, we feel that our energies are better spent in another direction. We wish you luck in your future dealings.

Thank you.

- - - - - - - -

이 이메일이 귀하에게 잘 전달되길 바랍니다. 다음 달에 만기 예정인 우리의 계약과 관련하여 글을 씁니다. 우리는 이 계약을 갱신할지 말지에 대하여 오랜 기간 회의해 왔고 결국 하지 않기로 의견을 모았습니다. 최종적으로 우리는 다른 방향에서 에너지를 더 쓰는 것이 좋을 것이라고 생각합니다. 앞으로 있을 귀하의 거래에 행운이 따르길 바랍니다. 감사합니다.

regarding ~에 관해 expire 만기가 되다 hold a meeting 회의를 열다 in the end 결국 decide against ~에 반대하기로 결정하다 agreement 협약 ultimately 궁극적으로

✉ sample 494

Try It! 다른 단어로 바꿔 써보기

increasing 증가하는
encouraging 유망한
up 상승하는
affirmative 긍정적인
optimistic 낙관적인

Dear [   ]

I'm writing to remind you that we've reached the end of our contract with you. I'm afraid we have decided against renewing it. Although there have been some positive numbers, overall we have been disappointed in the profits we have derived from our agreement. Thus, we will be pursuing other options.

Good luck in your future endeavors.

- - - - - - - -

귀하와의 계약이 만기에 달했음을 상기시켜드리기 위해 편지를 씁니다. 아쉽지만 계약 갱신에 반대하기로 했습니다. 일부 긍정적인 수치도 있었지만 대체로 계약에서 얻은 이윤에 실망했습니다. 그러므로 다른 옵션들을 살펴볼 예정입니다. 앞으로 귀사에 행운이 따르길 바랍니다.

remind ~ that ~에게 ~을 상기시키다 renew 갱신하다 overall 전반적으로 disappointed 실망인 derive from ~에서 얻다

✉ sample 495

Dear [ ]

The end of our contract has arrived, and I'm afraid we've ❶opted against renewing it. We are happy with the work your company has done with us, but we ❷feel like we can get a better deal elsewhere. I hope that we do find a way to do business together in the future.

Thank you.

- - - - - - - -

Try It! 다른 단어로 바꿔 써보기

❶ decided 결심했다
chosen 선택했다
selected 선택했다
picked 골랐다
agreed 동의했다

❷ are sure 확신한다
believe 믿다
expect 기대한다
are confident 확신한다
suspect 추측한다

우리 계약의 만기가 다가왔고 안타깝게도 갱신하는 방안은 제외시키기로 했습니다. 저희는 그쪽 회사와 이룬 것에 대해 매우 만족스럽습니다만 다른 곳에서 더 좋은 거래를 할 수 있을 것만 같습니다. 미래에 또 다시 같이 사업할 수 있는 길이 있기를 바랍니다. 감사합니다.

opt 선택하다 renew 새로 하다 feel like ~할 것 같다 elsewhere 다른 곳에 in the future 미래에

Case 04

계약 연장 거절에 대해 회신할 때
Responding to Rejection of a Contract Extension ▲

sample 496

Try It! 다른 단어로 바꿔 써보기

Dear [   ]

I must say I'm disappointed though I can't say that I'm surprised. I know that the market is tight. We would be willing to renegotiate the terms of the contract if you are interested. Call me after you have asked around at other companies, and we can discuss a possible new contract.

I hope to hear from you soon.

- - - - - - - -

- disheartened 낙담한
- disillusioned 환멸을 느낀
- let down 실망한
- upset 화난
- frustrated 절망한, 당황한

분명히 실망했지만 놀라지는 않았습니다. 시장이 치열한 것은 압니다. 관심이 있으시다면 계약 조건들을 재협상할 의향이 있습니다. 다른 회사들에 전화를 해본 후 저에게 전화를 주세요. 그러고 나면 새로운 계약에 대해 얘기해 볼 수 있을 것입니다. 빠른 소식 기다리겠습니다.

disappointed 실망한 tight 빡빡한 be willing to ~하고 싶다 negotiate 협상하다

sample 497

Try It! 다른 단어로 바꿔 써보기

Dear [   ]

I understand your ❶decision. Actually, we were a little ❷uncertain as to whether or not to extend the contract, so you have made the decision for us. I hope we can find other ways to work together in the future.

Thank you.

- - - - - - - -

❶ conclusion 결론
- choice 선택
- resolution 결심
- assessment 평가
- judgement 판단

❷ unsure 확실하지 못한
- doubtful 의심하는
- hesitant 망설이는
- undecided 마음을 못 정한
- tentative 불확실한

귀하의 결정을 이해합니다. 사실 이 계약을 연장할지 말지에 관해서 우리는 불확실했는데 그쪽이 대신 결정해 주신 거나 다름없습니다. 미래에 또 다시 같이 사업할 수 있게 되면 좋겠습니다. 감사합니다.

as to ~에 관하여 whether or not ~인지 아닌지 extend 연장하다 make a decision 결정하다

✉ sample 498

Dear [ ]

I'm a little dumbfounded by your decision. I felt like we both had a rather profitable year in part because of the work we did together. I hope you'll reconsider and give some thought to renewing. I know that you must make the decision you feel is best for your company, but I do think that you are making a mistake.

I hope to hear from you soon.

귀하의 결정에 조금 놀랐습니다. 우리가 함께 한 사업 덕분에 서로에게 꽤나 유익한 해였다고 저는 생각했습니다. 재고해 보시길 바라며 갱신하는 것에 대해 좀 더 고려해 주시길 바랍니다. 그쪽 회사를 위한 최선의 결정을 해야 한다는 것을 알지만 실수하시는 것일지도 모릅니다. 곧 소식을 들을 수 있길 바랍니다.

Try It! 다른 단어로 바꿔 써보기

- astonished 놀란
- amazed 놀란
- astounded 놀란
- surprised 놀란
- flabbergasted 소스라치게 놀란

dumbfound 얼떨떨하게 하다 both 둘다 profitable 이익이 되는 in part 일부분, 어느 정도 reconsider 다시 고려하다 make a mistake 실수하다

✉ sample 499

Dear [ ]

I hope I can dissuade you from this course of action. We are willing to be flexible in a renegotiation of the terms of the contract. If you feel that you need us to be more generous in order to ensure a profit, we will give a little. Please get in touch with me to discuss renewing.

I look forward to hearing from you.

이 행동 방침을 하지 않도록 당신을 설득할 수 있으면 좋겠습니다. 우리는 계약 조건들의 재조정에 있어서 융통성을 발휘할 것입니다. 만약 이윤을 내기 위해서 우리가 좀 더 호의적이어야 한다고 생각하신다면 조금은 더 그럴 의향이 있습니다. 갱신에 대해 상의하기 위해 연락 주시기 바랍니다. 연락을 기다리겠습니다.

Try It! 다른 단어로 바꿔 써보기

- deter 저지하다
- persuade you against ~에 반하게 당신을 설득하다
- put off 하지 않도록 하다
- discourage you from 낙담시키다
- advise against ~에 반대하는 조언을 하다

dissuade A from A를 설득해 ~을 못하게 하다 course of action 행동 지침 flexible 유연한 renegotiation 재협상 generous 관대한, 호의적인 ensure 보장하다

✉ sample 500

Dear [   ]

I understand your position and I respect your decision. Of course, we would like to extend the contract and continue our relationship with you, but if you feel that you are better off moving on, you must do so. I would like to maintain our relationship in the hopes that we can do business down the line.

Thank you.

\- - - - - - - -

Try It! 다른 단어로 바꿔 써보기

uphold 유지하다
preserve 보존하다
keep 지키다
continue 계속하다
sustain 유지하다

귀하의 입장을 이해하며 결정도 존중합니다. 우리는 물론 계약을 연장하고 그쪽과의 관계를 유지하고 싶습니다만 이제 다른 회사로 옮기는 것이 낫겠다 싶으시면 그러시는 게 맞습니다. 앞으로 우리가 사업을 할 수 있기를 바라며 관계를 유지했으면 합니다. 감사합니다.

position 입장 respect 존중하다 continue 지속하다 move on 옮겨가다 be better off ~하는 편이 더 좋다

Case 05

후회를 표현할 때 Expressing Regret

sample 501

Try It! 다른 단어로 바꿔 써보기

Dear

I hope everything is going well at your end. I'm just writing to express my regret at having rejected your offer. I'm afraid I may have acted hastily. If you are willing to discuss it again, I think maybe we can come to an agreement.

Thanks,

----

too quickly 너무 빠르게
hurriedly 서둘러서
at a fast pace 빠른 속도로
too fast 너무 빠르게
on the spur of the moment 충동적으로

귀사의 모든 일이 잘되고 있기를 바랍니다. 제안을 거절한 것에 대해 후회를 표하고자 편지를 드립니다. 성급하게 행동을 한 것 같아 죄송합니다. 다시 한번 이 건에 대해 얘기할 의향이 있으시면 합의점을 찾아볼 수 있을 것 같습니다. 감사합니다.

on your end 그쪽에 express 표현하다 regret 후회 hastily 성급하게, 경솔하게 be willing to 기꺼이 ~하다 come to an agreement 합의에 이르다

sample 502

Try It! 다른 단어로 바꿔 써보기

Dear

I wanted to contact you to let you know that I regret having turned down your offer of ❶assistance last week. It turned out that you were right about the deal with Smith Technologies. I wasn't able to land the deal because my sales figures weren't high enough. In the future I'll listen more ❷carefully to your advice.

Regards,

----

❶ help 도움
aid 도움
support 지지
backing 뒷받침
sustenance 지속

❷ cautiously 조심스럽게
thoroughly 철저히
warily 경계하며
closely 면밀히
directly 똑바로

지난주에 도움을 주시려는 제안을 거절했던 것을 후회하기에 이렇게 연락드립니다. Smith Technologies와 거래에 대해 말씀하신 것들이 사실로 드러났습니다. 거래를 성사시킬 수 없던 이유는 저희 매상액이 그렇게 높지 않았기 때문입니다. 앞으로 귀하의 충고에 좀 더 귀기울이겠습니다. 그럼 이만 줄이겠습니다.

turn down ~을 거절하다 It turned out that ~임이 드러났다 land the deal (계약을) 따내다 sales figures 판매 기록

✉ sample 503

Try It! 다른 단어로 바꿔 써보기

Dear [　　　]

I'm writing about the offer that you made last week and that I rejected. Upon further reflection, I regret not taking up on it. Is it too late to change my mind? Let me know.

I hope to hear from you.

- - - - - - - -

the stipulations 규정
the conditions 조건
the requisites 요건
the provisos 단서
the language 언어

지난주에 제안하셨지만 제가 거절했던 건에 대해 말씀드립니다. 좀 더 깊게 생각하던 중에 저는 그 제안을 받아들이지 않은 것을 후회하게 되었습니다. 제 생각을 바꾸기에 지금은 너무 늦었을까요? 알려 주세요. 소식 주시기를 희망합니다.

upon reflection 곰곰이 생각해보니 take up (제안 등을) 받아들이다, 응하다 change one's mind ~의 마음을 바꾸다

✉ sample 504

Try It! 다른 단어로 바꿔 써보기

Dear [　　　]

I wanted to express my regret at not having collaborated with you on your last deal. It looks like you had great success. I hope next time I'm wise enough to jump at the opportunity to work with you.

Regards,

- - - - - - - -

grab at 잡다
go for 얻으려고 애쓰다
accept 받아들이다
take hold of 붙잡다
take 잡다

지난번 거래를 함께 하지 못한 것에 대해 후회를 표하고 싶었습니다. 엄청난 성공을 거두신 것 같더군요. 다음 번에는 당신과 함께 일하는 기회를 얻을 수 있게 현명한 대처를 하겠습니다. 안녕히 계십시오.

collaborate 협력하다 success 성공 be wise enough to ~할 만큼 현명해지다 jump at the opportunity to ~할 기회에 흔쾌히 응하다

sample 505

Try It! 다른 단어로 바꿔 써보기

fallen 떨어졌다
dropped 추락했다
gone down 하락했다
changed 변했다
taken a turn for the worst
갑자기 최악으로 치달았다

Dear

I seem to have made a mistake when I declined your offer. As you know, prices have plummeted in the last quarter. In retrospect, you really were making a good offer. Call me and we can discuss working out a new deal.

I look forward to hearing from you.

제가 제안을 거절한 것이 실수한 것처럼 보입니다. 아시다시피 지난 분기에 가격이 급락하였습니다. 과거를 돌이켜보니 귀하가 굉장히 좋은 제안을 해주셨더군요. 저에게 연락주시면 새로운 거래에 대해 얘기하고 싶습니다. 소식 고대하겠습니다.

decline 거절하다 plummet 급락하다 quarter 분기 in retrospect 돌이켜 보니 make an offer 제안하다
new deal 새로운 거래

수락 · 동의 Acceptance & Agreement

Case 01 다른 회사의 제안을 수락할 때 Accepting Another Company's Proposal ▲

sample 506

Dear [ ]

I'm happy to inform you that we have decided to accept your proposal. I think we can both ❶profit greatly from doing business together. I will contact you next week so that we can ❷hammer out the details.

I look forward to working with you.

- - - - - - - -

Try It! 다른 단어로 바꿔 써보기

❶ gain 얻다
benefit 이익을 보다
expand 발전하다
achieve 목표를 성취하다
yield 이익을 얻다

❷ discuss 논의하다
shape 구체화하다
talk about ~에 대해 얘기하다
chat about ~에 대해 담소하다
confirm 확실히하다

귀하의 제안을 수락하기로 했음을 알려 드리게 되어 기쁩니다. 함께 사업을 함으로써 둘 다 많은 이득을 볼 수 있을 것이라고 믿습니다. 자세한 사항들을 타결할 수 있게 다음 주에 연락드리도록 하겠습니다. 함께 일하는 것을 기대하겠습니다.

accept 받아들이다 profit 이익을 얻다 hammer out (문제를) 해결하다, (계획을) 고심하여 세우다 detail 세부사항

sample 507

Dear [ ]

I am writing to let you know that we've decided to accept your proposal. I think that a cross promotion would result in increased profits for both of our companies. Now that we've agreed to work together, we can meet to plan the first phase.

I'll speak to you soon.

- - - - - - - -

Try It! 다른 단어로 바꿔 써보기

endorsement (TV 등에서) 추천의 말
sponsorship 후원
advertisement 광고
backing 후원
funding 자금 지원

귀하의 제안을 수락하기로 결정한 것을 알립니다. 제 생각에는 상호 판촉 활동이 두 회사의 수익 증가로 이어질 것으로 보입니다. 함께 일하기로 동의했으니 첫 단계를 계획하기 위해 만남을 가져도 될 것 같습니다. 조만간 연락드리겠습니다.

cross promotion (두 회사 · 상품 간의) 상호 판촉활동 result in 결과로 ~가 되다 now that ~이니까

✉ sample 508

Dear [   ]

It is with great pleasure that I accept your proposal. We have run the numbers and come to the conclusion that cooperating on these exports will reduce our costs significantly. Thank you for approaching us. I believe we will both be happy with the results.

Thank you.

- - - - - - - -

Try It! 다른 단어로 바꿔 써보기

notably 현저하게
greatly 크게
considerably 상당히
substantially 상당히
a lot 많이

귀하의 제안을 정말 기쁘게 받아들이겠습니다. 계산을 해 본 결과 이 수출에 협력하는 것이 저희 쪽 비용을 크게 줄일 수 있을 것이라는 생각에 이르렀습니다. 저희에게 연락해 주셔서 감사합니다. 우리 모두 이 결과에 만족할 것입니다. 감사합니다.

pleasure 기쁨 come to a conclusion 결론에 이르다 cooperate 협동하다 export 수출 reduce 줄이다 srgnificantly 상당히 approach 접근하다

✉ sample 509

Dear [   ]

Having given due consideration to your proposal, we have concluded that it is a strong idea that will greatly benefit us. Therefore, we are happy to accept your proposal. I hope that this is the beginning of a long fruitful partnership.

I look forward to speaking with you.

- - - - - - - -

Try It! 다른 단어로 바꿔 써보기

beneficial 이익이 되는
productive 생산적인
fertile 풍작을 가져오는
profitable 이익이 되는
rewarding 보답을 하는

제안에 대해 생각해 본 결과 그 제안이 저희에게 굉장한 이익을 가져다 줄 것이라고 판단되었습니다. 그러므로 제안을 기쁘게 받아드리도록 하겠습니다. 이것이 장기간의 좋은 파트너 관계의 출발점이 되기를 바랍니다. 연락 기다리겠습니다.

due 충분한, 적당한 consideration 고려 conclude 결론을 내다 benefit 이익이 되다 fruitful 결실이 많은

✉ sample 510

Dear [ ]

We've looked over your proposal, and I think it's a strong one. We're ready to move forward with it. Let's meet on Monday to discuss the first step. I think this idea is a real winner.

I'll talk to you soon.

- - - - - - - -

Try It! 다른 단어로 바꿔 써보기

a well-thought 잘 생각한

a good 좋은

a helpful 도움이 되는

a win-win 모두에게 이익이 되는

an excellent 훌륭한

제안을 살펴 보았는데 매우 좋더군요. 저희는 함께 할 준비가 되어 있습니다. 월요일에 만나 첫 걸음을 시작해 볼까요? 이 제안이 우리에게 정말 좋은 결과를 가져다 줄 것 같네요. 곧 연락드리겠습니다.

look over ~을 검토하다 strong 우수한, 견실한 ready 준비된 first step 첫 번째 단계 winner 승리자, 성공할 만한 것

Case 02

제안 수락에 대해 감사를 표시할 때 Thanking for Proposal Acceptance ▲

sample 511

Dear [   ]

I'm thrilled to hear that you've decided to work with us. I agree that there is great ❶potential in this collaboration. I'm looking forward to getting down to business.

I'll speak to you next week.

\- - - - - - - -

Try It! 다른 단어로 바꿔 써보기

possibility 가능성
opportunity 기회
future expansion 미래의 발전
profitability 수익성
growth 성장

저희와 함께 일하기로 결정하셨다는 소식을 듣고 흥분이 되었습니다. 우리가 함께 일한다면 엄청난 결과를 가져올 수 있을 것입니다. 사업을 시작하길 기대하고 있겠습니다. 다음 주에 뵙겠습니다.

thrilled 몹시 흥분한 agree that ~에 동의하다 potential 잠재성 collaboration 협력 get down to ~에 착수하다, 시작하다

sample 512

Dear [   ]

I'm so glad to hear that you're in agreement. A ❶cross promotion is just what we need to ❷spur sales. I'll call you later today to set up a meeting.

Thanks,

\- - - - - - - -

Try It! 다른 단어로 바꿔 써보기

❶ joint 접합
mutual 상호적
dual 둘의
shared 나눈
united 연합된

❷ encourage 장려하다
increase 증가하다
urge 촉진하다
stimulate 자극하다
drive 몰아가다

제안에 동의하셨다는 소식을 듣게 되어 아주 기쁩니다. 함께 하는 프로모션은 판매실적에 박차를 가하는 기회가 될 것입니다. 미팅 날짜를 잡도록 오늘 나중에 전화를 드리겠습니다. 감사합니다.

in agreement 일치하는 promotion 판촉, 홍보 need to ~할 필요가 있다 spur 고무하다 later 나중에 set up ~을 제의하다

✉ sample 513

Try It! 다른 단어로 바꿔 써보기

carry out 실행에 옮기다
implement 이행하다
commence 시작하다
map out 면밀히 짜다
apply 적용하다

Dear [   ]

I can't tell you how happy I am to hear that you've accepted our proposal. Hopefully we can really keep costs down and profits up with this plan. I'll contact you soon so we can enact the plan.

Thank you.

제안을 받아들여 주셨다니 얼마나 기쁜지 이루 말할 수가 없습니다. 이 제안으로 비용을 절감하고 수익은 증가시킬 수 있기를 바랍니다. 곧 연락드릴테니 다음 계획에 대해 얘기할 수 있을 것입니다. 감사합니다.

hopefully 바라건대 keep costs down 비용을 낮추다 keep profits up 이윤을 높이다 enact 법제화하다

✉ sample 514

Try It! 다른 단어로 바꿔 써보기

outcome 결과
fruit 결실
product 성과
conclusion 결론
ending 결말

Dear [   ]

I'm very happy to hear that you have chosen to accept. I knew from the start that your company was the perfect one for us to pitch this idea to. I'm sure that we will be quite happy with the results.

Sincerely,

제안을 수락하기로 하셨다니 매우 기쁩니다. 처음부터 이 제안과 귀하의 회사가 완벽하게 맞을 것이라고 생각했습니다. 결과에 만족하실 거라고 확신합니다. 안녕히 계십시오.

from the start 처음부터 perfect 완벽한 pitch 판촉하다 quite 꽤 results 결과, 성과

sample 515

Try It! 다른 단어로 바꿔 써보기

wonderfully 멋지게
perfectly 완벽하게
superbly 끝내주게
completely 완전히
excellently 뛰어나게

Dear

It's great to hear that you like the idea. I'm excited about working with you. A Monday meeting works out quite well for me. I'll call you to work out a time.

Thank you,

\- - - - - - - -

제안이 마음에 드셨다니 다행입니다. 함께 일하는 것이 정말 기대됩니다. 저희는 월요일에 회의를 하는 것이 아주 좋습니다. 시간을 정하기 위해 전화 드리겠습니다. 감사합니다.

it's grat to hear that ~하다니 정말 좋다 work out (상황이) 잘 풀리다, (문제를) 풀다, 논의하다

Case 01

바이어에게 안부 인사할 때 Greeting the Buyer ▲

sample 516

Dear [ ]

Greetings from Seoul! I just wanted to drop you a line and say hello. I hope we can get together soon to go over some of our new products.

Talk to you soon,

\- - - - - - - -

Try It! 다른 단어로 바꿔 써보기

- Hello 안녕하세요
- Compliments (안부의) 인삿말
- Good wishes 행운을 빔
- Respects 문안
- Ciao 안녕하세요

서울에서 인사드립니다. 그냥 메일로 인사하고 싶었어요. 곧 만나서 신상품을 검토할 수 있기를 바랍니다. 곧 뵙겠습니다.

greeting 인사 dop a line 몇 줄 써서 보내다 say hello 인사하다 get together 모이다 go over ~을 검토하다

sample 517

Dear [ ]

I hope everything is going well for you. I'm writing to say hello and touch base with you. I'm looking forward to showing you some of our new 2016 products the next time you're in town.

I hope to speak to you soon.

\- - - - - - - -

Try It! 다른 단어로 바꿔 써보기

- line 제품군
- inventory 목록
- stock 저장품
- goods 상품
- merchandise 상품들

모든 일이 잘 되어 가고 있기를 바랍니다. 간단히 인사하고 다시 연락하기 위해 글을 씁니다. 다음 번 이곳에 계실 때는 저희의 2016년 신상품을 소개해 드리고 싶습니다. 곧 뵙기를 바랍니다.

go well 잘 되다 touch base 다시 연락하다 show 보여주다 next time 다음에

sample 518

Try It! 다른 단어로 바꿔 써보기

meet 만나다
convene 모이다
assemble 모이다
gather 모이다
group together 결속하다

Dear

It's been a while since we last spoke, so I thought I'd drop you a line and say hello. I'm going to be traveling in your area next week, so if you have a chance, maybe we can get together.

I hope you are doing well.

마지막 통화 이후 꽤 오래 지났습니다. 그래서 안부를 전하고자 몇 줄 적어 보냅니다. 다음 주에 당신이 있는 지역으로 출장을 갈 예정입니다. 시간이 괜찮으시다면 한번 만났으면 좋겠습니다. 잘 지내시길 바랍니다.

while 일정 기간 travel 출장가다, 여행하다 area 지역 chance 기회

sample 519

Try It! 다른 단어로 바꿔 써보기

send 보내다
shoot 쏘다
drop 써보내다
fling 보내다
write 쓰다

Dear

I thought I'd fire you an email and say hello. I was looking over a few of our new products and I thought of you. I'd love to get together with you sometime and discuss them. I hope everything is going well with you.

Regards,

이메일로 인사하고 싶었어요. 몇몇 신상품을 살펴보다가 당신이 생각났습니다. 언제 한번 만나서 의논을 하면 좋겠어요. 모든 일이 잘 되어 가길 바랄게요. 감사합니다.

look over ~를 검토하다 get together 함께 모이다 sometime 언제 discuss 논의하다

✉ sample 520

Dear [   ]

This is just an email to say hello and see how things are going. I haven't spoken to you in a couple of weeks and I wanted to remind you that our newest catalogue is going to be available soon. I look forward to talking to you about it.

Regards,

\- - - - - - - -

Try It! 다른 단어로 바꿔 써보기

brochure 브로셔
product line 제품 라인
index 목록
directory 안내책자
list of goods 상품 목록

안부를 여쭤 보기 위해 메일을 보냅니다. 몇 주 동안 얘기를 하지 못했네요. 저희 새로운 카탈로그가 곧 나올 것임을 상기시켜드리고 싶었어요. 함께 의논할 수 있으면 좋겠습니다. 잘 지내세요.

a couple of 몇몇의 remind 상기시키다 newest 가장 최근의 available 이용 가능한

Case 02 바이어에게 한국 음식을 추천할 때 Recommending Korean Food to Buyers ▲

sample 521

Dear

We are looking forward to hosting you in Korea. I wondered if you would be interested in trying Bulgogi while you are here. It really is quite delicious. Let me know and I'll make reservations for us to go out to eat on Friday evening.

Sincerely,

Try It! 다른 단어로 바꿔 써보기

- feting 축하하기
- having 갖기
- receiving 맞이하기
- making you feel at home 편안한 기분이 들게 하기
- welcoming 환대하기

귀하를 한국에서 접대할 날을 고대하고 있습니다. 혹시 이곳에 계실 동안 불고기를 드셔 보시겠어요? 정말 맛있답니다. 괜찮으시다면 알려 주세요. 금요일 저녁에 외식할 수 있도록 레스토랑 예약을 해놓도록 하겠습니다. 안녕히 계세요.

host 접대하다 wonder if ~인지 궁금해하다 delicious 맛있는 make a reservation 예약하다 go out to eat 외식하러 가다

sample 522

Dear

Your visit to Korea is almost upon us. I wanted to ask if you would like to try some authentic kimchee while you are in Seoul. There are many great restaurants that ❶specialize in different styles of kimchee here, and I think you would find it very ❷interesting. Let me know and I will make reservations.

Kind regards,

Try It! 다른 단어로 바꿔 써보기

❶
- concentrate on ~에 집중하다
- focus on ~에 주력하다
- excel at ~에 뛰어나다
- make an art form of ~를 예술적으로 만들다
- are wonderful at ~를 아주 잘하다

❷
- fascinating 매혹적인
- novel 진기한
- unusual 특이한
- out of the ordinary 평범하지 않은
- remarkable 뛰어난

귀하의 한국 방문은 저희가 담당하고 있습니다. 서울에 계실 동안 한국 전통음식인 김치를 드셔 보시는 건 어떨까요? 이곳에는 다양한 종류의 김치를 전문으로 하는 레스토랑이 많이 있답니다. 아주 흥미로워하실 것 같습니다. 알려 주시면 레스토랑 예약을 해놓도록 하겠습니다. 안녕히 계세요.

visit 방문 want to ask 물어보고 싶다 authentic 진정한 specialize in ~을 전문으로 하다

sample 523

Try It! 다른 단어로 바꿔 써보기

- authentic 진짜의
- customary 관습적인
- conventional 통상적인
- time-honored 유서 깊은
- long-established 오랫동안 유지된

Dear

I'm excited about showing you around our offices next week. I was wondering if you would be interested in trying some Korean food while you are in town. If you want, we could go out on Friday night and try some traditional cooking. Let me know if you are interested.

I'll talk to you soon.

다음 주에 저희 회사를 보여드리게 되어 정말 기쁩니다. 이곳에 계실 때 한국 음식을 드셔 보시는 건 어떠신가요? 원하신다면 금요일 저녁에 한국 전통음식을 먹으러 갈 수 있도록 하겠습니다. 관심 있으신지 알려 주세요. 곧 뵙겠습니다.

excited 흥분되는 interested in ~에 흥미 있는 try 시도해 보다 traditional cooking 전통 요리

sample 524

Try It! 다른 단어로 바꿔 써보기

- liked 좋아했다
- loved 무척 좋아했다
- took pleasure in ~를 즐겼다
- relished 즐겼다
- valued 높이 평가했다

Hi

I really enjoyed the dinner we had in New York last year. Those steaks were so big! Would you like to see what traditional Korean food is like? I can arrange for us to have dinner on Tuesday at a really great place near our offices. Email me if you want me to make reservation.

Ciao,

작년 New York에서 먹었던 저녁 식사가 정말 맛있었습니다. 그때 스테이크가 정말 컸죠! 전통적인 한국 음식은 어떤지 한번 드셔 보시겠어요? 저희 사무실 근처에 있는 정말 괜찮은 곳에 화요일 저녁 식사를 준비해 놓을 수 있습니다. 예약해 놓길 원하신다면 메일 주세요. 안녕히 계세요.

Would you like to ~? ~하시겠어요? arrange 준비하다 near ~ 근처의 last year 작년

sample 525

Try It! 다른 단어로 바꿔 써보기

delicious 맛있는

savory 풍미 있는

scrumptious 아주 맛있는

delectable 맛있는

tasty 맛나는

I know this will be your first time in Korea, so I wanted to suggest that you eat in a Bulgogi restaurant. It's a style of barbecue that is absolutely mouth-watering. If you are interested, I can recommend a good restaurant.

Regards,

\- - - - - - - -

한국에 처음 오시는 것으로 알고 있습니다. 그래서 불고기 레스토랑에 가서 식사하시기를 권해 드리고 싶었습니다. 바비큐와 비슷한 종류인데 정말 군침이 돕니다. 관심이 있으시다면 괜찮은 레스토랑을 추천해 드릴 수 있습니다. 잘 지내세요.

first time 첫 번째 suggest 제안하다 barbecue 바비큐 absolutely 완전히 mouth-watering 침이 고이는

Case 03

음식점을 추천할 때 Recommending a Restaurant

sample 526

Try It! 다른 단어로 바꿔 써보기

Dear [   ]

I'm looking forward to seeing you here in Seoul next week. I wanted to recommend that you go to Peter Luger's in Itaewon for dinner on Friday night. It really is the best steak house in Seoul and a great representation of American cuisine. If you'd like I can make reservations for you.

Regards,

\- - - - - - - -

- food 음식
- dining 식사
- eating out 외식
- fare 음식물
- victuals 음식

다음 주에 여기 서울에서 뵙기를 고대하고 있습니다. 금요일 저녁에 이태원에 있는 Peter Luger's에 저녁을 드시러 가는 것을 추천합니다. 서울에서 최고의 스테이크 집이고 미국 요리를 대표하는 곳이기도 하구요. 원하신다면 예약해 드리겠습니다. 그럼 이만 줄이겠습니다.

recommend 추천하다 representation 대표자 cuisine 요리(법) make a reservation 예약하다

sample 527

Try It! 다른 단어로 바꿔 써보기

Dear [   ]

I'm excited about next week's meeting here. I know you'll be here for a few days, so I thought I'd recommend a restaurant you should try. The Pump Room is very famous here and you really should try it out. It's one of our best restaurants. Let me know if you want me to make reservations for you.

Regards,

\- - - - - - - -

- well-known 잘 알려진
- celebrated 유명한
- renowned 저명한
- legendary 전설의
- esteemed 호평받는

다음 주에 여기서 열릴 미팅이 기대됩니다. 며칠 동안 이곳에 계실텐데 가 보실 만한 레스토랑 한 곳을 추천해 드리고 싶습니다. The Pump Room은 여기에서 매우 유명하니 한번 들러 보시는 게 좋습니다. 이곳 최고의 레스토랑 중 하나입니다. 원하시면 예약을 해드릴 테니 알려 주세요. 안녕히 계세요.

for a few days 며칠 동안 restaurant 식당 really 정말로 try ~ out ~을 한번 시도해보다

✉ sample 528

Dear [ ]

I don't think you've been to Busan before, so I'd like to recommend a restaurant for you to try while you're here for the meeting. The Union Oyster house has really good seafood. I think you'd like it a lot.

See you next week,

\- - - - - - - -

Try It! 다른 단어로 바꿔 써보기

- excellent 뛰어난
- fantastic 환상적인
- outstanding 뛰어난
- exceptional 예외적으로 뛰어난
- terrific 멋진

이곳 부산에 와 보신 적이 없을 것이라고 생각되어 미팅 때문에 여기에 와 계실 동안 들르면 좋을 레스토랑을 하나 추천해 드리겠습니다. The Union Oyster 가게의 해물요리가 정말 맛있습니다. 아주 좋아하실 거예요. 다음 주에 뵙겠습니다.

have been to ~befor 전에 ~에 와 본 적이 있다 while ~하는 동안 seafood 해산물 a lot 많이

✉ sample 529

Dear [ ]

I'm looking forward to the conference next week. I know you are going to be doing some sightseeing and enjoying the city in addition to doing business, so I wanted to recommend a restaurant to you. Chester's is a great Italian restaurant. It's one of the city's best, so you should definitely eat there while you're here.

Regards,

\- - - - - - - -

Try It! 다른 단어로 바꿔 써보기

- as well as ~와 마찬가지로
- and 그리고
- plus 게다가
- along with ~와 함께
- besides ~ 외에

다음 주 회의를 기대하고 있습니다. 이곳에서 사업 관련 일뿐 아니라 관광도 좀 하시고 시내 구경도 하실 것으로 알고 있는데요. 그래서 제가 레스토랑 하나를 소개해 드리고자 합니다. Chester's는 매우 괜찮은 이탈리아 식당입니다. 이곳에서 최고로 괜찮은 음식점 중의 하나이니 이곳에 계실 때 꼭 가 보셔야 할 겁니다. 안녕히 계세요.

conference 회의 do sightseeing 관광하다 in addition to ~ 외에도, ~에 덧붙여 definitely 명백히

✉ sample 530

Dear [ ]

We're all set for you to come next week. If I remember correctly, you're quite a gourmand. I'd like to recommend a restaurant that I think you'd really enjoy. It's called Chez Pierre, and it has some of the best French cooking I've ever had. You should really check it out while you're in town.

Regards,

Try It! 다른 단어로 바꿔 써보기

food lover 음식 먹기를 좋아하는 사람

foodie 식도락

gourmet 대식가

connoisseur 감정가

food expert 음식 전문가

다음 주에 당신을 맞이할 준비가 모두 되어 있습니다. 제가 기억하는 게 맞다면 굉장한 미식가이시죠? 그래서 제가 정말 좋아하실 레스토랑 하나를 추천하고자 합니다. Chez Pierre라는 곳인데 제가 가 본 곳 중에 최고의 프랑스 음식점입니다. 이곳에 계실 동안 한번 가서 드셔 보세요. 안녕히 계십시오.

be all set 모두 준비되다 remember 기억하다 correctly 정확히 gourmand 미식가 enjoy 즐기다 cooking 요리 check ~ out ~을 확인하다

Case 04

한국에 관심 있는 곳이 있냐고 물어볼 때
Inquiring If Buyers Have Korean Touring Interests ▲

sample 531

Try It! 다른 단어로 바꿔 써보기

attractive 매혹적인
appealing 매혹적인
exciting 흥미있는
fascinating 매혹적인
remarkable 눈에 띄는

Dear

I'm looking forward to seeing you next month in Korea. I wanted to know if you'd be interested in doing some sightseeing while you are here. In particular, I thought you might enjoy visiting Gyeongbokgung Palace. It is a very interesting historical site and I think you would find it fascinating. Let me know if you are interested.

Regards,

다음 달 한국에서 뵙기를 기대하고 있습니다. 이곳에 계실 때 관광을 하시기를 원하시는지 궁금합니다. 특별히 경복궁을 방문하시면 좋아하실 것 같은데요, 아주 흥미로운 사적지이며 정말 멋있다고 느끼실 겁니다. 관심이 있다면 알려 주세요. 그럼 안녕히 계세요.

do sightseeing 관광하다 in particular 특히 palace 대궐

sample 532

Try It! 다른 단어로 바꿔 써보기

attractions 명소
places of interest 흥미로운 곳
things 물건
highlights 볼거리
monuments 기념물

Dear

I think all of the arrangements have been made for your visit. One last thing I wanted to know was whether or not there were any sights you would like to see while in Korea. I'd be happy to show you around. Are there any particular places you are interested in? Let me know if you want me to arrange anything.

I'll talk to you soon.

귀하의 방문에 필요한 모든 준비가 끝난 것 같습니다. 마지막으로 한 가지 한국에 계실 동안 가 보고 싶은 명소가 있는지 알고 싶습니다. 제가 기쁘게 안내하겠습니다. 혹시 특별히 관심이 가는 장소가 있으신가요? 알려 주시면 제가 준비하겠습니다. 곧 뵙겠습니다.

arrangement 준비 visit 방문 whether ~인지 아닌지 sights 명승지 while ~하는 동안에 particular 특정한

✉ sample 533

Try It! 다른 단어로 바꿔 써보기

journey 여행
excursion 소풍
expedition 소풍
visit 방문
tour 견학

Dear [   ]

When we last spoke, I meant to ask you if you were planning on doing any sightseeing on your trip here. One place I'd like to recommend is Insa-dong. It is a historical district with a lot of art galleries and cafes. If you are interested, I can arrange for us to spend an afternoon there. Let me know if you'd like that.

Sincerely

지난번에 이야기했을 때 이곳에 오실 때 관광을 계획하고 계시는지 여쭤 보고 싶었는데요. 제가 추천하고 싶은 곳은 인사동입니다. 미술 갤러리와 카페가 많은 역사적인 장소입니다. 관심이 있으시다면 오후에 그곳을 방문할 수 있도록 조정하겠습니다. 괜찮으신지 말씀해 주세요. 안녕히 계세요.

meant to ~하려던 것이었다 recommend 추천하다 historical 역사적인 district 구역 spend 시간을 보내다

✉ sample 534

Try It! 다른 단어로 바꿔 써보기

in the evenings 저녁에
for fun 재미를 위해
in your off-hours 근무외 시간에
with your leisure time 여가 시간에
in our free time 자유 시간에

Dear [   ]

I think we have the schedule worked out for all of the meetings during your trip here next week. What we haven't discussed is what you'd like to do after hours. I'm sure you'd like to enjoy a little sightseeing while you're here. Is there any particular place you'd like to see? If not, I can recommend several interesting tours you might take. Let me know if you'd like me to do that.

Regards,

다음 주에 있을 방문을 위한 모든 미팅 스케줄을 완료한 것 같습니다. 아직 얘기하지 못한 부분이 정규 일정 뒤에 하고 싶은 일이 무엇인가 하는 것인데요. 이곳에 계실 때 구경을 잠시 하시고 싶으실 것 같습니다. 혹시 방문하고 싶으신 곳이 있으신가요? 없으시다면 제가 여행하실 만한 흥미로운 곳을 몇 곳 추천해 드리도록 하겠습니다. 어떠신지 알려 주세요. 그럼 이만 줄입니다.

trip 여행 work out (문제 등이) 해결되다 after hours 정규일과 시간 다음에 several 몇몇의

sample 535

Try It! 다른 단어로 바꿔 써보기

Dear ( )

I wanted to see if you were planning on doing any sightseeing while you are here. Seoul is a very interesting city with a large number of historical sites. I could put together some recommendations for you if you'd like. Let me know and I'll send you some information.

Kind regards,

- - - - - - - -

proposals 제안
places 장소
ideas 아이디어
thoughts 생각
plans 계획

이곳에 계실 때 관광을 계획하고 계신지 궁금합니다. 서울은 역사적인 장소가 많은 흥미로운 도시입니다. 원하신다면 추천 장소를 정리해 드릴 수 있습니다. 생각을 말씀해 주시면 정보를 보내 드리도록 하겠습니다. 안녕히 계십시오.

plan on ~을 계획하다 while ~하는 동안에 recommendation 추천사항

Case 05

골프 여행을 하자고 할 때 **Proposing a Golf Tour** ▲

sample 536

Dear

I'm trying to put together a golf excursion for next weekend. Would you be interested in playing? I've invited a few people from Smith Tech and Jones Inc., so there should be plenty of business to do while we play. Let me know if you're interested.

Thanks,

- - - - - - - -

Try It! 다른 단어로 바꿔 써보기

asked 불렀다
called 전화했다
requested 요청했다
bid 초대했다
offered an invitation to ~에게 초대를 했다

다음 주말에 골프 여행을 계획하고 있는데 함께 하시겠습니까? Smith Tech와 Jones Inc.에서 사람을 몇 명 초대했기에 골프를 하면서 사업과 관련된 이야기도 많이 하게 되리라 생각합니다. 관심이 있으시다면 알려 주세요. 감사합니다.

put together 구성하다, 정리하다 excursion 짧은 여행 interested 흥미 있는 plenty of 많은 ~

sample 537

Dear

How would you feel about a round of golf this weekend? I'd like to talk over a few things with you away from our offices, and I thought playing golf would give us an opportunity to do that. Give me a call if you'd like, and we'll arrange everything.

Thanks,

- - - - - - - -

Try It! 다른 단어로 바꿔 써보기

time 시간
an opening 호기
an occasion 기회
a break 기회
a moment 순간

이번 주에 골프를 치러 가시는 것 어떠세요? 함께 회사 밖에서 여러 가지 이야기를 나누고 싶은데 골프를 치러 가는 것이 가장 적당할 듯합니다. 생각이 있으시면 연락주세요. 그럼 저희가 모두 준비하겠습니다. 감사합니다.

a round 한 판 a few 몇몇의 away from ~에서 벗어나서 play golf 골프를 치다 arrange 준비하다, 마련하다

sample 538

Try It! 다른 단어로 바꿔 써보기

- reorganizing 다시 조직 중인
- setting up 구성 중인
- making arrangements for ~을 위해 준비하고 있는
- making a plan for ~을 위해 계획을 세우는 중인
- placing 물색 중인

Dear

I'm putting together a group to go golfing this weekend and I wondered if you'd be interested. Jerry Howard and Percy Johnson will both be there. I think the weather is going to be great. Let me know if you're up for it.

Talk to you soon,

이번 주말에 골프를 치러 갈 사람들을 모으고 있는데 혹시 관심이 있으신지 궁금합니다. Jerry Howard 씨와 Percy Johnson 씨 모두 함께 가실 예정입니다. 날씨도 매우 좋을 것 같네요. 관심이 있는지 알려 주세요. 연락바랍니다.

go golfing 골프치러 가다 wonder if ~인지 궁금하다 both 둘 다 weather 날씨 be up for ~에 흥미있는, ~을 하고 싶은

sample 539

Try It! 다른 단어로 바꿔 써보기

- a well-timed meeting 시기적절한 만남
- seasonable 적기의
- handy 편리한
- ideal 이상적인
- an opportune time 적당한 시간

Dear

Would you be interested in getting together to play some golf next week? Jack Donahue told me that you play, and I thought it would be a good chance for us to get to know each other a little better. Let me know if you have a free afternoon and we can arrange it.

I look forward to hearing from you.

다음 주에 함께 골프를 치러 가는 데 관심 있으세요? Jack Donahue 씨가 당신도 골프를 친다고 말씀해 주셨습니다. 제 생각에 이 기회에 서로를 좀 더 잘 알 수 있게 될 것 같습니다. 만약 오후에 시간이 되시는지 연락 주시면 약속을 잡을 수 있을 것 같습니다. 연락바랍니다.

get together 함께 모이다 get to know each other 서로를 알게 되다 a little 조금 free 한가한, 시간 나는

✉ sample 540

Dear [   ]

I'm writing to see if you'd be up for a game of golf some time in the next couple of weeks. I'd love to catch up with you and talk over some business. If you've got a free Saturday, let me know.

Regards,

- - - - - - - -

Try It! 다른 단어로 바꿔 써보기

commerce 무역
dealings 거래
production 생산
broadcasting industry 방송 사업
trade 거래, 무역

2~3주 후에 시간이 나시면 골프 한 게임 하러 가실 수 있는지 궁금합니다. 함께 가셔서 사업 얘기도 나누면 정말 좋을 것 같네요. 토요일에 시간이 되시면 연락 주세요. 그럼 안녕히 계세요.

game 게임 next 다음 couple of 몇몇의 catch up with ~를 따라 잡다, ~와 밀린 얘기를 나누다

Case 01

부재를 알려줄 때 **Informing of My Absence** ▲

sample 541

Dear

I'll be out of the office on business for the rest of the week. If you need anything, please ❶email Jerry Davis at 234-9852. He's another ❷account manager. He can answer most questions you might have.

Thanks,

Try It! 다른 단어로 바꿔 써보기

❶ call 전화하다
correspond with 편지를 주고 받다
speak to ~에게 얘기하다
get a hold of ~와 연락을 하다
contact 연락하다

❷ business manager 사업 매니저
sales contact 판매 연락창구
associate 동업자
business professional 사업 전문가
business director 사업 관리자

이번 주 내내 출장으로 인해 제가 사무실을 비울 예정입니다. 만약 필요한 게 있으시면 234-9852번으로 Jerry Davis에게 이메일을 주세요. 그는 또 다른 회계 담당자입니다. 궁금하신 사항을 대부분 해결해 줄 수 있을 것입니다. 감사합니다.

on business 업무로 for the rest of ~의 나머지 anything 무엇이든 another 또 다른 account 회계 most 대부분의

sample 542

Dear

I wanted to let you know that I'll be traveling for the next few days, so Bob Jackson will be covering for me. Just call him at extension 23 if you have any issues that need to be resolved. I should be back by Thursday.

Thanks,

Try It! 다른 단어로 바꿔 써보기

handled 처리된
dealt with 다루어진
finalized 종결된
solved 해결된
determined 결정된

제가 추후 며칠간 출장을 가기에 Bob Jackson이 저 대신 일을 봐줄 것입니다. 해결해야 할 문제가 생기면 내선 23번으로 그에게 연락하세요. 저는 목요일에 돌아올 예정입니다. 감사합니다.

let you know 당신에게 알려 주다 travel 여행하다 next 다음의 cover 일을 처리하다 extension 내선 (번호) issue 문제

✉ sample 543

Dear [   ]

I'm going to be away for the next two days. In my ❶absence you can get in touch with Sarah Jones if you need any information. She has ❷access to all of my account information, so she should be able to help you out with anything you might need to know.

Thanks,

Try It! 다른 단어로 바꿔 써보기

❶ day off 비번일
nonattendance 불참
void 공백
out-of-the-office time 사무실에 없는 기간
being away from my desk 책상에 붙어 있지 않음

❷ availability 이용 가능함
right to use 사용할 권리
admission 들어갈 자격
accessibility 접근성
admittance 입장 허가

제가 앞으로 이틀간 자리를 비울 예정입니다. 제가 자리를 비우는 동안 필요한 정보가 있으시면 Sarah Jones 씨에게 연락 주세요. 그녀는 제가 담당하는 계정 정보를 모두 볼 수 있어서 당신이 알아야 하는 것을 도와드릴 수 있을 겁니다. 감사합니다.

be away 부재중이다 absense 부재 get in touch with ~와 연락을 하다

✉ sample 544

Dear [   ]

I'll be out of the office next week for a symposium in Florida. If you have any emergencies, you can talk to Pat Mills. He'll be able to handle most issues, and he'll get in touch with me if there's something he can't figure out.

Thanks,

Try It! 다른 단어로 바꿔 써보기

important events 중요한 일
crisis 위기
urgencies 응급사항
calamity 재난
tragedies 비극

제가 다음 주에 Florida에서 열리는 토론회 때문에 사무실을 비울 겁니다. 만약 급한 용무가 생기면 Pat Mills 씨에게 연락 주세요. 그가 대부분의 일을 처리해 드릴 수 있을 것입니다. 그가 해결하지 못하는 일은 제게 연락할 것입니다. 감사합니다.

symposium 토론회, 심포지엄 emergency 응급상황 handle 다루다 figure out 이해하다, 생각해내다

sample 545

Dear [   ]

I'm going to be traveling for the next few days, so should any problems arise, Hugh Thomson will be your contact. He's up to speed on your account with us, so he'll be able to answer any questions you have.

Thanks,

- - - - - - - -

Try It! 다른 단어로 바꿔 써보기

knowledgeable 알고 있는
got all information 모든 정보를 가졌다
updated 새로 업데이트했다
well-informed 잘 아는
educated 교육을 받은

제가 다음 며칠간 출장을 갑니다. 그래서 어떤 문제가 발생하게 되면 Hugh Thomson 씨에게 연락 주세요. 그는 당신의 거래 내용을 잘 알고 있으니 요청하시는 문의사항에 대답해 줄 수 있을 것입니다. 감사합니다.

arise 떠오르다 contact 접촉 창구 up to speed on ~에 정통한

Case 02

호텔 예약을 부탁할 때 Asking for a Hotel Reservation ▲

sample 546

Dear

I'm looking forward to meeting with you next week. I was wondering if you could help me out by securing a hotel reservation for me. I don't know London very well, so I'm not sure what the best location would be.

I appreciate any help you can give me.

Try It! 다른 단어로 바꿔 써보기

- site 장소
- place 곳
- spot 지점
- locality 장소
- scene 풍경

다음 주에 만나는 것이 굉장히 기대가 됩니다. 혹시 제가 머무를 호텔 예약을 조금 도와주실 수 있을지 궁금합니다. 제가 London을 잘 알지 못해서 어느 곳이 제일 좋은지 모르겠네요. 어떤 도움이라도 정말 감사할 것 같습니다.

look forward to ~하길 고대하다 wonder 궁금해 하다 secure 확보하다 reservation 예약 very well 아주 잘 location 위치, 장소

sample 547

Dear

I'm having trouble ❶booking a hotel for the meetings next week. Would you be able to help me out with that? I need a room near the conference center for Monday, Tuesday, and Wednesday. Let me know if this is ❷possible.

Thanks,

Try It! 다른 단어로 바꿔 써보기

- ❶ reserving 예약함
- obtaining 획득함
- procuring 힘들게 구함
- getting 얻어둠
- finding 찾음

- ❷ doable 할 수 있는
- feasible 가능한
- realistic 현실적인
- practical 실용적인
- reasonable 타당한

다음 주에 있을 미팅 때문에 머무를 호텔을 예약하는 데 문제가 생겼습니다. 그 문제를 좀 도와주실 수 있을까요? 월요일, 화요일, 그리고 수요일에 쓸 수 있는 회의실 근처의 방이 필요합니다. 가능한지 연락 주세요. 감사합니다.

have trouble 문제가 있다 book 예약하다 room 방 conference center 회의장 let me know 나에게 알려 주세요

sample 548

Dear

Would it be possible for you to get hotel reservations for my stay in New York? I'll be arriving on Monday evening, so I'll need a room for three nights. I'd appreciate the assistance.

Thank you in advance.

\- - - - - - - -

Try It! 다른 단어로 바꿔 써보기

with a king-sized bed
킹 사이즈 침대가 있는

for Monday and Tuesday night
월요일과 화요일 밤에 묵을

that's handicap accessible
장애인이 접근할 수 있는

guaranteed for late arrival
늦게 도착해도 얻을 수 있는

and airport transportation
그리고 공항 교통편

New York에 있을 동안 제가 머무를 호텔 예약을 해주실 수 있을까요? 저는 월요일 저녁에 도착해서 3일 동안 머무를 방이 필요합니다. 도움을 주신다면 감사하겠습니다. 미리 감사드립니다.

stay 머무름, 체류 arrive 도착하다 need 필요하다 for three nights 3일 밤 동안 있을 assistance 도움 in advance 미리

sample 549

Dear

I'm trying to arrange my trip to meet with you next week. I was wondering if it would be possible for you to reserve a hotel room for me. I'd like to get a room near your offices if that is at all possible. Let me know if you can help me with this.

Thank you.

\- - - - - - - -

Try It! 다른 단어로 바꿔 써보기

business 사업체

place of work 직장

company 회사

branch 지부

division 부서

다음 주 만남을 위해 출장 준비를 하던 중이었습니다. 혹시 제가 머무를 호텔 예약을 해주실 수 있는지 궁금합니다. 가능하다면 귀사 근처에 있는 호텔이었으면 좋겠습니다. 도움을 주실 수 있는지 연락 주세요. 감사합니다.

try to ~하려고 한다 arrange 준비하다 reserve 예약하다 at all 조금이라도

✉ sample 550

Dear [   ]

I'm looking forward to next week's meetings. I wanted to find out if you could make my accommodation arrangements for me. I'm sure you know the local hotels much better than I do. It would really help a lot if you could do this for me.

Thanks,

- - - - - - - -

Try It! 다른 단어로 바꿔 써보기

lodging 숙박
housing 숙박시키기
hotel 호텔
room 방
overnight 1박 여행

다음 주에 있을 미팅이 기대가 됩니다. 혹시 제가 머무를 숙소 예약을 좀 해주실 수 있는지 알아보려고요. 저보다 당신이 그 지역 호텔에 대해 훨씬 더 잘 알고 계실 것이라 생각해서요. 도와주신다면 정말 도움이 될 것 같습니다. 감사합니다.

meeting 회의 accommodation 숙소, 숙박시설 arrangement 준비, 계획 local hotel 현지 호텔 much better 훨씬 더 잘 a lot 많이

Case 03

렌터카 예약을 부탁할 때 Asking for a Rental Car Reservation ▲

sample 551

Dear [ ]

I'm looking forward to coming to Sydney next month. Would it be possible for you to arrange a rental car for me? I'll be doing some sightseeing in my off-hours and I think it would be more convenient with a car.

Thanks for all of your help.

Try It! 다른 단어로 바꿔 써보기

- shopping 쇼핑
- visiting of family and friends 가족과 친구 방문
- traveling to villages 마을 여행
- touring 여행
- exploring 탐험

다음 달에 Sydney에 가는 것이 매우 기대가 됩니다. 혹시 그때 제가 쓸 수 있는 렌터카를 예약해 주실 수 있을까요? 여가시간에 관광 계획을 갖고 있는데 차가 있다면 더 편할 것 같습니다. 도와주셔서 감사합니다.

look forward to ~하길 고대하다 arrange 준비하다 rental car 임대 자동차 off-hour 쉬는 시간, 근무 외 시간

sample 552

Dear [ ]

I'm trying to get all of the details nailed down for my trip to your fine city next month. Would you be able to arrange a rental car for me? I'm going to be going back and forth between the hotel and your offices quite a bit, so I think having a car would be very convenient. Let me know if this is possible.

Thanks,

Try It! 다른 단어로 바꿔 써보기

- arranged 잡아 놓은
- clarified 확실히 해둔
- set in stone 확정된
- set 정해둔
- approved 승인된

다음 달에 당신의 아름다운 도시를 방문하는 데 필요한 세부사항을 모두 확인하고 있습니다. 혹시 제가 쓸 수 있는 렌터카를 예약해 주실 수 있을까요? 당신의 사무실과 호텔을 자주 왕래해야 할 것 같은데 차가 있다면 훨씬 수월할 것 같습니다. 가능한지 연락 주세요. 감사합니다.

nail down 확정시키다 fine 멋진 go back and forth 왔다갔다하다 quite a bit 꽤 convenient 편리한

✉ sample 553

Try It! 다른 단어로 바꿔 써보기

extent 길이
period 기간
length 기간
time 시간
week 주

Dear [   ]

I have a favor to ask. Could you secure a rental car for the duration of my stay in Los Angeles? I'm going to need to be able to get around after hours, and I've heard that L.A. doesn't have much in the way of public transportation. Let me know if you can help me out with this.

Thanks in advance,

- - - - - - - -

부탁 드릴 것이 있습니다. 제가 L.A.에 머무를 동안 쓸 수 있는 렌터카 예약을 좀 해주실 수 있을까요? 일과 시간 후에는 밖을 돌아다닐 예정인데 L.A.는 대중교통 시설이 많이 없다고 들었습니다. 도움이 가능하신지 연락 주세요. 미리 감사드립니다.

favor 호의 secure 확보하다 duration 지속 기간 stay 체류 get around 여기저기 여행하다 after hours 정규 일과시간 후에 in the way of ~ 점에서는 public transportation 대중 교통

✉ sample 554

Try It! 다른 단어로 바꿔 써보기

appeal 호소
application 신청
favor 부탁
plea 간청
petition 청원

[   ]

I'm about ready to pack my bags for next week's trip! I had one final request. Could you arrange for me to have a rental car while I'm in Chicago? I would really prefer to be able to drive myself to the meetings.

Thanks for your help.

- - - - - - - -

다음 주 출장을 위한 모든 준비를 대충 마친 것 같습니다. 그런데 마지막으로 부탁이 하나 있습니다. 제가 Chicago에 있을 동안 쓸 수 있는 렌터카를 좀 마련해 주실 수 있나요? 회의장까지 제가 직접 운전해서 갔으면 합니다. 도와주셔서 감사합니다.

about 대체로 pack 짐을 싸다 final 마지막의 prefer 선호하다 drive myself 스스로 운전하다

✉ sample 555

Dear [ ]

Thank you so much for all of the work you've done arranging my trip next month. I do have one more request. Could you rent a car for my use during the week I'm there? I think I would be more comfortable if I were able to drive instead of relying on public transportation.

Thanks again for your help.

Try It! 다른 단어로 바꿔 써보기

more at ease 더 편안한
more content 더 만족한
calmer 더 평온한
happier 더 행복한
more relaxed 더 안정된

다음 달에 있을 제 출장을 대비하여 모든 준비를 해주신 것 정말 감사합니다. 한 가지 더 부탁이 있습니다. 제가 그 곳에 있을 주중 동안 쓸 수 있는 차를 렌트해 주실 수 있을까요? 대중교통을 이용하는 것보다 차로 운전해서 움직일 수 있다면 더 편할 것 같습니다. 다시 한번 도와주셔서 감사드립니다.

request 요청 rent 빌리다 drive 운전하다 instead of ~대신 rely on ~에 의존하다

Case 04

공항 픽업을 부탁할 때 Asking for an Airport Pickup ▲

sample 556

Try It! 다른 단어로 바꿔 써보기

Dear

Next week is the big meeting! I'm really excited about getting to work face-to-face with you. Would it be possible for you to arrange for someone to pick me up at the airport? My flight arrives at 10pm, so I'd rather not have to worry about finding a taxi. Let me know if you can do this for me.

Thanks,

- - - - - - - -

in person 직접
side by side 나란히
together 함께
in the same office 같은 사무실에서
jointly 함께

드디어 다음 주에 대회의가 열리네요! 직접 뵙고 함께 일을 할 수 있게 된다니 정말 기대가 됩니다. 혹시 저를 공항에서 마중해 줄 분을 좀 알선해 주실 수 있을까요? 제 비행기는 밤 10시에 도착 예정이라 택시를 찾아야 하는 걱정을 하지 않았으면 합니다. 가능하신지 알려주세요. 감사합니다.

excited 흥분되는 face-to-face 얼굴을 마주대하고 possible가능한 pick ~ up ~를 데리러 오다 arrive 도착하다
I'd rather (차라리) ~하고 싶다

sample 557

Try It! 다른 단어로 바꿔 써보기

Dear

I'm trying to attend to all of the details for my trip to Paris next week. I was wondering if you could arrange an airport pickup service for me. My flight gets in at noon, and I have reservations at the Marriot. I appreciate the help.

Thanks,

- - - - - - - -

organize 조직하다
nail down 확정하다
sort out 처리하다
manage 관리하다
arrange 준비하다

다음 주에 있을 Paris 출장을 위해 모든 것을 챙기고 있습니다. 저를 위해 공항 픽업 서비스를 알아봐 주실 수 있는지 궁금합니다. 제 비행기는 정오 도착이고 Marriot 호텔을 예약해 두었습니다. 도움을 주신다면 정말 감사하겠습니다. 감사합니다.

attend to ~을 처리하다 detail 세부사항 wonder 의문이다 get in 도착하다 reservation 예약

✉ sample 558

Dear [   ]

My trip to New York is coming up ❶quickly. I have my plane tickets and I've arranged for a hotel. The only thing left is to secure airport pickup. Could you take care of that for me? I'm ❷not familiar with any services of that nature in New York. I would greatly appreciate it.

Thank you.

- - - - - - - -

Try It! 다른 단어로 바꿔 써보기

❶ speedily 빠르게
soon 곧
rapidly 급하게
fast 빠르게
swiftly 신속하게

❷ unaware of ~에 대해 모르는
a stranger to ~에 이방인인
not sure how to identify 어떻게 찾아야 할지 잘 모르는
not used to finding 찾는 데 익숙하지 않은
ignorant of ~에 무지한

New York 출장 날짜가 빠르게 다가오고 있네요. 비행기표도 있고 호텔 예약도 끝마쳤습니다. 하나 남은 것이 있다면 공항에서 저를 맞이해 주실 분을 찾는 것입니다. 혹시 그 부분에 대해 신경 써 주실 수 있을까요? 제가 New York에서 그런 종류로는 어떠한 서비스도 익숙하지 않아서요. 도와주시면 정말 좋을 것 같네요. 감사합니다.

plane ticket 비행기표 arrange for ~을 예약하다, 준비해 놓다 secure 확보하다 take care of ~를 신경쓰다 familiar with ~에 익숙한

✉ sample 559

Dear [   ]

I have a request regarding my trip to Houston next month. Would it be possible for you to arrange to have me picked up at the airport? I don't know the city well, so it would be a relief to know that someone is there to take me to the hotel.

Thanks for all of your help.

- - - - - - - -

Try It! 다른 단어로 바꿔 써보기

help 도움
load off my mind 마음의 짐을 덜어줌
assistance 도움
liberation 해방
aid 도움

다음 달에 있을 Houston 출장과 관련하여 부탁이 있습니다. 공항으로 마중 나와 줄 사람을 알아봐 줄 수 있을까요? 제가 그쪽 도시는 잘 몰라서 누군가 저를 호텔까지 안내해 줄 수 있는 사람이 있다면 안심이 될 것 같습니다. 도와주셔서 감사합니다.

regarding ~와 관련해 relief 안심, 위안 take A to B A를 B로 데려가다

✉ sample 560

Dear ( )

I'm writing about my trip to San Francisco next week. I would like to have someone pick me up at the airport when I arrive. My flight gets in at 7:30pm on Monday evening. Could you arrange for my pickup?

I appreciate your assistance.

Try It! 다른 단어로 바꿔 써보기

- escort me 나를 안내하다
- meet me 나를 만나다
- greet me 나를 맞이해주다
- wait for me 나를 기다리다
- come and get me 와서 나를 데리고 가다

- - - - - - - -

다음 주에 있을 San Francisco 출장에 대해 말씀드릴 것이 있습니다. 제가 도착할 때 공항에 누군가 저를 마중 나왔으면 하는데요. 제 비행기는 월요일 오후 7시 반에 도착합니다. 제 픽업을 알아봐 주실 수 있을까요? 도와주셔서 감사합니다.

I would like to ~하고 싶다 have A pick B up A에게 B를 데리러 오도록 시키다 assistance 도움, 지원

Case 05

공항 픽업 스케줄을 다시 조정할 때 Rearranging the Airport Pickup Schedule ▲

sample 561

Try It! 다른 단어로 바꿔 써보기

meeting 만남
rendezvous 만남
coming together 함께 모임
contact 연락
appointment 약속

Dear

As you know, I will be arriving at the airport tomorrow. I'm writing to change the pickup time. It turns out the flight I'm on doesn't get in until 8:00. Could you arrange for me to be picked up then?

I appreciate your assistance.

\- - - - - - - -

아시다시피 제가 내일 공항에 도착할 것입니다. 마중 시간을 변경할 수 있을까 하여 연락드립니다. 제가 탄 비행기가 8시 이전에는 도착하지 않는다고 합니다. 그 후로 마중시간을 다시 조정해 주시겠습니까? 도움 감사합니다.

arrive 도착하다 airport 공항 change 바꾸다 pickup 사람을 태우기 turn out (that) ~로 드러나다 pick up ~을 데려 오다

sample 562

Try It! 다른 단어로 바꿔 써보기

catching 탈
leaving on ~로 떠날
booked on ~로 예약된
traveling on ~로 여행할
coming in on ~로 도착할

Dear

I've had a last-minute change in my schedule, so I'm going to be getting on a later flight tomorrow. Do you think you could change my pickup from 10:30 to 11:30? I'd appreciate it.

Thanks in advance,

\- - - - - - - -

마지막 순간에 제 스케줄이 바뀌었습니다. 그래서 내일 늦은 비행기편으로 갈 것 같습니다. 마중 시간을 10시 반에서 11시 반으로 변경해 주실 수 있을까요? 그럼 정말 감사하겠습니다. 미리 감사드립니다.

last-minute 마지막 순간의 get on ~에 타다 flight 비행편 in advance 미리

✉ sample 563

Try It! 다른 단어로 바꿔 써보기

get there 도착하다
pull in 들어오다
turn up 나타나다
reach the destination 목적지에 도달하다
land 도착하다

Dear [ ]

I mistakenly gave you the wrong time for my airport pickup on Monday. I told you my flight got in at 8:00, but it's actually 7:00. Could you arrange for my ride to arrive an hour earlier?

Thank you.

제가 월요일 공항에 마중 오실 시간을 잘못 알려 드렸습니다. 8시 도착 비행기라고 말씀드렸지만 실은 7시였습니다. 한 시간 일찍 데리러 오도록 해주실 수 있을까요? 감사합니다.

wrong time 잘못된 시간 get in 도착하다 actually 사실은 arrange 준비하다 ride 태워 줌, 수송 수단

✉ sample 564

Try It! 다른 단어로 바꿔 써보기

earlier 일찍이
beforehand 이전에
formerly 먼저
in the past 과거에
already 이미

Dear [ ]

I'm going to need to change my schedule a little bit. I'm on a different flight now, and it doesn't get in until 11:00. I'll need my airport pickup service to come at that time, rather than at 10:00, as we previously planned.

Thank you for taking care of this for me.

제 스케줄을 조금 변경해야겠습니다. 다른 비행편에 타고 있는데 11시 이전에 도착하지 못할 것 같습니다. 공항 픽업 서비스를 이전에 약속한 10시보다 11시로 할 수 있을까요? 신경 써 주셔서 감사합니다.

schedule 일정 a little bit 조금 pickup service 픽업 서비스 rather than ~라기 보다는 previously 이전에

✉ sample 565

Dear [   ]

I hate to bother you with this, but would you mind changing my airport pickup time from 12:00 to 1:30. I've had to change my flight, so I won't be getting in so early.

I appreciate your help.

Try It! 다른 단어로 바꿔 써보기

- trouble 곤란하게 하다
- annoy 짜증나게 하다
- inconvenience 불편을 끼치다
- bug 성가시게 하다
- hassle 괴롭히다

귀찮게 해드려 죄송하지만 공항 마중 시간을 12시에서 1시 반으로 변경해도 될까요? 제가 비행편을 바꾸게 되어 그렇게 일찍 도착하지 못할 것 같습니다. 도와주셔서 감사합니다.

hate to ~하고 싶지 않다 bother 귀찮게 하다 mind 꺼리다

Case 06

음식점 예약을 부탁할 때 Asking for a Restaurant Reservation ▲

sample 566

Dear [ ]

I'm going to go out to dinner on Thursday night and I'd like to try some ❶authentic Korean food. Could you please make reservations for me at a ❷suitable restaurant near my hotel? I would really appreciate it.

Thank you for your help.

Try It! 다른 단어로 바꿔 써보기

❶ bona fide 진실된
genuine 진짜의
real 진짜의
reliable 믿을 만한
legitimate 진정한

❷ apt 적합한
proper 적당한
right 알맞은
appropriate 적절한
fitting 딱 맞는

목요일 저녁에 외식을 하려고 하는데 진짜 한국 음식이 먹어 보고 싶습니다. 호텔 근처의 적당한 음식점을 예약해 주실 수 있을까요? 그래 주시면 정말 감사하겠습니다. 도와주셔서 감사합니다.

go out 외출하다 would like to ~하고 싶다 authentic 진정한 make a reservation 예약하다 suitable 적당한

sample 567

Dear [ ]

I'm looking forward to meeting with you in New York next week. Do you think you could do me a favor and make reservations at a restaurant for me? I'd like to have a good meal with my wife on Saturday night before we fly home on Sunday.

Thanks,

Try It! 다른 단어로 바꿔 써보기

a bistro 작은 식당
a café 카페
an eating place 먹을 곳
a buffet restaurant 뷔페식당
an eatery 음식점

다음 주에 New York에서 만나기를 고대하고 있습니다. 혹시 레스토랑 예약을 해주실 수 있을까요? 일요일 비행기로 귀국하기 전에 토요일 저녁에 아내와 함께 근사한 식사를 하고 싶습니다. 감사합니다.

do a favor 호의를 베풀어 주다 meal 식사

✉ sample 568

Dear [   ]

Could I trouble you to make reservations at a restaurant for me on Tuesday evening? I'd like to eat somewhere close to my hotel. If I could get a table at 8:00, I'd really appreciate it.

Thanks,

\- - - - - - - -

Try It! 다른 단어로 바꿔 써보기

near 근처의

by 옆의

next to ~ 바로 옆의

in close proximity to ~에 가까운

in the vicinity of ~의 부근에

화요일 저녁에 레스토랑을 예약해 주실 수 있을까요? 호텔 근처에서 식사를 하고 싶은데요. 8시에 식사를 할 수 있다면 정말 좋을 것 같습니다. 감사합니다.

trouble 수고를 끼치다 somewhere 어딘가 close to ~에 가까운 get a table 자리를 잡다

✉ sample 569

Dear [   ]

Would it be possible for you to make restaurant reservations for my coworker and I for Friday evening? Neither of us has eaten Korean food before here, so we'd like to try it.

I appreciate all of your help.

\- - - - - - - -

Try It! 다른 단어로 바꿔 써보기

colleague 동료

associate 동료

partner 파트너

collaborator 협력자

cohort 측근

taste 맛을 보다

experience 경험해 보다

attempt 시도해 보다

take 먹다

sample 시식하다

금요일 오후에 저와 제 동료를 위해 레스토랑을 예약해 주실 수 있을까요? 저희 둘 다 이곳에서 한국 음식은 먹어 보지 않아서 한번 먹어 보고 싶습니다. 도와주셔서 감사합니다.

possible 가능한 coworker 직장 동료 before 이전에

sample 570

Try It! 다른 단어로 바꿔 써보기

head 향하다
dash 돌진하다
hurry 서두르다
wing 날다
soar 날아오르다

Dear

I want to go out for dinner on Friday evening before I fly back home on Saturday morning. Do you think you could get reservations for me at a good restaurant that is near my hotel? I'd really appreciate it.

Thank you in advance.

\- - - - - - - -

토요일 아침 비행기로 돌아가기 전에 금요일 저녁을 나가서 먹고 싶은데요, 호텔 근처의 괜찮은 레스토랑을 예약해 주실 수 있을까요? 그러면 정말 감사하겠습니다. 미리 감사드립니다.

fly back home 비행기로 집에 가다, 귀국하다 near 근처의

Case 01

회사에 관련한 이벤트를 알릴 때 **Informing of a Company Event** ▲

sample 571

Dear [ ]

It's time again for our annual company celebration. We will be hosting a party for our employees and our partner companies. If you can make it to Korea next month, we would be happy to host you and your employees. Please let me know if you can make it.

Thanks,

Try It! 다른 단어로 바꿔 써보기

- a reception 환영회
- a bash 파티
- a function 행사
- an event 이벤트
- an affair 모임

저희 회사의 연례 행사 시기가 돌아왔습니다. 저희 직원들과 협력사 직원분들과 함께 하는 파티를 주최할 예정입니다. 다음 달에 한국을 방문할 수 있으시다면 귀하와 직원들을 접대하고 싶습니다. 가능하신지 알려 주세요. 감사합니다.

annual 매년의 celebration 축하 행사, 축하 파티 host 주최하다, 접대하다 employee 피고용인 partner company 협력사 make it 시간 맞춰 오다

sample 572

Dear [ ]

My company will be holding its annual shareholder's meeting next week, so I may be a little slower than usual to respond to phone calls and email. Normal business will resume the following week.

Thank you.

Try It! 다른 단어로 바꿔 써보기

- usual 보통의
- standard 표준의
- regular 정규의
- ordinary 평범한
- routine 일상의

저희 회사는 다음 주에 연례 주주 총회를 열 예정입니다. 그래서 전화와 이메일 답변이 평소에 드렸던 것보다는 조금 더 오래 걸릴 수 있을 것 같습니다. 정상적인 업무는 총회가 열리는 그 다음 주부터 재개될 예정입니다. 감사합니다.

shareholder 주주 slower than usual 평소보다 더 느린 respond 응답하다 normal 정상적인 resume 재개되다

✉ sample 573

Try It! 다른 단어로 바꿔 써보기

Dear [   ]

I'm writing to tell you about a conference my company is hosting next month. Import-export specialists from around the world will be meeting in Seoul to share ideas, network, and do business. If you are able to send a representative, please let me know.

Thanks,

다음 달에 저희 회사가 주최하는 회의에 대해 알려 드립니다. 전 세계의 수입 수출 전문가들이 서울에 오셔서 생각을 공유하고 인맥을 구축하며 사업을 하기 위해 만나실 예정입니다. 대표자를 보내 주실 수 있다면 저희에게 연락 주세요. 감사합니다.

- a spokesperson 대변인
- an agent 대리인
- a delegate 대표
- an individual 개인
- an employee 직원

conference 회의 import 수입 export 수출 specialist 전문가 from around the world 전세계에서 share 나누다 representative 대표자

✉ sample 574

Try It! 다른 단어로 바꿔 써보기

Dear [   ]

I just wanted to let you know that we will be holding a press conference on the 19th to unveil our latest product. We expect to get strong press coverage and the accompanying surge in orders such P.R. usually generates. This email is just a heads-up so that you can get your orders ready early.

Thanks,

저희는 19일에 신상품을 소개하기 위해 기자회견을 가질 예정임을 알려 드리고 싶었습니다. 저희는 집중적인 언론 보도를 예상하고 있으며 그런 홍보가 보통 그렇듯이 주문도 쇄도할 것으로 생각합니다. 이 이메일은 미리 주문하실 수 있도록 돕는 안내문입니다. 감사합니다.

- powerful 강력한
- serious 상당한
- huge 거대한
- impactful 영향력이 큰
- extraordinary 아주 특별한

press conference 기자회견 unveil 베일을 벗다 coverage 적용 범위 accompanying 수반되는 surge 큰 파도, 급증 generate 발생시키다 heads-up 주의

✉ sample 575

Dear ______

I'm writing to tell you about my company's annual charity drive. Each year, our employees raise money for African famine relief. Last year we raised $20,000, which was donated to an organization that teaches sustainable agricultural techniques to villagers. If you would like to donate, please let me know.

Thank you.

Try It! 다른 단어로 바꿔 써보기

generated 만들어냈다
gathered 모았다
accumulated 축적했다
made 만들었다
collected 수집했다

저희 회사의 연례 자선 행사에 대해 알려 드립니다. 매년 저희 회사 직원들은 아프리카 기아 구호를 위한 자선 모금을 합니다. 작년에는 $20,000를 모았으며 마을 사람들에게 지속 가능한 농업기술을 가르치는 단체에 모두 기부하였습니다. 기부하길 원하신다면 알려주세요. 감사합니다.

charity 자선 drive 운동, 캠페인 raise money 돈을 모으다 famine 기아, 기근 relief 구호 organization 조직 sustainable 지속 가능한

Case 02

이메일 주소가 바뀌었음을 알릴 때 Informing of a Change in Email Address ▲

sample 576

Try It! 다른 단어로 바꿔 써보기

records 기록
notes 메모
files 파일
communications 통신문
books 기록부

Dear

Because of a change in computer systems, all employees of Smith Tech have received new email addresses. From now on you can reach me at tjones@smithtechnology.com. Emails to my old address will not make it to me, so please update your address book accordingly.

Thank you for your attention.

\- - - - - - - -

컴퓨터 시스템이 바뀌었기 때문에 Smith Tech의 모든 직원이 새로운 이메일 주소를 받게 되었습니다. 지금부터 저에게 연락을 주시려거든 tjones@smithtechnology.com으로 주세요. 제 예전 이메일로 보내시면 제게 연락이 되지 않을 것입니다. 그러니 주소록을 거기에 맞추어 업데이트해 주세요. 관심 부탁드립니다.

because of ~ 때문에　system 시스템　receive 받다　from now on 지금부터는　reach 연락하다　accordingly 그에 따라서

sample 577

Try It! 다른 단어로 바꿔 써보기

presently 현재로
currently 현재
nowadays 요즘에
at this point 이 시점에
these days 요즘에

Dear

I just wanted to let you know that my email address has changed. I'm now jkim@hyundai.com. Please update your records.

Thanks,

\- - - - - - - -

제 이메일 주소가 바뀌었다는 것을 알려 드립니다. 지금부터는 jkim@hyundai.com을 사용할 겁니다. 주소록에 업데이트시켜 주세요. 감사합니다.

want to ~하고 싶다　let you know 너에게 알려 주다　change 변화하다　update 업데이트하다

✉ sample 578

Try It! 다른 단어로 바꿔 써보기

Dear [　　　]

My email address has changed. It is now plee@kia.com. I would appreciate it if you could update your address book. Sorry for any inconvenience.

Thanks,

\- - - - - - - -

- bring up-to-date 최신의 것으로 하다
- revise 수정하다
- amend 고치다
- alter 바꾸다
- change 바꾸다

제 이메일 주소가 변경되었습니다. 지금은 plee@kia.com입니다. 주소록을 업데이트해 주시면 감사하겠습니다. 불편을 드려 죄송합니다. 감사합니다.

any 어떤, 모든　inconvenience 불편

✉ sample 579

Try It! 다른 단어로 바꿔 써보기

Dear [　　　]

I'm just writing to let you know that I've got a new email address. I can now be reached at jkim@titanhardware.com. Please disregard my previous address.

Thanks,

\- - - - - - - -

- ignore 무시하다
- delete 삭제하다
- forget about ~에 대해 잊어버리다
- pay no attention to ~에 신경쓰지 않다
- take no notice of ~을 무시하다

그냥 제가 새로운 이메일 주소를 갖게 되었음을 알려 드리려고 편지를 씁니다. 이제는 jkim@titanhardware.com으로 연락 주셔야 합니다. 제 이전 주소는 무시해 주세요. 감사합니다.

be reached at ~로 연락되다　disregard 무시하다　previous 이전의

✉ sample 580

Dear [   ]

Due to our company's recent name change, I now have a new email address. You can reach me at byoung@smithtechnology.com, instead of smithtech.com. Email from my old address will be forwarded to my new account for the next ten days only, so please change my entry in your address book.

Thanks,

Try It! 다른 단어로 바꿔 써보기

rather than ~라기 보다는

in place of ~를 대신해

as an alternative to ~의 대안으로

as a substitute for ~를 대체하여

as a replacement for ~를 대신해

저희 회사가 최근에 회사명을 바꿨기 때문에 새 이메일 주소가 생겼습니다. smithtech.com 대신에 byung@smithtechnolongy.com으로 연락 주시면 됩니다. 제 예전 이메일 주소로 보낸 메일들은 앞으로 10일간만 새 계정으로 이동되니 주소록에 있는 제 메일 주소를 변경해 주시기 바랍니다. 감사합니다.

forward (새 주소로) 전송하다, 회송하다 account 계정 change 바꾸다 entry 기입된 글, 표제어, 입력

Case 03

휴대폰 번호가 바뀌었음을 알릴 때 Informing of a Change in Cell Phone Number ▲

✉ sample 581

Dear [   ]

I just wanted to let you know that my cell phone number has changed. You can now reach me at (917) 543-2345. Please disregard my previous number.

Thanks,

Try It! 다른 단어로 바꿔 써보기

- contact ~에게 연락하다
- get in touch with ~와 연락하다
- access 접근하다
- get hold of ~와 접촉하다
- connect with ~와 연락을 취하다

제 휴대폰 번호가 바뀌었음을 알려 드립니다. 이제는 (917) 543-2345로 연락 주세요. 이전 번호는 삭제 부탁드립니다. 감사합니다.

cell phone number 휴대폰 번호 change 바꿔다 reach ~와 연락을 취하다 disregard 무시하다 previous 이전의

✉ sample 582

Dear [   ]

I'm writing to give you my new cell phone number. We changed company plans, so I had to give up my old number. The new one is (347) 555-2387.

Thanks,

Try It! 다른 단어로 바꿔 써보기

- erase 지우다
- update 업데이트하다
- throw out 버리다
- do away with 없애다
- exchange this one with 이것을 ~와 바꾸다

제 새 핸드폰 번호를 말씀드리려고 편지를 보냅니다. 회사 정책이 바뀜에 따라 예전 번호를 바꿔야 했습니다. 새로운 번호는 (347) 555-2387입니다. 감사합니다.

plan 계획, 방식 give up 포기하다

✉ sample 583

Dear [   ]

I'm writing regarding a quick update of my contact information. My cell phone number has changed. It's now (973) 543 1345. Please update your records accordingly.

Thanks,

Try It! 다른 단어로 바꿔 써보기

- for that reason 그런 이유로
- as a result 결과적으로
- in view of that 그런 관점에서
- fittingly 알맞게
- appropriately 적절히

제 연락 정보가 급하게 바뀐 것과 관련해 연락을 드립니다. 휴대폰 번호가 바뀌었습니다. 지금은 (973) 543 1345번입니다. 이에 맞게 갖고 계신 번호를 새로 저장해 주세요. 감사합니다.

quick 빠른 update 업데이트; 업데이트하다 contact 연락 information 정보 records 기록 accordingly 그에 맞춰서, 따라서

✉ sample 584

Dear [   ]

Due to my company's recent decision to change cell phone providers, it has become necessary for me to change my cell phone number. Below is my new number. Please disregard my old number.

(405) 256 – 2837

Thank you.

Try It! 다른 단어로 바꿔 써보기

- system 시스템
- policy 정책
- vendors 판매업자
- services 서비스
- suppliers 공급업체

휴대폰 공급업체를 바꾸는 회사의 최근 결정에 따라 제 휴대폰 번호를 바꿀 수밖에 없게 되었습니다. 아래의 번호가 제 새 번호입니다. 이전 번호는 삭제해 주세요. (405) 256–2837. 감사합니다.

recent 최근의 decision 결정 provider 제공업체 become necessary 필요하게 되다 below 아래

sample 585

Try It! 다른 단어로 바꿔 써보기

confirm 확언하다
ensure 확실히하다
check 점검하다
make certain 확인하다
verify 증명하다

Dear

I think that the cell phone number you have for me is my old one. I've recently changed numbers and I want to make sure that you have the correct one should you need to contact me. Here it is: (646) 353 2534.

Thank you,

- - - - - - - -

갖고 계신 제 휴대폰 번호가 예전 것 같습니다. 최근에 번호를 바꿨는데 제게 연락을 하시려면 정확한 번호를 알고 계셔야 하는데 확인하고 싶습니다. 바뀐 번호는 다음과 같습니다. (646) 353 2534. 감사합니다.

recently 최근에 make sure ~을 확인하다, 확실히하다 correct 옳은, 정확한 contact 연락하다
should you need to 당신이 ~해야 한다면

Case 04

휴가를 간다고 알릴 때 Informing that I'm on Vacation ▲

sample 586

Try It! 다른 단어로 바꿔 써보기

handling 다루는
tackling ~와 씨름하는
returning ~에 답하는
taking 받는
accepting 받아들이는

Dear

I'll be out of the office for the next week. I'm going on vacation. John Jones will be fielding my calls if you have any urgent problems. Otherwise, I'll talk to you when I return.

Thanks,

제가 다음 주 동안은 사무실을 비울 예정입니다. 휴가를 가서요. 급한 문제가 생기면 John Jones 씨가 제게 오는 전화를 처리해 주실 겁니다. 아니면 제가 돌아와서 연락드리겠습니다. 감사합니다.

be out of the office 사무실을 떠나다 on vacation 휴가를 얻어 field ~에 잘 대처하다 urgent 긴급한 otherwise 그렇지 않으면

sample 587

Try It! 다른 단어로 바꿔 써보기

while I'm gone 내가 없는 동안
for me 나 대신
in the interim 그 사이에
on my behalf 나를 대신하여
over the next couple of weeks 다음 몇 주 동안

Dear

I'm writing to let you know that I'll be on vacation for the next two weeks. If you have any issues you need resolved, you can contact Mike Duncan. He'll be handling my accounts until I'm back.

Thanks,

다음 2주 동안 제가 휴가를 가는 걸 알려 드리고자 메일을 보냅니다. 해결해야 할 급한 용무가 생기시면 Mike Duncan에게 연락하시면 됩니다. 제가 돌아올 때까지 그가 제 고객을 상대해 주실 겁니다. 감사합니다.

issue 문제 resolve 풀다 contact 연락하다 handle 다루다 account 고객, 거래처

sample 588

Try It! 다른 단어로 바꿔 써보기

call 전화하다
phone 전화하다
contact 연락하다
write to ~에게 편지를 쓰다
drop a line to ~에게 연락하다

Dear [ ]

I will be away from the office for the next week, so please speak to me before Friday with any urgent business. After that, you can leave me a message or send me an email and I'll get back to you upon my return.

Thanks,

제가 다음 주 동안 자리를 비울 예정이니 급한 업무는 금요일 전까지 제게 말해 주세요. 그 이후에는 메시지를 남기거나 이메일로 연락하실 수 있습니다. 돌아오는 대로 연락드리겠습니다. 감사합니다.

be away from ~에서 떠나있다 business 일 message 메시지 get back to ~에게 다시 연락하다 upon my return 돌아오는 대로

sample 589

Try It! 다른 단어로 바꿔 써보기

vacation 방학
trip 여행
breather 잠깐의 휴식
rest 휴식
holiday 휴일

Dear [ ]

I am heading out on vacation after work tomorrow, and I'll be gone for the next two weeks. I'm long overdue for a break. If you have any problems while I'm away, you can call the main number at my office and they'll connect you with someone who can help.

I'll talk to you when I get back.

내일 일이 끝난 뒤 저는 휴가를 갈 예정이며 다음 2주 동안은 자리를 비울 것입니다. 그간 오랫동안 휴식이 필요했습니다. 제가 자리를 비우는 동안 어떠한 문제가 발생하면 제 사무실 메인 번호로 전화 주시면 도와줄 다른 분과 연결해 드릴 것입니다. 다녀와서 뵙겠습니다.

head out 출발하다 overdue 기한이 지난, 오랫동안 기다려온 while ~하는 동안 main 주요한 connect A with B A를 B와 연결하다

✉ sample 590

Dear [ ]

I'll be out of town starting next week, so we should talk before I leave. I want to get any issues settled before I go on vacation. Give me a call and we can go over everything.

Thanks,

\- - - - - - - -

Try It! 다른 단어로 바꿔 써보기

completed 완료된
resolved 해결된
determined 결정된
firmed up 굳혀진
decided 결정된

다음 주가 시작되면 저는 시내에 없을 것입니다. 그래서 제가 가기 전에 이야기를 해야 합니다. 휴가를 가기 전에 모든 문제가 해결되길 바랍니다. 연락 주시면 모든 사항을 같이 검토해 보죠. 감사합니다.

out of town 도시를 떠나 starting ~부터 before ~이전에 settle 해결하다 call 전화 go over ~을 검토하다

Case 05 이메일을 잘 받았다고 알릴 때 Informing of Receipt of Email ▲

sample 591

Dear [   ]

I just wanted to let you know that I received your email. All of the attached files were there, so that's all I need from you for now. Thanks for getting the figures to me so quickly.

Regards,

Try It! 다른 단어로 바꿔 써보기

- connected 연결된
- additional 추가의
- affixed 붙여진
- joined 합쳐진
- added 추가된

메일을 잘 받았음을 알려 드립니다. 첨부된 파일도 모두 있었고 제가 필요한 건 그것이 전부입니다. 이렇게 빨리 자료를 주셔서 감사합니다. 안녕히 계세요.

receive 받다 attached 첨부된 that's all I need 내가 필요한 것은 그것이 전부다 for now 지금으로는 figures 수치, 총액

sample 592

Dear [   ]

Your email came through just fine. Now that I've got that list of contacts, I'll be able to start talking to people about joining our venture. If you need me to send anything to you, just let me know.

Thanks,

Try It! 다른 단어로 바꿔 써보기

- prospects 잠재고객
- phone numbers 전화 번호
- names 이름
- clients 고객
- people 사람들

메일 잘 받았습니다. 이제 이 연락처 리스트가 있으니 우리 벤처 사업에 함께 하는 데 대해 사람들과 이야기를 나눌 수 있게 되었습니다. 제가 보내 드려야 할 것이 생기면 언제든 알려 주세요. 감사합니다.

come through 도착하다 fine 괜찮은 now that ~이므로 be able to ~할 수 있다 join 함께 참여하다 venture 벤처사업 anything 어떤 것이든

✉ sample 593

Try It! 다른 단어로 바꿔 써보기

Dear [ ]

I wanted to tell you that I got your email, and everything looks great. I'll show your proposal to my boss and get back to you when I have an answer.

Thank you for all of your hard work.

- a reply 응답
- a reaction 반응
- a retort 응수
- a follow-up 팔로우업
- feedback 피드백

메일도 잘 받았고 모든 게 순조롭게 잘 되어 있는 듯합니다. 사장님께 당신의 제안서를 보여 드린 후 답을 얻게 되면 다시 연락드리겠습니다. 모든 노고에 감사드립니다.

proposal 제안(서) boss 상사 get back to ~에게 다시 연락하다

✉ sample 594

Try It! 다른 단어로 바꿔 써보기

Dear [ ]

I received your email. I'm still thinking over some of your suggestions. I'll get back to you when I've given them some thought.

Thanks,

- considering 고려 중인
- weighing 숙고하고 있는
- sorting out 처리 중인
- evaluating 평가 중인
- examining 검토 중인

메일은 잘 받았습니다. 여전히 제안하신 건에 대해 심사숙고하고 있습니다. 결론이 나오게 되면 다시 연락드리겠습니다. 감사합니다.

think over 곰곰이 생각하다 suggestion 제안 thought 생각

sample 595

Dear

I got your email this morning along with the attached files. It looks like the contracts are in order, so we should be moving forward pretty quickly with this deal. I'll let you know if I need anything else from you.

Thanks,

- - - - - - - -

Try It! 다른 단어로 바꿔 써보기

papers 서류

files 파일

deals 거래

treaties 조약

pacts 거래

첨부된 파일과 함께 오늘 아침에 메일을 받았습니다. 계약서가 순서대로 되어 있어서 저희가 이 거래를 빠르게 진행시킬 수 있을 것 같습니다. 또 필요한 게 있으면 연락드리겠습니다. 감사합니다.

along with ~와 함께 attached files 첨부파일 contract 계약(서) in order 순서대로, 적절하게, 정연하게

sample 596

Dear

I'm writing to let you know that we've got some excess inventory and we're looking to ❶liquidate. That means we'll be ❷flexible with pricing, so now is a great time to buy. If you have a chance, give me a call and we can discuss what I have available.

I hope to talk to you soon.

\- - - - - - - -

Try It! 다른 단어로 바꿔 써보기

❶ slash prices 물가를 내리다
move goods quickly 상품을 빨리 처분하다
settle 청산하다
clear up 재고 판매를 하다
pay a debt 빚을 갚다

❷ negotiable 협상 가능한
open to discussion 논의할 수 있는
bendy 유연한
unfixed 정해지지 않는
open to offers 제안에 개방적인

저희는 현재 과잉물량이 있어 이것을 처리할 방법을 모색하고 있습니다. 가격 조절이 가능하니 지금이 이 물품을 사는 적기라고 생각합니다. 시간 있으실 때 연락 주시면 이 사안에 대해 함께 얘기해 볼 수 있을 것 같습니다. 연락 바랍니다.

excess 과한 inventory 재고 look to ~을 기대하며 기다리다 liquidate 청산하다, 정리하다 that means 그 뜻은 ~이다 flexible 융통성 있는 pricing 가격 책정 discuss 논의하다 available 이용 가능한

sample 597

Dear

I'm writing to set up a meeting with you. I'd like to show you a few samples of our new product line. I think you'll be very interested in what we're producing this season. Let me know when would be a good time for you.

I'll talk to you soon.

\- - - - - - - -

Try It! 다른 단어로 바꿔 써보기

involved in 빠져있는
engrossed in 몰두한
fascinated by 매혹된
captivated by 사로잡힌
attracted to 끌리는

회의 날짜를 정하기 위해 편지를 드립니다. 이번 저희의 새로운 상품 라인 샘플을 몇 가지 소개해 드리고 싶습니다. 이번 시즌에 저희가 만들어 내는 것에 관심을 보이실 것 같아서요. 편하신 날짜를 알려 주세요. 연락 바랍니다.

set up (약속 등을) 잡다 product line 제품군 season 계절

sample 598

Dear

I wanted to get in touch with you to discuss your last order. I'd be interested to know if you were satisfied with the products you chose. We're trying to gauge response so that we can adjust our product line accordingly. If you have a chance, give me a call.

Thank you.

Try It! 다른 단어로 바꿔 써보기

measure 측정하다
monitor 관찰하다
weigh 무게를 재다
estimate 측량하다
judge 판단하다

지난번 주문에 대해 얘기하기 위해 연락드렸습니다. 지난번에 선택하신 상품에 대한 만족도가 궁금합니다. 저희는 지금 상품에 대한 반응을 알아보고 그에 맞춰 상품 라인을 보완하려고 하고 있습니다. 시간이 되시면 연락 주세요. 감사합니다.

get in touch ~와 연락하다 gauge 평가하다, 측정하다 adjust 적응시키다 accordingly 그에 따라

sample 599

Dear

I hope you are doing well. I'm writing to ask you a few questions about what kind of orders you might be making this month. We have some new additions to our catalogue, so I wanted to point out some of them.

Regards,

Try It! 다른 단어로 바꿔 써보기

articles 물품
wares 물건들
materials 소재
supplies 공급품
tableware 식탁용 식기류

잘 지내고 계시죠? 이번 달에 주문하실 상품의 종류에 대해 몇 가지 여쭤 보려고 연락드립니다. 저희 카탈로그에 몇 가지가 추가되어서 그 중 일부를 알려 드리고 싶어서요. 안녕히 계세요.

a few 몇몇의 kind 종류 month 달 addition 추가(사항) point out ~을 지적하다

✉ sample 600

Dear [   ]

I'm writing to find out what your schedule is like while you're in town next week. I'm sure you're quite busy, but I'd like to find a time to discuss some of our products with you. Let me know if you'd be interested.

I look forward to hearing from you.

\- - - - - - - -

Try It! 다른 단어로 바꿔 써보기

visiting this city 이 도시를 방문하는
here 여기에
at the Seoul office 서울 사무소에
in the factory 공장에
touring our facilities 우리 시설을 둘러보는

다음 주 이곳에 머무시는 동안 스케줄이 어떻게 되시는지 알아보려고 메일 드립니다. 매우 바쁘실 것으로 알지만 함께 저희 상품에 대해 이야기할 수 있는 시간을 내주셨으면 합니다. 관심이 있으시다면 연락 주세요. 연락 기다리겠습니다.

find out ~을 알아보다 while ~하는 동안 town 마을 quite 꽤

Case 07

답변이 늦어서 변명할 때 Making an Excuse for a Delayed Answer ▲

sample 601

Dear

I'm ❶sorry I haven't been able to get back to you before now. We've had some issues to deal with here at the office, and they've prevented me from ❷keeping up with my email. I hope you understand.

Regards,

- - - - - - - -

Try It! 다른 단어로 바꿔 써보기

❶ apologetic 사과하는
afraid 유감인
remorseful 후회하는
repentant 깊이 뉘우치는
ashamed 부끄러운

❷ staying on top of 꿰뚫고 있는
responding to ~에 대답하는
giving time to ~에 시간을 주는
replying to ~에 응답하는
answering ~에 회답하는

좀 더 전에 연락드리지 못해 죄송합니다. 사무실에서 몇 가지 처리해야 할 문제가 있었기에 답장 드리지 못했습니다. 이해해 주시길 바랍니다. 안녕히 계세요.

get back to ~에게 다시 연락하다 before ~전에 issue 문제 prevent 막다 keep up with ~ 정보에 정통해 있다

sample 602

Dear

I know it's been some time since you emailed me with your question. I kept intending to get back to you, but every time I sat down to email you, my phone would ring. You know how it is. Anyway, I've attached some price lists that I think will answer all of your questions.

Kind regards,

- - - - - - - -

Try It! 다른 단어로 바꿔 써보기

meaning 의도하는
trying 노력하는
aiming 목표로 삼는
planning 계획하는
preparing 준비하는

질문을 주신 지 시간이 꽤 지났다는 것은 잘 알고 있습니다. 계속 연락하려고 했으나 이메일을 보내려고 할 때마다 전화가 와서요. 이해해 주시리라 생각합니다. 가격 목록을 첨부하였습니다. 부탁하신 것에 대한 답이 되리라고 생각합니다. 이만 줄이겠습니다.

since ~ 이후 intend to ~하려고 의도하다 email ~에게 이메일을 보내다 ring 전화가 울리다 attach 첨부하다 price list 가격표 answer 대답하다

sample 603

Dear

I'm sorry I'm only just now getting back to you. We had a pretty severe problem with our email server, so the whole office was locked out of our inboxes! It's been a real problem as you can imagine. Anyway, I'm available now, so we can communicate more reliably.

Thanks for your patience.

\- - - - - - - -

Try It! 다른 단어로 바꿔 써보기

drastic 강력한
serious 중대한
brutal 잔인한
extreme 극심한
far-reaching 지대한 영향을 미칠

지금에서야 답변을 드려 죄송합니다. 이메일 서버와 관련하여 꽤 심각한 문제가 있어서 전체 사무실 시스템이 먹통이었습니다! 짐작하시겠지만 정말 큰 문제였습니다. 어쨌거나 이제는 모두 해결되어 문제없이 연락을 드릴 수 있습니다. 양해해 주셔서 감사합니다.

severe 심각한, 중대한 email server 이메일 서버 lock 자물쇠를 채우다 inbox 수신함 real 엄청난 available 시간이 있는 reliably 확실하게, 신뢰할 수 있어

sample 604

Dear

I know it's taken me a while to respond, and I ❶apologize. I've had to be out of the office quite a bit this week. We have some clients visiting from out of the country and I was ❷delegated to show them around the city. I'm sorry if I've inconvenienced you.

Regards,

\- - - - - - - -

Try It! 다른 단어로 바꿔 써보기

❶ ask forgiveness 용서를 구하다
express regret 후회를 표현하다
beg for excuse 용서를 청하다
say sorry 미안하다고 하다
ask for mercy 자비를 구하다

❷ chosen 선택된
selected 선택된
asked 요청된
elected 선출된
preferred 선호된

답장이 늦어져서 죄송합니다. 이번 주엔 사무실 자리를 많이 비워야 했습니다. 해외에서 오신 고객들이 있어서 그분들의 시내 구경을 담당해야 했습니다. 불편하게 해드렸다면 죄송합니다. 안녕히 계십시오.

a while 한동안 respond 응답하다 out of ~ 밖에서 client 고객 delegate 대표로 파견되다 inconvenience 불편을 끼치다

✉ sample 605

Try It! 다른 단어로 바꿔 써보기

contracted ~에 걸렸다
caught ~에 걸렸다
developed ~병에 걸렸다
got sick with ~로 아팠다
fell ill with ~에 걸렸다

Dear [ ]

I'm terribly sorry for the delay in getting back to you. I came down with the flu, so I've been in bed for the last four days. I'm finally back on my feet and ready to work. Why don't you give me a call and we can discuss your problem.

Thanks,

\- - - - - - - -

답변이 늦어져 정말 죄송합니다. 제가 독감에 걸려서 지난 4일 동안 누워만 있었습니다. 이제야 회복되어 사무실에 오게 되었습니다. 전화를 주신다면 그 문제에 대해 함께 의논해 볼 수 있을 것 같습니다. 감사합니다.

terribly 끔찍이 come down with ~ 병에 걸리다 in bed 침대에 누워 finally 드디어 on one's feet (병 후에) 몸이 나아진

Case 08

다른 날 이메일을 보낸다고 할 때 Promising a Follow-up Email ▲

sample 606

Try It! 다른 단어로 바꿔 써보기

Dear

I will be out of the office for the rest of the day, so I won't be able to respond to your questions. I'll email you tomorrow morning when I get a moment to look over your concerns.

Thanks for your patience.

- an opportunity 기회
- a chance 기회
- a second 잠깐
- a minute 순간
- a break 짧은 휴식

오늘 남은 일정 동안은 제가 사무실에 없을 예정이라 요청하신 질문에 답을 해드릴 수가 없게 되었습니다. 관련사항을 살펴본 뒤 내일 아침에 이메일을 드리도록 하겠습니다. 인내해 주셔서 감사합니다.

for the rest of the day 오늘 나머지 시간 동안 respond to ~에 응답하다 moment (잠깐의) 순간 look over ~을 검토하다 concerns 걱정, 관심사

sample 607

Try It! 다른 단어로 바꿔 써보기

Dear

I have meetings scheduled back to back all afternoon, so I'll have to email you tomorrow about the project. I have a lot to tell you, and I just don't have time to get into it right now. Expect an email from me early tomorrow.

Thanks,

- plan 계획
- development 개발
- assignment 임무
- job 일
- task 과업

제가 오후에 회의가 연달아 잡혀 있습니다. 그래서 이 프로젝트에 관해서 내일 답변을 해드려야 할 것 같습니다. 할 얘기는 많이 있지만 단지 지금 당장은 그럴 시간이 없습니다. 내일 아침 일찍 메일을 드리겠습니다. 감사합니다.

back to back 잇따라, 계속하여 a lot 많음 get into ~에 대한 이야기를 시작하다 early 이른

sample 608

Try It! 다른 단어로 바꿔 써보기

complete 완성하다
conclude 종결짓다
finalize 마무리짓다
put the last touches on ~을 마무리하다
bring an end to ~을 끝내다

Dear [ ]

Could I get back to you tomorrow about the Jones account? I've got a deadline for a report at the end of the day, so I've got to buckle down and finish it. I appreciate your patience.

Regards,

\-\-\-\-\-\-\-\-

Jones 거래와 관련하여 내일 다시 연락드려도 되겠습니까? 오늘까지 끝내야 하는 보고서가 있어서 본격적으로 일을 시작해서 이 보고서를 끝내야만 합니다. 양해해 주셔서 감사합니다. 안녕히 계십시오.

get back to ~에게 다시 연락하다 account 계좌, 계정, 거래 deadline 최종 기한 report 보고서
buckle down 본격적으로 일에 착수하다

sample 609

Try It! 다른 단어로 바꿔 써보기

organized 조직된
assembled 정렬된
composed 구성된
collected 수집된
bound 매듭지어진

Dear [ ]

I'm going to have to email you later with the figures you've requested. It will take a while to get the numbers together, and I've got meetings with clients scheduled for the afternoon. I'll get everything together for you the day after tomorrow.

Thanks,

\-\-\-\-\-\-\-\-

요청하신 금액에 관련한 정보는 나중에 이메일로 답변해 드려야겠습니다. 수치를 취합하는 데 약간의 시간이 소요되는데 제가 오늘 오후에 예정되어 있는 고객과의 미팅이 있습니다. 모레 모든 것을 정리해 드리도록 하겠습니다. 감사합니다.

be going to ~할 것이다 figures 수치, 계산, 총액 request 요청하다 take a while 잠깐 시간이 걸리다 numbers 숫자, 금액, 통계 client 고객 scheduled for ~로 예정된

sample 610

Try It! 다른 단어로 바꿔 써보기

- read 읽다
- consider 고려하다
- examine 조사하다
- scan 유심히 보다
- glance at 대강 훑어보다

Dear [ ]

I got your email, but I haven't had a chance to look at it very closely. I'm very busy in the office at the moment, so I'll have to get back to you tomorrow.

Thanks for understanding.

\- - - - - - - -

메일을 받았지만 자세히 볼 시간이 없었습니다. 지금 회사에서 너무도 바쁜 시간을 보내고 있기 때문에 제가 내일 다시 연락드리도록 하겠습니다. 이해해 주셔서 감사합니다.

closely 면밀히 busy 바쁜 at the moment 지금 이 순간에

답변을 재촉할 때 Soliciting an Answer ▲

sample 611

Dear ⬚

How are things going? I'm writing because I still haven't received a reply to the email I sent you on Monday. I'm trying to make my ❶final decision, and your answer is a ❷large factor. Please let me know as soon as possible.

Thanks,

Try It! 다른 단어로 바꿔 써보기

❶ last 마지막의
terminal 끝의
closing 마무리하는
ultimate 궁극적인
conclusive 결론짓는

❷ big 큰
great 거대한
sizable 꽤 큰
significant 중요한
enormous 엄청난

안녕하세요? 제가 월요일에 보내 드린 메일에 대한 답장이 아직 오지 않아 다시 연락드립니다. 저는 최종 결정을 내리기 위해 고민중이며 당신의 답변이 결정에 있어서 큰 부분을 차지하고 있습니다. 가능한 한 빨리 답변 주세요. 감사합니다.

receive 받다 try to ~하려고 노력하다 decision 결정 answer 답 factor (어떤 결과를 낳는) 요인, 요소 as soon as possible 가능한 한 빨리

sample 612

Dear ⬚

I hope this email finds you well. I'm writing to see if you have made a decision on whether or not concerning the proposal we discussed last week. We would like to know one way or the other so that we can pursue other options.

Thank you in advance.

Try It! 다른 단어로 바꿔 써보기

your final decision 당신의 최종 결정
whether you will accept our terms 우리의 조건을 수용할 것인지
your answer 당신의 대답
if you will be working with us 우리와 같이 일할 것인지
your plans 당신의 계획

이 메일이 잘 도착했기를 바랍니다. 지난주에 논의했던 제안에 대해 결정을 내리셨는지 궁금합니다. 제안에 대한 답변이 긍정인지 부정인지 알고 싶습니다. 그래야 저희도 다른 대안을 찾을 수 있으니까요. 미리 감사드립니다.

see if ~인지 확인하다 whether or not ~인지 아닌지 concerning ~에 관해 proposal 제안 one way or the other 어떻게 해서든지, 어느쪽으로든지 pursue 추구하다, 모색하다

✉ sample 613

Try It! 다른 단어로 바꿔 써보기

quickly 빠르게
shortly 곧
presently 즉시
fast 빨리
promptly 신속히

Dear [ ]

I'm writing to see when you will be able to give me an answer about the project. We are waiting for your reply before going forward. If you could let me know as soon as possible, I would really appreciate it.

Thank you.

프로젝트에 관해서 언제쯤 제가 답변을 받을 수 있을까요? 저희는 앞으로 더 나아가기 전에 당신의 답변을 기다리고 있습니다. 최대한 빨리 알려 주시면 감사하겠습니다. 감사합니다.

be able to ~할 수 있다 give me an answer 내게 답하다 wait for ~을 기다리다 go forward 앞으로 가다

✉ sample 614

Try It! 다른 단어로 바꿔 써보기

coming 오는
approaching 접근하는
imminent 임박한
pending 임박한
near-term 근접한

Dear [ ]

I hope everything is going well with you. I'm getting a little concerned because I haven't received an answer from you yet. Could you let me know as soon as possible what you want to do? The deadline is looming, so please contact me.

Thanks,

잘 지내고 계시리라 생각합니다. 당신에게서 제가 보낸 메일의 답변을 아직 받지 못해서 조금 걱정이 됩니다. 어떻게 하길 원하시는지 최대한 빨리 연락을 주실 수 있을까요? 기한이 다가오고 있으니 부디 연락 바랍니다. 감사합니다.

everything 모든 것 a little 약간 concerned 걱정되는 looming 어렴풋이 보이기 시작하는 contact 연락하다

✉ sample 615

Dear [ ]

Have you had a chance to think about what I asked you? It would help a lot if you could give me an answer fairly quickly. I have to make arrangements for purchasing the products, so I need to know if you're interested in partnering with me.

Thanks,

- - - - - - - -

Try It! 다른 단어로 바꿔 써보기

get back to me 내게 결과보고를 하다

let me know 내게 알려 주다

fill me in 나에게 설명해 주다

bring me up to speed 내게 필요한 정보를 주다

make a choice 선택을 하다

제가 말씀드린 건에 대해서는 생각해 보셨나요? 아주 빨리 답을 해주신다면 정말 도움이 될 것 같습니다. 제가 상품 구매와 관련된 사항을 계획해야 하기 때문에 저희와 함께 일하시는 데 관심이 있으신지 알아야 해서요. 감사합니다.

chance 기회 ask ~에게 묻다 a lot 많이 fairly 꽤 make arrangements 준비하다 purchase 구매하다 partner with ~와 제휴하다

Case 10

검토를 부탁할 때 Requesting a Check-up on Proposal Status ▲

sample 616

Dear

Attached is the proposal we discussed previously. Please give careful attention to it, ❶as I believe it is a way for us to benefit each other greatly. If you should have any questions at all, ❷don't hesitate to contact me.

I look forward to hearing from you.

\- - - - - - - -

Try It! 다른 단어로 바꿔 써보기

❶ in that ~라는 점에서
because 왜냐하면
since ~이기 때문에
as I'm sure 내가 ~을 확신하므로
given that ~을 고려하면

❷ please 부디
I hope you will ~하길 바란다
by all means 꼭
you know you can ~할 수 있는 것 알고 있지?
you're welcome 얼마든지 ~해도 좋다

첨부된 것은 전에 논의했던 제안서입니다. 이것이 우리가 함께 큰 수익을 얻을 수 있다고 믿는 만큼 주의깊게 봐 주세요. 더 질문이 있으시면 망설이지 마시고 연락 주세요. 연락 기다리겠습니다.

attach 첨부하다 previously 이전에 careful 신중한 attention 주의 each other 서로 at all 조금이라도

sample 617

Dear

It was good to speak with you the other day. I hope that you give careful consideration to my proposal. I think that it is a good move for both of our companies. With your specific expertise and our expansive distribution network, we both stand to profit greatly.

I hope to hear from you soon.

\- - - - - - - -

Try It! 다른 단어로 바꿔 써보기

great production facilities 대단한 생산 설비
know-how 노하우
talent 재능
strong suit 강점
knowledge 지식

요전날 함께 얘기를 나눌 수 있어서 좋았습니다. 제가 드린 제안서를 세심하게 고려해 주세요. 이 제안으로 우리 회사 모두 한 걸음 더 나아갈 수 있을 것이라고 생각합니다. 귀사의 전문 지식과 저희 쪽 광대한 유통망이 함께 한다면 우리 모두 큰 수익을 기대할 수 있을 것입니다. 곧 연락 바랍니다.

specific 특정한 expertise 전문적 지식, 전문기술 expansive 광범위한 distribution network 유통망

✉ sample 618

Try It! 다른 단어로 바꿔 써보기

Dear [   ]

I just wanted to touch base with you and ask you if you've had a chance to look over the proposal I sent you. I hope you give serious consideration to it. I think it's a winner for both of our companies. Let me know if you have any questions or concerns.

Thanks.

----

verify with 확인하다
discuss with 논의하다
explain to 설명하다
converse with 대화하다
point out to 지적하다

제가 보내 드린 제안서를 검토해 보실 시간이 있으셨는지 여쭤 보고자 연락드립니다. 진지하게 이 제안을 고려해 주시길 바랍니다. 이 제안은 양사 모두에게 성공을 가져다 줄 것입니다. 질문이나 우려되는 점이 있다면 알려 주세요. 감사합니다.

touch base 다시 접촉하다, 대화하다 serious 심각한 consideration 고려 winner 성공할 만한 것

✉ sample 619

Try It! 다른 단어로 바꿔 써보기

Dear [   ]

It was good to meet with you yesterday. I'm just writing to urge you to consider my proposal carefully. I really think that it offers a way for us both to profit greatly. If you need clarification on any part of the proposal, please let me know.

I look forward to hearing from you.

----

think about ~에 대해 생각하다
ponder 곰곰이 생각하다
deliberate 숙고하다
mull over ~에 대해 곰곰이 생각하다
contemplate 심사숙고해보다

어제 만나 뵈어서 좋았습니다. 저희가 드린 제안을 신중하게 고려해 주십사고 메일을 드립니다. 이 제안은 우리 모두에게 큰 수익을 가져다 줄 것이라고 진심으로 생각합니다. 이 제안에 대해 어떤 부분이든 더 확인하고 싶으신 것이 있다면 알려 주세요. 연락 주시길 기다리겠습니다.

urge 재촉하다 carefully 조심스럽게 offer 제공하다 both 둘 다 profit 이익을 얻다 clarification 명확히 함

✉ sample 620

Dear [   ]

I hope that you received the proposal I emailed you last week. I urge you to seriously consider it. Not only does it practically guarantee a profit for both our companies, but it also acts as a first step in a closer working relationship. I can foresee many situations in which we could benefit each other.

I hope to hear from you soon.

Try It! 다른 단어로 바꿔 써보기

obviously 명백히
clearly 분명히
basically 근본적으로
virtually 사실상
literally 정말로

지난주에 제가 메일로 보내 드린 제안서를 받으셨을 거라 생각합니다. 진지하게 고려해 주실 것을 당부 드립니다. 그 제안은 우리 회사 모두에 실질적인 이익을 보장할 뿐만 아니라 좀 더 긴밀한 사업관계를 구축하는 첫 걸음이 될 것입니다. 우리가 서로 도움을 줄 수 있는 상황이 많이 있을 것이라고 예상합니다. 곧 연락 바랍니다.

seriously 심각하게 not only ~ but also ~뿐만 아니라 ~도 closer relationship 더 가까운 사이 foresee 예견하다

sample 621

Dear [   ]

I'm writing to inform you that we are currently reconsidering the offer you made last month. At that time, we felt that it would not be profitable for us to accept, but we are now in the process of re-evaluating your proposal. I will contact you if we chose to go forward.

Thank you.

Try It! 다른 단어로 바꿔 써보기

- sensed 직감했다
- believed 믿었다
- deemed 판단했다
- concluded 결론냈다
- thought 생각했다

현재 저희는 지난달에 당신이 제안하신 건에 대해 다시 살펴보고 있습니다. 그때는 제안이 저희가 받아들이기에 수익성이 없다고 생각했지만 지금은 그 제안에 대해 다시 살펴보고 있는 중입니다. 함께 하기로 결정된다면 연락드리겠습니다. 감사합니다.

inform 알려 주다 currently 현재 reconsider 다시 고려하다 profitable 수익성 있는 re-evaluete 재평가하다

sample 622

Dear [   ]

I wanted to let you know that I've been thinking about your proposal, and there may be a way that we could accept it. I'm running the numbers, and I'll let you know if we decide to change our mind.

I'll talk to you soon.

Try It! 다른 단어로 바꿔 써보기

- point of view 관점
- thoughts 생각
- opinion 의견
- view 견해
- way of thinking 사고 방식

제안해 주신 건에 대해서 생각해 보고 있습니다. 아마 제안을 수락할 수 있을 것 같습니다. 수익을 계산 중이오니 저희가 마음을 바꾸게 된다면 알려 드리겠습니다. 곧 연락드리겠습니다.

way 방법 accept 받아들이다 number 수치, 금액 decide 결정하다

✉ sample 623

Try It! 다른 단어로 바꿔 써보기

remain 남다
continue 지속되다
exist 존재하다
stay 그대로 있다
last 지속되다

Dear [ ]

The offer you made last month is starting to sound better than we initially thought. We are reconsidering our rejection, and may decide to talk you up on it after all. Would your offer still stand if we wanted to accept? When you get a chance, give me a call and let me know.

Thank you.

지난달에 주신 제안 건이 저희가 처음에 생각했던 것보다 나은 것 같다는 생각이 들기 시작했습니다. 저희가 거절했던 것에 대해 다시 고려해 보고 있으며 결국은 선택할 수도 있을 것 같습니다. 저희가 원하기만 하면 귀사의 제안을 수락할 수 있는 상태인가요? 가능하실 때 전화로 알려 주세요. 감사합니다.

better 더 좋은 initially 처음에 rejection 거부 talk ~ up ~를 치켜세우다 after all 결국에는 stand 유효하다

✉ sample 624

Try It! 다른 단어로 바꿔 써보기

go back over 다시 검토하다
re-evaluate 다시 평가하다
review 다시 보다
rethink 다시 생각하다
reassess 재평가하다

Dear [ ]

I wanted to tell you that it looks like my boss has finally come around to my way of thinking. He's decided to reconsider your offer. I've been trying to convince him all week, and he's finally asked to look over the details again. Keep your fingers crossed, and hopefully he'll change his mind.

I'll talk to you soon.

저희 사장님께서 드디어 제 생각에 동조하시는 것 같습니다. 사장님께서 그 제안을 다시 생각해 보신다고 하십니다. 이번 주 내내 사장님을 설득했고 결국 세부사항을 다시 살펴보신다고 하십니다. 일이 잘 될 수 있도록 기도해 주세요. 그리고 사장님의 생각이 바뀌었으면 좋겠습니다. 곧 연락드리겠습니다.

look like ~처럼 보이다 finally 마침내 come around 방향을 바꾸다, (태도 등을) 바꾸다 reconsider 다시 고려하다 convince 납득시키다 look over ~을 검토하다

✉ sample 625

Dear ⬚

I'm writing to ask whether your offer of last month still stands. I know we refused this offer, but we have been having second thoughts. We are currently reconsidering. Would you be able to meet with us to discuss the offer again?

I look forward to hearing from you.

Try It! 다른 단어로 바꿔 써보기

declined 거절하다

turned down 거절하다

had to send back 되돌려보내야 했다

sent regrets to ~에 사절장을 보내다

said no to ~에 안 된다고 말하다

- - - - - - - -

지난달에 주셨던 제안이 아직 유효한지 알고 싶습니다. 이 제안을 거부했지만 다시 한번 생각해 보고 있습니다. 현재 재고 중입니다. 이 제안에 대해 다시 한번 얘기하기 위해 만날 수 있을까요? 연락 주시길 고대합니다.

refuse 거부하다 second thought 재고

Case 12

팩스 내용이 잘 안 보인다고 할 때 **Informing that a Faxed Message Is Unclear** ▲

sample 626

Try It! 다른 단어로 바꿔 써보기

Dear

Could you possibly resend the fax? I have received it, but it isn't legible. I'll let you know when I've received it.

Thank you.

- readable 읽을 수 있는
- intelligible 이해할 수 있는
- decipherable 해독할 수 있는
- understandable 이해할 수 있는
- clear 뚜렷한

혹시 팩스를 다시 한 번 보내 주시겠어요? 팩스를 받긴 했지만 전혀 읽을 수가 없습니다. 팩스를 받으면 연락드리겠습니다. 감사합니다.

possibly 혹시 resend 다시 보내다 fax 팩스 receive 받다 legible 읽기 쉬운, 명료한

sample 627

Try It! 다른 단어로 바꿔 써보기

Dear

I'm having a little trouble reading the fax you sent. It has lots of lines. I think it must have jammed when it was going through the machine. Could you please send it one more time?

Thank you.

- got stuck 걸린
- got wedged 끼인
- got lodged 걸린
- got blocked 방해받은
- got caught 걸린

보내 주신 팩스를 읽기가 힘듭니다. 줄이 많이 가 있습니다. 제 생각에 기계를 통과할 때 걸렸던 것 같습니다. 다시 한번 더 보내 주시겠습니까? 감사합니다.

have trouble -ing ~하는 데 문제가 있다 jam (걸려서) 움직이지 않게 되다 go through ~를 통과하다 machine 기기 one more time 한 번 더

✉ sample 628

Dear [   ]

I received the fax you ❶sent, but I'm afraid I can't read it. Could you please send it again? ❷It would be much appreciated.

Thank you.

\- - - - - - - -

Try It! 다른 단어로 바꿔 써보기

❶ submitted 제출했다
transmitted 보냈다
forwarded 전송했다
communicated 전달했다
passed on 전달했다

❷ I would be grateful 감사하겠습니다
It would help me a lot 그러면 많은 도움이 될 겁니다
Thanks for your help 도와주셔서 감사합니다
Many thanks 대단히 감사합니다
I will let you know when it's arrived 도착하면 알려 드리겠습니다

보내 주신 팩스는 받았지만 유감스럽게도 읽을 수가 없습니다. 다시 한번 보내 주시겠습니까? 그래 주시면 대단히 감사하겠습니다. 고맙습니다.

I'm afraid (that) ~해서 유감이다

✉ sample 629

Dear [   ]

The fax you sent did not come through clearly. Could you be so kind as to send it again? I will email you if I have any problems this time.

Thank you very much.

\- - - - - - - -

Try It! 다른 단어로 바꿔 써보기

was not comprehensible 알기 힘들었다
was not able to be read 읽을 수 없었다
was not printed properly 적절하게 인쇄되지 않았다
was not all here 다 오지 않았다
was not the best quality 최상의 상태가 아니었다

보내 주신 팩스가 글씨가 보이지 않네요. 다시 한번 보내 주실 수 있을까요? 이번에도 문제가 생긴다면 이메일을 보내 드리겠습니다. 정말 감사합니다.

come through ~를 통해 오다 clearly 분명히 so ~ as to ~일 정도로 ~한 kind 친절한 this time 이번에

✉ sample 630

Dear [   ]

I'm afraid that the fax you sent look blurry. Do you think you could give it another try? I'd really appreciate it.

Thanks,

- - - - - - - -

Try It! 다른 단어로 바꿔 써보기

fully 완전히

truly 진정

genuinely 진짜로

sincerely 진정으로

thoroughly 철저히

안타깝게도 보내 주신 팩스를 읽을 수가 없습니다. 다시 한번 보내 주실 수 있으시겠어요? 그래 주시면 정말 감사하겠습니다. 감사합니다.

blurry 흐릿한 another 또 다른 try 시도

Case 13

첨부파일을 열 수 없다고 할 때
Informing that Attatched Files Cannot Be Opened ▲

sample 631

Dear

I'm afraid I'm having a little trouble with the file you sent in your last email. I'm getting a formatting error when I open it. Is there any chance you could send it to me as an .xls file?

Thanks,

- - - - - - - -

Try It! 다른 단어로 바꿔 써보기

strange error message 이상한 에러 메시지
blank screen 검은 화면
request to reboot 재부팅 요청
scrambled message 뒤죽박죽된 메시지
series of beeps 연속되는 삑삑소리

지난번에 보내 주신 이메일에 첨부된 파일에 문제가 생겼습니다. 제가 열려고 하면 포맷 오류가 나네요. 엑셀 파일로 다시 한번 보내 주실 수 있나요? 감사합니다.

file 파일 format 포맷하다 error 에러 chance 기회, 가능성

sample 632

Dear

I wasn't able to open the file related to your last email. I'm not sure what the problem is. Could you try resending it? I'll let you know if that doesn't work.

Thanks,

- - - - - - - -

Try It! 다른 단어로 바꿔 써보기

linked 연결된
associated 연관된
attached 관련된
coupled 연결된
tied 관계된

지난번에 보내 주신 이메일에 첨부된 파일을 열지 못했습니다. 문제가 무엇인지 알 수가 없습니다. 다시 한번 보내 주시겠어요? 또 다시 열리지 않으면 알려 드리겠습니다. 감사합니다.

be able to ~할 수 있다 related 관련된 sure 확신한 resend 다시 보내다 work 효과가 있다

✉ sample 633

Try It! 다른 단어로 바꿔 써보기

Dear [ ]

The file you sent me wouldn't download. I'm not sure if the problem is at my end or your end. Would you be so kind as to try resending it? If it still doesn't work, I'll have one of our IT guys look at it.

Thanks,

- - - - - - - -

- succeed 성공하다
- happen 일이 잘되어가다
- come through 성공하다
- make it 해내다
- turn out well 잘 해결되다

보내 주신 파일의 다운로드가 되지 않습니다. 문제가 제 쪽에 있는지 그쪽에 있는지 알 수가 없네요. 다시 한번 보내 주실 수 있을까요? 여전히 열리지 않는다면 저희 쪽 IT 기술자에게 점검하도록 하겠습니다. 감사합니다.

download 다운로드하다 at my end or your end 내쪽 아니면 당신쪽에 still 여전히 look at ~을 보다

✉ sample 634

Try It! 다른 단어로 바꿔 써보기

Dear [ ]

I'm having a bit of a problem with the files you attached to your email. Do you happen to know of any reason why I wouldn't be able to open them? Is there any software I need to download? Please let me know so I can take a look at what you've sent me.

Thank you.

- - - - - - - -

- have to 해야 한다
- should 해야 한다
- ought to 해야 한다
- require to 필요로 하다
- must 반드시 해야 한다

보내 주신 이메일에 첨부된 파일에 문제가 좀 있습니다. 왜 파일이 열리지 않는지 혹시 아시나요? 제가 다운받아야 하는 소프트웨어가 있습니까? 답변 주시면 보내 주신 파일을 살펴보겠습니다. 감사합니다.

a bit of 조금의 Do you happen to ~? 혹시 ~하지 않나요? reason 이유 software 소프트웨어 take a look at ~을 살펴보다

✉ sample 635

Dear [   ]

This file you sent me won't open. What format is it? I tried opening it with Word, but it didn't recognize the format. Could you check the format and resend it?

Thanks,

Try It! 다른 단어로 바꿔 써보기

attempted opening 열기를 시도했다

struggled to open 열려고 애썼다

made an effort at opening 열려고 노력했다

took a crack at opening 열려고 시도했다

took a stab at opening 열려고 시도했다

보내 주신 파일이 열리지 않는군요. 어떤 형식의 파일입니까? 워드 파일로 열려고 했지만 형식을 인식하지 못하더군요. 형식을 확인해 주시고 다시 보내 주시겠습니까? 감사합니다.

format 서식, 형식 recognize 알아차리다, 인식하다 check 확인하다

Case 14

스케줄을 요청할 때 Requesting the Schedule ▲

sample 636

Try It! 다른 단어로 바꿔 써보기

Dear [   ]

I'm looking forward to seeing you next week. Could I get the schedule for the meetings? I'd like to know exactly when I'll be meeting with various members of your team.

Thanks,

- - - - - - - -

committee 위원회
group 그룹
cohort 무리
organization 단체
band 직원

다음 주에 뵙는 것을 기대하고 있습니다. 회의에 대한 일정을 받을 수 있을까요? 정확히 언제 다양한 당신 팀원들과 만나게 될지 알고 싶군요. 감사합니다.

look forward to ~를 고대하다 next week 다음 주 schedule 일정 exactly 정확히 various 다양한

sample 637

Try It! 다른 단어로 바꿔 써보기

[   ]

I'm trying to ❶organize my plans for the week and I was wondering if I could get your schedule. I'm not sure when you are available. If I have a better ❷sense of what you'll be doing, I'll be able to meet with you more easily.

Thanks,

- - - - - - - -

❶ put in order 순서대로 정리하다
sort out 정돈하다
arrange 정렬하다
categorize 구분하다
systematize 조직하다

❷ feeling 느낌
idea 아이디어
impression 생각
sensation 지각
awareness 지각

주중 계획을 짜고 있던 중인데 혹시 당신의 스케줄을 알 수 있을지 궁금하여 연락드립니다. 시간이 언제 괜찮으신지 알 수가 없어서요. 언제 무엇을 하시는지 좀 더 알게 되면 더 쉽게 만나 뵐 수 있을 것 같은데요. 감사합니다.

organize 조직하다 plan 계획 wonder 궁금해 하다 sure 확실한 available 이용 가능한, 시간이 되는 easily 쉽게

✉ sample 638

Dear [   ]

Could you put together a schedule for when each part of the project will be completed? I'd like to get some idea of when to expect delivery of the final package. There's no rush, so whenever you get a chance is fine.

Thanks,

- - - - - - - -

Try It! 다른 단어로 바꿔 써보기

- You can take your time 여유있게 하셔도 됩니다
- I can wait 기다릴 수 있습니다
- I'm just curious 그냥 궁금해서요
- I'm not in a rush 급하진 않습니다
- This isn't critical 중대한 건 아닙니다

프로젝트의 각 부분이 언제 완료되는지 그 스케줄을 종합해 주실 수 있으신가요? 마지막 상품의 배송이 언제 되는지 그 정보를 좀 알고 싶습니다. 급한 일은 아니오니 시간 있을 때 언제든지 보내 주셔도 괜찮습니다. 감사합니다.

put together 종합하다 each 각각의 delivery 배달 final 최종의 package 소포, 짐 rush 서두름 whenever 언제든

✉ sample 639

Dear [   ]

I'm eager to see you in Seoul next week. I know you're going to be meeting with a lot of different people, so I'd like to get your schedule. Is there any way you could send it to me so that I can organize a meeting with you?

Thanks,

- - - - - - - -

Try It! 다른 단어로 바꿔 써보기

- dissimilar 다른
- diverse 다양한
- unique 독특한
- distinctive 특이한
- atypical 비정형적인

다음 주에 서울에서 뵙는 것을 열망하고 있습니다. 당신이 여러 사람들과 함께 만나실 계획이 있다는 것을 잘 알고 있습니다. 그래서 당신의 스케줄을 알고 싶습니다. 제가 미팅을 정할 수 있도록 스케줄을 제게 보내 주실 수 있을까요? 감사합니다.

be eager to 간절히 ~하고 싶어하다 a lot of 많은 so that ~하도록

sample 640

Try It! 다른 단어로 바꿔 써보기

the factory 공장
your team 당신 팀
assembly 조립
the first phase 1단계
fabrication 제작

Dear

We're trying to figure out when to expect manufacturing to begin on the new product. Do you think you could send us a production schedule showing when each stage should be finished? It will help us get ready for the marketing phase.

Thanks a lot.

- - - - - - - -

새로운 상품 생산이 언제 착수될 예정인지 알고 싶어 연락드립니다. 각 단계가 언제 끝나는지 알 수 있는 생산 스케줄을 보내 주실 수 있을까요? 저희가 마케팅 단계를 준비하는 데 도움이 될 것 같습니다. 정말 감사합니다.

try to ~하려고 애를 쓰다 figure out ~를 파악하다 manufacturing 제조 production 생산 stage 단계(= phase) finish 끝내다

sample 641

Try It! 다른 단어로 바꿔 써보기

- size 크기
- extent 범위
- degree 정도
- amount 양
- magnitude 규모

Dear [ ]

I'm writing because I'd like to invite you to inspect our factory. I think seeing our production facilities would really give you a sense of the scale of our operation as well as its efficiency. If you would like to come and tour the factory, let me know and we will schedule a visit.

I look forward to hearing from you.

저희 공장을 살펴보실 수 있도록 귀하를 초대하기 위해 이 글을 씁니다. 저희 회사 생산설비를 돌아보시면 당사의 사업 규모와 효율성을 이해하시는 데 도움이 되실 겁니다. 오셔서 저희 공장을 돌아보고 싶으시면 제게 알려 주세요. 방문 날짜를 잡아 보도록 하겠습니다. 연락 고대하겠습니다.

invite 초대하다 inspect 시찰하다 factory 공장 facility 설비 operation 작업, 사업, 운영 as well as ~뿐만 아니라 ~도 efficiency 효율성 tour 돌아보다

sample 642

Try It! 다른 단어로 바꿔 써보기

- worries 걱정
- concerns 근심거리
- doubts 의심
- reservations 의구심
- uncertainties 불확실성

Dear [ ]

I hope everything is going well on your end. I'd like to propose a visit to our factory in Korea. I think it would set aside some of your fears about our production capacity if you saw our operation with your own eyes. Let me know if you think this is a good idea.

Thanks,

모든 일이 다 잘 되어 가길 바랍니다. 한국에 있는 저희 공장에 방문해 보시길 권해 드리고 싶습니다. 직접 작업하는 것을 살펴보신다면 저희 생산 용량에 대한 걱정을 덜어버리실 수 있을 것으로 사료됩니다. 괜찮은 생각인 것 같으면 연락 주세요. 감사합니다.

on your end 그쪽에 set aside ~을 따로 제쳐두다 capacity 능력, 용량 with your own eyes 직접 당신 눈으로

✉ sample 643

Dear [   ]

What would you think about coming out to see our factory? Whenever we engage in a new partnership with another company, we always like to open our factory to inspection. We can walk you through the production process and give you a good sense of how things work. Let me know if you'd like to do this and we'll schedule a time in the next week or so.

I look forward to hearing from you.

Try It! 다른 단어로 바꿔 써보기

- visit 방문하다
- look at ~을 보다
- inspect 시찰하다
- view 보다
- observe 관찰하다

저희 공장을 보러 오시는 건 어떠신가요? 저희는 다른 회사와 협력 관계를 맺을 때마다 공장을 살펴보실 수 있도록 즐겁게 개방하고 있습니다. 생산공정을 함께 보시면서 어떻게 일이 진행되어 가는지 충분히 파악하실 수 있을 것입니다. 의향이 있으신지 알려 주시면 다음 주 정도에 한번 날짜를 잡아 보겠습니다. 연락 고대하겠습니다.

engage in ~에 관계하다 partnership 동업 (관계) inspection 조사 walk ~와 함께 걷다 process 절차, 공정 or so 정도, 쯤

✉ sample 644

Dear [   ]

I'm really excited about the new distribution deal. I think we are really going to benefit each other. I'd like to extend an invitation to come and visit our factory. When you see our production process, it really gives you a good sense of how orders will be filled. It will also give you a good view of our quality assurance system. Let me know if you would be up for a visit.

Thanks,

Try It! 다른 단어로 바꿔 써보기

- eager 열망하는
- keyed up 잔뜩 긴장한
- thrilled 전율한
- energized 에너지 넘치는
- wound up 흥분한

새로운 유통 거래에 관해 매우 기대가 됩니다. 우리는 서로 이익을 창출할 수 있을 것이라고 생각합니다. 저희 공장을 방문하러 오시도록 초청하고 싶습니다. 생산공정을 보시면 주문이 어떻게 처리되는지 이해하는 데 아주 좋을 것입니다. 또한 저희의 품질보장 시스템에 대해서도 잘 이해할 수 있을 겁니다. 방문을 원하신다면 연락 주세요. 감사합니다.

distribution 유통, 배급 deal 거래, 계약 benefit 이익이 되다 extend an invitation 초청을 하다 fill an order 주문에 응하다 view 일람, 관찰, 생각 quality assurance 품질 보장

sample 645

Try It! 다른 단어로 바꿔 써보기

arrangements 약속
plans 계획
strategy 전략
little things 작은 것들
preparations 준비

Dear

Would you be interested in coming out to see our factory next month? I'd like to give you a chance to tour our facilities and see firsthand how our production process flows. If you have a free afternoon, let me know and we'll work out the details.

I look forward to hearing from you.

- - - - - - - -

다음 달에 저희 공장을 보러 오실 생각이 있으신지요? 저희 시설을 보시고 생산공정이 어떻게 흘러가는지 직접 보실 수 있는 기회를 드리고 싶습니다. 아무 날이라도 오후에 시간이 괜찮으시다면 알려 주세요. 그럼 좀 더 자세한 사항을 얘기해 보죠. 연락 기다리겠습니다.

give A B A에게 B를 주다 chance 기회 firsthand 직접 flow 흐르다, 진행되다

자리 이동을 알릴 때 Informing of a Change in Position ▲

sample 646

Try It! 다른 단어로 바꿔 써보기

running 경영하는
administering 관리하는
supervising 감독하는
overseeing 감독하는
leading 이끄는

Dear [ ]

How are things going on your end? I've had a bit of a change here at my company. I've moved from the sales department to the marketing department. I'll now be managing our marketing efforts outside of Korea. From now on if you have any question about marketing, I'm the one to contact.

Thanks,

잘 지내고 계시나요? 저희 회사에 변화가 좀 일어났습니다. 제가 판매부서에서 마케팅 부서로 자리를 옮기게 되었습니다. 저는 이제 해외 마케팅 활동을 관리하게 됩니다. 지금부터 마케팅에 관련된 질문이 있으시면 저에게 연락하시면 됩니다. 감사합니다.

on your end 그쪽에 a bit of 약간의 ~ department 부서 manage 관리하다 effort 노력, 활동 outside of ~의 외부에서 from now on 지금부터

sample 647

Try It! 다른 단어로 바꿔 써보기

jobs 직책
responsibilities 직책
titles 직함
duties 직무
designations 호칭

Dear [ ]

I'm writing to let you know that I've changed positions within the company. I'm now Vice President of Sales. Any questions you have concerning our sales initiatives can be directed to me from now on. I look forward to working with you in this new capacity.

Thanks,

제가 회사 안에서 자리가 변경되었음을 알려 드립니다. 저는 지금 판매 부사장입니다. 판매 전략과 관련된 질문은 모두 지금부터 저에게 연결될 것입니다. 새로운 직책으로 함께 일하게 되어서 매우 기대가 됩니다. 감사합니다.

position 자리, 직위 within ~안에 concerning ~와 관련하여 initiatives 방안, 구상 direct 돌리다 capacity 능력, 역할, 지위

sample 648

Dear

I just wanted to let you know that I've moved out of the IT development department and am now in charge of promotions. I'm excited about the new position and I'm looking forward to working more closely with you. I'll contact you soon about some new projects I'm going to be overseeing.

Talk to you soon,

\- - - - - - - -

Try It! 다른 단어로 바꿔 써보기

- transferred 옮겼다
- shifted 옮겼다
- jumped 승진했다
- stepped ~ 상태로 되었다
- pulled 물러났다

제가 IT 개발부서에서 이동하여 이제는 프로모션을 담당하고 있다는 것을 알려 드립니다. 저는 새로운 자리에 기대가 크며 귀사와 좀 더 긴밀하게 협력할 수 있길 바랍니다. 제가 살펴볼 새로운 프로젝트에 대해 조만간 연락드리겠습니다. 곧 뵙겠습니다.

development 개발 in charge of ~을 책임지는 promotion 판촉, 홍보 closely 긴밀히 oversee 두루 살피다, 감독하다

sample 649

Dear

I'm writing to inform you that I've changed positions within the company. I will now be working under Jim Davis in the marketing department. I'll be overseeing the new marketing plan for the G32, so you can expect to be hearing from me a lot concerning promotional events and advertising. I look forward to the new challenges.

Regards,

\- - - - - - - -

Try It! 다른 단어로 바꿔 써보기

- tests 시험
- opportunities 기회
- trials 시도
- chances 기회
- possibilities 가능성

회사 안에서 제 직책이 변경되었음을 알려 드립니다. 저는 이제 마케팅 부서의 Jim Davis 씨 밑에서 일하게 되었습니다. G32에 대한 새로운 마케팅 계획을 감독하게 되어서 많은 프로모션 행사와 광고 관련 사업에 대해 말씀드릴 수 있을 것 같습니다. 새로운 도전이 기대가 됩니다. 안녕히 계세요.

inform A that A에게 ~를 알려 주다 work under ~ 밑에서 일하다 promotional events 홍보 이벤트 advertising 광고 challenge 도전, 과제

✉ sample 650

Hi, ( )

I hope everything is going well with you. I just wanted to drop you a line to let you know that there's been a bit of restructuring in our office. I'll no longer be working in the sales department. Instead I'm going to be starting a new business development department. We'll be working on expanding our current initiatives, and forging new relationships with other companies. I'll be contacting you soon to discuss some of those initiatives with you.

I look forward to speaking with you.

\- - - - - - - -

Try It! 다른 단어로 바꿔 써보기

increasing 늘리는
growing 키우는
intensifying 강화하는
escalating 증가시키는
developing 개발하는

모든 일이 잘 돌아가고 있기를 바랍니다. 회사의 구조개혁으로 인해 알려 드릴 것이 있어서 이렇게 몇 줄 남깁니다. 전 더 이상 판매부서에서 일하지 않습니다. 대신 새로운 사업 개발 부서에서 일하게 되었습니다. 우리는 현 전략을 확장하는 작업을 하고 있으며 다른 회사들과 새로운 관계를 만들 것입니다. 조만간 이 계획들에 대해 논의하기 위해 연락하겠습니다. 논의가 기대됩니다.

go well 잘 돼나가다 drop a line (전화 · 편지로) 연락을 남기다 restructuring 구조조정 expand 확장하다 current 현재의 forge (관계 등을) 맺다

후임자를 소개할 때 Introducing the Successor ▲

sample 651

Dear [ ]

I'm sure you've heard by now that I've moved from the sales department to the IT division. That means that from now on you'll be working with Joe King. He's joined the company a couple of years ago and he's really good at what he does. I've cc'd him on this email so that you two can get in contact.

Thanks,

- - - - - - - -

Try It! 다른 단어로 바꿔 써보기

skilled 숙련된
excellent 뛰어난
skillful 재주 좋은
proficient 능숙한
talented 재능있는

지금쯤이면 제가 판매부서에서 IT 부서로 옮겼다는 소식을 들으셨겠네요. 그래서 지금부터 당신은 Joe King 씨와 같이 일하게 되실 겁니다. 그는 몇 년 전에 우리 회사에 입사했는데 정말 일을 잘합니다. 이 이메일을 그에게도 참조로 보내었으니 두 분이 연락하실 수 있을 겁니다. 감사합니다.

by now 지금쯤 division 부서 That means 그 뜻은 ~이다 several years 몇 년 get in contact 연락을 하다

sample 652

Dear [ ]

I'm writing to introduce Tim Bradstreet to you. He'll be filling my old position now that I am changing roles at the company. He has been brought up to speed on all of my accounts, so he'll be able to answer any questions you have. I've cc'd him on this email, so you can contact him whenever you want.

Thank you,

- - - - - - - -

Try It! 다른 단어로 바꿔 써보기

reply to ~에 응답하다
respond to ~에 대답하다
resolve 해결하다
take action to ~에 조치를 취하다
help with ~을 돕다

Tim Bradstreet을 소개해 드립니다. 제가 회사에서 다른 일을 맡게 되어 그가 제가 맡았던 자리에서 일할 것입니다. 그는 제가 담당하는 모든 거래처에 관해 필요한 정보를 받았습니다. 그러니 궁금해하시는 모든 질문에 대답해 줄 수 있을 것입니다. 이 이메일을 그에게도 참조로 보냈으니 언제든 원하실 때 그에게 연락하실 수 있습니다. 감사합니다.

fill 채우다, 차지하다 position 지위, 직책 role 역할, 직무 bring ~ up to speed ~에게 필요한 정보를 주다, 상황을 이해시키다 accounts 계좌

✉ sample 653

Dear [   ]

As you know, I've recently been made head of the IT development division, so I won't be working with the tech support office anymore. From now on Jason Lee will be the point man for any problems that might arise. You can reach Jason with the same phone number, but use x22. His email is jlee@smithtech.com. He's very capable and I'm sure he'll be able to help you with whatever issues you may have.

Thanks,

Try It! 다른 단어로 바꿔 써보기

promoted to director of ~ 관리자로 승진된

given a supervisory role in ~의 감독자 역할을 받은

transferred to ~로 전보된

invited to join ~에 같이 하도록 초빙된

chosen to lead ~을 이끌도록 선택된

아시다시피 저는 최근에 IT 개발 부서장으로 발령받아서 더 이상은 기술지원실에서 일하지 않을 것입니다. 지금부터 문제가 생기면 Jason Lee 씨에게 연락하시면 됩니다. 그에게는 전과 같은 전화번호로 연락하시면 되지만 x22를 눌러 주세요. 그의 이메일은 jlee@smithtech.com입니다. 그는 매우 능력이 있으니 어떤 문제든 잘 도와드릴 수 있을 것입니다. 감사합니다.

head 우두머리 point man 일선 책임자, 교섭창구 역할을 하는 사람 arise 일어나다 reach 연락하다 capable 능력있는

✉ sample 654

Dear [   ]

This is just a quick note to let you know that Jeff Taylor will be taking over my old position and that I've been reassigned to the communications department. Jeff will now cover all of the work I did on your account. He has received all the information required, so I'm sure he's ready to field any questions you might have. His email adress is jtaylor@jonesinc.net.

Thanks,

Try It! 다른 단어로 바꿔 써보기

previous 이전의

preceding 앞선

earlier 이전의

prior 앞선

former 앞선

Jeff Taylor가 제 예전 자리를 맡고 저는 커뮤니케이션 부서에 재배치되었음을 알려 드리려고 간단히 몇 줄 적습니다. Jeff 씨는 지금부터 제가 맡았던 귀사의 거래에 관한 모든 일을 담당하게 될 것입니다. 그는 필요한 모든 정보를 받았고 그래서 요청하시는 어떠한 질문에도 답할 준비가 되었다고 저는 확신합니다. 그의 메일 주소는 jtaylor@jonesinc.net입니다. 감사합니다.

quick note 간단한 메모 reassign 다시 배정하다 cover 다루다 field (질문 등을) 재치있게 잘 받아 넘기다, (문제를) 잘 처리하다

✉ sample 655

Dear [   ]

I'm writing to let you know that Sam Smith will be ❶taking over my old duties now that I've been transferred to the quality assurance department. Sam ❷has been with the company for quite a while and he knows our products very well. If you have any concerns, Sam will be your contact in the company.

Thank you, and I look forward to working with you in my new capacity.

- - - - - - - -

Try It! 다른 단어로 바꿔 써보기

❶ assuming 맡을
responsible for ~에 대한 책임이 있는
carrying out 수행할
taking on 떠맡을
undertaking 떠맡을

❷ is well known in ~에서 유명하다
has been part of ~의 일원이다
has worked for ~를 위해 일해왔다
has been employed by ~에 의해 고용되어 왔다
has belonged to ~ 소속이다

제가 품질 보증 부서로 옮겼기 때문에 Sam Smith 씨가 제가 원래 맡고 있던 업무를 담당하게 된다는 사실을 알려 드립니다. Sam은 이 회사에서 일한 지 꽤 되어서 상품에 대해 매우 잘 알고 있습니다. 만약 문제가 생기면 회사 내의 Sam에게 연락해 주세요. 감사합니다. 그리고 새로운 자리에서 당신과 함께 일하기를 고대합니다.

take over ~를 떠맡다 transfer 옮기다 assurance 보증 quite a while 꽤 오랫동안 concerns 걱정거리, 관심사 contact 연락창구, 중개인

다른 사람에게 안부 전달을 부탁할 때 Giving Regards to Someone ▲

sample 656

Dear [　　　　]

I heard that your old partner Jerry has been made director of the sales department. Will you still be working closely with him? I was wondering if you'd pass on my congratulations. I'd appreciate it.

Thanks,

\- - - - - - - -

Try It! 다른 단어로 바꿔 써보기

- praise 칭찬
- best wishes 성공을 빔
- pride 긍지
- compliments 칭찬의 말
- commendation 찬사, 칭찬

제가 듣기로 귀하의 오랜 사업 파트너인 Jerry 씨께서 판매부서를 관리하게 되셨다고 들었습니다. 혹시 아직도 가까운 관계를 유지하고 계시나요? 제 축하 메시지를 전해 주실 수 있는지 궁금합니다. 그렇게 해주신다면 정말 감사하겠습니다. 감사합니다.

partner 파트너, 협력자 director 감독, 관리자, 임원 closely 긴밀하게 pass on ~을 전달하다

sample 657

Dear [　　　　]

How is everything going? I wanted to drop you a line and ask you to give my regards to your CEO. He may not remember me, but we met several years ago at a seminar in New York. Could you tell him that Don says hello? I'd appreciate it.

Thanks,

\- - - - - - - -

Try It! 다른 단어로 바꿔 써보기

- thanks 감사
- appreciation 감사함
- gratitude 감사하는 마음
- respect 존경
- well wishes 좋은 소망들

잘 지내시나요? 당신의 사장님께 안부를 전해 달라고 부탁드리고자 이렇게 연락드립니다. 아마 사장님께서는 저를 기억하지 못하시겠지만 몇 년 전에 New York에서 열렸던 세미나에서 뵌 적이 있습니다. Don이 안부를 전해 달라고 했다고 좀 전해 주시겠습니까? 그러면 감사하겠습니다. 감사합니다.

drop a line (전화 · 편지로) 연락하다 give my regards to ~에게 안부를 전하다 remember 기억하다 several 몇몇 ago 전에 seminar 세미나 say hello 인사하다

sample 658

Try It! 다른 단어로 바꿔 써보기

moved 이동했다

changed location 장소를 바꾸었다

transferred 전근했다

been displaced 장소를 옮겼다

shifted 옮겼다

Dear

Please give my regards to your family. I know you've recently relocated to New York, so I've been thinking about you. I hope your family is settling in well. Let me know if there's anything I can do for any of you.

Regards,

- - - - - - - -

당신의 가족에게 안부를 전해주세요. 최근에 New York으로 이동하셨다고 들었습니다. 그래서 생각이 나서 연락드립니다. 가족이 모두 잘 정착하길 바랍니다. 혹시 어떤 분이든 제 도움이 필요하시면 알려 주세요. 감사합니다.

family 가족 recently 최근에 relocate 전근하다, 재배치되다 think about ~에 대해 생각하다 settle in 정착하다

sample 659

Try It! 다른 단어로 바꿔 써보기

programs 프로그램

proposals 제안

plans 계획

projects 프로젝트

thoughts 견해

I hope you are doing well. I was writing to ask you to send my regards along to your new boss. I haven't had a chance to meet her yet, but I was happy to hear you'd be working with her. I look forward to talking to her about some initiatives.

Thanks,

- - - - - - - -

잘 지내고 계시리라 생각합니다. 새로 오신 사장님께 안부를 전하고자 이렇게 연락드립니다. 아직 기회가 닿지 못하여 뵙지는 못하였지만 당신이 그분과 함께 일하게 되셨다는 이야기를 듣고 기뻤습니다. 사장님과 사업에 대해 함께 얘기할 수 있기를 기대합니다. 감사합니다.

do well 잘 지내다 look forward to ~하길 고대하다 initiative 방안, 계획

✉ sample 660

Dear [ ]

Please give my regards to your brother. I just saw from the business directory that he's now working in the sales department at Smith Tech. Tell him I say hello and that I'd love to get together with him and talk about some sales initiatives we'd like to do with Smith Tech.

Thanks,

- - - - - - - -

Try It! 다른 단어로 바꿔 써보기

catalogue 카탈로그
reference 참고문헌
handbook 안내서
register 명부
list 명부

당신의 오빠에게 제 안부를 전해 주세요. 사업 책자에서 오빠 분께서 지금은 Smith Tech의 판매부서에서 일하신다는 것을 보았습니다. 안부를 전해 주세요. 그리고 만나서 저희가 Smith Tech와 함께 하고 싶은 판매 전략에 대해 이야기할 수 있으면 좋겠다고도 전해 주세요. 감사합니다.

directory 주소 성명록, 인명부 get together 함께 하다

sample 661

Dear [ ]

I'm afraid I'm going to have to ❶delay my visit to your company. I've overextended myself a little on my business trip, so I'm having to rearrange my schedule a bit. I'll let you know when I'm ❷available as soon as I settle a few issues.

Thanks for understanding.

Try It! 다른 단어로 바꿔 써보기

❶ postpone 미루다
set back 지연시키다
defer 연기하다
suspend 연기하다
shelve 보류하다

❷ around 근처에
on hand 가까이에
there 거기에
close by 근처에
close at hand 바로 가까운 곳에

귀사 방문이 늦어질 것 같아 죄송합니다. 출장 때 업무가 다소 과도해서 스케줄을 조금 조정해야 합니다. 몇 가지 문제를 해결하는 대로 언제 시간이 되는지 연락드리겠습니다. 이해해 주셔서 감사합니다.

visit 방문 delay 연기하다 overextend oneself (일을) 과도하게 하다, 능력 이상의 일을 하려 하다 business trip 출장 rearrange 다시 일정을 잡다 settle 해결하다

sample 662

Dear [ ]

I'm going to have to delay the visit we have scheduled for next week. I apologize for the inconvenience, but we've had a minor crisis here at the office that I have to tend to. Would the following week be okay for you?

Thanks for your understanding.

Try It! 다른 단어로 바꿔 써보기

financial 재정적인
slight 약간의
systematic 조직적인
little 작은
miniature 작은

다음 주로 예정된 방문을 미뤄야겠습니다. 불편을 드려 정말 죄송합니다. 하지만 지금 저희 회사가 약간의 위기를 맞이하였는데 제가 살펴봐야 합니다. 다음 주는 어떠신지요. 이해해 주셔서 감사합니다.

scheduled for ~로 예정된 inconvenience 불편 crisis 위기 tend to ~을 돌보다, 보살피다 following 다음의

sample 663

Dear [ ]

Unfortunately, I'm going to have to put off visiting your offices until next month. It turns out that our schedule is just too ❶full this month. I'll get in touch with you next week to reschedule.

Thank you for your ❷tolerance.

\- - - - - - - -

Try It! 다른 단어로 바꿔 써보기

❶ busy 바쁜
packed 정신 없는
hectic 아주 바쁜
eventful 다사다난한
demanding 힘든

❷ understanding 이해
patience 인내
lack of complaint 불평하지 않음
leniencey 관대함
charity 자비

안타깝지만 귀하의 사무실 방문을 다음 달로 미뤄야 할 것 같습니다. 제 스케줄이 이번 달은 모두 차버렸습니다. 다음 주에 시간 조정을 위해 다시 연락드리겠습니다. 당신의 인내심에 감사드립니다.

put off 연기하다 turn out that ~로 밝혀지다 get in touch with ~와 연락하다 tolerance 인내

sample 664

Dear [ ]

It looks like it's going to be necessary to postpone my visit to your offices. I've had several deals in the planning stages for the last few weeks, and it looks like two of them are going to happen. Therefore, I've got to be in the office to put the finishing touches on everything. I'll get in touch with you about rescheduling once I'm through with these projects.

I apologize for the inconvenience.

\- - - - - - - -

Try It! 다른 단어로 바꿔 써보기

after I've completed 완료한 뒤
at the end of ~를 끝내고
when we've done with ~를 다 마쳤을 때
following ~ 뒤에
as soon as I've finished 끝내는 즉시

귀사 방문을 연기해야 할 것 같습니다. 지난 몇 주 동안 계획 중인 계약이 몇 건 있었는데 그 중 두 건이 성사될 것 같습니다. 그래서 제가 모든 것을 마무리 짓기 위해 사무실에 있어야 할 것 같네요. 이 프로젝트들을 마치는 즉시 다시 연락드리겠습니다. 불편을 드려 정말 죄송합니다.

postpone 미루다 happen 일어나다 put the finishing touch on ~을 마무리짓다 once 일단 ~하면 through 끝난

✉ sample 665

Dear [ ]

I'm sorry to inconvenience you, but I'm going to have to delay my scheduled visit to your offices. It turns out that I have a scheduling conflict, so I'll have to be in New York for the rest of the week. I hope to find time next month to reschedule. Please accept my apologies.

Thank you for understanding.

Try It! 다른 단어로 바꿔 써보기

stopover 잠시 들르기
appointment 약속
trip 여행
call 전화
jaunt 짧은 여행

불편을 드려 죄송하지만 귀사 방문 일정을 미뤄야겠습니다. 제가 스케줄을 착각하여 몇 가지 계획이 겹치게 되었습니다. 그래서 다음 주에는 New York에 있어야 합니다. 다음 달에 다시 날짜 조정을 할 수 있기를 바랍니다. 부디 사과를 받아 주십시오. 이해해 주셔서 감사합니다.

inconvenience 불편을 끼치다 scheduling conflict 일정 충돌 the rest of the week 이번 주 남은 기간 내내
accept 받아들이다

Part 2

업무 외편

Case 01

감사카드를 보낼 때 Sending a Thank-you Card ▲

sample 666

Dear

Thank you so much for the kind gift you sent. It was nice of you to ❶remember that I play tennis. The new racquet is really ❷terrific. What a great birthday present!

Thanks again,

Try It! 다른 단어로 바꿔 써보기

❶ recall 회상하다
consider 배려하다
keep in mind 명심하다
recollect 회상하다
bear in mind 기억하다

❷ super 최상품의
wonderful 훌륭한
thoughtful 사려 깊은
great 훌륭한
marvelous 멋진

보내 주신 친절한 선물 정말 감사합니다. 제가 테니스를 친다는 것을 기억해 주시다니 고마운 일입니다. 새 라켓은 정말 훌륭합니다. 정말 좋은 생일 선물입니다. 다시 한번 감사합니다.

gift 선물 sent 보냈다 nice 좋은, 친절한 play tennis 테니스를 치다 racquet 라켓 birthday present 생일 선물

sample 667

Dear

Thank you for coming to the presentation last week. It was great to see you there. I hope you found it useful. I look forward to seeing you again soon.

Regards,

Try It! 다른 단어로 바꿔 써보기

showing 전시회
meeting 회의
production 프로덕션
staging 상연
annual event 연례행사

지난주 발표에 와주셔서 감사합니다. 그곳에서 만날 수 있어서 반가웠습니다. 발표가 도움이 되셨길 바랍니다. 곧 다시 볼 수 있으면 좋겠군요. 안녕히 계세요.

presentation 발표, 프레젠테이션 It was great to ~해서 아주 좋았다 useful 유용한

✉ sample 668

Dear [   ]

Thank you for the kind card you sent. I was having a ❶rough day and your card really brightened it for me. And what a funny joke! It really ❷cracked me up.

I'll talk to you soon.

- - - - - - - -

Try It! 다른 단어로 바꿔 써보기

❶ bad 나쁜
horrible 끔찍한
crabby 쉽게 짜증이 나는
irritating 짜증나는
long 길었던

❷ made me laugh 날 웃게 했다
tickled me 날 웃게 했다
gave me a smile 날 웃음짓게 했다
lightened my day 하루를 즐겁게 해주었다
lightened my load 짐을 덜어주었다

보내 주신 카드 고마웠습니다. 정말 힘든 날이었는데 당신이 보내 주신 카드 덕분에 힘이 났습니다. 그리고 농담도 재미있었습니다! 정말 많이 웃었습니다. 곧 연락드리겠습니다.

rough 힘든 brighten 빛나게 하다, 즐겁게 하다 funny 웃긴 crack ~ up ~을 크게 웃기다

✉ sample 669

Dear [   ]

Thanks so much for inviting me over for dinner. I had a great time meeting your husband and son. Next time, we'll have to have you over. And the chicken was delicious!

Regards,

- - - - - - - -

Try It! 다른 단어로 바꿔 써보기

tasty 맛있는
flavorful 감칠 맛이 있는
mouth-watering 침이 고이는
appetizing 식욕이 돋는
yummy 맛있는

저녁에 초대해 주셔서 감사합니다. 남편분과 아드님을 만나서 정말 좋은 시간이었습니다. 다음 번에는 저희가 초대하겠습니다. 닭요리도 맛있었습니다! 안녕히 계세요.

invite 초대하다 had a great time -ing ~해서 참 좋은 시간을 보냈다 over 이쪽으로, 건너서 chicken 닭 요리 delicious 맛있는

✉ sample 670

Try It! 다른 단어로 바꿔 써보기

profession 직업
field 분야
business 사업
commerce 상업
same job 같은 직업

Dear [ ]

Thank you for inviting me to your party last weekend. I had a very good time. I met a lot of people in the industry and made some really great contacts. I hope I can return the favor for you some time.

Thanks again,

\- - - - - - - -

지난 주말 파티에 초대해 주셔서 감사합니다. 정말 좋은 시간이었습니다. 업계분들도 많이 만나고 정말 좋은 분도 몇 분 만났습니다. 언젠가 이 고마움에 보답할 수 있기를 바랍니다. 다시 한번 감사합니다.

weekend 주말 a lot of 많은 ~ industry 산업 make contact 교제를 시작하다 return 돌려주다 favor 호의

Case 02

시간 및 노력에 대해 감사를 표할 때
Extending Thanks for Others' Time & Effort ▲

sample 671

Dear [ ]

I'm writing to express my appreciation for the time you spent solving my computer problem yesterday. I know you had a lot to do. I could never have figured it out without your help. Please let me know if there's ever anything I can do for you.

Thanks,

Try It! 다른 단어로 바꿔 써보기

- fixed it 고쳤다
- understood it 이해했다
- rationalized it 합리적으로 설명했다
- made it out 이해했다
- repaired it 고쳤다

어제 제 컴퓨터 관련 문제를 해결하시느라 시간 내주셔서 정말 감사합니다. 어제 할 일이 많으셨다는 걸 알고 있습니다. 정말 당신의 도움 없이는 해결할 수 없었을 겁니다. 제가 도울 수 있는 일이 있다면 뭐든지 알려 주세요. 감사합니다.

express 표현하다 appreciation 감사 spend -ing ~하는 데 소비하다 figure ~ out ~을 생각해내다, 이해하다 without ~ 없이

sample 672

Dear [ ]

Thanks so much for all of your hard work lately. I know you've been putting in extra hours on this new account. It's not going ❶unnoticed. The partners and I all see how much you're doing to ❷ensure the success of our company.

Keep up the good work.

Try It! 다른 단어로 바꿔 써보기

❶
- unappreciated 가치를 인정받지 못한
- disregarded 무시된
- unseen 보이지 않은
- ignored 무시된
- overlooked 간과된

❷
- promise 약속하다
- guarantee 보장하다
- make certain 확실하게 하다
- obtain 획득하다
- acquire 얻다

최근에 열심히 일해 주셔서 정말 감사합니다. 이 신규 거래에 당신이 업무 시간 외에도 일하고 있다는 것을 잘 알고 있습니다. 절대 모르는 채 넘어가지 않을 것입니다. 우리 회사의 성공을 위해 당신이 얼마나 열심히 일하고 있는지 저와 협력사들 모두 알고 있습니다. 계속 열심히 일해 주세요.

lately 최근에 put in ~을 투입하다, (시간을) 보내다 extra 추가적인 unnoticed 남의 눈에 띄지 않은 ensure 확보하다

✉ sample 673

Dear ⬚

Thank you for taking time to explain the new recordkeeping procedures to me yesterday. I would have been lost without you. I hope I can do something for you in return down the line. Let me know if I can!

Sincerely,

- - - - - - - -

Try It! 다른 단어로 바꿔 써보기

methods 방법
measures 조치
regulation 규정
process 과정
system 시스템

어제 새로운 기록보존 절차에 대해 알려 주시기 위해 시간 내주셔서 감사합니다. 당신이 없었다면 헤매고 있었을 것입니다. 제가 보답으로 앞으로 뭔가 도와드릴 수 있었으면 좋겠습니다. 도와드릴 일이 있다면 알려 주세요. 안녕히 계세요.

take time to 시간을 들여 ~하다 recordkeeping 기록보존 procedure 절차 lost 당황한 in return 대신, 보답으로
down the line 앞으로, 미래에

✉ sample 674

Dear ⬚

Thank you for working so hard to get the new ❶inventory system up and running. I know it has meant some late nights for you. It'll be over soon, and you can rest assured that we won't forget your hard work when we are ❷calculating annual bonuses.

Regards,

- - - - - - - -

Try It! 다른 단어로 바꿔 써보기

❶ product 상품
account 회계
register 금전등록기
catalog 카탈로그
merchandise 제품

❷ figuring 계산 중인
designing 기획 중인
forming 형성 중인
estimating 대략 계산 중인
processing 처리 중인

새 재고 시스템 정비에 아주 열심히 임해 주어서 감사합니다. 이 일로 야근을 했다는 것을 알고 있습니다. 일이 이제 곧 끝날 것이고 연간 보너스를 계산할 때 당신의 노고를 잊지 않을 것이니 마음을 편히 가지시길 바랍니다. 이만 줄입니다.

hard 열심히 inventory 재고 running 운영 중인 late 늦은 rest assured that ~에 안심하다 calculate 계산하다

✉ sample 675

Dear [ ]

I'm writing to let you know how much I appreciate all of the time you've spent installing the new computer system. You work hard and never complain. Your work means a lot to the success of the company.

Thank you.

- - - - - - - -

Try It! 다른 단어로 바꿔 써보기

gripe 투덜대다

grumble 투덜거리다

whine 불평하다

criticize 비난하다

moan 징징대다

새 컴퓨터 시스템을 설치하느라 애써 주셔서 얼마나 감사한지 말씀드리고 싶었습니다. 당신은 불평없이 열심히 일해 주고 계십니다. 당신의 작업은 회사가 성공하는 데 참으로 중요합니다. 감사합니다.

install 설치하다 computer system 컴퓨터 시스템 complain 불평하다 success 성공

Case 03

친절과 안내에 대해 감사를 표할 때
Extending Thanks for Others' Kindness & Guidance ▲

✉ sample 676

Dear [ ]

Thank you so much for all of your help in finding a new administrative assistant. We were really in a bind, and your recommendation really worked out well. Let me know if there's anything I can do to help you down the line.

Thanks,

Try It! 다른 단어로 바꿔 써보기

- secretary 비서
- professional assistant 직업 보조
- helper 도와주는 사람
- office clerk 사무실 직원
- office professional 사무원

새 관리 보조를 구하는 데 도움을 주셔서 정말 감사합니다. 정말 곤란했는데 당신이 추천해 주셔서 일이 잘 풀렸습니다. 앞으로 제가 도울 일이 있으면 어떤 것이든 알려 주십시오. 감사합니다.

administrative 행정적인, 관리의 assistant 보조, 비서 in a bind 곤경에 처한 work out 잘 되다

✉ sample 677

Dear [ ]

Thank you for the advice you gave me yesterday. I've had a really hard time deciding the best way to deal with this difficult client, but your suggestions made me see things in a whole new light. I tried saying some of the things you recommended and it really helped. I really appreciate it.

Regards,

Try It! 다른 단어로 바꿔 써보기

- advice 조언
- recommendation 추천
- help 도움
- asistance 보조
- counsel 상담

어제 충고해 주셔서 감사합니다. 이렇게 까다로운 고객을 대하는 가장 좋은 방법이 무엇인지 결정하기가 정말 힘들었는데 당신의 제안으로 새로운 시각을 가질 수 있었습니다. 추천하신 것 중 일부를 말했는데 정말 도움이 되었습니다. 진심으로 감사드립니다. 안녕히 계십시오.

advice 조언 yesterday 어제 best way 최선의 방법 whole 완전히 light 견해, 관점 recommend 추천하다

✉ sample 678

Dear [   ]

I greatly appreciate the time you took to talk to me yesterday. You've had so much more experience than I have. It helps a lot to hear from someone who has gone through the same career difficulties I'm going through now. If there is anyway I can repay you, please let me know.

Thank you.

\- - - - - - - -

Try It! 다른 단어로 바꿔 써보기

reward 보답하다
compensate 보상하다
give it abck to ~에게 되돌려주다
settle up with ~에게 지불하다
return it to ~에게 돌려주다

어제 시간을 내어 제게 말씀해 주신 점 대단히 감사드립니다. 당신은 저보다 경험이 훨씬 더 풍부하십니다. 제가 지금 겪고 있는 직업상의 어려움과 똑같은 어려움을 겪은 분에게서 얘기를 듣는 것은 무척 도움이 됩니다. 제가 보답할 방법이 있다면 알려 주십시오. 감사합니다.

greatly 대단히 experience 경험 go through ~을 겪다 career 직업적인 repay 보답하다

✉ sample 679

Dear [   ]

Thank you for being so kind after the meeting on Friday. It was a very ❶stressful meeting, and your ❷sympathy meant a lot to me. It's nice to see a friendly face when tempers are running high. Let me know if there's ever anything I can do for you.

Regards,

\- - - - - - - -

Try It! 다른 단어로 바꿔 써보기

❶ difficult 어려운
taxing 힘겨운
hectic 정신없이 바쁜
tense 긴장한
nerve-wracking 몹시 긴장되는

❷ friendliness 호의
caring 보살핌
hospitality 환대
empathy 동감
kind-heartedness 자상함

금요일 미팅이 끝난 뒤 친철하게 대해 주셔서 감사드립니다. 아주 긴장된 회의였는데 당신의 따뜻한 마음이 큰 힘이 되었습니다. 화가 치밀어 오를 때 다정한 사람을 볼 수 있어서 참 좋았습니다. 제가 당신을 위해 할 수 있는 일이 있으면 말씀해 주십시오. 그럼 안녕히 계십시오.

kind 친절한 stressful 스트레스가 많은 a lot 많음 friendly 다정한 face 얼굴 temper 기질, 성질, 화

✉ sample 680

Dear ▢

Thank you for your wise words yesterday. I really needed some advice on how to repair my damaged relationship with our partner, and what you said was just the right idea. I hope I can repay you for your valuable friendship.

Try It! 다른 단어로 바꿔 써보기

worthy 가치 있는
priceless 큰 가치의
precious 소중한
dear 소중한
important 중요한

- - - - - - - -

어제 현명한 말씀해 주셔서 감사드립니다. 협력사와 손상된 관계를 어떻게 회복해야 할지 조언이 절실했는데 당신이 말씀하신 것이 꼭 맞았습니다. 당신과의 소중한 우정에 보답할 수 있기를 바랍니다.

wise 현명한 advice 조언 repair 고치다 damaged 손상된 just 정말로, 꼭 valuable 귀중한

Case 04

사무실을 방문한 뒤에 감사를 표할 때
Extending Thanks for Everything During My Visit of Others' Company ▲

sample 681

Dear [   ]

It was a pleasure to visit your offices yesterday. Thank you so much for your hospitality. It was great to meet your staff and see how your operation works. I look forward to having you over to our offices soon.

Thank you.

- - - - - - - -

Try It! 다른 단어로 바꿔 써보기

kindness 친절함
generosity 관대함
warmth 따뜻함
welcoming 환대
graciousness 정중함

어제 당신의 사무실을 방문할 수 있게 되어 즐거웠습니다. 환영해 주셔서 정말 감사합니다. 귀사의 직원들을 만나고 일이 진행되는 것들을 보는 것도 즐거웠습니다. 조만간 저희 사무실에도 모실 수 있기를 고대합니다. 감사합니다.

pleasure 기쁨 hospitality 환대 staff 직원 operation 작업 look forward to ~하기로 고대하다 office 사무실

sample 682

Dear [   ]

I greatly enjoyed my time at your offices yesterday. Everyone there was very warm and welcoming. I'm impressed with the way your company is run. Hopefully we will be able to host you at our offices soon.

Thank you.

- - - - - - - -

Try It! 다른 단어로 바꿔 써보기

treat you 대접하다
welcome you 환영하다
meet you 만나다
congregate you 모으다
enjoy your company 당신과의 교제를 즐기다

어제 귀하의 사무실에서 매우 즐거운 시간을 보냈습니다. 직원 분들 모두 매우 따뜻하고 반갑게 맞이해 주셨습니다. 저는 귀사의 운영 방식이 인상 깊었습니다. 조만간 저희 회사에도 초대할 수 있길 바랍니다. 감사합니다.

enjoy 즐기다 welcoming 환영하는 be impressed with ~에 좋은 인상을 받다, 감명 받다 hopefully 원컨대 host 접대하다

sample 683

Try It! 다른 단어로 바꿔 써보기

helpful 도움이 되는

instructive 교육적인

informative 정보를 주는

educational 교육적인

beneficial 유익한

Dear [   ]

Thank you so much for the hospitality you extended to me the other day. It was very useful to see your operation up close. I appreciate the time you spent showing me around.

I hope to see you again soon.

- - - - - - - -

요전날 저를 호의적으로 맞이해 주셔서 정말 감사했습니다. 귀하의 업무를 바로 가까이서 볼 수 있어서 유익했습니다. 저를 안내하느라 시간을 내어 주셔서 정말 감사합니다. 곧 다시 뵙길 기대하겠습니다.

extend (은혜 등을) 베풀다, 제공하다 useful 유용한 spentd -ing ~하는 데 (시간을) 보내다 show ~ around ~에게 장소를 안내하며 다니다, 사람들에게 인사시키려고 데리고 다니다

sample 684

Try It! 다른 단어로 바꿔 써보기

runs 운영되다

progresses 잘 되어 가다

maneuvers 교묘히 일을 처리하다

functions 기능하다

is activated 작동되다

Dear [   ]

Thank you for your kind welcome to your headquarters yesterday. I found it very enlightening to see how your company operates. All of the staff members I met yesterday were courteous and pleasant. That speaks very well of your firm.

Sincerely,

- - - - - - - -

어제 귀사 본사에서 친절하게 맞이해 주셔서 감사했습니다. 귀사의 작업과정을 살펴봄으로써 저는 많은 것을 깨닫게 되었습니다. 어제 제가 만난 직원 분들은 모두 친절하고 유쾌한 분들이었습니다. 그 부분이 귀사를 더 좋아 보이게 했습니다.

headquarters 본사, 본거지 enlightening 계몽적인, 확실하게 하는 operate 관리되다, 움직이다 courteous 친절한, 공손한 pleasant 상냥한, 유쾌한 speak well of ~을 좋게 말하다 firm 회사

✉ sample 685

Try It! 다른 단어로 바꿔 써보기

prosperous 번창한
competitive 경쟁력 있는
established 입증된
professional 전문적인
functional 기능적인

Dear [   ]

I'm writing to express my gratitude for your hospitality. I greatly enjoyed visiting your company and seeing your efficient procedures. I'm excited about doing business with such a well-run company. I hope I can return the favor and host you here soon.

Thank you very much.

- - - - - - - -

제게 보여주신 환대에 감사의 뜻을 전합니다. 귀하의 회사를 둘러보고 효율적인 작업과정을 볼 수 있어서 매우 즐거웠습니다. 그렇게 잘 운영되고 있는 회사와 함께 일을 할 수 있게 되어 매우 기대됩니다. 조만간 이곳에 모여서 제가 받았던 호의를 돌려드리고 싶습니다. 대단히 감사합니다.

express 표현하다 gratitude 감사 visit 방문하다 efficient 효율적인 return 돌려주다 favor 호의, 친절

Case 01 자리 변동에 대해 위로할 때 **Offering Consolation for Position Change** ▲

sample 686

Try It! 다른 단어로 바꿔 써보기

- departing 그만두는
- going away from 떠나는
- exiting 떠나는
- resigning from 사임하는
- parting 떠나는

Dear

I'm sorry to hear that you're leaving the company. It's been a pleasure to work with you, and I hope that your future is bright. Good luck in all that you do.

Sincerely,

- - - - - - - -

안타깝게도 회사를 그만두신다는 이야기를 들었습니다. 함께 일할 수 있어서 정말 좋았습니다. 당신의 미래가 밝기를 바랍니다. 하시는 일 모두 잘 되실 겁니다. 안녕히 계세요.

leave the company 회사를 떠나다 It's been a pleasure to ~해서 기뻤다 future 미래 bright 밝은

sample 687

Try It! 다른 단어로 바꿔 써보기

- admiration 감탄
- esteem 존경
- high regards 아주 존경함
- good opinion 좋은 의견
- pride 긍지

Dear

I'm sad to hear that you've decided to step down as Sales Director. I have the utmost respect for the work you've done. The sales department won't be the same without you. Good luck with whatever comes next for you.

Regards,

- - - - - - - -

영업부장 자리를 사퇴하시기로 결정하셨다는 이야기를 듣게 되어 안타깝습니다. 이제까지 당신이 하신 일에 대해 최고의 존경을 표하는 바입니다. 당신이 없는 영업부서는 이전과 같지 않을 것 같습니다. 앞으로 하시는 일 모두 잘 되시길 바랍니다. 안녕히 계십시오.

step down 사직하다, 퇴진하다 utmost 최고의 respect 존경 without ~없이는 whatever 무엇이든간에

sample 688

Try It! 다른 단어로 바꿔 써보기

- decrease 감소
- layoff 일시해고
- cutbacks 축소
- trimming 조정
- downscaling 규모 축소

Dear

I was saddened to hear of the recent downsizing at your company and that your position has been eliminated. I know that this is a harsh economic climate and even hard working loyal employees like you can sometimes suffer from a downturn. Let me know if there is anything I can do.

Kind regards,

당신의 회사에 최근에 일어났던 사원 감축으로 인해 당신이 자리에서 밀려났다는 이야기를 들어 매우 안타깝습니다. 이와 같은 어려운 경제 상황 속에서 당신과 같은 열심히 일하는 충성스런 회사원들이 이따금 경기불황 때문에 힘들어하고 있다는 것을 알고 있습니다. 제가 도울 일이 있다면 알려 주세요. 안녕히 계세요.

sadden 슬프게하다 downsizing 인력 축소, 감량 경영 position 지위 eliminate 제거하다 harsh 힘든 economic climate 경제적인 환경 loyal 충성스런 suffer from ~로 고통받다 downturn 불황, (경기) 침체

sample 689

Try It! 다른 단어로 바꿔 써보기

- change 변화
- shift 이동
- move 움직임
- changeover 변화
- evolution 발전

Dear

I was sorry to hear about your departure from the company. If there is anything I can do to help with your transition, please feel free to contact me. I know moments of uncertainty can be difficult, but often things happen for a reason.

Regards,

회사에서 떠나게 되었다는 소식을 듣게 되어 유감입니다. 당신의 전직에 제가 도움이 될 수 있는 것이 있다면 언제든지 제게 연락 주세요. 불안정한 시간들이 힘들 거라는 걸 알지만 이러한 일들도 이유가 있기에 이따금 일어나는 것일 겁니다. 힘내세요.

departure 떠남 transition 이동, 과도기 feel free 마음을 편히 먹다 contact 연락을 하다 uncertainty 불확실성 for a reason 어떤 이유로

✉ sample 690

Dear [   ]

I just heard that your ❶department is being ❷eliminated. I don't know what to say. I'm sorry that this has happened after all of the hard work you put in. Please know that I'll do everything I can to help you transition to a new job.

Best of luck,

Try It! 다른 단어로 바꿔 써보기

❶ job 일
division 부서
sector 부문
branch 지점
unit 집단

❷ removed 제거된
done away with 제거된
abolished 폐지된
purged 추방된
got rid of 없어진

당신이 일하고 계신 부서가 없어지게 된다는 것을 방금 들었습니다. 뭐라고 말을 해야 할지 모르겠습니다. 당신이 열심히 일하신 후에 이런 일이 발생하게 되어 유감스럽습니다. 새로운 직장으로 옮기시는 데 제가 도와드릴 수 있는 일은 모두 하겠다는 점을 알아주세요.
행운을 빕니다.

what to say 무엇을 말해야 할지 happen 일어나다 put in ~을 투입하다, (일 등을) 하다 everything 모든 것 transition 이행하다

Case 02

개인적인 불상사에 위로를 표할 때 Offering Consolation for Personal Losses ▲

sample 691

Dear

Words can't ❶convey how sad I was to hear of your ❷recent loss. I want you to know that I am thinking of you during this time of need. If there's anything I can do for you, please feel free to get in touch with me.

Sincerely,

\- - - - - - - -

Try It! 다른 단어로 바꿔 써보기

❶ tell 말하다
relay 전달하다
show 보여주다
state 말하다
express 전하다

❷ bereavement 사별
recent death 최근의 죽음
grief 슬픔
recent passing 최근에 돌아가심
sadness 슬픔

최근에 겪으신 사망 소식을 듣고 얼마나 슬펐는지 모릅니다. 도움이 필요한 이 시기에 제가 당신을 생각하고 있다는 것을 기억해 주세요. 제가 할 수 있는 일이 있다면 언제든지 연락 주세요. 힘내세요.

convey 전하다 sad 슬픈 loss 상실, 사망, 상해 time of need 필요한 시기 feel free 마음을 편안히 먹다 get in touch with ~와 연락을 하다

sample 692

Dear

I'm writing to offer my condolences for the loss of your mother. I know that this must be a terribly painful time for you. If you need anything at all, please let me know.

\- - - - - - - -

Try It! 다른 단어로 바꿔 써보기

sympathies 애도
pity 안타까움
understanding 이해심
compassion 동정심
kindness 친절함

어머님이 돌아가신 데 대해 조의를 표합니다. 굉장히 힘든 시간을 보내고 계시리라고 생각합니다. 조금이라도 필요한 게 있으시다면 부디 말씀해 주세요.

offer one's condolences 조의를 표하다 must be ~임에 틀림 없다 terribly 끔찍하게 painful 고통스러운 at all 조금이라도

✉ sample 693

Try It! 다른 단어로 바꿔 써보기

Dear [   ]

I'm so sorry to hear about the loss of your father. He was such a kind and genuine man, and I really enjoyed working with him these past few years. Please know that my thoughts and prayers go out to you and your family during this difficult time.

- trying period 힘든 시기
- sorrowful time 슬픔에 젖은 시간
- stressful period 스트레스가 많은 때
- difficult stage 어려운 시기
- rough patch 힘든 순간

당신 아버님이 돌아가신 데 대해 심심한 애도를 표합니다. 그분은 굉장히 친절하고 진실된 분이었습니다. 지난 몇 년간 그 분과 함께 일하는 것이 참 즐거웠습니다. 이 힘든 시기에 당신과 당신 가족들을 위해 마음을 다해 기도하겠습니다.

genuine 진실된, 성실한 past 지난 prayers 기원의 말, 기도문

✉ sample 694

Try It! 다른 단어로 바꿔 써보기

Dear [   ]

I was so sorry to hear about your recent illness and hospitalization. I hope that your stay was okay and you're beginning to feel better. If you need anything during your recovery, please give me a call. I'd be happy to help out anyway I can.

- get well soon 곧 좋아지다
- recover 낫다
- recuperate 건강을 되찾다
- feel like your old self 예전과 같이 느끼다
- get back on your feet 다시 회복되다

\- - - - - - - -

최근 당신이 아파서 입원하셨다는 소식을 듣고 참 안타까웠습니다. 잘 지내시고 차도가 있으시길 바랍니다. 회복하시는 동안 필요한 것이 있으시면 어떤 것이든 제게 전화 주세요. 기꺼이 도와드리겠습니다.

illness 질병 hospitalization 입원 stay 머무름, 체류 recovery 회복

✉ sample 695

Dear [ ]

I'd like to offer my sympathy for your injury. I experienced a similar accident years ago and I know you must be suffering greatly. I want to tell you that I'm here for you and available if you need anything.

I hope you get better soon.

\- - - - - - - -

Try It! 다른 단어로 바꿔 써보기

hurting 아주 비참한
aching 아픈
broken-hearted 상심한
anguished 괴로워하는
distressed 고통받는

최근 부상을 당한 것에 위로를 드립니다. 몇 년 전에 저도 비슷한 사고를 당해 얼마나 고통스러우실지 알고 있습니다. 제가 여기 있으며 필요한 것이 있으면 무엇이든 도와드릴 준비가 되어 있다는 말씀드리고 싶습니다. 곧 회복하시길 바랍니다.

sympathy 동정 experience 경험하다 similar 비슷한 greatly 크게 available 시간이 있는

Case 03 위로에 대해 회신할 때 Responding to Consolation ▲

sample 696

Dear [   ]

Thank you for your concern. While I'm sorry to be leaving under these circumstances, I'm keeping a positive outlook. Knowing that I have friends in the business community like you really helps a lot.

Thanks again,

Try It! 다른 단어로 바꿔 써보기

neighborhood 동네
group 그룹
society 사회
selection 선택된 사람들
area 영역

걱정해 주셔서 감사합니다. 이러한 상황 속에서 그만두게 되어서 정말 죄송하지만 저는 긍정적으로 바라보고 있습니다. 이 업계에서 당신과 같은 친구를 알게 된 것은 정말 많은 도움이 됩니다. 다시 한번 감사합니다.

concern 염려, 관심 under circumstances 상황에서 positive 긍정적인 outlook 전망 business 사업 community 사회, ~계

sample 697

[   ]

I appreciate your kind words. It was a hard decision to make, but I just feel like it's time to move on. Don't worry. You haven't seen the last of me. I have a few projects brewing for the future.

Thanks,

Try It! 다른 단어로 바꿔 써보기

waiting 기다리는
stewing 끓고 있는
pausing 기다리는
preparing 준비 중인
fermenting 발효 중인

따뜻한 말씀 감사합니다. 매우 힘든 결정이었지만 지금이 제가 일을 바꿀 수 있는 적기라는 생각이 듭니다. 걱정하지 마세요. 오늘이 저를 마지막으로 보시는 날은 아닐 겁니다. 앞으로 할 수 있는 프로젝트가 몇 건 있습니다. 감사합니다.

kind 친절한 feel like ~일 것 같다 move on 옮겨가다 last 마지막 모습 brewing 준비 중인

sample 698

Try It! 다른 단어로 바꿔 써보기

Thank you for your thoughtful email. This is a very difficult period for me, and I'll admit that it's easy to despair. Notes like the one you sent me really help me keep my spirits up. I appreciate your friendship.

lose hope 희망을 잃다
be in anguish 괴로워하다
be tormented 괴로워하다
be in distress 슬픔에 빠져 있다
be grief-stricken 비탄에 잠기다

사려깊은 이메일, 감사드립니다. 저에게는 매우 힘든 시간이며 절망하기도 쉽다는 것을 인정합니다. 보내 주신 글과 같은 것들은 제 자신을 다시 다잡을 수 있게 하는 데 많은 도움이 됩니다. 당신의 우정에 깊은 감사를 표합니다.

thoughtful 사려 깊은 period 기간 admit 인정하다 despair 절망하다 keep one's spirits up 기운을 차리다, 기분을 밝게 유지하다

sample 699

Try It! 다른 단어로 바꿔 써보기

Thank you for your kind note. I'm looking at this difficult event as an opportunity. I'm looking into starting up my own operation, so I hope this cloud will have a silver lining.

Thanks again for your concern.

a happy ending 행복한 결말
a good result 좋은 결과
an optimistic result 긍정적 결과
a positive ending 긍정적인 결말
a productive finale 생산적인 결론

애정 어린 글을 보내 주셔서 감사합니다. 저는 이 힘든 사건을 기회라고 생각하고 있습니다. 저 자신만의 작업을 시작하려고 합니다. 이 구름 속에 밝은 희망이 있었으면 합니다. 걱정해 주셔서 다시 한번 감사합니다.

note 짧은 편지 event 주목할 사건, 일어난 일 look into ~을 주의깊게 살피다 start up (사업 · 회사 등을) 시작하다, 조직하다 own 스스로의 operation 사업 silver lining 밝은 희망, (구름의) 환한 언저리

✉ sample 700

Dear [ ]

This has been a painful time for me and my team, but the concern of colleagues like you have done a lot to lessen the blow. Thank you for your thoughtfulness and support.

- - - - - - - -

Try It! 다른 단어로 바꿔 써보기

friends 친구

business associates 사업 동료

teammates 팀원

fellow workers 동료들

contemporaries 동업자

저와 저희 팀원들에게는 매우 힘든 시간들이었습니다만 당신과 같은 동료들의 걱정이 강풍과 같은 힘듦을 줄여 주는 데 많은 도움이 됩니다. 걱정과 성원을 보내 주셔서 감사합니다.

painful 고통스러운 colleague 동료 a lot 많은 것 lessen 줄이다 blow 강풍, 타격, 뜻밖의 재해 support 지지

Case 04

(일반적인) 격려를 할 때 Trying to Cheer Up Others ▲

sample 701

Try It! 다른 단어로 바꿔 써보기

mood 감정
thoughts 생각
morale 사기
drive 기력
confidence 자신감

Hi,

I know things have been pretty stressful around the office recently. I hope you know that I appreciate all the hard work you've been doing. I promise that it WILL pay off. Just keep your spirits up, and we'll get through this.

Thanks for your hard work.

- - - - - - - -

최근에 회사 일이 매우 힘드셨다는 것을 잘 알고 있습니다. 이제까지 열심히 일해 주셔서 정말 감사합니다. 꼭 그것에 대한 보상이 있을 것이라고 약속드립니다. 계속 열심히 해주세요. 우리는 이 문제를 곧 해결할 수 있을 것입니다. 노고에 감사드립니다.

pretty 꽤 stressful 스트레스 많은 recently 최근에 promise 약속하다 pay off 잘 해내다, 성과를 거두다
keep one's spirits up 기운을 내다 get through (힘든 시기를) 이겨내다

sample 702

Try It! 다른 단어로 바꿔 써보기

improvement 향상
steps forward 진보
advancement 성취
growth 성장
headway 전진

Dear

I noticed that you were a little quiet at lunch today. I know it can sometimes be discouraging to work so hard and feel like we're not getting anywhere, but we ARE making progress. Just try to think about the future, and you'll get through this tough patch.

Keep your chin up!

- - - - - - - -

오늘 점심 시간에 조용히 계신 것을 보았습니다. 때로는 일은 열심히 하는데 성과가 없어 보여 힘이 빠지는 것을 잘 알고 있습니다. 하지만 우리는 조금씩 나아지고 있습니다. 미래에 대해 생각해 보시면 이 힘든 일도 이겨내실 수 있을 겁니다. 기운 내세요!

quiet 조용한 sometimes 가끔씩 discouraging 낙담시키는 get nowhere 성과가 없다, 잘 안되다 progress 진전, 발달
tough 힘든 patch 시기, 기간

✉ sample 703

Try It! 다른 단어로 바꿔 써보기

- rewards 보상
- benefits 이익
- compensation 보상
- recompense 보상
- wages 대가

Dear [   ]

I hope you're not too discouraged by the slow speed of our project. I know it sometimes seems like not much is happening, but believe me when I tell you that every little bit helps. Think about the payoff down the road and you'll feel much better.

Regards,

- - - - - - - -

우리 프로젝트의 진행이 늦어지고 있는 것에 너무 실망하지 않으시길 바랍니다. 가끔은 일이 많이 진척되고 있는 것 같지 않아 보이지만 이 작은 모든 것들이 도움이 될 것이라고 확신합니다. 장래에 보상받는 것에 대해서 생각해 보시면 기분이 훨씬 더 나아질 것입니다. 잘 지내십시오.

discouraged 낙담한 seem like ~처럼 보이다 believe me 정말이야, 내 말 믿어 payoff 보상, 이익 down the road 미래에

✉ sample 704

Try It! 다른 단어로 바꿔 써보기

❶ hardship 고난
- stuggles 힘든 일
- problems 문제
- worries 걱정
- roadblocks 장애물

❷ Be happy 행복하세요
- Take care 몸 조심하세요
- Calm down 진정하세요
- Brighten up 기분 좋아지시길
- Perk up 기운을 차리세요

[   ]

Don't let all of the recent ❶difficulties get you down. You're doing great work, and the right people are noticing it. Everything you do now will pay off later, I'm sure.

❷Cheer up!

- - - - - - - -

최근에 일어난 힘든 일 때문에 좌절하지 마세요. 당신은 정말 열심히 일해 주고 있고 윗사람들은 그 노력을 잘 알고 있습니다. 후에 이 모든 노력에 대한 보상이 있을 것이라고 저는 확신합니다. 힘내세요!

recent 최근의 get ~ down ~를 낙담시키다 right 영향력 있는, 상류의 notice 알아차리다 pay off (빚 등을) 전액 갚다, 성과가 나다 later 나중에

sample 705

Try It! 다른 단어로 바꿔 써보기

be slowing down 속도가 느려지다
get better 나아지다
unwind 풀리다
be loosened up 느슨해지다
be decreased 감소하다

Try not to feel too stressed out by all of the recent troubles. Everything is going to be fine. Once this deal is finished, things will relax a little around the office.

Regards,

\-\-\-\-\-\-\-\-

최근에 일어난 문제들로 인해 너무 힘들어하지 않으셨으면 합니다. 모든 일이 다 잘 해결될 것입니다. 이 거래가 성사되면 일이 조금 줄어들 겁니다. 힘내세요.

stressed out 스트레스 받는 once 일단 ~하면 deal 거래, 계약 relax 누그러지다, 완화되다

Case 05

임금 삭감이나 승진 누락에 대해 격려를 할 때
Cheering Up Others Following Salary Cut Or Promotion Denial ▲

sample 706

I'm sorry about the recent round of salary cuts. Nobody likes to feel as if they aren't getting what they deserve. Just keep thinking positively and working hard and before you know it, we'll be through this difficult period.

Sincerely,

\- - - - - - - -

Try It! 다른 단어로 바꿔 써보기

- merit 받을 만하다
- earn 받을 만하다
- warrant 보증하다
- are entitled to ~에 대한 자격이 있다
- ought to have 가져야 한다

최근에 일어난 임금 삭감에 대해 유감스럽게 생각합니다. 아무도 자신이 제대로 대접받지 못할 거라고 생각하고 싶지는 않을 것입니다. 긍정적인 생각을 유지하시고 열심히 일해 주세요. 그러면 모르는 사이에 이 어려운 시기를 이겨낼 것입니다.

round 한 차례, (일 등의) 한 기간 salary cut 임금 삭감 nobody 아무도 like to ~하기를 좋아하다 as if 마치 ~인 것처럼 get 얻다 deserve ~할 만하다 positively 긍정적으로 through 통과하여

sample 707

I'm sorry to hear that you didn't get the promotion. I know that you've worked hard for it. Don't let it get you down. I'm sure that next year there will be room for you at the top.

Keep up the good work.

\- - - - - - - -

Try It! 다른 단어로 바꿔 써보기

- in the management 경영진에
- higher up 한층 더 높이
- in a better position 더 좋은 지위에
- in a more qualified position 더 적합한 자리에
- in a more esteemed position 더 자부심 가질 위치로

승진을 하지 못하셨다는 소식을 듣고 안타까웠습니다. 승진을 위해 열심히 일하셨다는 것을 저는 잘 알고 있습니다. 너무 좌절하지 마세요. 다음 해에는 반드시 당신의 승진 자리가 있을 것이라고 생각합니다. 계속 열심히 일하세요.

promotion 승진 get ~ down ~을 좌절시키다 room 공간, 여지 keep up ~을 계속하다

sample 708

Try It! 다른 단어로 바꿔 써보기

Dear [   ]

I know this round of salary cuts has been particularly difficult on you. Your work here is valued very much. Please don't see this unfortunate business as a judgment on your competence. As soon as we get out of this difficult period, you'll be rewarded for your fortitude and hard work.

Keep up the good work.

- - - - - - - -

- tolerance 인내
- patience 인내
- staying power 인내력
- forbearance 참을성
- open-mindedness 포용력

이번 임금 삭감이 특별히 당신께 힘든 일이라는 것을 알고 있습니다. 당신이 이곳에서 일해 주는 것은 저희에게 매우 가치있는 일입니다. 이번의 안타까운 일이 당신의 능력에 대한 평가라고 오해하지 마세요. 이 어려운 시기가 지나가면 그동안에 참고 열심히 일해 주신 것에 대한 보상이 있을 것입니다. 계속 열심히 일해 주세요.

particularly 특히 value 소중하게 생각하다 judgement 판단 competence 능력 fortitude 인내

sample 709

Try It! 다른 단어로 바꿔 써보기

[   ]

I'm sorry that there wasn't a place for you in this most recent round of promotions. Rest assured that I am aware of your hard work. You will be rewarded soon.

Regards,

- - - - - - - -

- a space 공간
- a vacancy 공석
- a position 지위
- an area 분야
- room 여지

최근에 있었던 승진에서 당신의 자리가 마련되지 못했다는 소식을 들으니 유감스럽습니다. 내가 당신이 열심히 일했다는 사실을 알고 있으니 안심하세요. 곧 보상받으실 겁니다. 안녕히 계세요.

recent 최근의 rest assured that ~에 안심하다 aware of ~를 알고 있는

✉ sample 710

Dear [   ]

I'm sorry we were not able to provide you with ❶a bonus that matched your hard work this year. **Sometimes the market simply affects the company in a way that doesn't allow us to reward even our hardest working employees.** However, 2016 is shaping up to be a strong year for us, so you can expect ample ❷compensation at the end of the year.

Thanks for your patience.

- - - - - - - -

Try It! 다른 단어로 바꿔 써보기

❶ an additional monetary reward 추가적인 금전 보상
a windfall 뜻밖의 횡재
a boon 큰 이익
extra pay 추가 수당
a premium 상여금

❷ wages 임금
salary 봉급
payback 보상
reimbursement 배상
payment 대가

올해 열심히 일하셨던 것에 대한 보너스 급여를 지급하지 못하게 되어 죄송합니다. 가끔은 시장 상황이 정말 열심히 일한 직원들에게도 보상을 줄 수 없을 만큼 회사에 영향을 주기도 합니다. 하지만 2016년은 우리에게 더 나은 해가 될 수 있도록 노력하고 있으니 연말에는 충분한 보상이 있을 것이라고 생각합니다. 인내에 감사드립니다.

able to ~할 수 있는 provide 제공하다 affect 영향을 미치다 allow 허락해 주다 shape up 일정 상태가 되다 expect 기대하다 ample 풍부한

축하 Congratulation

Case 01 승진을 축하할 때 Congratulating on Promotion ▲

sample 711

Dear [   ]

Congratulations on the new position! I was thrilled to hear that you've been moved up to a job that matches your experience and knowledge.

Best of luck to you!

Try It! 다른 단어로 바꿔 써보기

- background 배경
- skills 기술
- insight 식견
- qualifications 자질
- grasp 이해력

새로운 직책을 갖게 되신 것을 축하드립니다! 당신의 경험과 지식에 맞는 자리로 승진하셨다는 소식을 듣고는 매우 기뻤습니다. 행운이 있길 기원합니다!

congratulation on ~에 대한 축하 position 지위, 직책 thrilled 흥분한 move up 승진시키다, 올려 보내다 match 어울리다 luck 행운

sample 712

Dear [   ]

Congratulations! I just heard about your ❶promotion. It's ❷long overdue. I know you're going to do a terrific job as Advertising Director.

Good luck!

Try It! 다른 단어로 바꿔 써보기

❶ step-up 한 단계 올라감
- upgrade 업그레이드
- advancement 승진
- raise 임금인상
- expansion 발전

❷ very late 아주 늦은
- very tardy 아주 느린
- in arrears 지체되어
- behind schedule 계획보다 처진
- past due 이미 말일이 지난

축하드려요! 방금 승진에 대해 들었습니다. 정말 오래 기다려 오셨습니다. 광고부장으로서 훌륭히 일해 내실 것을 알고 있습니다. 행운을 빌어요!

promotion 승진 overdue 기한이 지난, 오랫동안 기다려온 terrific 멋진 advertising 광고 director 감독자, 관리자

sample 713

Try It! 다른 단어로 바꿔 써보기

well done 잘했어
nice job 잘했어
thumbs up 잘했어
good for you 잘됐어
best wishes 행운을 빌어

Dear ______

I hear congratulations are in order. I'm so pleased that you've been promoted. I've been saying for months that it was time to move you up. I know we're going to be seeing some great work from you in the coming year.

Congratulations!

축하할 일이 생겼다고 들었습니다. 승진되셨다는 소식을 들으니 정말 기쁩니다. 제가 몇 달 동안 승진하실 때가 되었다고 얘기해 왔잖아요. 내년에 더 멋진 일로 함께 할 것이라고 생각합니다. 축하드려요!

be in order (특정 경우 · 행동 등이) 적절하다 pleased 기쁜 promote 승진시키다 for months 수개월간
in the coming year 내년에

sample 714

Try It! 다른 단어로 바꿔 써보기

business 직업
professional 사업의
company 회사
commercial 상업의
trade 직업

Dear ______

Congratulations on your promotion! It's great to hear that you're moving up the corporate ladder. You've put in a lot of hours and I know you've earned this spot.

Best of luck!

승진을 축하드려요! 출세하셨다는 소식을 들으니 매우 좋네요. 많은 노력 끝에 이 자리를 얻으셨다는 것을 잘 압니다. 행운을 빌어요!

move up the ladder 출세하다 corporate 기업의 put in ~을 투입하다, (시간을) 보내다 earn 벌다, ~을 받을 만하다
spot 지위, 지점

✉ sample 715

Try It! 다른 단어로 바꿔 써보기

part 부품
industry 업계
device 장치
domaine 영역
field of work 작업 분야

Dear [   ]

Congratulations on the new position. I think you're going to make a fine Sales Manager. You know this market better than anyone in the department and I'm sure you'll bring your expertise with you to this senior position.

Good luck!

- - - - - - - -

새 직책을 축하합니다. 정말 좋은 영업 매니저가 되실 거예요. 부서에서 어느 누구보다 시장을 잘 알고 계시니 이 높은 자리에서 전문성을 충분히 발휘하실 것이라고 확신합니다. 행운을 빕니다!

fine 훌륭한 better 더 잘 expertise 전문 지식, 전문 기술 senior 상급의

Case 02

결혼이나 출산을 축하할 때 Congratulating on Wedding or Birth ▲

sample 716

Dear [ ]

Congratulations! It's about time you tied the knot. I wish you and Sarah years of happiness . . . and lots of babies!

Best wishes,

\- - - - - - - -

Try It! 다른 단어로 바꿔 써보기

- married 결혼했다
- took a vow 서약했다
- walked down the aisle 통로를 걸어갔다
- pledged your love 사랑을 약속했다
- preformed nuptials 결혼식을 거행했다

축하드려요. 이제 드디어 결혼을 하는군요. 당신과 Sarah의 행복을 기원할게요... 아이도 많이 낳고요! 행운을 빕니다.

It's about time ~할 때이다 tie the knot 결혼(식)을 하다 wish A happiness A에게 행복을 기원하다 lots of 많은 ~

sample 717

Dear [ ]

Congratulations on your wedding! I'm so happy for you and Jessica. You two are made for each other and I'm sure you have many happy years ahead of you.

Good luck!

Try It! 다른 단어로 바꿔 써보기

- compatible 조화로운
- well suited 잘 맞는
- like-minded 생각이 비슷한
- attuned 잘 조율된
- in step 잘 보조하는

결혼을 축하드려요! 당신과 Jessica를 보니 정말 기쁘네요. 정말 두 분은 서로를 위해 태어나신 것 같아요. 앞으로 더 많이 행복하실 거예요. 행운을 빌어요!

wedding 결혼(식) happy for ~를 위해 행복한 made for sure ~에 꼭 맞는, 안성맞춤인 ahead of ~의 앞에

✉ sample 718

Try It! 다른 단어로 바꿔 써보기

promising 전도 유망한
happy 행복한
prosperous 번창하는
good 좋은
wonderful 멋진

Dear

Congratulations on your big news! I'm excited to hear that you're getting married. Life is more than the import-export business! Here's to a bright future!

Best Wishes,

엄청난 소식을 들었어요. 축하합니다! 결혼을 한다는 소식을 들었을 때 정말 기뻤습니다. 인생은 무역사업 그 이상이에요! 밝은 미래가 있기를 기원합니다. 행복하세요.

big news 대단한 소식 get married 결혼하다 more than ~ 이상인 import-export 수입-수출
Here's to ~! (건배할 때) ~이 있으시기를, ~에게 행운이 있기를

✉ sample 719

Try It! 다른 단어로 바꿔 써보기

greatest 가장 좋은
most memorable 가장 기억에 남을
magnificent 대단한
terrific 멋진
unforgettable 잊을 수 없는

Dear

Congratulations on the birth of your first son! I can't say how happy I am for you. I remember when my son was born. It was one of the happiest days of my life. I wish you and your family enjoy this precious moment. They grow up before you know it!

Best wishes!

첫 아들 탄생을 축하합니다. 제가 얼마나 기쁜지 말로 표현할 수가 없네요. 제 아들이 태어났을 때가 기억나네요. 제 인생에서 가장 행복한 날 중 하나였지요. 당신과 가족들이 이 소중한 시간을 만끽하시기 바랍니다. 아이들은 어느새 자라 버리니까요. 축하해요!

birth 탄생 remember 기억하다 born 태어난 precious 소중한 grow up 자라다

✉ sample 720

Dear [   ]

I'm very thrilled to hear about the birth of your daughter. I know you're going to be as good of a father as you are a sales manager. I hope you'll tell your wife how happy I am for her too.

Congratulations!

- - - - - - - -

Try It! 다른 단어로 바꿔 써보기

positively 긍정적으로

surely 분명히

absolutely 정말로

completely 완전히

utterly 완전히

따님이 태어났다는 소식을 듣고 정말 기뻤습니다. 좋은 영업부장이신만큼 좋은 아빠가 되실 거라 생각합니다. 부인께도 제가 축하드린다는 말을 전해 주세요. 축하합니다!

absolutely 정말로 thrilled 크게 기뻐하는 as ~ as ~만큼 ~한 sales 판매 manager 관리자

인사 카드 Greeting Cards

Case 01 연하장을 보낼 때 Sending New Year's Greeting Card ▲

sample 721

Dear

Happy New Year! I wish you all the best in the coming year. I look forward to doing business with you!

Regards,

\- - - - - - - -

Try It! 다른 단어로 바꿔 써보기

good things 좋은 것들
happiness 행복함
prosperity 번영
good luck 행운
best wishes 최고의 복

새해 복 많이 받으세요. 새해는 당신께 최고의 한 해이길 바랍니다. 저도 당신과 함께 일하기를 기대해 보겠습니다. 그럼 잘 지내세요.

wish ~ all the best ~에게 행운을 빌다 coming year 다가오는 해 look forward to ~를 고대하다 do business 사업을 하다 regards (편지 끝에서) 안부의 말

sample 722

Dear

Happy New Year! Another year is under our belt, and now we can look forward to what 2016 will bring. I hope we get to do some new projects this year.

Best Wishes,

\- - - - - - - -

Try It! 다른 단어로 바꿔 써보기

over with 다 끝난
out of the way 결말이 난
finished 마무리된
past 지나간
done 끝난

새해 복 많이 받으세요! 또 한 해가 지나갔네요. 이제 2016년이 무엇을 가져다 줄지 기대가 됩니다. 올해는 새 프로젝트를 했으면 좋겠어요. 행복을 빕니다.

another 또 다른 under one's belt 이미 경험하여 bring 가져오다 get to ~을 시작하다, 착수하다 best wishes (편지 끝에서) 행복을 빌며, 성공을 빌며

✉ sample 723

Dear [ ]

I hope the New Year brings you success and ❶happiness. I also hope your business and your family both ❷prosper.

Happy New Year,

\- - - - - - - -

Try It! 다른 단어로 바꿔 써보기

❶ pleasure 기쁨
joy 기쁨
delights 즐거움
contentment 만족함
merriment 재미있음

❷ do well 잘 해내다
move forward 앞으로 나아가다
thrive 번성하다
grow 성장하다
flourish 번영하다

새해에는 꼭 성공하시고 행복하길 바랍니다. 또 하시는 일과 가족 모두 번창하시길 바랍니다. 새해 복 많이 받으세요.

success 성공 happiness 행복 family 가족

✉ sample 724

Dear [ ]

Here's to a great New Year! I wish you the best in the coming year. 2015 was a successful time for both of our firms, and I hope that 2016 will be even better!

Happy New Year,

\- - - - - - - -

Try It! 다른 단어로 바꿔 써보기

abundant 풍부한
prosperous 번영하는
victorious 승리를 거둔
triumphant 이긴
winning 승리의

멋진 새해가 되시길! 새해에는 좋은 일만 가득하길 바랄게요. 2015년은 양사 모두에 성공적인 해였습니다. 2016년에는 훨씬 더 좋아지기를 바라봅니다. 새해 복 많이 받으세요.

Here's to (건배를 할 때) ~이기를! successful 성공적인 both 둘 다 firm 회사 even 훨씬

sample 725

Try It! 다른 단어로 바꿔 써보기

- laboring 노동하는
- toiling 열심히 일하는
- striving 노력하는
- cooperating 협력하는
- operating 거래하는

Dear

Happy New Year! I look forward to working with you in 2016, and I hope you and your family find success and happiness.

Best Wishes,

\- - - - - - - -

새해 복 많이 받으세요! 2016년에는 함께 일할 수 있기를 기대하며 귀하와 귀하의 가족에게 성공과 행복이 가득하길 기원합니다.
복 받으세요.

work with ~와 함께 일하다 find 찾다

sample 726

Dear [   ]

Happy Holidays! I hope you are enjoying time with your family and friends. I'm enjoying a little time off myself.

Best Wishes,

Try It! 다른 단어로 바꿔 써보기

- rest 휴식
- recess 휴식
- break 휴식
- lull 휴지기
- respite 잠시 동안의 해방

행복한 연휴네요! 가족과 친구들과 즐거운 시간을 보내시길 바랍니다. 저는 혼자서 여유를 즐기고 있습니다. 행복하세요.

holiday 휴가, 휴일 a little 조금의 time off (직장 등의) 휴가, 휴식기간 myself 나 스스로, 혼자서 best wishes 복을 비는 말

sample 727

Dear [   ]

Merry Christmas! I hope your having fine holidays this year. Say hello to your wife and kids for me! I'm excited to be spending some time off with mine. I hope you are too.

Regards,

Try It! 다른 단어로 바꿔 써보기

- celebration 축하
- vacation 휴가
- festivals 축제
- galas 경축행사
- events 이벤트

메리 크리스마스! 올해는 즐거운 연휴를 보내시길 바랍니다. 부인과 아이들에게도 저 대신 안부를 전해 주세요. 저도 식구들과 시간을 보낼 생각에 매우 설레네요. 당신도 그러하시길 바랍니다. 그럼 잘 지내세요.

say hello to ~에게 인사를 전하다 for ~를 대신하여 excited 흥분한, 설레는

✉ sample 728

Dear ☐

Season's greetings! I hope this card finds you happy and healthy. I also hope you're taking some time off to be with your family.

Merry Christmas!

- - - - - - - -

Try It! 다른 단어로 바꿔 써보기

Happy holidays 행복한 휴일 보내세요

Merry Christmas 메리 크리스마스

Happy new year 새해 복 많이 받으세요

Happy festivities 행복한 축제를 보내세요

Happy Yule time 행복한 성탄절을 보내세요

즐거운 크리스마스예요! 행복하고 건강한 크리스마스가 되길 바랍니다. 또한 가족과 함께 시간을 보내시길 바랍니다. 메리 크리스마스!

season's greetings 즐거운 크리스마스 보내세요 healthy 건강한

✉ sample 729

Dear ☐

Happy Holidays! Here's to a great Christmas. I'm taking a few days off to enjoy the holidays with my family. I hope you're doing the same. Enjoy!

Merry Christmas!

- - - - - - - -

Try It! 다른 단어로 바꿔 써보기

celebrate 축하하다

party 파티를 하며 놀다

rejoice 축하하다

take pleasure in ~를 즐기다

delight in ~를 기뻐하다

즐거운 연휴 보내세요! 멋진 크리스마스가 되길 바랍니다. 저는 가족들과 함께 연휴를 즐기기 위해 며칠 휴가를 갈 생각입니다. 당신도 그러하시기를 바랍니다. 즐거운 시간 보내세요! 메리 크리스마스!

Here's to (건배를 하며) ~이길 바라며 take a few days off 며칠 휴가를 얻다 the same 같은 것

sample 730

Try It! 다른 단어로 바꿔 써보기

Dear [   ]

Merry Christmas! I'm sending best wishes your way. I hope Santa is good to you this year! Give your family my best.

Happy Holidays,

- - - - - - - -

my regards 안부
well wishes 소망들
my thoughts 내 생각들
best wishes 복을 빌어주는 말
good thoughts 좋은 생각들

메리 크리스마스! 행복한 크리스마스를 보내시길 바랍니다. 산타클로스가 올해는 당신에게 좋은 일을 가져다 주면 좋겠네요. 가족분들에게도 즐거운 크리스마스 보내시라고 전해 주세요. 즐거운 연휴 보내세요.

send 보내다 give 주다 best (편지 등에서) 안부 인사말, 호의

Case 03

추수감사절 카드를 보낼 때 Sending a Thanksgiving Card ▲

sample 731

Try It! 다른 단어로 바꿔 써보기

- peaceful 평화로운
- serene 평화로운
- calm 평온한
- relaxing 안정된
- quiet 조용한

Dear

Happy Thanksgiving! I know I'm thankful for the business we've done together this past year. I hope you have a restful holiday with your family.

Regards,

즐거운 추수감사절이에요! 지난해에 함께 일을 해서 고맙습니다. 가족과 편안한 휴일 보내길 바랍니다. 안녕히 계세요.

thankful 감사하고 있는 business 일 past 지난 restful 평온한

sample 732

Try It! 다른 단어로 바꿔 써보기

- upcoming year 오고 있는 해
- forthcoming year 다가오는 해
- year to come 곧 올 해
- coming year 다가오는 해
- impending year 다가오는 해

Dear

Happy Thanksgiving! I hope you have a nice time with your family over the long weekend. And let's hope we've got more to be thankful for coming up in the future!

Best Wishes,

행복한 추수감사절 보내세요! 긴 주말 동안 가족과 좋은 시간 보내시길 바랍니다. 다가오는 미래에 우리가 감사할 수 있는 일이 더 많이 있었으면 좋겠네요. 행복한 연휴 보내세요.

over the long weekend 긴 주말 동안 let's ~합시다 coming up 다가오는 것

✉ sample 733

Dear [   ]

I hope you have a wonderful Thanksgiving. Give my best to your family. I'm thankful for the business we've been able to do together this year. May there be more in the future!

Happy Thanksgiving,

Try It! 다른 단어로 바꿔 써보기

Please tell your family "hello". 가족들에게 인사를 전해주세요.

Send my best wishes to your family. 가족들에게 안부 전해주세요.

I wish you and your family a joyous holiday. 가족들과 즐거운 연휴 보내길 바랍니다.

Please extend good wishes to your family. 가족들에게 안부 전해주세요.

Say hello to your family for me. 저 대신 가족들에게 안부를 전해주세요.

멋진 추수감사절을 보내시길 바랍니다. 가족들에게도 안부를 전해 주세요. 올해 함께 일을 할 수 있어서 감사드립니다. 후에 더 많은 일을 함께 할 수 있었으면 좋겠네요. 행복한 추수감사절 보내세요.

wonderful 멋진 give one's best to ~에게 안부를 전하다 able to ~할 수 있는 May there be ~이 있기를 기원한다 in the future 미래에

✉ sample 734

Dear [   ]

Happy Thanksgiving! I hope this card finds you well. I'm thankful that we got a chance to work together this year, and I hope that we will have more opportunities to do so in the future.

Regards,

Try It! 다른 단어로 바꿔 써보기

Respectfully 정중하게

Sincerely 진심을 담아

Best wishes 행복을 빌며

Affectionately 사랑을 담아

With honor 존경을 담아

행복한 추수감사절 보내세요! 이 편지가 당신에게 잘 닿았으면 좋겠네요. 올해 함께 일을 할 수 있어서 정말 감사드리며 추후에 좀 더 많은 일을 함께 할 수 있는 기회가 있으면 좋겠네요. 안녕히 계세요.

chance 기회 more 더 많은 opportunity 기회

✉ sample 735

Try It! 다른 단어로 바꿔 써보기

carry on 계속하다
move on 옮겨가다
move forward 전진하다
persist 계속하다
proceed 계속하다

Dear [   ]

I hope you spend a nice Thanksgiving with your family. Don't eat too much Turkey! I'm thankful for what a successful year we've had, and I hope we can continue to thrive into the coming year.

Best Wishes,

- - - - - - - -

가족과 기분 좋은 추수감사절 보내시기 바랍니다. 그렇다고 칠면조 고기 너무 많이 드시면 안 돼요! 우리가 함께 얻은 성공적인 올 한 해가 제겐 너무 감사합니다. 다가오는 해에도 계속 번창할 수 있었으면 좋겠네요. 즐거운 휴일 보내세요.

spend 보내다 what a successful year we've had 참으로 성공적인 해였다 thrive 번창하다 coming year 다가오는 해

부활절 카드를 보낼 때 Sending an Easter Card ▲

sample 736

Dear ______

Happy Easter! I hope you have a nice time with your family this weekend. Spring is in the air!

Regards,

\- - - - - - - -

Try It! 다른 단어로 바꿔 써보기

- finally here 마침내 여기에
- such a beautiful season 참 아름다운 계절
- my favorite time of year 일년 중 내가 좋아하는 시기
- blooming all around us 우리 주변에 만개한
- right around the corner 바로 눈 앞에 있는

행복한 부활절 보내세요! 가족과 함께 이번 주말 행복한 시간을 보내시길 바랍니다. 봄기운이 완연하잖아요! 즐거운 연휴 보내세요.

Easter 부활절 weekend 주말 spring 봄 in the air 퍼져 있는

sample 737

Dear ______

I hope you have a pleasant Easter holiday with your family. I'm spending this weekend with my relatives in the country and I'm looking forward to getting away. Have a great weekend!

Best Wishes,

\- - - - - - - -

Try It! 다른 단어로 바꿔 써보기

- resting 쉬는 것
- relaxing 안정을 취하는 것
- departing 떠남
- unwinding 휴식을 하는 것
- letting go 쉬는 것

가족과 즐거운 부활절 휴일 보내시길 바랍니다. 저는 시골에 있는 친척들과 함께 주말을 보낼 생각입니다. 멀리 나가는 게 기대되네요. 즐거운 주말 보내세요. 행복하세요.

pleasant 유쾌한 relative 친척 country 시골 get away 벗어나다, 휴가를 떠나다

✉ sample 738

Try It! 다른 단어로 바꿔 써보기

Dear

Happy Easter! Have a good time with your family this weekend. Spring is here, and I'm already feeling re-energized!

Best Wishes,

즐거운 부활절 보내세요. 이번 주말 가족과 행복한 시간 보내시길 바랍니다. 봄기운이 완연하네요. 저는 이미 재충전된 것 같습니다. 즐거운 연휴 보내세요.

already 이미 re-energized 원기를 회복한

- refreshed 활기를 되찾은
- renewed 회복된
- stress free 스트레스 없는
- invigorated 기운이 난
- recharged 재충전한

✉ sample 739

Try It! 다른 단어로 바꿔 써보기

Dear

I hope you have a nice Easter weekend with your family. This is a great time of year. Enjoy yourself!

Regards,

가족과 행복한 부활절 보내세요. 한 해에서 정말 좋은 날이잖아요. 즐겁게 보내세요. 이만 줄입니다.

enjoy yourself 즐기다, 즐겁게 보내다

- terrific 멋진
- wonderful 훌륭한
- fantastic 환상적인
- special 특별한
- superb 아주 좋은

sample 740

Try It! 다른 단어로 바꿔 써보기

Dear [   ]

Happy Easter! I hope the Easter Bunny brings you lots of chocolate and candy! Have a great weekend with your family.

Best Wishes,

- Sincerely yours 진실로
- Yours faithfully 진실하게
- Yours truly 배상(拜上)
- Salutations 인사를 하며
- Genuinely 진심으로

즐거운 부활절 보내세요. 부활절 토끼가 당신에게 많은 초콜렛과 캔디를 가져다 주길 바랍니다. 가족과 함께 멋진 주말 보내세요. 편안한 연휴 되세요.

Easter Bunny 부활절 토끼(아이들에게 부활절 달걀 등 선물을 준다는 속설이 있음) bring 가져오다 lots of 많은 chocolate 초콜릿

Case 05

생일 카드를 보낼 때 Sending a Birthday Card ▲

sample 741

Happy Birthday Sam!

I hope you're having a great day! We really appreciate the work you do, and we hope you'll keep on doing it!

Have a great day!

Try It! 다른 단어로 바꿔 써보기

Your work is highly valued
당신의 작업은 높이 평가됩니다

We love your work
당신의 작업이 참 마음에 듭니다

The work you do is among the best
당신이 하는 일은 최고입니다

Your work is terrific
당신의 작업은 훌륭합니다

You're doing a great job
일을 참 잘하고 있습니다

Sam, 생일 축하드려요! 즐거운 날을 보냈으면 좋겠어요. 당신이 해주시는 수고에 정말 감사드리며 계속 열심히 해주시길 바랄게요.
좋은 하루 보내세요!

really 정말로 keep on -ing 계속 ~하다

sample 742

Happy Birthday Jim!

Here's to a great day for a great guy! You should go out tonight and have a good time. Remember that you need to stay young at heart!

Cheers!

Try It! 다른 단어로 바꿔 써보기

feel youthful 젊은 기분이다

have a youthful attitude
젊은 태도를 가지다

be forever young 언제나 청춘이다

be optimistic 긍정적이다

stay positive 계속 긍정적이다

Jim, 생일 축하드려요! 멋진 사람을 위한 멋진 날이 되기를! 오늘 밤은 나가셔서 즐거운 시간을 보내셔야겠어요. 마음만은 늘 젊게 유지하세요. 축하드려요.

guy 남자 go out 외출하다 remember 기억하다 stay young 젊음을 유지하다

✉ sample 743

Dear [ ]

On your birthday, we wanted to let you know how much we value the great work you do and your commitment to this company. We wouldn't have been nearly as successful as we were this past year without you. We hope your day is wonderful.

Happy Birthday!

Try It! 다른 단어로 바꿔 써보기

- your dedication 당신의 헌신
- your loyalty 당신의 충성
- your devotion 당신의 헌신
- your faithfulness 당신의 충실함
- how dependable you are 얼마나 당신이 믿음직한지

당신 생일에 당신이 하는 작업과 회사에 대한 당신의 헌신을 우리가 얼마나 가치있게 생각하는지 알려 드리고 싶었습니다. 당신이 없다면 올해 이만큼 성공을 거두지 못했을 것입니다. 오늘 멋진 하루를 보내시길 바랍니다. 생일 축하합니다!

value 중요시하다, 소중히 하다 commitment 헌신, 열심 not nearly 결코 ~이 아니다

✉ sample 744

Dear [ ]

Happy Birthday! I wish you health and happiness and many more good years! Have a terrific day today.

Best Wishes,

Try It! 다른 단어로 바꿔 써보기

- well-being 평안
- strength 힘
- vigor 활기
- energy 에너지
- fitness 좋은 체력

생일 축하드려요! 건강하고 행복하시고 앞으로 더 많은 좋은 일들이 가득하시길 바랍니다! 오늘 정말 좋은 하루 보내세요. 축하드려요.

wish 소망하다 many 많은 years 해 terrific 멋진

✉ sample 745

Dear [   ]

I hope your having a great Birthday! You're really important to this whole organization, and we're all happy you're working with us. Enjoy your big day!

Happy Birthday!

- - - - - - - -

Try It! 다른 단어로 바꿔 써보기

department 부서

company 회사

establishment 기관

association 협회

group 그룹

행복한 생일 보내세요! 당신은 우리 회사에서 정말 중요한 인물입니다. 함께 일할 수 있어서 정말 기쁩니다. 오늘과 같이 중요한 날 행복하게 보내세요! 생일 축하합니다!

important 중요한 whole 전체의 organization 조직 big day 중요한 날

Case 06

감사 카드를 보낼 때 Sending a Thank-you Card ▲

sample 746

Dear [ ]

Thank you very much for the bonus yesterday. It is ❶wonderful working for such a ❷responsive boss. Please enjoy your weekend.

\- - - - - - - -

Try It! 다른 단어로 바꿔 써보기

❶ magnificent 훌륭한
super 굉장한
amazing 놀라운
astonishing 깜짝 놀랄 만한
brilliant 훌륭한

❷ receptive 수용적인
alert 민첩한
family-oriented 가정적인
understanding 이해심 많은
reactive 반응을 나타내는

어제 주신 보너스 정말 감사드립니다. 이런 반응 빠른 상관과 함께 일한다는 자체가 정말 좋습니다. 즐거운 주말 보내세요.

bonus 보너스 responsive 잘 반응하는 boss 상사, 사장

sample 747

Dear [ ]

Thank you for the birthday cake yesterday. I was not expecting it at all. It is nice having great coworkers. Let's do dinner sometime, shall we?

\- - - - - - - -

Try It! 다른 단어로 바꿔 써보기

ice cream 아이스크림
gifts 선물
party 파티
surprises 놀람, 뜻밖의 일
card 카드

어제 주신 생일 축하 케이크 감사드립니다. 전혀 기대하지 않았습니다. 이런 좋은 직장 동료들이 있다는 게 너무나 좋습니다. 언제 시간 나면 저녁 식사 하시죠.

expect 기대하다 not at all 전혀 ~아닌 coworker 동료

✉ sample 748

Try It! 다른 단어로 바꿔 써보기

put on 보여주었다
put forth 발휘했다
tried 노력했다
attempted 시도했다
brought 가져왔다

Dear

Please accept my thanks for everything you did yesterday. You really stepped up and took charge of the meeting. It was a job well done.

- - - - - - - -

어제 제게 해주신 모든 것에 감사드립니다. 정말로 잘 나섰고 미팅을 책임져 주셨습니다. 정말 잘하셨어요.

accept 받아들이다 step up (발 벗고) 나서다, 협력하다 take charge of ~을 책임지다

✉ sample 749

Try It! 다른 단어로 바꿔 써보기

additional 추가적인
over-the-top 도를 넘어선
further 한층 더한
overtime 시간 외의
uncalled 요구받지 않은

Dear

Thank you for working late last night. We wouldn't have finished this project without your extra effort. The company owes you a very large thank you. Please look for it in your paycheck next week!

- - - - - - - -

어젯밤 늦게까지 야근해 주어서 감사드려요. 당신의 도움이 없었다면 우리는 이 프로젝트를 끝내지 못했을 겁니다. 회사로서는 너무나 감사를 드립니다. 다음 주 봉급을 기대하셔도 됩니다.

finish 끝내다 project 연구과제 extra 여분의, 추가의 owe ~에게 빚지다, 신세지다 paycheck 봉급 (수표)

sample 750

Dear

I wanted to thank you for the extra help last week. Our committee really valued your work. We would not have been successful without you.

Try It! 다른 단어로 바꿔 써보기

executives 임원들
board 이사회
team 팀
commission 위원회
agency 대행업체

지난주에 일을 더 해주신 것 감사드리고 싶습니다. 우리 위원회는 당신이 수행한 일을 높게 평가하고 있습니다. 당신이 없었다면 우리는 이렇게 성공적이지 못했을 것입니다.

committee 위원회 value 높이 평가하다, 존중하다 successful 성공적인

Case 01 누군가를 특정 지위에 추천할 때 Recommending Someone for a Position ▲

sample 751

Dear

I'm writing to recommend Nicole Rosen for the position of Sales Manager. I've worked with Ms. Rosen a number of times in the past and always found her to be responsible and highly capable. I believe she has the knowledge, experience and connections to get you the results you're looking for.

If you have any questions, feel free to contact me.

Try It! 다른 단어로 바꿔 써보기

relations 교제
associates 연관자
prospects 유력한 사람들
acquaintances 지인들
contacts 연줄

판매부장 자리에 Nicole Rosen 씨를 추천합니다. 전에 Rosen 씨와 함께 일을 해본 적이 있는데 저는 언제나 그녀의 책임감과 능력을 발견할 수 있었습니다. 그녀에게 당신이 찾는 결과물을 얻어내기에 충분한 지식과 경험, 인간관계가 있습니다. 질문할 것이 있으시다면 언제든지 연락 주시기 바랍니다.

recommend 추천하다 position 지위, 직책 responsible 책임감 있는 capable 능력 있는 connection 관계, 연줄 results 결과 look for ~를 찾다

sample 752

Dear

I've heard that you're looking for a new IT manager, and I thought I'd make a recommendation. I worked with Chris Gaston at Smith Tech for many years and I know that he is a very capable specialist with a strong management background. You could definitely use someone like that on your team.

Let me know if you have any questions about Mr. Gaston.

Try It! 다른 단어로 바꿔 써보기

expert 전문가
authority 권위자
whiz 달인
professional 전문가
consultant 전문 상담인

저는 당신이 새로운 IT 부장을 찾는다고 들었는데 그에 대한 추천을 하고 싶습니다. 저는 Chris Gaston과 함께 Smith Tech에서 여러 해 일해 왔는데 그가 경영 경험이 풍부한 능력있는 전문가임을 알게 되었습니다. 당신의 팀에 아주 필요한 사람이라고 봅니다. Gaston 씨에 대해서 질문이 있으시다면 알려 주십시오.

recommendation 추천 specialist 전문가 management 경영, 관리 background 배경 definitely 확실히

sample 753

Dear [　　　　]

I'm writing to recommend a former colleague of mine, Julia Frasier, for the position of Sales Coordinator. I've known Ms. Frasier for several years. She has climbed through the ranks at Giant Motors, and definitely has the experience for the position you are seeking to fill. If you have any questions, I'd be happy to talk to you about Ms. Frasier in more detail.

Try It! 다른 단어로 바꿔 써보기

- progressed 나아갔다
- ascended 올라갔다
- excelled 뛰어났다
- risen 올랐다
- advanced 승진했다

저는 옛 동료인 Julia Frasier를 판매 책임자의 자리에 추천하기 위해 글을 씁니다. 저는 Frasier 씨를 몇 년 동안 알아왔습니다. 그녀는 Giant Motors에서 승진을 거듭했으며 당신이 채우려는 자리에 대한 경험이 있습니다. 질문이 더 있으시다면 기꺼이 Frasier 씨에 대해 더욱 상세하게 알려 드리겠습니다.

former 이전의 colleague 직장 동료 coordinator (기획 · 진행 등의) 책임자, 코디네이터 several years 몇 년 동안 climb (노력으로) 출세하다, 승진하다 rank 지위, 계급 be happy to 기꺼이 ~하다 detail 세부사항

sample 754

Dear [　　　　]

I've thought a little about the position you're trying to fill, and it occurs to me that I might know someone who fits the bill. Sean Thompson is a young database specialist I worked with last year. He was really able to get the job done efficiently and accurately. I can give you his contact information if you'd like.

I'll talk to you soon.

Try It! 다른 단어로 바꿔 써보기

- is experienced 경험이 있는
- is qualified 자질이 있는
- is capable 능력이 있는
- is competent 능력 있는
- is able 능력이 있는

당신이 모집하는 자리에 대해 생각해 보았는데 그곳에 적합한 사람이 한 명 떠올랐습니다. Sean Thompson 씨는 제가 작년에 함께 일했던 젊은 데이터베이스 전문가입니다. 그는 일을 매우 효율적이고 정확하게 처리하는 능력이 있습니다. 원하신다면 그와 연락할 수 있는 정보를 드리겠습니다. 곧 뵙겠습니다.

a little 조금 it occurs to me that ~이 떠오르다 fit the bill 조건을 만족시키다 specialist 전문가 efficiently 효율적으로 accurately 정확하게

✉ sample 755

Try It! 다른 단어로 바꿔 써보기

moving up 위로 올려보냄
raising 승진시킴
upgrading 승격시킴
elevating 승진시킴
supporting 보좌함

Dear [ ]

I know you're looking for someone to fill the Executive Assistant position, and I wondered if you had thought about promoting from within. I think Jeff Sims would be a terrific fit for that position. He's got the experience, and I think he's ready to move up from the receptionist desk. What do you think?

\- - - - - - - -

이사 비서직에 사람을 찾는다고 들었습니다. 그리고 내부 승진에 대해서도 생각해 보셨는지 궁금합니다. 제 생각에는 Jeff Sims가 그 자리에 아주 잘 들어맞는 것 같습니다. 그는 경험도 있고 안내데스크에서 올라갈 준비가 되었다고 생각합니다. 어떻게 생각하십니까?

fill ~를 채우다 executive 중역, 이사 assistant 보조, 비서 move up 승진하다

Case 02

추천에 대해 회신할 때 Responding to a Recommendation ▲

sample 756

Try It! 다른 단어로 바꿔 써보기

applicant 지원자
contender 경쟁자
interviewee 면접 대상자
nominee 후보
entrant 참가자

Dear [   ]

Thank you for taking time to get in touch with us. I've arranged to interview Ms. Rosen on the 21st. She sounds like a terrific candidate. I'll let you know how it goes. We are always happy to have recommendations.

Thank you.

시간을 내어 연락해 주셔서 감사합니다. 21일에 Rosen 씨와 인터뷰 일정을 잡아 놓았습니다. 그녀는 정말 좋은 후보 같습니다. 계속해서 상황을 보고하겠습니다. 추천을 해주신다면 저희는 언제나 기쁘게 받겠습니다. 감사합니다.

take time 시간을 할애하다 get in touch with ~와 연락하다 arrange 준비하다 terrific 아주 멋진 candidate 후보

sample 757

Try It! 다른 단어로 바꿔 써보기

later 나중에
later on 나중에
shortly 곧
in the future 미래에
someday 언젠가

Dear [   ]

Thank you for your recommendation of Mr. Gaston. Unfortunately, we have already filled the IT manager position. We will keep Mr. Gaston's information on file should a position open up further down the line.

Thanks again for your help.

Gaston 씨를 추천해 주셔서 감사합니다. 하지만 안타깝게도 저희 회사의 IT 매니저 자리에 들어올 사람을 이미 구하였습니다. 앞으로 자리가 생길 때를 대비하여 Gaston 씨에 대한 정보를 갖고 있겠습니다. 다시 한번 도움 주셔서 감사합니다.

unfortunately 불행히도 fill the position 자리를 메우다 on file (서류 등이) 철해져, 정리 보관되어 open up (자리가) 나다

✉ sample 758

Try It! 다른 단어로 바꿔 써보기

shortened 줄어든
simplified 간소화한
cut down 줄어든
easy 쉬운
unproblematic 까다롭지 않은

Dear [   ]

Thank you so much for forwarding Ms. Fraiser's name to us. She turned out to be exactly whom we needed. We interviewed her last week and immediately offered her the position. The hiring process is always streamlined when we have good recommendations.

Thank you again for your help.

\- - - - - - - -

Fraiser 씨를 추천해 주셔서 감사합니다. Fraiser 씨는 딱 우리에게 필요한 사람이었습니다. 지난주에 인터뷰를 했고 그 즉시 그녀를 채용하기로 결정하였습니다. 괜찮은 추천을 받으면 고용 절차가 언제나 간소화됩니다. 다시 한번 도움 감사드립니다.

forward 보내다, 전송하다 turn out ~인 것으로 밝혀지다 interview 인터뷰를 하다 immediately 바로, 즉시 hiring 고용, 채용 streamline 간소화하다, 능률적으로 하다

✉ sample 759

Try It! 다른 단어로 바꿔 써보기

exact 꼭 맞는
precise 명확한
definite 확실한
clear-cut 분명한
distinct 두드러진

[   ]

I appreciate you forwarding us Mr. Thompson's name. He sounds like a strong candidate. Could you tell us a little more about exactly what kind of database work he did for you? We're looking for a pretty specific skill set, so I'd like to know as much as possible.

Thanks for your help on this.

\- - - - - - - -

Thompson 씨를 추천해 주셔서 정말 감사합니다. Thompson 씨는 정말 좋은 인재인 것 같습니다. 예전에 Thompson 씨와 같이 일할 때 그가 정확히 어떤 종류의 데이터베이스 작업을 했는지 좀 더 자세히 알려 주시겠습니까? 저희는 아주 특정한 기술이 있는 분을 찾고 있어서 가능한 한 많은 정보를 알 수 있으면 좋겠습니다. 도와주셔서 감사합니다.

database 데이터베이스 specific 구체적인 skill set 기술들 as much as possible 가능한 한 많이

✉ sample 760

Dear ⬚

Thanks for the recommendation. We had been considering Sims for a promotion, but we heard from a couple of other people in the office that they had had some problems with him in the past. We're a little ❶wary of putting someone with a history of conflict in such a ❷sensitive position. Thanks for the idea though.

Regards,

\- - - - - - - -

Try It! 다른 단어로 바꿔 써보기

❶ cautious 주의하는
suspicious 의심이 가는
leery 미심쩍어 하는
careful 신중한
guarded 조심스러운

❷ touchy 다루기 힘든
vulnerable 공격 받기 쉬운
susceptible 민감한
fragile 불안정한
frail 불안정한

추천해 주셔서 감사합니다. 저희는 Sims를 승진시키려고 생각하고 있었지만 회사 내 몇 사람들에게서 과거에 Sims 씨와 문제가 있었다는 사실을 듣게 되었습니다. 그처럼 민감한 자리에 과거에 회사 사람들과 갈등이 있던 사람을 고용하는 것이 조금 조심스럽습니다. 하지만 이렇게 신경 써 주셔서 감사합니다. 안녕히 계십시오.

consider 생각하다, 고려하다 a couple of 몇몇의 past 과거 wary 조심스러운 conflict 갈등, 충동

초대 Invitation

Case 01 저녁식사에 초대할 때 Inviting Someone over for Dinner ▲

sample 761

Dear [   ]

I'm glad the meeting went so well yesterday. I meant to ask you if you'd like to come over for dinner next weekend. It would be nice to spend some time together outside the confines of the office. Let me know if you're up for it.

I'll talk to you soon.

- - - - - - - -

Try It! 다른 단어로 바꿔 써보기

walls 성벽
borders 경계선
perimeters 경계선
restrictions 제한하는 것
limits 범위

어제 미팅이 잘 되어서 다행입니다. 다음 주말에 저희 집으로 오셔서 함께 저녁을 하는 건 어떠신가요? 사무실 밖에서 함께 시간을 보내는 것도 좋을 것 같습니다. 오실 수 있는지 알려 주세요. 곧 뵙겠습니다.

glad 기쁜 come over 건너오다 spend time together 함께 시간을 보내다 confine 경계선, 한계, 범위 up for ~에 흥미있는, ~이 가능한

sample 762

Dear [   ]

I hope everything is going well in your office. I'm writing to invite you to dinner. My wife and I are going to have a few people over for a little get-together on Saturday at 7:00. If you're free, we'd love to have you. Let me know.

Kind regards,

- - - - - - - -

Try It! 다른 단어로 바꿔 써보기

all is well 모든 것이 잘 되다
things are fine 별일 없다
everyone is doing well 모두가 잘 있다
the week has been pleasant 괜찮은 주였다
everything is working out well 모든 것이 잘 되고 있다

귀사에 별일 없기를 바랍니다. 당신을 저녁 식사에 초대하고 싶은데요, 아내랑 둘이서 이번 토요일 7시에 사람들 몇 명을 불러 조촐하게 함께 할 계획을 세우고 있습니다. 시간이 되신다면 오셨으면 좋겠습니다. 알려 주세요. 그럼 이만 줄입니다.

go well 잘 되어가다 have ~ come over ~를 오라고 부르다 get-together 비공식 모임 free 시간이 있는

✉ sample 763

Try It! 다른 단어로 바꿔 써보기

- crazy 정상이 아닌
- chaotic 혼란의
- hairy 감당할 수 없는
- wild 거친
- frantic 지독한

I was wondering if you'd be interested in dinner at my place this weekend. It would give us a chance to unwind a little after hectic schedule of the past few weeks. Let me know if you can make it Saturday evening.

I look forward to hearing from you.

- - - - - - - -

이번 주말에 저희 집으로 오셔서 저녁 식사를 하시는 건 어떠실지 모르겠습니다. 지난 몇 주간의 정신 없던 일을 끝낸 피로를 조금은 풀 수 있는 시간이 될 것입니다. 토요일 저녁에 오실 수 있는지 알려 주세요. 연락 기다리겠습니다.

wonder 궁금하다 interested 흥미가 있다 my place 우리 집 weekend 주말 schedule 일정

✉ sample 764

Try It! 다른 단어로 바꿔 써보기

- get acquainted 알게 되다
- chat a little 약간 담소하다
- have a drink or two 음료를 약간 하다
- enjoy a little downtime 약간의 휴식을 즐기다
- learn about each other 서로에 대해 알다

Dear

I'm looking forward to working with you on the upcoming project. Would you like to come over to my house for dinner this weekend? We could get to know each other a little better before we get started on the deal. Let me know if you'd be interested.

Thanks,

- - - - - - - -

다음 프로젝트를 함께 하길 기대하고 있습니다. 이번 주말에 저희 집으로 오셔서 저녁을 함께 하시겠습니까? 이 거래를 시작하기에 앞서 조금은 더 서로를 아는 시간이 될 것입니다. 관심이 있으신지 연락 주세요. 감사합니다.

look forward to ~하기를 고대하다 upcoming 다가오는 get started on ~을 시작하다

sample 765

Try It! 다른 단어로 바꿔 써보기

personnel 직원
employees 피고용인
work force 종업원
team 팀
workers 일하는 사람들

I'm having a few people from the office over for dinner Saturday night. If you can make it, we'd love to see you there. I think it's good for the staff to see each other outside the office every once in a while. Let me know if you can make it.

I'll talk to you soon.

\- - - - - - - -

토요일 밤에 회사 사람들을 불러 저녁을 먹기로 하였습니다. 혹시 오실 수 있다면 저희와 함께 하셨으면 좋겠습니다. 가끔씩은 직원들끼리 사무실 밖에서 만나 보는 것도 좋은 것 같습니다. 가능하신지 알려 주세요. 곧 연락 바랍니다.

would love to ~하고 싶다 staff 직원 each other 서로서로 once in a while 가끔

Case 02

파티에 초대할 때 Inviting Someone over for a Party ▲

sample 766

Dear [   ]

We will be holding a party next Friday evening to celebrate our latest client implementation. I hope you'll be able to ❶attend the event, as you have been a key player on this project and we wouldn't have been nearly as successful without you. Please see the attached ❷memo for details on the party.

Regards,

- - - - - - - -

Try It! 다른 단어로 바꿔 써보기

❶ make it to 참석하다
make an appearance at 나타나다
be present at 참석하다
be available for 시간을 내다
join us at 우리와 동참하다

❷ guides 안내
maps 지도
directions 방향
instructions 지시사항
information 정보

다음 주 금요일 저녁에 최근의 대고객 업무 수행을 축하하는 파티를 열려고 합니다. 이 프로젝트의 핵심 요원으로서 당신이 이 행사에 참석하실 수 있기를 바랍니다. 그리고 당신이 없었다면 절대로 성공하지 못했을 겁니다. 파티에 관한 자세한 사항은 첨부된 메모를 봐 주세요. 안녕히 계세요.

hold a party 파티를 열다 implementation 수행, 이행 attend 참석하다 key 중요한 not nearly 결코 ~ 않은

sample 767

Dear [   ]

I'm having a little get-together at my place on Saturday. I'm inviting a few people from the office. It'll be a pretty informal affair. Let me know if you'd like to come.

I'll talk to you soon.

- - - - - - - -

Try It! 다른 단어로 바꿔 써보기

casual 격식을 차리지 않는
relaxed 편안한
comfortable 편안한
easygoing 느긋한
laid back 느긋한

토요일 저희 집에서 작은 모임이 있을 예정입니다. 저희 회사원들 몇 명을 초대할 생각입니다. 아주 비공식적인 행사입니다. 오실 의향이 있으신지 알려 주세요. 곧 연락 주세요.

my place 우리 집 people from the office 사무실 사람 informal 비공식적인 affair 행사, 파티 would like to ~하고 싶다

✉ sample 768

Dear [ ]

As you know, John Smith, CEO, has recently published a book on the habits of effective management in a corporate setting. To celebrate his accomplishment, we will be holding a dinner party with our acquaintances on July 15th in his honor. You will be receiving an invitation in the near future with the event details. Please save the date.

Thanks.

\- - - - - - - -

Try It! 다른 단어로 바꿔 써보기

friends 친구들
salespersons 판매원들
professional associates 직무 관련인들
patrons 후원자들
sponsors 지원자들

아시겠지만 저희 대표이신 John Smith 씨께서 최근에 기업환경에서 효과적인 경영 습관에 관한 책을 출판하셨습니다. 그의 성취를 축하하기 위해 지인들을 모시고 7월 15일 저녁에 파티를 열려고 합니다. 이 행사에 관련된 세부사항과 함께 초대장을 가까운 시일 내에 받으실 것입니다. 부디 이 날짜에 참석해 주시길 바랍니다. 감사합니다.

habit 습관, 습성 corporate 기업의 accomplishment 성취, 업적 acquaintance 지인 in one's honor ~를 기리는 뜻에서 save 아껴두다, 남겨두다

✉ sample 769

Dear [ ]

To celebrate the closing of the Crawford deal, I'm throwing a little party at my house on Friday. We'll have drinks and hors d'oeuvres at around 6:00. I'd love to see you there. Let me know if you can attend.

Regards,

\- - - - - - - -

Try It! 다른 단어로 바꿔 써보기

snacks 간식
finger foods 간단한 음식
pre-meal bites 식사 전 요기
appetizers 전채 요리
treats 특별한 요리

Crawford 계약 성사를 축하하며 금요일 저희 집에서 작은 파티를 열기로 했습니다. 6시쯤 전채요리와 마실 것이 준비될 것입니다. 당신도 그 곳에서 뵐 수 있으면 좋겠네요. 오실 수 있는지 알려 주세요. 그럼 이만 줄입니다.

deal 거래, 계약 throw a party 파티를 열다 around ~경

✉ sample 770

Dear ⬚

Congratulations on landing the contract. You and your team did a terrific job. I'd like to celebrate with you by throwing a party this weekend at my place. I was thinking Friday evening after work. Let me know if that would be a good night for you.

Thanks again,

Try It! 다른 단어로 바꿔 써보기

- party 파티를 열다
- have fun 재미있게 즐기다
- enjoy myself 즐기다
- be festive 즐거워하다
- make merry 흥겹게 보내다

계약 성사를 축하드립니다. 당신과 팀원들이 정말 일을 잘해 주었습니다. 이번 주말에 저희 집에서 파티를 열어 같이 축하하고 싶습니다. 금요일 일이 끝난 후 저녁으로 생각하고 있습니다. 좋은 시간이 될 것이라고 생각하신다면 알려 주세요. 다시 한번 감사합니다.

congratulation 축하 land 획득하다 contract 계약 terrific 아주 멋진 after work 퇴근 후에

MEMO

MEMO